汽车维修技能修炼丛书

汽车电气设备检修与技术详解

刘春晖 主编

机 械 工 业 出 版 社

本书以常见的桑塔纳系列车型为例，详细介绍了汽车蓄电池、交流发电机及调节器、起动系统、点火系统、照明与信号系统、信息显示系统、空调系统、辅助电气设备、电气设备线路等。内容全面，并且根据实际需要有些章节配备了相应的实践训练项目，注重理论与维修实践的紧密结合，既有汽车电气设备的构造、工作原理、特性知识，又有电气设备的使用、检测、维修及电路故障的诊断与排除知识，与汽车维修一线生产相贴近。

本书适合一线汽车维修人员、驾驶人员、行业工程技术人员使用，也可供高职高专、技工院校汽车运用与维修技术、汽车检测与维修技术等相关专业师生使用，还可以作为成人高等教育汽车类相关课程教材使用。

图书在版编目（CIP）数据

汽车电气设备检修与技术详解/刘春晖主编．—北京：机械工业出版社，2011.1

（汽车维修技能修炼丛书）

ISBN 978-7-111-32344-0

Ⅰ.①汽…　Ⅱ.①刘…　Ⅲ.①汽车—电气设备—故障检测②汽车—电气设备—车辆修理　Ⅳ.①U472.41

中国版本图书馆 CIP 数据核字（2010）第 208269 号

机械工业出版社（北京市百万庄大街 22 号　邮政编码 100037）
策划编辑：连景岩　责任编辑：黄红珍　责任校对：张晓蓉
封面设计：鞠　杨　责任印制：李　妍
北京外文印刷厂印刷
2011 年 1 月第 1 版第 1 次印刷
184mm×260mm·16.25 印张·401 千字
0001—3000 册
标准书号：ISBN 978-7-111-32344-0
定价：39.80 元

凡购本书，如有缺页、倒页、脱页，由本社发行部调换

电话服务
社服务中心：（010）88361066
销 售 一 部：（010）68326294
销 售 二 部：（010）88379649
读者服务部：（010）68993821

网络服务
门户网：http://www.cmpbook.com
教材网：http://www.cmpedu.com
封面无防伪标均为盗版

前　言

进入21世纪，特别是我国加入WTO以来，我国汽车市场迅速发展，汽车保有量大幅增加。同时汽车技术更是日新月异，这就对汽车维修行业从业人员提出了更高的要求。近半个世纪以来，汽车技术的发展主要是汽车电器与电子技术的发展，汽车电子化是汽车发展的必由之路，因此编写一本适合当前汽车电气系统维修的图书是当务之急。本书作者将自己多年的汽车维修企业电器与电子控制系统维修经验和职业院校教学经验相结合编写了本书。本书以作者多次为汽车修理厂的维修人员进行的汽车电气系统的培训且在维修一线取得良好使用效果的培训内容为基础编辑而成。本书主要特点是内容结合汽车维修行业生产实践，对汽车维修理念进行及时调整，紧跟现代汽车维修行业发展的步伐，是广大汽车维修人员、驾驶人员及相关技术人员的不可多得的参考资料。

本书主要介绍了汽车蓄电池、交流发电机及调节器、起动系统、点火系统、照明与信号系统、仪表与报警信息系统、空调系统、辅助电气设备及电气设备线路几个部分的内容。内容注重理论与一线汽车维修生产的紧密结合，既有汽车电气设备的构造、工作原理、特性知识，又有电气设备的使用、检测、维修及电路故障的诊断与排除知识。内容新颖、图文并茂。

在整个内容的编写过程中，力求做到以下几点：

一是以汽车维修企业需求为依据，合理安排内容和结构。

二是反映汽车技术的发展，突出表现该领域内的新知识、新技术、新方法和新工艺，使广大汽车维修人员更多地了解和掌握最新汽车技术及相关维修技能。

三是在内容的安排上，讲解了汽车电气设备各系统组成元件的结构、工作原理以及系统电路故障的诊断与排除，特别适合汽车维修企业生产一线的广大维修人员使用。

本书由山东华宇职业技术学院刘春晖主编。第一章由赵国富编写，第二章和第九章由刘春晖和德国学院王云编写，第三章由关斌和胡玉兰编写，第四章由岳杰编写，第五章由蔡志涛和高飞编写，第六章由张斌和赵欣迪编写，第七章由柳学军和马果卫编写，第八章由张宁宁和孙长勇编写。

本书在编写过程中得到德州桑隆金车汽车贸易有限公司东风雪铁龙4S店弭尚田站长、王云辉技师及一汽大众汇众4S店魏书忠站长、张建伟副站长的大力支持，在此深表感谢。由于编者水平有限，书中难免有错误和不当之处，恳请使用本书的广大汽车维修人员，有关专家和广大读者批评指正。

编　者

目 录

第一章 蓄 电 池

第一节 概 述

电器与电子设备是汽车的重要组成部分，其性能的好坏直接影响到汽车的动力性、经济性、可靠性、安全性、排气净化及舒适性。例如：为使汽车发动机获得最高的经济性，需使点火系统能在最适当的时间点火；为使发动机可靠起动，需采用起动机；汽车的工作可靠、行驶安全则有赖于各种指示仪表、信号和照明装置等电器的正常工作。

一、汽车电气系统的组成

现代汽车上所装用的电器与电子设备的数量很多，但按其用途可分为以下五部分：

1. 电源部分

电源包括蓄电池、发电机及其调节器。两者并联工作，发电机是主要电源，蓄电池是辅助电源。发电机配有调节器，调节器的主要作用是在发电机转速增高时，自动调节发电机的输出电压使之保持稳定。

2. 用电设备

汽车上的用电设备数量很多，大致可分为以下几种。

1）起动装置：它由蓄电池供电，将电能转变为机械能带动发动机转动。完成起动任务后，立即停止工作。

2）点火系统：它是汽油机不可缺少的部分，其功能是按发动机工作顺序产生高压电并通过火花塞跳火，保证适时、准确地点燃气缸内的可燃混合气。点火系统有传统点火系统及电子点火系统之分。目前汽车广泛使用的是电子点火系统。

3）照明设备：包括车内外各种照明灯以提供夜间安全行车所必要的灯光，其中以前照灯最为重要。

4）信号装置：包括喇叭、闪光器、蜂鸣器及各种信号灯，主要用来提供安全行车所必要的信号。

5）辅助电器：包括电动刮水器、风窗洗涤器、空调、低温起动预热装置、收放机、点烟器、防盗装置、玻璃升降器、座椅调节器等。辅助电器有日益增多的趋势，主要向舒适、娱乐、保障安全方面发展。

3. 电子控制装置

电子控制装置主要指由微机控制的装置，如电子控制点火装置、电子控制汽油喷射装置、电子控制防抱死制动装置、电子控制自动变速器等，用来提高汽车的动力性、经济性、安全性，实现排气净化和操纵自动化。

4. 检测装置

检测装置包括各种仪表，如电流表、电压表、机油压力表、温度表、燃油表、车速里程表、发动机转速表和各种报警灯。用来监视发动机和其他装置的工作情况。

5. 配电装置

配电装置包括中央接线盒、电路开关、熔丝装置、插接件和导线。

二、汽车电气设备的特点

1. 两个电源

汽车上的两个电源是指交流发电机和蓄电池。蓄电池是辅助电源，在汽车未运转时向有关电气设备供电；交流发电机是主电源，当发动机运转到一定转速后，交流发电机转速达到规定的发电转速，开始向有关电气设备供电，同时对蓄电池进行充电。两者互补可以有效地使用电设备在不同的情况下都能正常工作，同时延长了蓄电池的供电时间。

2. 并联单线

汽车上的电源和所有的电气设备均采用并联，即它们正常工作时的电压相同。采用并联，当个别因电气设备故障不能正常工作时不影响其他电气设备，每个用电设备都由各自串联在其支路中的专用开关控制，互不干扰。单线制是指从电源到用电设备只用一根导线连接，而用汽车底盘、发动机等金属机体作为另一公用导线。由于单线制节省导线、线路清晰、安装和检修方便，且电器也不需与车体绝缘，因此目前汽车均采用单线制，但在一些不能形成可靠的电气回路或需要精确电子信号的回路中采用双线。

3. 低压直流

汽车电气系统的额定电压有 12V、24V 两种，目前汽油车普遍采用 12V 电气系统，而中、重型柴油车则多采用 24V 电气系统。汽车正常运行中的电压，一般 12V 系统的为 14V，24V 系统的为 28V。汽车采用直流系统主要是从蓄电池充电角度考虑的。汽车发动机靠起动机起动，它是直流串励电动机，必须由蓄电池供电，而向蓄电池充电必须用直流电，所以汽车电气系统为一直流系统。

4. 负极搭铁

采用单线制时，蓄电池的一个电极须接至车架上，俗称“搭铁”，将蓄电池的负极接车架称为“负极搭铁”；反之，则称为“正极搭铁”，汽车电气系统已统一定为负极搭铁。

实践证明，由于汽车行驶的颠簸，发动机工作的振动以及气温、湿度、灰尘的影响，加之使用不当，很容易使电器与电子设备损坏。据统计，电器与电子设备所出现的故障约占汽车全部故障的 20%~30%。由此可见，为提高汽车的完好率，不仅要求电气设备有完善、合理的结构，良好的工作性能，而且还有赖于对它们的正确使用、维护和调整。因此，对从事汽车运输、运用及管理的技术人员来说，熟悉和掌握有关汽车电器与电子设备的结构及工作原理、性能与使用维修等方面的知识并具有一定的操作技能就显得十分重要。

三、汽车电源系统的功用

蓄电池是一种可逆直流电源，是靠内部的化学反应来储存电能和向外供电的，在汽车上与发电机并联，共同向用电设备供电，如图 1-1 所示。

在发动机正常工作时，用电设备所需的电能主要由发电机供给，而蓄电池的作用是：

（1）起动发动机　起动发动机时，向起动系统和点火系统供电。

（2）备用供电　在发动机低速运转、发电机不发电或电压较低的情况下向发电机磁场

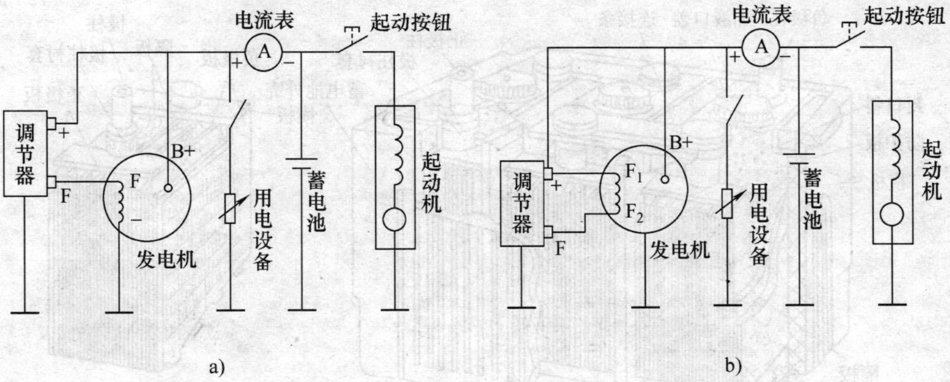

图 1-1 汽车电源系统组成

a）内搭铁式 b）外搭铁式

绕组、点火系统以及其他用电设备供电。

（3）存储电能　当发动机中高速运转、发电机正常供电时，将发电机多余电能转化为化学能储存起来。

（4）协同供电　当发电机过载时，协助发电机向用电设备供电。

（5）稳定电源电压，保护电子设备　蓄电池还相当于一个容量很大的电容器，在发电机转速和用电负载发生较大变化时，可保持汽车电网电压的相对稳定。同时，还可吸收电网中随时出现的瞬间过电压，以保护用电设备尤其是电子元器件不被损坏，这一点对装有大量电子系统的新型汽车是非常重要的。发电机绝不允许脱开蓄电池运转。

蓄电池种类很多，汽车上所使用的蓄电池必须能满足起动发动机的需要，即短时间(5～10s)内可供给起动机强大的电流(一般为 200～600A,有的柴油机达 1000A)，这种蓄电池通常称为起动型蓄电池。

第二节　蓄电池的构造与型号

一、铅蓄电池的构造

国产普通铅蓄电池的构造如图 1-2 所示。它主要由极板、隔板、壳体、电解液、连接条、极柱等部分组成。壳体一般分隔为三个或六个单格，每个单格均盛装有电解液，插入正负极板组便成为单体电池。每个单体电池的标称电压为 2V，将三个或六个单体电池串联后便成为一只 6V 或 12V 蓄电池总成。

1. 极板

（1）极板的结构　极板是蓄电池的核心，分正极板和负极板两种，均由栅架和填充在其上的活性物质构成，其形状如图 1-3 所示。蓄电池充、放电过程中，电能和化学能的相互转换就是由极板上活性物质和电解液中硫酸的化学反应来实现的。正极板上的活性物质是二氧化铅(PbO_2)，呈深棕色。负极板上的活性物质是海绵状纯铅(Pb)，呈青灰色。

栅架的作用是容纳活性物质并使极板成形，一般由铅锑合金浇铸而成。整个架体的平面内构成许多大小相同、分布均匀的长方形空格，下部有凸筋，上部的一角有板耳，如图 1-4

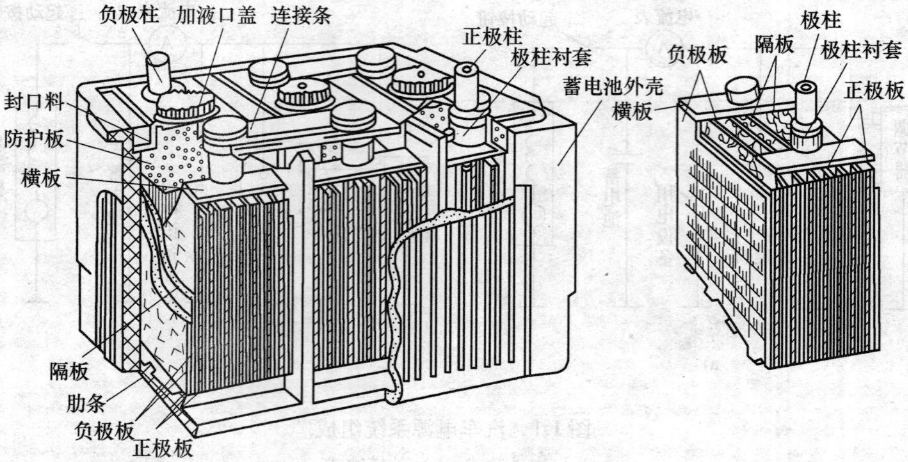

图 1-2 蓄电池的构造

所示。铅锑合金中，含锑 6%~8.5%，加入锑是为了提高栅架的机械强度并改善浇铸性能。但铅锑合金耐电化学腐蚀性能比纯铅差，锑易从正极板栅架中解析出来引起蓄电池的自放电和栅架的膨胀、溃烂。因此，栅架的生产材料将向低锑(含锑量小于 3%)、甚至不含锑的铅钙合金发展，栅架的制造成形除浇铸外，还采用滚压扩展成形的方式。

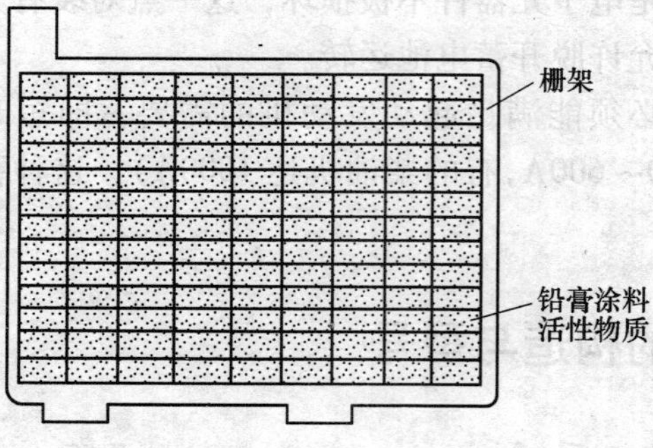

图 1-3 极板

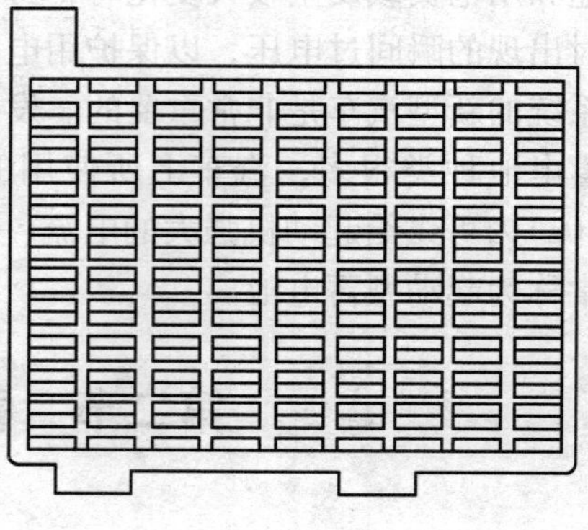

图 1-4 栅架

免维护蓄电池采用了耗水量小、导电性能好的铅钙锡合金栅架，并采用热模滚压工艺制成。

国产负极板的厚度为 1.8mm，正极板为 2.2mm。目前国内外大多采用薄型极板，厚度为 1.1~1.5mm。薄型极板对提高蓄电池的比容量(极板单位尺寸所提供的容量)和改善起动性能都是很有利的。

(2) 干荷电极板的特点　干荷电与免维护蓄电池都需采用干荷电极板。因为二氧化铅的化学活性在空气中比较稳定，所以正极板的荷电性能能够保持较长时间。由于海绵状铅的表面积大、化学活性高，因此当接触空气或水时容易发生氧化，使其荷电性能降低。

(3) 极板组的结构　单片极板的荷电量是有限的，为了增大蓄电池的容量，将多片正、负极板分别并联，用横板焊接，组成正、负极板组，如图 1-5 所示。横板上有极柱，组成极板组的各片极板间留有空隙，安装时正负极板相互嵌合，中间插入隔板后装入电池槽内便可形成单体电池。

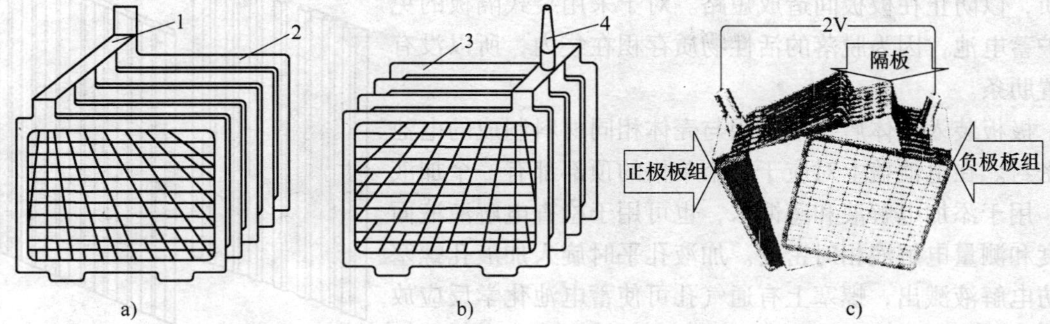

图 1-5 蓄电池极板组的结构

a）负极板组 b）正极板组 c）极板组嵌合情况

1—横板 2—负极板 3—正极板 4—极柱

在每格单体电池中，负极板的数量总比正极板多一片（如东风 EQ1118 汽车所用 6-Q-105 型蓄电池，每单体电池中的正极板为 7 片，负极板为 8 片），这样正极板都处于负极板之间，使其两侧放电均匀，否则由于正极板的机械强度差，单面工作会使两侧活性物质体积变化不一致，而造成极板拱曲，活性物质就容易脱落。

把正负极板各一片浸入电解液中，就可获得 2V 的电动势，现代汽车用蓄电池由 6 个单体电池串联成 12V 供汽车选用，如图 1-6 所示。配用 12V 电气系统的汽车选用一只电池，配用 24V 电气系统的汽车选用两只电池。

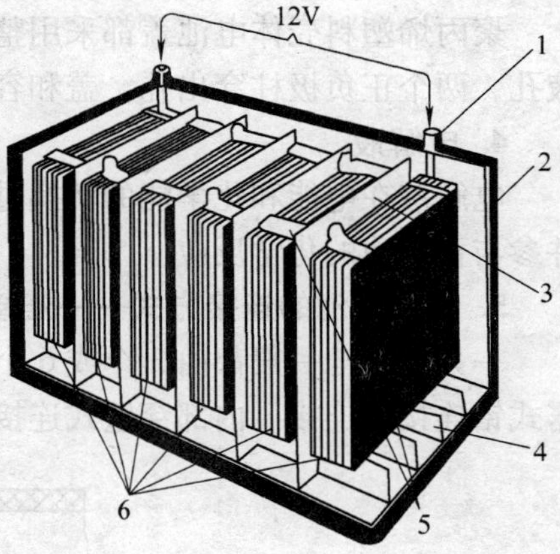

图 1-6 蓄电池极板组的结构

1—极柱 2—电池槽 3—隔板

4—肋条 5—横板 6—极板组

2. 隔板

为了减小蓄电池的内阻和尺寸，蓄电池内部正负极板应尽可能地靠近，但彼此又不能接触而短路，故在相邻的正负极板之间要用隔板隔开。隔板的作用就是将正、负极板隔开，防止相邻正、负极板接触而短路。

隔板材料应具有多孔性，以便电解液渗透，且化学性能要稳定，即具有良好的耐酸性和抗氧化性。常用隔板的材料有木质、微孔橡胶、微孔塑料、玻璃纤维和纸板等。微孔塑料和微孔橡胶隔板的结构如图 1-7a 所示。安装时隔板上带沟槽的一面应面向正极板，这是因为正极板在充、放电过程中化学反应激烈，沟槽能使电解液较顺利地上下流通。同时，使正极板上脱落的活性物质顺利地掉入壳底槽中。

免维护蓄电池普遍采用聚氯乙烯袋式隔板，结构如图 1-7b 所示。使用时，正极板被隔板袋包住，脱落的活性物质保留在袋内，不仅可以防止极板短路，而且可以取消壳体底部凸起的肋条，使极板上部容积增大，从而增大电解液的储存量。

3. 壳体

壳体为整体式结构，壳体内由间壁分成 3 个或 6 个互不相通的单格，底部有突起的肋条以搁置极板组。肋条间的空隙是用来积存脱落下来的活性物质，以防止在极板间造成短路。对于采用袋式隔板的免维护蓄电池，因为脱落的活性物质存积在袋内，所以没有设置肋条。

极板装入壳体后，上部用与壳体相同材料制成的电池盖密封。在电池盖上对应于每个单格的顶部都有一个加液孔，用于添加电解液和蒸馏水，也可用于检查电解液液面高度和测量电解液相对密度。加液孔平时旋入加液孔螺塞以防电解液溅出，螺塞上有通气孔可使蓄电池化学反应放出的气体（H_2和 O_2等）能随时逸出。该通气小孔在使用过程中必须保持畅通，防止壳体胀裂或发生爆炸事故。

干荷电与免维护蓄电池普遍采用穿壁式点焊连接，所用连接条尺寸很小，并设置在壳体内部。

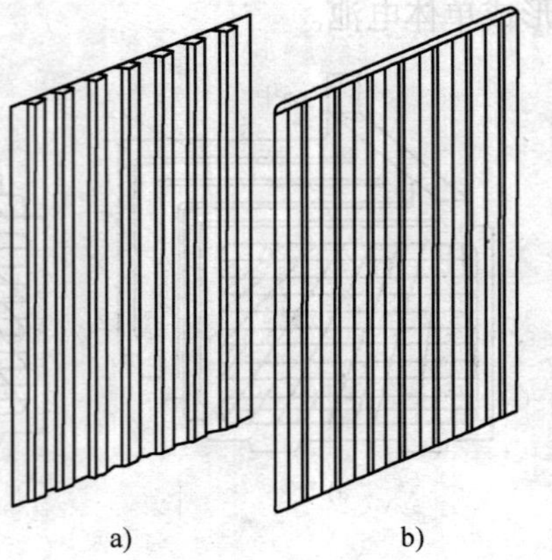

图 1-7　蓄电池隔板结构

a）塑料、橡胶隔板　b）袋式隔板

聚丙烯塑料壳体电池盖都采用整体式结构，盖上有 3 个（6V 电池）或 6 个（12V 电池）加液孔，两个正负极柱穿出孔，盖和容器的密封采用粘结剂粘合或热熔连接。

4. 电解液

电解液在电能和化学能的转换过程即充电和放电的电化学反应中起离子间的导电作用，并参与蓄电池的化学反应。

5. 单体电池的连接方式——连接条

一只蓄电池一般都由 3 个或 6 个单体电池串联而成。单体电池的串联方法一般有传统外露式铅连接条连接、内部穿壁式连接和跨越式连接三种方式，如图 1-8 所示。

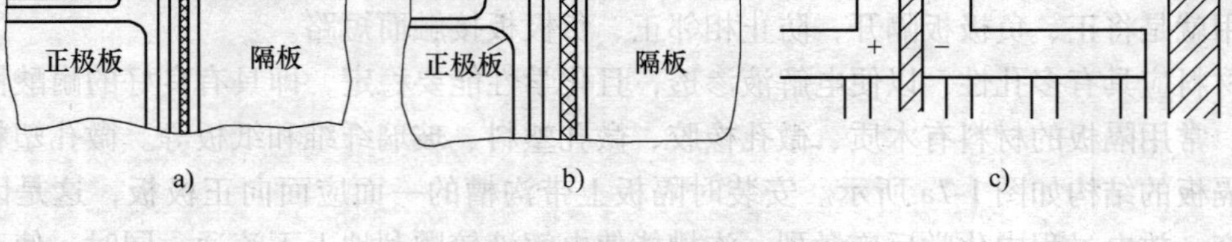

图 1-8　单体电池的连接方式

a）传统外露式铅连接条连接　b）内部穿壁式连接　c）跨越式连接

早期的蓄电池大多采用传统外露式铅连接条连接方式，如图 1-8a 所示。这种连接方式工艺简单，但耗铅量多，连接电阻大，因而起动时电压降大、功率损耗也大，且易造成短路。新型蓄电池则采用先进的穿壁式或跨越式连接方式。穿壁式连接方式如图 1-8b 所示，它是在相邻单体电池之间的间壁上打孔供连接条穿过，将两个单体电池的极板组极柱连焊在一起。跨越式连接如图 1-8c 所示，在相邻单体电池之间的间壁上边留有豁口，连接条通过豁口跨越间壁将两个单体电池的极板组极柱相连接，所有连接条均布置在整体盖的下面。

穿壁式和跨越式连接方式与传统外露式铅连接条连接方式相比，有连接短、省材料、电阻小、起动性能好等优点，且连接条损耗减少 80%，端电压提高 0.15 ~ 0.4V，节约材料 50% 以上，同时还能有效地避免氧化腐蚀，保证接触良好，提高技术性能，因而得到广泛应用。

6. 蓄电池技术状态指示器

目前，装备全密封型免维护蓄电池的轿车越来越多，由于这种蓄电池盖上没有设加液孔，因此不能用密度计测量电解液的相对密度，为此在这种免维护蓄电池盖上设有一只结构如图 1-9a 所示的蓄电池技术状态指示器来指示蓄电池的技术状况。蓄电池技术状态指示器又称为内装式密度计，由透明塑料管、底座和两只小球(一只为红色、另一只为蓝色)组成，借助于螺纹安装在蓄电池盖上，两只颜色不同的小球安放在塑料管与底座之间的中心孔中，红色小球在上，蓝色小球在下。由于两只小球是由密度不同的材料制成，因此可随电解液密度变化而上下浮动。

蓄电池技术状态指示器是根据光学折射原理来反映蓄电池技术状态的。当蓄电池存电充足，电解液相对密度大于 1.22 时，两只小球向上浮动到极限位置，经过光线折射小球的颜色，从指示器顶部观察到的结果如图 1-9b 所示，中心呈红色圆点，周围呈蓝色圆环，表示蓄电池技术状态良好，英文标示为“OK”。

当蓄电池充电不足，电解液密度过低时，蓝色小球下移到极限位置，观察结果如图 1-9c 所示，中心呈红色圆点、周围呈无色透明圆环，表示蓄电池充电不足，应及时充电，英文标示为“Charging necessary”。

当电解液液面过低时，两只小球都将下移到极限位置，观察结果如图 1-9d 所示，中心呈无色透明圆点，周围呈红色圆环，表示电解液不足，蓄电池无法继续使用，必须更换蓄电池。如果这种指示器安装在干荷电蓄电池上，则表示必须添加蒸馏水，英文标示为“Add distilled water”。

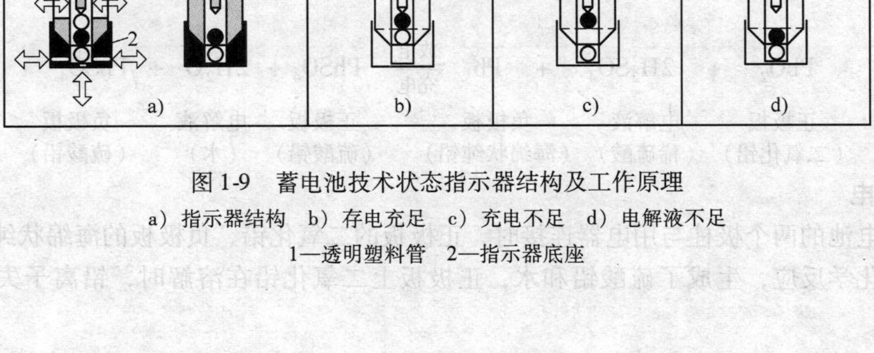

图 1-9 蓄电池技术状态指示器结构及工作原理

a) 指示器结构 b) 存电充足 c) 充电不足 d) 电解液不足

1—透明塑料管 2—指示器底座

二、蓄电池的规格型号

蓄电池的型号由三部分组成，各部分用短横线连接，其内容及排列如下：

(1)	(2)	(3)	(4)	(5)
串联单体电池数	蓄电池类型	蓄电池特征	额定容量	特殊性能

（1）串联单体电池数　用阿拉伯数字表示。

（2）蓄电池类型　根据其主要用途划分，如起动用蓄电池代号为“Q”，摩托车用蓄电池代号为“M”。

（3）蓄电池特征　附加部分，仅在同类用途的产品中具有某种特征，而在型号中又必须加以区别时采用。如干荷电蓄电池，则用“干”的第二个拼音字母“A”表示；免维护蓄电池，则用“无”字的第一个拼音字母“W”来表示。产品特征代号见表 1-1。

表 1-1　蓄电池的产品特征代号

序号	产品特征	代号	序号	产品特征	代号	序号	产品特征	代号	序号	产品特征	代号
1	干荷电	A	4	少维护	S	7	半密闭式	B	10	激活式	I
2	湿荷电	H	5	防酸式	F	8	液闭式	Y	11	带液式	D
3	免维护	W	6	密闭式	M	9	气密式	Q	12	胶质电解液	J

（4）额定容量　指 20h 放电率（简称 20h 率）额定容量，单位为 A·h（安·时），用阿拉伯数字表示，在型号中可省略不写。

（5）特殊性能　在产品具有某些特殊性能时，可用相应的代号加在型号末尾表示。如“G”表示薄型极板的高起动率电池，“S”表示采用工程塑料外壳与热封合工艺的蓄电池。

例如：CA1170P2K2 柴油车用型号为 6-QAW-100S 的蓄电池，是由 6 个单体电池串联而成，额定电压为 12V，额定容量为 100A·h 的起动用塑料外壳干荷电免维护蓄电池。

第三节　蓄电池的工作原理及工作特性

一、蓄电池的工作原理

蓄电池的极板与电解液在不同的条件下进行电化学反应，这种反应是可逆的，化学反应式如下：

$$\underset{\substack{\text{正极板}\\\text{（二氧化铅）}}}{PbO_2} + \underset{\substack{\text{电解液}\\\text{（稀硫酸）}}}{2H_2SO_4} + \underset{\substack{\text{负极板}\\\text{（海绵状纯铅）}}}{Pb} \underset{\text{充电}}{\overset{\text{放电}}{\rightleftharpoons}} \underset{\substack{\text{正极板}\\\text{（硫酸铅）}}}{PbSO_4} + \underset{\substack{\text{电解液}\\\text{（水）}}}{2H_2O} + \underset{\substack{\text{负极板}\\\text{（硫酸铅）}}}{PbSO_4}$$

1. 放电

当蓄电池的两个极柱与用电器连接时，正极板的二氧化铅、负极板的海绵状纯铅与硫酸溶液发生化学反应，生成了硫酸铅和水，正极板上二氧化铅在溶解时，铅离子失去四个电子，呈正四价状态，只有从负极板得到两个电子，变成正二价状态才能与硫酸根结合成硫酸铅。在整个化学反应过程中，电极释放了电能对用电器供电。

2. 充电

当直流电电源电压大于蓄电池电压时，在电解的作用下，正极板上的硫酸铅与水被电解成二氧化铅和硫酸；负极板上的硫酸铅和水被电解成铅和硫酸，这样电能就被蓄电池以化学能的形式储存在蓄电池中，这就是蓄电池的充电过程。

二、蓄电池的容量

蓄电池的容量是指在规定的放电条件(放电电流、放电温度和终止电压)下，完全充足电的蓄电池所能提供的电量，用 C 表示，蓄电池的容量是标志蓄电池的对外放电能力、衡量蓄电池质量的优劣以及选用蓄电池的最重要指标。当恒流放电时，蓄电池的容量等于放电电流与放电时间之积，即

$$C = I_f \cdot t_f$$

式中　C——蓄电池容量，单位为 A·h；

I_f——放电电流，单位为 A；

t_f——放电持续时间，单位为 h。

目前，汽车用蓄电池容量的表示方法有额定容量和储备容量两种。蓄电池容量与放电电流、电解液温度、放电终止电压和放电持续时间有关。

1. 20h 放电率额定容量

以 20h 放电率的额定容量作为起动型蓄电池的额定容量。放电率是以放电时间来表示的放电速率，即以一定的放电电流连续放电至蓄电池输出额定容量时所需的时间。

蓄电池的 20h 放电率额定容量是指：完全充足电的蓄电池在电解液温度为(25±5)℃条件下，以 20h 放电率的放电电流(即 $0.05C_{20}$ 安培电流)连续放电至 12V 蓄电池的端电压降到(10.5±0.05)V 时输出的电量，用 C_{20} 表示，单位为 A·h。

2. 储备容量

额定储备容量是指：完全充足电的蓄电池在电解液温度为(25±5)℃条件下，以 25A 电流连续放电至 12V 蓄电池电压降到(10.5±0.05)V 时，放电所持续的时间，用 C_m 表示，单位为分钟(min)。

储备容量表达了在汽车充电系统失效的情况下，蓄电池能为照明和点火系统等用电设备提供 25A 恒定电流的能力。如北京切诺基吉普车用 58-475 型蓄电池的额定储备容量为 82min；6-QA-60 型蓄电池的额定储备容量为 94min。

三、影响容量的使用因素

蓄电池容量与很多因素有关，归纳起来分为两类：一类是与生产工艺及产品结构有关，如活性物质的数量、极板的厚薄、活性物质的孔率等；另一类是使用条件，如放电电流、电解液温度和电解液相对密度等。

1. 放电电流的影响

实验表明：放电电流越大，则电压下降越快，放电至终止电压的时间越短，因此容量越小。图 1-10 所示为 6-Q-135 型蓄电池在不同放电电流情况下的放电特性。这是因为蓄电池放

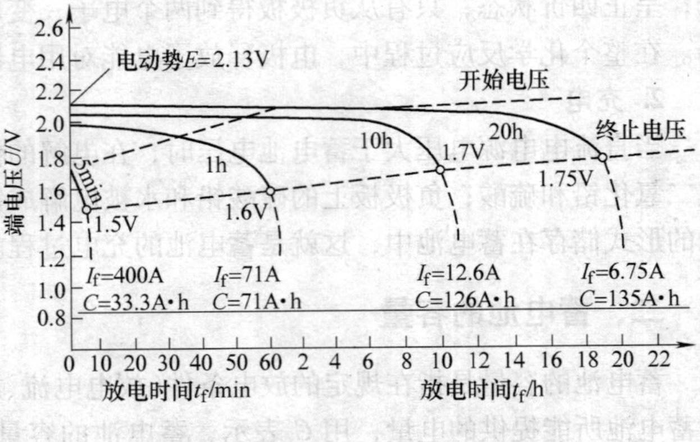

图 1-10　不同放电电流时的放电特性

电时，极板上生成的硫酸铅的摩尔体积为二氧化铅的 1.92 倍，为海绵状铅的 2.68 倍，所以在大电流放电时，极板表面活性物质的孔隙很快被生成的硫酸铅堵塞，使极板内层的活性物质不能参加化学反应，因此放电电流增大时，蓄电池容量减小。

由图 1-10 可见，放电电流越大，电压下降越快，越容易出现放电“终了”现象，如继续放电，则将导致过放电而影响蓄电池使用寿命。因此在起动发动机时，必须严格控制起动时间，每次起动时间不得超过 5s，再次起动应间隔 15s 以上。

2. 电解液温度的影响

温度降低则容量减小，这是由于温度降低时，电解液的粘度增加，渗入极板内部困难，使离子扩散速度和化学反应速度降低；同时电解液电阻也增大，使蓄电池内阻增加，电动势消耗在内阻上的压降增大，蓄电池端电压降低，允许放电时间缩短，因此容量减小。

由于温度对蓄电池放电时的端电压和容量有较大影响，因此，在寒冷地区应特别注意蓄电池的保温。

3. 电解液相对密度对容量的影响

适当增大电解液相对密度，可以提高电解液的渗透速度和蓄电池电动势，延长放电时间，从而提高蓄电池输出容量。但是，当相对密度超过一定值时，由于电解液相对密度增大使浸透速度降低，内阻和极板硫化增加，因此蓄电池输出容量又会减小。试验证明，电解液相对密度约为 1.23 时，蓄电池输出容量最大。综合考虑电解液相对密度对蓄电池性能的影响，汽车用起动型蓄电池充足电时的电解液相对密度，一般选在 1.26 ~ 1.30 范围内。

四、蓄电池的工作特性

1. 放电特性

蓄电池的放电特性是指恒流放电时，蓄电池端电压 U_f、电动势 E 和电解液密度 $\rho_{25℃}$ 随放电时间变化的规律。完全充足电的蓄电池以 20h 放电率恒流放电的特性曲线如图 1-11 所示。

由于是恒(定电)流放电，单位时间内消耗的硫酸量相同。所以，电解液的密度 $\rho_{25℃}$ 呈直线下降，静止电动势 E_j 也直线下降。一般电解液密度每下降 0.04g/cm^3，蓄电池放电约为额定容量的 25%。

放电时，由于蓄电池内阻 R_0 的影响，蓄电池端电压 U_f 低于其电动势 E，即

$$U_f = E - I_f R_0$$

式中　I_f——放电电流，单位为 A。

从放电特性曲线可看出，蓄电池单体端电压的变化规律可分为四个阶段：

第一阶段是开始放电阶段(2.11 ~ 2.0V)。这一阶段，蓄电池端电压 U_f 从 2.11V 迅速下

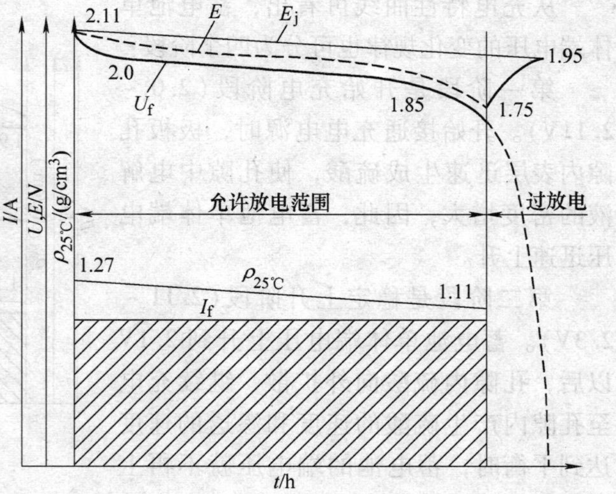

图 1-11 蓄电池的放电特性

降，这是由于放电之初极板孔隙内的 H_2SO_4 迅速消耗，密度迅速下降的缘故。

第二阶段是相对稳定阶段(2.0 ~ 1.85V)。这一阶段，极板孔隙外的电解液向极板孔隙内渗透速度加快，当渗透速度与化学反应速度达到相对平衡时，极板孔隙内的电解液密度的变化速率趋于一致，端电压将随整个容器内的电解液密度降低而缓慢下降到 1.85V。

第三阶段是迅速下降阶段(1.85 ~ 1.75V)。由于放电接近终了时，化学反应渗入到极板内层，而放电时生成的硫酸铅较原来的活性物质的体积大(是 PbO_2 的 1.86 倍，Pb 的 2.68 倍)，硫酸铅聚集在极板孔隙内，缩小了孔隙的截面积，使电解液渗入困难，因而极板孔隙内消耗的硫酸难以补充，孔隙内的电解液密度便迅速下降，端电压也随之急剧下降。

第四阶段是过度放电阶段(< 1.75V)。蓄电池单体的端电压下降至一定值时(20h 放电率降至 1.75V)，再继续放电即为过度放电。过度放电对蓄电池十分有害，易使极板损坏。此时如果切断电源，让蓄电池“休息”一下，由于极板孔隙中的电解液和容器中的电解液相互渗透，趋于平衡，蓄电池的端电压将会有所回升。

由此可见，蓄电池放电终了的特征如下：

1) 单体电压放电至终止电压(以 20h 放电率放电，单体电压降至 1.75V)。

2) 电解液密度降至最小许可值(约 $1.11g/cm^3$)。蓄电池允许的放电终止电压与放电电流有关，放电电流越大，则放完电的时间越短，而允许的放电终止电压越低，放电率与终止电压关系见表 1-2。

表 1-2 起动型蓄电池的放电率与终止电压的关系

放电情况	放电率	20h	10h	3h	30min	5min
	放电电流大小	$0.057C_{20}$	$0.1C_{20}$	$0.25C_{20}$	C_{20}	$3C_{20}$
单体电池终止电压/V			1.75	1.70	1.65	1.5

2. 充电特性

蓄电池的充电特性是指恒流充电时，蓄电池充电电压 U_c、电动势 E 及电解液密度 $\rho_{25℃}$ 等随充电时间变化的规律。蓄电池以 20h 充电率恒电流充电时的特性曲线如图 1-12 所示。

由于采用恒(定电)流充电，单位时间内生成的硫酸量相同。所以，电解液的密度 $\rho_{25℃}$ 呈直线上升，静止电动势也随之上升。

充电时，电源必须克服蓄电池内阻 R_0 的电压降，因此，充电电压 U_c 要高于蓄电池的电动势 E，即：

$$U_c = E + I_c R_0$$

式中 I_c——充电电流，单位为 A。

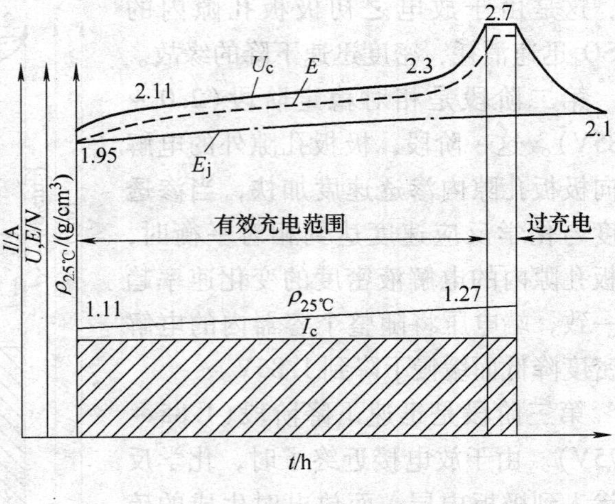

图 1-12　蓄电池的充电特性

从充电特性曲线可看出，蓄电池单体端电压的变化规律也可分为四个阶段：

第一阶段是开始充电阶段（2.0～2.11V）。开始接通充电电源时，极板孔隙内表层迅速生成硫酸，使孔隙中电解液的密度增大，因此，蓄电池单体端电压迅速上升。

第二阶段是稳定上升阶段（2.11～2.3V）。蓄电池单体端电压上升到2.1V以后，孔隙内硫酸向外扩散，继续充电至孔隙内产生硫酸的速度和渗透的速度达到平衡时，蓄电池的端电压就不再上升，而是随着整个容器内电解液密度的上升而相应提高。

第三阶段是迅速上升阶段（2.3～2.7V）。蓄电池单体电压达到2.3～2.4V时，极板外层的活性物质基本都恢复为PbO_2和Pb，继续通电，则使电解液中的水电解，产生H_2和O_2，以气泡形式出现，形成“沸腾”现象。由于产生的H_2以离子状态H^+集结在溶液中负极板处，来不及立即全部变成气泡放出，使得溶液与极板之间产生约0.33V的附加电压，因而使得蓄电池单体端电压上升至2.7V左右。

第四阶段是过充电阶段（≥2.7V）。蓄电池单体端电压上升至2.7V时应切断电源，停止充电，否则将会造成“过充电”。长时间过充电易加速极板活性物质的脱落，使极板过早损坏，因此必须避免。

在实际使用中，为保证蓄电池充足电，往往在出现“沸腾”之后，再继续充电2～3h，注意测量端电压和电解液密度，如果不再增加，则停止充电。充电停止后，由于充电电流为零，端电压迅速回落，极板孔隙内电解液和容器中的电解液密度趋于平衡，因而蓄电池端电压又降至2.11V左右。

可见，蓄电池在充电终了时（充足电）有如下特征：

1）蓄电池内产生大量气泡，即出现“沸腾”现象。

2）端电压上升至最大值，且2h内不再增加。

3）电解液密度上升至最大值，且2～3h内不再增加。

第四节　蓄电池维护与常见故障排除

普通蓄电池的使用寿命一般在1～2年，要想延长其使用寿命，就应掌握正确的使用、维护方法，保持蓄电池技术状况良好，发现问题及时处理。

一、蓄电池的正确使用

1）大电流放电的时间不宜过长，每次使用起动机的时间不超过5s，相邻两次起动应间隔15s。

2）充电电压不能过高，当充电电压增加 10%～15% 时，蓄电池的寿命将会缩短 2/3 左右。

3）尽量避免蓄电池过放电和长期在亏电状态下工作，放完电的蓄电池应在 24h 内充电。

4）冬季要特别注意保持充足电的状态，以免电解液密度降低而结冰。在不结冰的前提下，尽可能采用密度偏低的电解液。如液面过低，需添加蓄电池补充液时，只能在充电前进行，尽可能地使水与电解液混合。冷车起动前，注意发动机和蓄电池的预热。

二、蓄电池的维护

为了使蓄电池处于完好状态并延长其使用寿命，在日常使用中，应注意做好如下维护保养工作：

1）定期检查蓄电池的在车体上的安装及蓄电池卡子与极柱连接是否牢固，并及时清除线夹和极柱上的氧化物。清除方法：用滚烫的开水浇在蓄电池的正负极柱上，可以快速清除极柱及蓄电池表面污物。在极柱表面涂上凡士林或黄油也可防止氧化。

2）经常检查蓄电池的表面是否清洁，应及时清除灰尘、油污、电解液等污物，疏通加液孔盖通气孔。

3）根据季节和地区的变化，及时检查和调整电解液的密度及液面高度。冬季可加入适量的密度为 $1.40g/cm^3$ 的电解液，以调高电解液的密度（一般比夏季高 $0.02\sim0.04g/cm^3$ 为宜）；冬季向蓄电池内补加蒸馏水时，必须在蓄电池充电前进行，以免水和电解液混合不均而引起结冰。

4）经常检查蓄电池的放电程度，超过规定时立即充电；冬季蓄电池应经常保持充足电的状态，以防电解液密度降低而结冰，引起外壳破裂、极板弯曲和活性物质脱落等故障。

5）定期对蓄电池进行补充充电，不考虑蓄电池的放电程度强制性进行补充充电，以保证蓄电池始终处于充足电的状态，避免极板硫化。定期补充充电一般为每月一次，城市公共汽车可短些，而长途运输车可长些。

6）脱开蓄电池时，要先拆负极（搭铁）电缆；连接蓄电池时，细心查明极性，先正后负，不要接错。千万不要把工具放在蓄电池上。它们可能会同时触及两个极柱，使蓄电池短路而引起事故。

三、蓄电池的常见故障及排除方法

蓄电池在使用中出现的故障多数是由于维护和使用不当而造成的。蓄电池常见的故障有外部故障和内部故障。蓄电池的外部故障有壳体或盖子裂纹、封口胶干裂、极板松动或腐蚀等；内部故障有极板硫化、自放电、内部短路、活性物质脱落、极板拱曲等。下面简单分析几种常见的故障现象和原因及其排除方法。

1. 极板硫化

蓄电池长期充电不足或放电后长时间未充电，极板上会逐渐生成一层白色粗晶粒硫酸铅（$PbSO_4$），正常充电时不能转化为二氧化铅（PbO_2）和海绵状铅（Pb）的现象称为“硫酸铅硬化”或“不可逆硫酸盐化”，简称“硫化”，主要发生在负极板上。这种粗而坚硬的硫酸铅晶体很难重新溶解于电解液。它的导电性差，结构致密，体积大，堵塞极板孔隙，使电解液渗入困难，容量降低，内阻增大，起动时不能供给大的起动电流，以至不能起动发动机。

（1）现象与特征　极板上有较厚的白霜，充、放电时会有异常现象。这种结晶电导率低，使蓄电池的内阻增加，导致充电时单体电压上升快，且迅速升高到2.8V左右，电解液温度迅速升高，常超过45℃，但电解液密度却增加缓慢，且过早出现“沸腾”现象。由于极板上的有效活性物质减少，放电时容量明显下降，用高率放电计检查时，单体电压急剧降低。

（2）造成原因

1）蓄电池长期充电不足或放电后未及时充电，导致极板上的硫酸铅有一部分溶解于电解液中，环境温度越高，溶解度越大。当环境温度降低时，溶解度减小，溶解的硫酸铅就会重新析出，在极板上再次结晶，形成硫化。

2）蓄电池电解液液面过低，使极板上部外露与空气接触而被氧化(主要是负极板)，在汽车行驶过程中，电解液上下波动，与极板的氧化部分接触，会生成大晶粒硫酸铅的硬化层，使极板的上部硫化。

3）长期过量放电或小电流深度放电，使极板深处活性物质的孔隙内生成硫酸铅，平时充电不易恢复。

4）新蓄电池充电不彻底，活性物质未得到充分还原。

5）电解液密度过高、成分不纯，外部气温变化剧烈。

因此，为了避免极板硫化，蓄电池应经常处于充足电的状态，放完电的蓄电池应及时充电，电解液密度要恰当，液面高度应符合规定。

（3）排除方法　轻度硫化的蓄电池可用小电流长时间(间歇过充电)充电的方法予以排除；硫化较严重的采用去硫化充电方法消除硫化，用快速充电机充电对于消除硫化有较显著的效果；硫化特别严重的蓄电池只能更换极板或报废。

2. 自放电

充足电的蓄电池，处于静置不工作的状态时，其容量自行损耗的现象称为自放电。

（1）现象与特征　铅蓄电池的正常自放电是由于蓄电池本身因素所造成的一种不可避免的现象。一般充足电的蓄电池在24h内的自行放电量超过蓄电池容量的2%~3%时，则属于故障性自放电，这主要是由于使用维护不当造成的。

（2）造成原因

1）极板上活性物质和栅架的材料不同，在电解液中会产生不同电位而形成局部电池导致内部电流，形成自放电。

2）正极板PbO_2的分解和负极板Pb的自溶而形成自放电。

3）栅架与有效物质接触引起自放电。

4）蓄电池盖上积存有电解液、油污等引起自放电。

5）电解液浓度有差异，导致硫酸下沉，使得电解液下部密度比上部大，使极板上、下部产生电位差而引起自放电。

6）蓄电池内部短路引起自放电。极板上活性物质脱落，下部积沉物过多使极板短路；隔板炭化、发脆以至损坏使极板短路，造成自放电。

7）电解液中杂质含量过多，这些杂质在极板周围形成局部电池而产生自行放电。例如，当电解液中含铁量达 1% 时，一昼夜会将蓄电池全部放电。

（3）排除方法　问题较轻的待完全放完电，使极板上的杂质进入电解液，倒出电解液，用蒸馏水反复清洗干净，再加入新电解液，充足电后即可使用；问题较严重的应将电池完全放完电或过度放电倒出电解液，取出极板组，抽出隔板，用蒸馏水冲洗之后重新组装，加入新的电解液重新充电使用。

3. 极板短路

蓄电池正负极板直接接触或被其他导电物质搭接称为极板短路。它会使蓄电池通过短路点放电，把电能白白地消耗掉。

（1）现象与特征　蓄电池的容量变小、开路端电压很低；用高率放电计测量端电压时很低或迅速下降到零；充电时，端电压和相对密度上升很慢，甚至保持很低的数值就不再上升了，且充电末期气泡很少；充电时电解液温度迅速升高。

（2）造成原因　隔板质量不高或损坏使正负极板相互接触而短路；活性物质在蓄电池底部沉积过多、金属导电物落入正负极板之间；极板组严重弯曲等。

（3）排除方法　出现极板短路时，必须将蓄电池拆开检查，更换破损的隔板，消除沉积的活性物质，校正或更换弯曲的极板组等。

4. 极板活性物质大量脱落

铅蓄电池在使用过程中，正极板上的活性物质会逐渐脱落，蓄电池的容量也随之降低。这种现象只能用改善使用条件、在电解液中加入表面活性添加剂等方法来减缓脱落速度，但却难以根除。

（1）现象与特征　电解液混浊，并有褐色物质自底部上浮，蓄电池容量不足。

（2）造成原因　充电电流过大，电解液温度过高，活性物质膨胀松软脱落；经常过充电，致使极板孔隙中逸出大量气体，并对极板孔隙造成压力，使活性物质脱落；放电电流过大，接入起动机时间过长，致使极板拱曲引起活性物质脱落；电解液密度过低而冻结；在汽车行驶中，由于剧烈振动而导致活性质脱落。

（3）排除方法　沉积物较少时，可清除后继续使用；沉积物较多时，应更换新极板和电解液。

第五节　蓄电池的充电和充电方法

放电后的蓄电池必须通过充电才能重新投入使用。新蓄电池和修复后的蓄电池在首次使用前必须进行初充电。蓄电池在正常使用过程中为了保持一定容量，延长其使用寿命，还要进行一些必要的补充充电、均衡充电等维护性充电作业。因此，充电作业是保证蓄电池在整个使用过程中技术性能良好、延长其使用寿命的一个重要环节。

一、蓄电池的充电

根据充电目的的不同，蓄电池的充电作业可分为初充电、补充充电等。目前一般多使用干荷电及免维护蓄电池，在使用过程中常采用补充充电的方式进行充电。

1. 补充充电

蓄电池在车辆上使用时，常有充电不足的现象，尤其是短途运输车辆，应根据需要进行补充充电。一般每月一次，如发现下列现象，必须随时进行充电。

1）当电解液相对密度降到1.150以下时。

2）冬季放电超过25%，夏季超过50%时。

3）灯光比平时暗淡，表示电力不足时。

另外，蓄电池放置时间超过一个月时，应进行补充充电，以补偿自放电损失；当电解液消耗较多，补充大量蒸馏水后也应及时进行补充充电。

2. 预防硫化过充电

蓄电池在使用中，常因充电不足而造成硫化。为预防起见，可每隔三个月进行一次预防硫化过充电，即比平常充电时间更长，充电更完全。方法是：用平时补充充电的电流值将电池充足，中断1h，再用1/2的补充充电电流值进行充电至“沸腾”为止。如此重复几次，直至刚接入充电，蓄电池立即“沸腾”时为止。

二、充电设备

蓄电池是直流电源，因此必须用直流电充电。直流充电设备很多，常用的有电动机—发动机组和各种整流电源(整流器)。

整流充电设备是利用一些整流元器件将三相或单相交流电转变为直流电。最常用的是硅整流充电机和可控硅充电机，其结构简单、操作和使用维修方便、整流效率高、寿命长、工作稳定可靠。因此在汽车运输企业已得到广泛应用。

三、充电方法

为使充电电流I_c流过蓄电池，充电电源的电压U_c必须克服蓄电池的电动势E和内压降I_cR_0，可得充电电流I_c的表达式为

$$I_c=\frac{(U_c-E)}{R_0}$$

蓄电池的充电方法有定流充电和定压充电两种，近年来快速充电(脉冲充电)也逐步推广。

1. 定流充电

在充电过程中，充电电流保持一定的充电方法，称为定流充电，如图1-13所示。由于充电电流$I_c=\frac{(U_c-E)}{R_0}$，所以随着蓄电池电动势E的升高，要保持充电电流一定，必须逐步提高充电电压U。当每单体电池的端电压升高到2.4V左右，电解液开始产生气泡时，应将充电电流减少一半，直到蓄电池完全充足。R_0是蓄电池的内阻。

采用定流充电时，被充电的蓄电池无论是6V还是12V都可串联在一起，如图1-13所示。所串联的蓄电池最好容量相同，否则充电电流的大小必须按照容量最小的蓄电池来选定，而容量大的蓄电池则充电太慢。

定流充电的优点是：充电电流可以任意选择和调整，有益于延长蓄电池的使用寿命。因此可对各种不同情况的蓄电池充电，如新蓄电池的初充电，普通充电以及去硫充电均可采用这种方法。但它的缺点是充电时间长，并且需要经常调节充电电流。

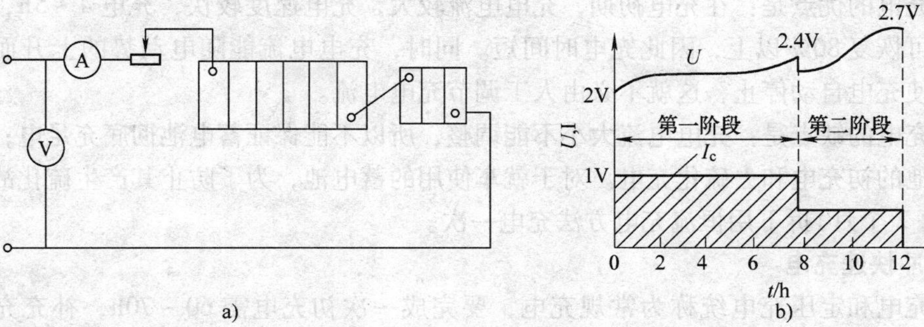

图 1-13 定流充电
a）连接简图 b）充电特性曲线

2. 定压充电

充电过程中，电源电压 U 始终保持不变的充电方法称为定压充电，如图 1-14 所示。蓄电池在汽车上由发电机对其充电就属于定压充电，其充电电压由充电系统的电压调节器控制。

在定压充电开始时，充电电流很大。此后随着蓄电池电动势 E 的增大，充电电流逐渐减小，至充电终了时，充电电流将自动降低到零，这样可不必由人照管。另外，定压充电时，充电电流很大，开始充电后 4 ~5h 内蓄电池就可获得本身容量的 90%~95%，因而可大大缩短充电时间。由于定压充电，充电时间短，不需照管且经济性高，所以较适合于蓄电池的补充充电，因而被汽车维修厂家广泛采用。但定压充电时，不能调整充电电流的大小，所以不能用于蓄电池的初充电，也不能用来消除硫化。并且要求所有充电的蓄电池电压必须相同才行。

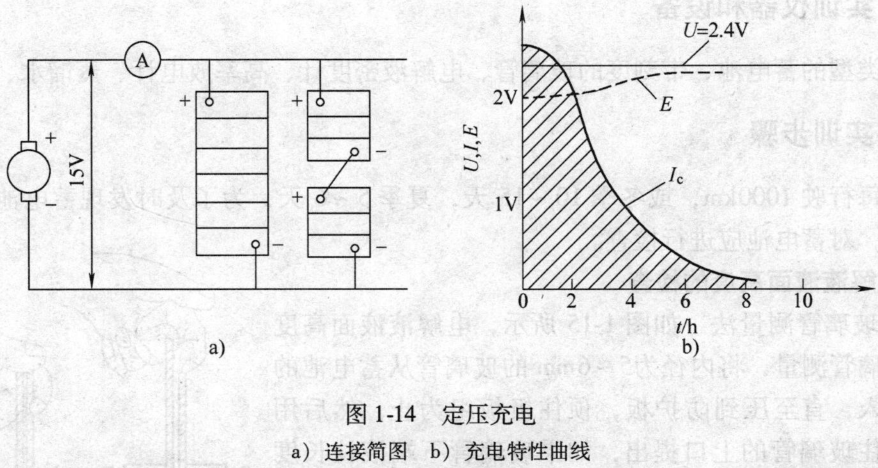

图 1-14 定压充电
a）连接简图 b）充电特性曲线

采用定压充电时，要选择好充电电压，若电压过高，不但充电初期充电电流过大，而且会发生过充电现象，以致引起极板弯曲、活性物质大量脱落，蓄电池温升过高；若充电电压过低，则会使蓄电池不能充电。一般每单体电池约需 2. 5V，即 6V 的蓄电池充电，充电电源的电压应为 7. 5V；对 12V 蓄电池充电，电源电压应为 15V。被充电的蓄电池，必须并联在充电电源之间。在汽车上由于蓄电池是和发电机并联的，所以蓄电池始终是在发电机的恒定电压(通过调节器调整)下进行充电的。

定压充电的优点是：在充电初期，充电电流较大，充电速度较快，充电 4～5h，蓄电池的容量即可恢复 80% 以上，因此充电时间短。同时，充电电流能随电动势的上升而逐渐减小到零，使充电自动停止，这就不必由人工调节充电电流。

定压充电的缺点是：充电电流大小不能调整，所以不能保证蓄电池彻底充足电；也不能用于蓄电池的初充电和去硫化充电。对于就车使用的蓄电池，为了防止其产生硫化故障，必须定期(每 2 个月)拆下用恒流充电方法充电一次。

3. 脉冲快速充电

定流充电和定压充电统称为常规充电，要完成一次初充电需 60～70h，补充充电也要 20h 左右。由于充电的时间太长，给使用带来很大不便。但是，单纯加大充电电流来缩短充电时间是行不通的，因为这样不仅使充电时蓄电池达不到额定容量，而且会使蓄电池温升快，产生大量气泡，造成活性物质脱落而影响其使用寿命。20 世纪 50 年代初国外已开始研究快速充电技术，探寻其理论基础。近年来我国快速充电技术也发展很快，已研制成功并生产了可控硅快速充电机。新蓄电池初充电一般不超过 5h，旧蓄电池补充充电只需 0.5～1.5h，大大缩短了充电时间，提高了充电效率。

第六节　实训：蓄电池技术状况的检查

一、实训目的和要求

1）了解蓄电池技术状况检测的项目和内容。

2）掌握蓄电池技术状况检测的常用设备和使用方法。

二、实训仪器和设备

各种类型的蓄电池、带刻度的玻璃管、电解液密度计、高率放电计、蒸馏水、电解液。

三、实训步骤

汽车每行驶 1000km，或冬季 10～15 天，夏季 5～6 天，为了及时发现蓄电池使用中的内在故障，对蓄电池应进行检查。

1. 电解液液面高度的检查

(1) 玻璃管测量法　如图 1-15 所示，电解液液面高度可以用玻璃管测量，将内径为5～6mm 的玻璃管从蓄电池的加液口插入，直至压到防护板，顶住极板组为止，然后用大拇指堵住玻璃管的上口提出，如果玻璃管下端液柱长度为 10～15mm，说明电解液的液面符合要求。

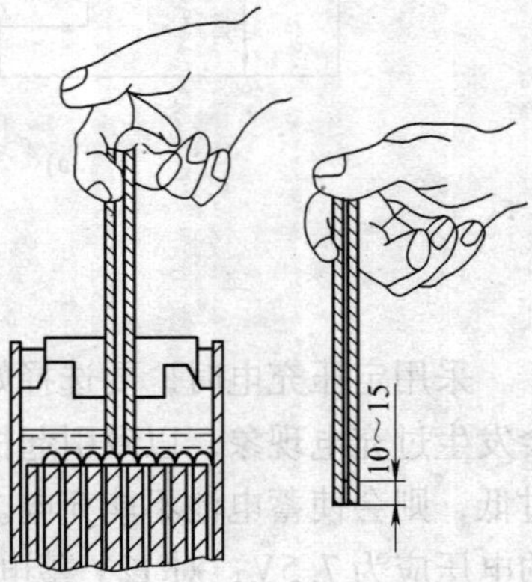

图 1-15　用玻璃管测量电解液液面高度

(2) 液面高度指示线法　使用透明塑料壳体的蓄电池，在壳体上标有两条高度指示线，正常电解液液面介于两线之间，最好要常维持在最高线，以免液面过低露出蓄电池的极板造成硫化，液面过低时加入蓄电池补充液补充。

电解液、补充液、纯净水等的区别：电解液是用专用的蓄电池用硫酸与蒸馏水按一定的比例配制而成的，一般为密度 1.26 ~ 1.28g/cm^3 的稀硫酸溶液；蓄电池补充液是指含有极微量硫酸的蒸馏水；而纯净水一般是指人能够饮用的，含有对人体有用的一些离子如钙、镁离子等而含其他杂质少的较为洁净的水。在蓄电池的电解液缺少时，除非确实知道液面降低的原因是因蓄电池倾倒电解液洒出所致，一般不允许加入电解液而要加入补充液。而纯净水及其他的如河水、井水、开水等因含有一些金属离子，因此在电解液缺少时一定不要加这些所谓“纯净”的水，因其内含有的钙、镁离子容易形成原电池导致自放电。

2. 电解液相对密度的检查

在标准的电解液密度下，通过测量电解液的相对密度就可以大致判断蓄电池的放电程度。电解液的相对密度可用专用的吸式电液密度计测量，如图 1-16 所示。

测量时先将密度计下部的橡皮吸管插入蓄电池的单体电池内，用手捏一下橡皮球，然后慢慢松开，电解液就被吸入玻璃管中，此时密度计的浮子浮起，其上刻有读数，浮子与液面(凹面)相平行的读数就是该电解液的密度。多数电液密度计相对密度标注的范围为：1.10 ~1.30 之间，并分为红、黄、蓝三个标志区域：1.10 ~1.15 之间为红色区域，在标准的电解液密度下，如电解液的实际密度在此区域内则说明蓄电池已亏电；1.15 ~1.25 之间为蓝色区域，在标准的电解液密度下，如电解液的实际密度在此区域内则说明蓄电池存电正常；1.25 ~1.30 之间为黄色区域，在标准的电解液密度下，如电解液的实际密度在此区域内则说明蓄电池电解液的密度过大，应进行调整。

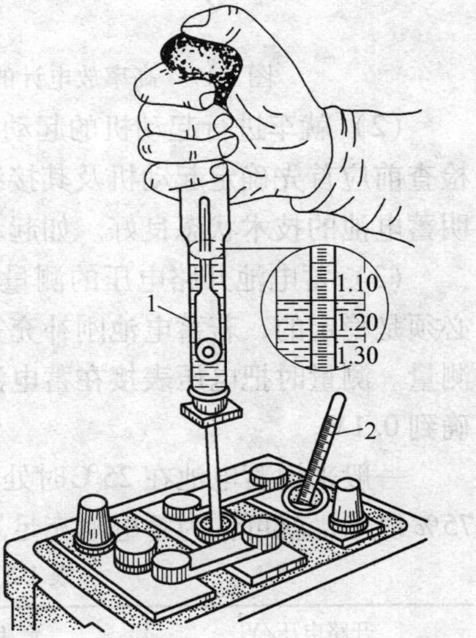

图 1-16 测量电解液的相对密度和温度
1—密度计 2—温度计

3. 蓄电池的性能及放电程度的检查

(1) 用高率放电计测量蓄电池的放电程度 高率放电计是模拟接入起动机的负荷，测量蓄电池在大电流(接近起动机的起动电流)放电时的端电压，用以判断蓄电池的放电程度和起动能力。一种是单体式的高率放电计，用以测量普通蓄电池外露式连接条的测量，另一种是整体式高率放电计，如图 1-17 所示，用以测量干荷电或免维护等新型蓄电池的性能。下面以整体式高率放电计为例说明其检查方法。

整体式高率放电计由一个 20V 的电压表和一个定值的负载电阻(阻值较小,依靠电流的热效应工作)组成。测量前保证蓄电池要在充足电的状态，否则不能正确判断蓄电池的性能好坏，同时认清高率放电计和蓄电池的极性。测量时应将两叉尖紧压在蓄电池的正负极柱上，如图 1-18 所示。每次测量时间为 20s，同时观察大负荷放电情况下蓄电池所能保持的端电压，进行三次测量，每次间隔 3 分钟，以第三次测得的数据为准，依据测量结果进行判断：端电压小于 9.0V，说明蓄电池有故障；端电压在 9.0 ~11.5V 之间，说明蓄电池性能较好；端电压大于 11.5V，说明蓄电池性能良好。

不同厂家的放电计，负荷电阻值不同，放电电流和电压表读数也就不同。使用时应参照原厂说明书规定。

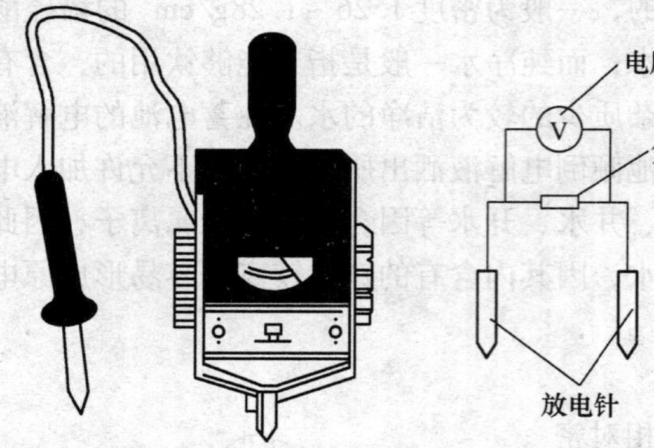

图 1-17　高率放电计的结构

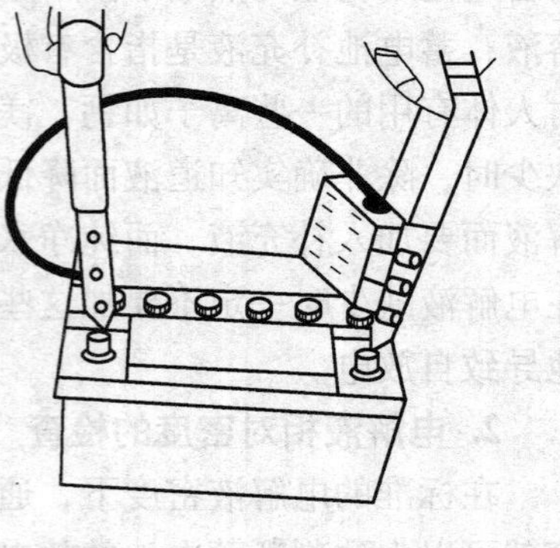

图 1-18　用高率放电计测量蓄电池放电电压

(2) 就车进行起动机的起动检查　蓄电池存电状况检查最直观的方法是就车起动检查，检查前应首先确定起动机及其接线的完好性，并将蓄电池充足电，起动时如能顺利起动，说明蓄电池的技术状态良好。如起动困难或起动机不转，说明蓄电池性能不良。

(3) 蓄电池开路电压的测量　开路电压用来确定蓄电池的充电状态。检测时，蓄电池必须是稳定的，若蓄电池刚补充完电，至少应等待 10min，让蓄电池的电压稳定后，再进行测量。测量时把电压表接在蓄电池两极柱上，跨接时应认准极性。测量开路电压，读数要精确到 0.1V。

一般来说蓄电池在 25℃时处于较佳状态的读数应为 12.4V 左右，若充电状态达 75% 或 75% 以上，就可认为蓄电池充足了电，其对应关系见表 1-3。

表 1-3　开路电压的检测结果表明充电状态

开路电压/V	充 电 状 态	开路电压/V	充 电 状 态
≥12.6	100%	12.0～12.2	25%～50%
12.4～12.6	70%～100%	11.7～12.0	0～25%
12.2～12.4	50%～75%	≤11.7	0

注意：如果汽车有许多常接蓄电池的电器设备如计算机、时钟、存储式收音机等，在读取电压表读数之前应脱开蓄电池的负极电缆。

第七节　实训：蓄电池的使用及充电

一、实训目的和要求

1) 掌握蓄电池充电设备的使用方法。

2) 掌握蓄电池串联、并联充电电路的连接方法。

3) 掌握蓄电池初充电、补充充电的方法。

二、实训仪器和设备

各种蓄电池 5 块、充电电源 5 台、蓄电池线若干。

三、实训内容

1. 蓄电池在使用中应注意“三抓”和“五防”

（1）三抓　抓及时、正确充电。放完电的蓄电池应在24h内送充电间进行充电；装车使用的蓄电池每两个月应补充充电一次；带电解液存放的蓄电池每两个月应补充充电一次。

抓正确操作。不连续使用起动机，每次起动时间不超过5s，两次使用起动机应间隔15s；冬季冷车起动之前，应先空转发动机数次，并应预热发动机；安装、搬运蓄电池应轻搬轻放，不可敲打或在地上拖曳，蓄电池在车上应固定牢固。

抓清洁保养。经常清除蓄电池表面的灰尘污物；电解液洒在电池表面时，应用抹布蘸10%浓度的苏打水或碱水擦净；极柱和电线头上出现氧化物，应予清除；经常疏通通气孔。

（2）五防　防止过充电或充电电流过大；防止过度放电；防止电解液液面过低；防止电解液密度过高；防止电解液内混入杂质。

2. 蓄电池的安装与拆卸

车用蓄电池内部电阻很小，一旦发生短路就会形成大电流放电，不仅损失电能，而且还有烧坏电缆或电器线束的危险。因此，在安装蓄电池时，应先连接正极电缆，后连接负极电缆。这是因为如果先连接负极电缆，那么，在连接正极电缆时，扳手万一搭铁就会导致蓄电池短路放电。同理，在拆卸蓄电池时，应先拆卸负极电缆，后拆卸正极电缆。

（1）蓄电池的安装　将蓄电池安装到汽车上时，应按下述程序进行。

1）检查蓄电池型号规格是否适合该型汽车使用。

2）检查电解液密度和液面高度是否符合技术要求，否则应予调整。

3）根据正、负极柱和正、负电缆端子的相对位置，将蓄电池安放到固定架上。

4）将正、负电缆端子分别与正、负极柱连接（注意：先连接正极电缆，后连接负极电缆）。

5）在正、负极柱及其电缆端子上涂抹一层润滑脂，以防极柱和端子氧化腐蚀。

6）安装固定夹板，拧紧夹板固定螺栓。

（2）电池的拆卸　从汽车上拆卸蓄电池时，应按下述程序进行。

1）将点火开关置于“断开（OFF）”位置。

2）拆下蓄电池固定夹板的固定螺栓，取下固定夹板。

3）拧松蓄电池正、负极柱上的电缆接头紧固螺栓，取下电缆（注意：先拆卸负极电缆，后拆卸正极电缆）。

4）从汽车上取下蓄电池。

5）检查蓄电池壳体上有无裂纹和电解液渗漏痕迹，发现裂纹和渗漏应更换蓄电池。

3. 蓄电池极柱极性的识别

将蓄电池安装到汽车上使用时，需要将蓄电池的正极柱与通往起动机的电缆（即火线电缆）连接，将蓄电池的负极柱与搭铁电缆（即搭铁线）连接。在蓄电池充电时，需要将蓄电池的正极柱与充电机的正极连接，将蓄电池的负极柱与充电机的负极连接。因此，必须正确识别蓄电池极柱的极性，才能正确连接蓄电池电路。在蓄电池正极柱上或正极柱周围的蓄电池盖上标有“＋”或“P”标记；在负极柱上或负极柱周围的蓄电池盖上标有“－”或“N”标记。对于使用一段时间后标记模糊不清难以辨别的蓄电池，可用下述方法进行判别。

1）观察极柱颜色进行判别。使用过的蓄电池，其正极柱呈深棕色，负极柱呈深灰色。

2）用直流电压表检测判别。将电压表连接蓄电池的正负极柱，按表针偏摆方向判断其正负极性。如表针正摆（即向右偏摆），则表的正极所连极柱为蓄电池正极；若表针反摆（即向左偏摆），则表的负极所连极柱为蓄电池正极。

3）用电解方法进行判别。将蓄电池的两个极柱各连接一根导线，并将导线的另一端分别插入电解液中（注意导线端头切勿相碰），此时导线周围产生气泡较多者所连极柱即为蓄电池负极。

4）观察极柱粗细进行判别。极柱较粗的为蓄电池的正极，极柱较细的为蓄电池的负极。

5）根据使用一段时间后极柱上产生的氧化物进行判别。产生绿色的氧化物较多的是蓄电池的正极，较少的为负极。

6）根据蓄电池线所接的部件判别。正极接起动机的主接线柱，且正极一般有多根电源线引出，负极接车身或发动机的搭铁部位。

4. 充电机的使用方法

下面以 CDJ-6 型充电机的操作为例说明充电机的使用方法。

1）将蓄电池与充电机连接。在对蓄电池进行充电时，充电电源正极必须连接蓄电池正极柱，充电电源负极必须连接蓄电池负极柱。如果充电时将蓄电池极性与充电机极性接错，那么充电后的蓄电池极性恰好相反，即正极将变成负极，负极将变成正极。不仅蓄电池容量会显著减小，而且在使用中容易导致极性接错而损坏汽车上的交流发电机和用电设备。

2）将控制面板上的电流调节旋钮沿逆时针方向旋转到不能转动时的位置（0 位）。目的是使输出电流减小到零（注意：此项操作必须在接通充电机电源之前进行，否则容易导致充电机损坏）。

3）接通控制面板上的电源开关，使变压器电源接通，此时控制面板上的电源指示灯将发亮指示。

4）沿顺时针方向缓慢转动电流调节旋钮，使输出电流达到选定的充电电流值。如果调整时无电流输出，应及时沿逆时针方向转回旋钮，查明原因后再开机充电。

5）停机时，必须先沿逆时针方向调节电流调节旋钮使电流表指针调至零位后，再切断电源开关使充电机停止工作。

5. 注意事项

1）严格遵守各种充电方法的操作规范。

2）处于寒冷天气的蓄电池在充电之前需检查电解液是否结冰，不可对结冰的蓄电池进行充电，否则会引起爆炸。

3）补充充电前需检查电解液的液面高度，电解液不足时应补充蒸馏水。

4）充电过程中应注意测量电解液的温度，当温度超过 40℃时应将电流减半，如温度继续升高达 45℃时应停止充电，待冷却至 35℃以下时再充电。也可采用风冷或水冷的方法来降温。

5）初充电应连续进行，不可长时间间断。

6）室内充电时，应旋下加液孔盖，使氢气和氧气能顺利排出。

7）充电室要安装通风设备，在充电过程中通风设备应不停地工作，以排出有害气体，避免爆炸危险及损害操作人员的健康。

8）充电室要严禁烟火。

第八节　实训：汽车电气维修常用检测仪表和工具

一、实训目的和要求

1）掌握常见指针式万用表、数字式万用表的使用方法。

2）掌握用万用表测量电压、电流、电阻的方法。

3）掌握用万用表判断二极管、晶体管极性的方法。

二、实训仪器和设备

电磁机械万用表5块，数字式万用表5块，蓄电池5块，汽车电气试验台5台，点火线圈、整流二极管、晶体管各若干。

三、实训原理与内容

1. 试灯

12V试灯用于测量电路中是否存在电压。当试灯一头接地，另一头探针触到带电压的导体时，灯泡就会亮。试灯不能取代电压表。因为它只能显示是否有电压，不能显示电压的高低。试灯的外形及电路如图1-19所示。

无源试灯是将试灯的一端子接地，用另一端子沿电路接触不同的点，检测是否有电压，如果试灯点亮，表明检测点有电压。无源试灯的正确使用如图1-20所示。

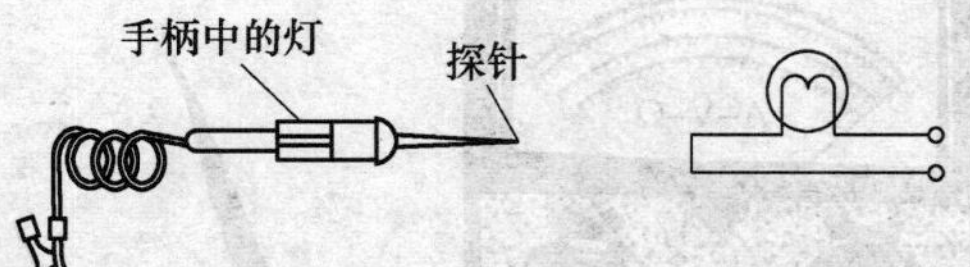

图1-19　试灯的外形及电路

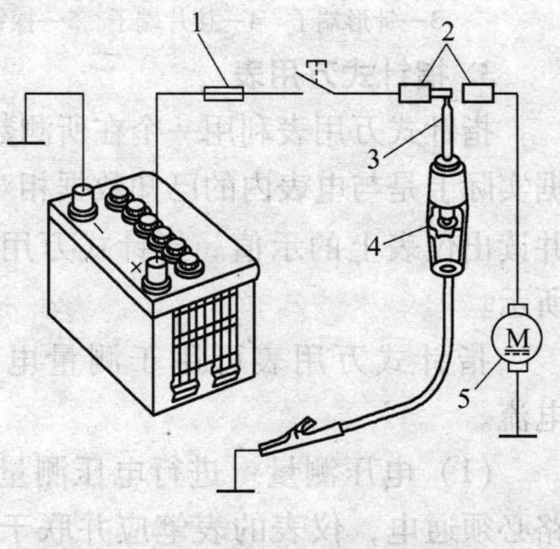

图1-20　无源试灯的正确使用
1—熔断器　2—连接器　3—探针
4—测试灯　5—电动机

2. 跨接导线

跨接导线有时可作为故障诊断的辅助工具，可用于跨过某段被怀疑已断开的导线，而直接向某一部件提供电的通路，也可用于不依赖于电路中的开关或导线而向电路中加上电池电压。它可配上与通导性测试笔相同的探针和夹子，也可设计为各种特殊形式。跨接导线的形式如图1-21所示。

跨接导线是一种简单、有效的测试工具，它可以使电流“绕过”被怀疑是开路或断路的电路部分，从而使电路形成回路，进行通导性测试。如果连接跨接导线后电路正常工作，则表示所跨过的部位存在开路(断路)故障，跨接导线只能用于旁通电路的非电阻性部件，如开关、连接器和导线段等，切勿将跨接导线直接跨接在用电设备的两端，否则会烧坏其他相关电路元件。跨接导线的正确使用如图 1-22 所示，其中 a、b、d 是正确的使用方法，c 是错误的使用方法。

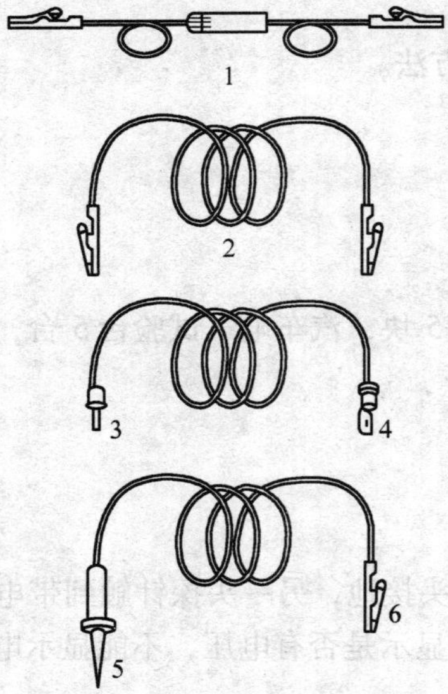

图 1-21　跨接导线的形式

1—带直列式熔断器的鳄鱼夹　2、6—鳄鱼夹　3—针形端子　4—接片端子　5—探针

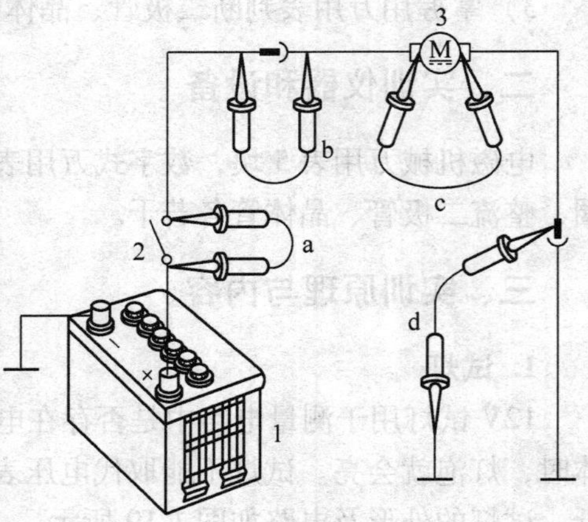

图 1-22　跨接导线的正确使用

1—蓄电池　2—开关　3—电动机

3. 指针式万用表

指针式万用表利用一个在所测数值相关刻度上摆动的弹簧指针来显示所测数据。测量数据实际上是与电表内的已知数据相对照，并反映在表盘上。使用者要按所设定的量程，判定并读出仪表上的示值。指针式万用表如图 1-23 所示。

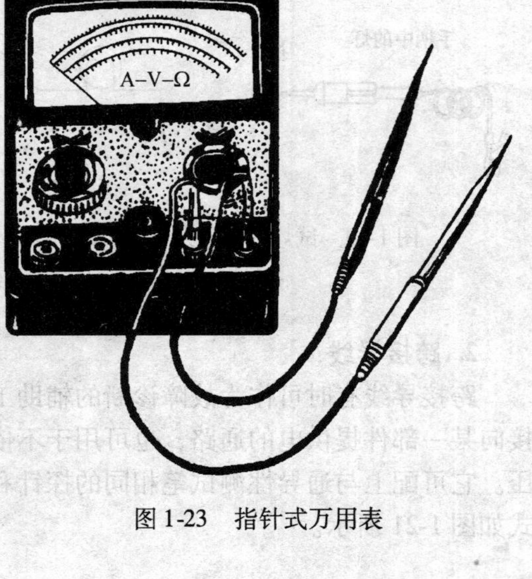

图 1-23　指针式万用表

指针式万用表可用于测量电压、电阻和电流。

(1) 电压测量　进行电压测量时，所测电路必须通电，仪表的表笔应并联于所测部件的两端。一般指针式万用表电压挡的量程挡位为：2V、20V 和 200V。

(2) 电阻测量　使用电阻挡测试电路电阻之前，必须将其校准到“0”Ω 位置，这样才能得到准确的读数。每一次变换量程挡都要对其重新校准，否则读数可能出现误差。指针式欧姆表调零时，两表笔互相接触，仪表的指针应移向表盘右侧。精确调整指针零位时，应转动零点调节旋钮直到指针与刻度盘上的零点对齐。当测量仪表的两支表笔没有碰在一起或没有与所测电路连接时，表上所示应为无穷大电阻，指针式仪表的指针应停留在刻度盘的最左侧。欧姆表中的各种不同量程挡可用于大范围电阻值的测试。如果不知道所测电阻的大约范围，应首先选择较高量程挡，然后再向低量程挡转换。测量电阻时，要首先确定所测部件没有电流通过，然后再将仪表与所测元件的两端连接，同时还要使该部件在电路中与其他部件分开。进行测量时，表内的电池向所测部件提供电压，使电流通过该部件，仪表利用内部已知数据与所流经的电流进行比较，这样，该部件的电阻就显示在仪表上了。指针式万用表欧姆挡典型的量程挡为：200Ω、20kΩ、200kΩ和2000kΩ。

绝对不要将欧姆表接在带电的电路中，否则电路中的电流会损坏仪表中的线圈。某些仪表内装有熔丝来保护仪表。

（3）电流测量　安培表用于测量流过某一电路的电流量。有两种安培表常用于汽车故障诊断，即内分流式安培表和感应式安培表。汽车电工常用内分流式安培表，如常用的汽车万用表，主要用于小电流的测量，测量时串联于所测电路中。

内分流式安培表必须与所测部件串联，绝不能与所测部件并联。否则将使原应流经部件的电流绕过该部件直接流入仪表，过高的电流会烧坏仪表和电路。

4. 数字式万用表

数字万用表具有使测试精确的电子电路，其准确度超过0.1%，远远超过模拟表。数字万用表已普遍用于电气诊断和检测。

当数字万用表的红表笔带电而黑表笔接地时，它即在读数前显示一个“+”符号或不显示。如果两表笔反接，读数前将会出现“-”符号，以示相反极性。大部分高质量的仪表是由表内以干电池为电源的内部电路提供已知数据。如果电池电力不足，就将影响读数的精确度。因此，要经常检查表内电池以确保数据的准确性。大部分数字式仪表都有一个电池警告标志，用来显示电池的电位状况。

电压表具有极敏性，它可显示正电压或负电压。数字式电表用“+”或“-”来表示正电压或负电压。电压表有几个供选择的挡位。各挡的量程不同读数有所不同。所选择的量程挡应以得到最精确读数为准。一般数字式仪表的量程挡位为：200mV、2000mV、20V、200V、1000V DC 和750V AC。

（1）电压的测量步骤

① 将万用表的测试导线按图1-24所示插入相应插孔（红表笔插入V/Ω插孔，黑表笔插入COM插孔）。

② 将万用表的功能选择开关置于电压测量挡位，并根据待测量电压的类型选择直流和交流位置（DC/AC开关选择）。

③ 根据待测电压的大小选择量程。

④ 将万用表的两表笔接入待测电路，黑表笔接地（汽车上搭铁部件），红表笔接信号线（检测点）。

⑤ 闭合待测试电路，观察万用表显示区域的电压读数。

⑥ 按下HOLD按钮，锁定测量结果，并与标准值进行对比。

（2）电阻的测量步骤

① 将万用表的测试导线插入相应插孔。

② 将万用表的功能选择开关置于电阻测量挡位，此时若不设置量程，万用表为自动量程状态。

③ 若需进行量程设置可按下“RANGE”控制键，进入手动量程设置模式，此后如再按下一次控制键，量程范围将再更换一次。若想返回自动量程，可按下该键2s后松开，即可返回。

④ 手动量程的选择范围：0～200Ω、0～2kΩ、0～20kΩ、0～200kΩ、0～2MΩ、0～20MΩ。

⑤ 将万用表的两表笔接入待测元件，黑表笔和红表笔分别连接待测元件的接线端子。

⑥ 观察万用表显示区域的数据显示。

⑦ 按下控制区域的HOLD按钮，锁定测量结果，与标准值进行对比。

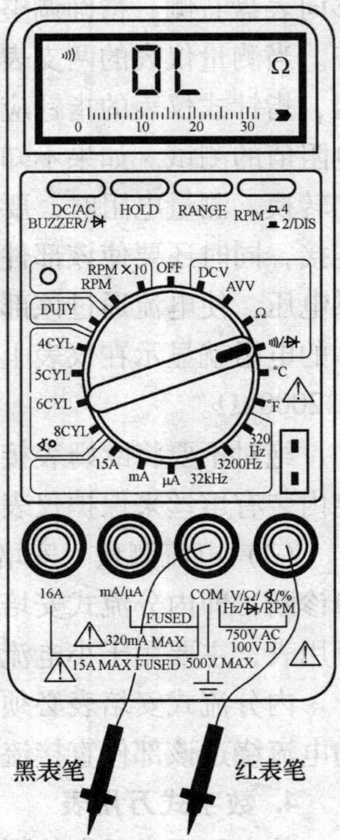

图1-24 数字万用表

（3）电路通导性测试

① 将万用表的测试导线接入相应插孔。

② 将万用表的功能选择开关置于电路导通/二极管测试挡位。

③ 将万用表的两测试导线接入被测试电路。

④ 若万用表的蜂鸣器发出报警声，表明所测电路没有断路情况。

（4）二极管的测量

① 将万用表的测试导线接入相应插孔。

② 将万用表的功能选择开关置于电路导通/二极管测试挡位。

③ 将万用表的两测试表笔接被测试二极管的两个管脚。

④ 将万用表的两测试表笔对调后再接被测试二极管的两个管脚。

⑤ 在③、④两种测试情况下，若一次测量的结果呈高阻状态，而另一次测量结果呈低阻状态，则表明二极管性能良好；若两次测量结果都呈低阻状态，则表明二极管已击穿；若两次测量结果都呈高阻状态，则表明二极管已烧坏。

5. 二极管的简易判别

使用二极管时，常需辨别二极管的正、负极性并粗略判断二极管的好坏。通常用指针式万用表欧姆挡通过测试二极管正、反向电阻来进行判断。

（1）好坏判别　把指针式万用表欧姆挡的量程拨到$R\times100$或$R\times1k$挡，将两表笔分别正接或反接在被测二极管的两端，即可测得大小两个电阻值，如图1-25所示。其中大的是反向电阻，小的是正向电阻。如果测得的电阻在几十到几百欧（汽车用整流二极管用$R\times1$挡测量时正向电阻为10Ω左右），反向电阻在几百千欧以上，说明二极管是好的，而且正、反向阻值相差越大，说明二极管的单向导电特性越好；若测得正、反向电阻为无穷大，说明二极管内部断路；若测得正、反向电阻都很小或为零，说明二极管内部已短路。后两种情况说明二极管已坏，不能使用。

（2）极性判别　用指针式万用表测量二极管的正、反向电阻时，若测得的电阻较小时，则黑表笔所接的一端是二极管的正极，红表笔所接的一端是二极管的负极；反之，若测得的电阻较大时，则黑表笔所接的一端是二极管的负极，红表笔所接的一端是二极管的正极。这是因为黑表笔与表内电池的正极相连，红表笔与表内电池的负极相连。

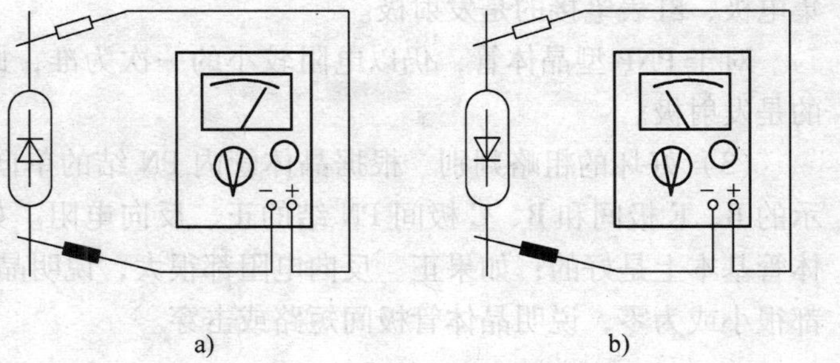

图 1-25　二极管的简易判别
a）正向电阻小　b）反向电阻大

用万用表测量二极管的正、反向电阻要注意以下两点：

1）用万用表不同的欧姆挡测试同一只二极管获得的阻值是不相同的，因为不同的挡位，两表笔之间的端电压不同。

2）在测量小功率二极管时，不宜用电流较大的 $R\times1$ 挡或电压较高的 $R\times10\text{k}$ 挡，以免损坏二极管。

6. 晶体管的简易判别

（1）类型判别　晶体管管脚一般可根据外壳上的标记判别，也可根据晶体管的型号从手册中查得。但如果晶体管标记不清或找不到手册时，则可用万用表来判别。确定基极和类型无论是 NPN 型还是 PNP 型晶体管，它们都包含有两个 PN 结。因此，可根据 PN 结的正向电阻小，反向电阻大的特点，用万用表的欧姆挡($R\times100$ 或 $R\times1\text{k}$)来判别。

测试时可任意假设一个极是基极，将万用表任一表笔与假设的基极相接，另一表笔分别与其余两个电极依次相接，如图 1-26a 所示。若测得的电阻都很大(或很小)，则将两表笔对调测量，若电阻都很小(或很大)，则上述假设的基极是正确的；如果测得的电阻是一大一小，则假设的基极不对，可换一个管脚做基极再测试，直到符合上面的正确结果为止。

基极确定后，用万用表的黑表笔接基极，红表笔分别和另外两个电极相接，若测得电阻都很小，则为 NPN 型晶体管；反之，则为 PNP 型晶体管。

（2）集电极和发射极的判断　基极确定之后，对于 NPN 型晶体管可将万用表两表笔任意接在其余两管脚上，并在基极与黑表笔之间接一只 100kΩ 的电阻或用手捏住黑表笔与基极，但不能直接接触，如图 1-26b 所示。然后观察电阻值，之后再将两表笔对调，按上述方法重测一次，最后比较两次测得的电阻值，并以较小的一次为准，此时黑表笔所接的管脚是

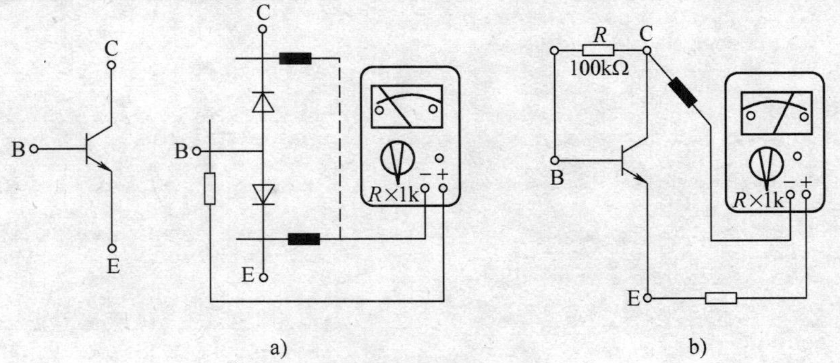

图 1-26　晶体管的简易判别
a）确定晶体管的基极和类型　b）判别 NPN 型晶体管的发射极和集电极

集电极，红表笔接的是发射极。

对于 PNP 型晶体管，仍以电阻较小的一次为准，此时红表笔接的是集电极，黑表笔接的是发射极。

（3）好坏的粗略判别　根据晶体管内 PN 结的单向导电性，可以分别测量如图 1-26 所示的 B、E 极间和 B、C 极间 PN 结的正、反向电阻。如果正、反向电阻相差较大，说明晶体管基本上是好的；如果正、反向电阻都很大，说明晶体管内部有断路；如果正、反向电阻都很小或为零，说明晶体管极间短路或击穿。

第二章　交流发电机及调节器

第一节　概　　述

发电机是汽车电气系统的主要电源，由汽车发动机驱动，它在正常工作时，对除起动机以外的所有用电设备供电，并向蓄电池充电以补充蓄电池在使用中所消耗的电能。

汽车上的交流发电机是一个三相同步交流发电机，它是利用硅二极管将其定子绕组中所感应的三相交流电整流为直流电。由于是用硅二极管整流，因此，也称为硅整流交流发电机。下面以不同的方式对汽车用交流发电机进行分类：

1. 按总体结构分

（1）普通交流发电机　既无特殊装置，也无特殊功能和特点的汽车交流发电机，其应用最为普遍，如东风 EQ1090 型载货汽车用 JF132 型交流发电机，解放 CA1091 型载货汽车用 JF1522A 型交流发电机等。

（2）整体式交流发电机　即内装电子调节器的交流发电机，如一汽奥迪、上海桑塔纳等轿车用 JFZ1813Z 型交流发电机。

（3）带泵交流发电机　即带真空制动助力泵的交流发电机，如 JFB1712 型交流发电机，多用于柴油机。

（4）无刷交流发电机　即无电刷、集电环结构的交流发电机。如福建仙游电机厂生产的 JFW14X 型交流发电机。

（5）永磁交流发电机　即转子磁极采用永磁材料的交流发电机。

2. 按磁场绕组的搭铁方式分

（1）内搭铁式　即磁场绕组的一端与发电机直接搭铁，如东风 EQ1090 车用的 JF132 型交流发电机。

（2）外搭铁式　即磁场绕组的一端经调节器后搭铁，如解放 CA1091 型车用的 JF152D、JF1522A 型交流发电机。

3. 按装用的二极管数量分

（1）六管交流发电机　其整流器由六只硅二极管组成，这种型式应用最为广泛，如东风 EQ1090 车用的 JF132 型交流发电机，解放 CA1091 型车用 JFL522A、JF152D 型交流发电机等。

（2）八管交流发电机　指具有两个中性点二极管的交流发电机，其整流器总成共有八只二极管，如天津夏利 7100、TJ7100U 微型轿车所用的 JFZ1542 型交流发电机。

（3）九管交流发电机　指具有三个磁场二极管的交流发电机，其整流器总成共有九只二极管，如北京 BJ1022 型轻型载重车用的 JFZ141 型交流发电机。

（4）十一管交流发电机　指具有中性点二极管和磁场二极管的交流发电机，其整流器总成共有十一只二极管，如桑塔纳轿车用 JFZ1813Z 型交流发电机。

第二节 交流发电机的构造

交流发电机基本结构由定子、转子、整流器和端盖四部分组成，整体式交流发电机在基本结构的基础上增加了集成电路电压调节器。整体式交流发电机零部件组成如图 2-1 所示。

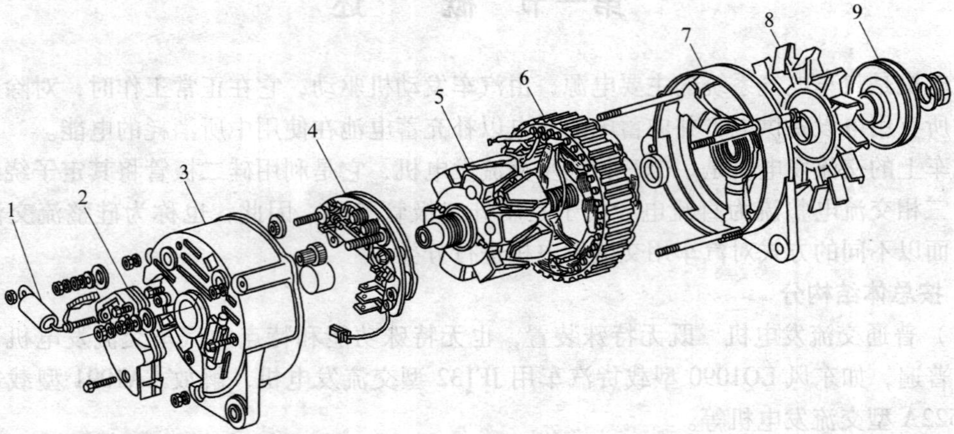

图 2-1 整体式交流发电机零部件组成

1—抗干扰电容器 2—集成电路调节器与电刷组件总成 3—电刷端盖 4—整流器总成 5—转子总成 6—定子总成 7—驱动端盖 8—风扇 9—驱动带轮

一、三相同步交流发电机

三相同步交流发电机产生三相交流电。它主要由转子、定子、前后端盖、风扇及带轮等组成。

1. 转子

交流发电机的转子是发电机的磁场部分，它主要由两块爪极、磁场绕组和集电环等组成。两块爪极(各具有六个鸟嘴形磁极)压装在转子轴上，在两块爪极的空腔内装有磁轭，其上绕有磁场绕组(又称转子线圈)，如图 2-2 所示。磁场绕组的两引出线分别焊在与轴绝缘的两个集电环上，集电环与装在后端盖上的两个电刷相接触。当两电刷与直流电源相接时，磁场绕组中便有磁场电流通过，产生轴向磁通，使得一块爪极被磁化为 N 极，另一块爪极

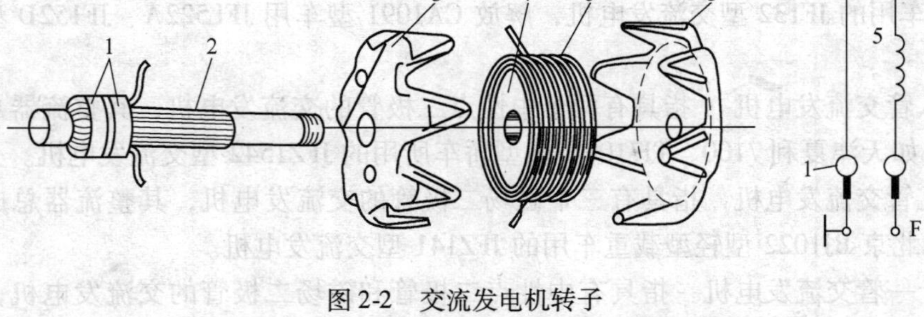

图 2-2 交流发电机转子

1—集电环 2—转子轴 3—爪极 4—磁轭 5—磁场绕组

被磁化为S极，从而形成了六对相互交错的磁极，如图2-3所示。

2. 定子

定子的功用是产生感应电动势，它由定子铁心和三相定子绕组组成，如图2-4所示。定子铁心一般由相互绝缘且内圆带槽的环状硅钢片叠成，三相定子绕组对称安放在定子铁心槽内。

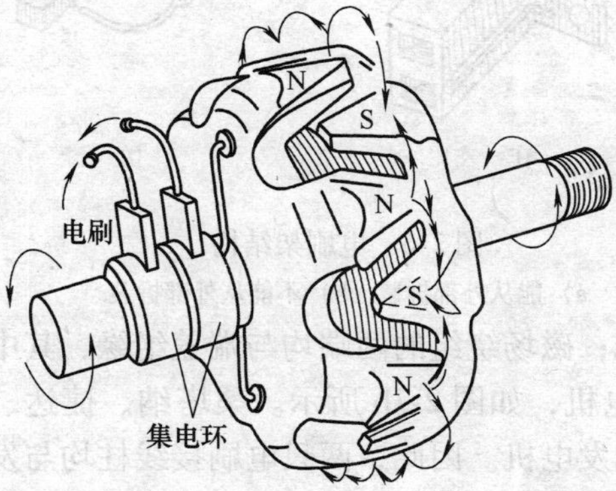

图2-3　转子的磁场

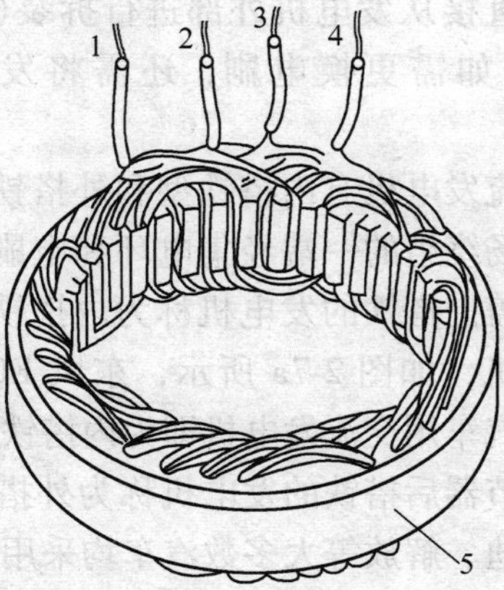

图2-4　定子总成的结构

1、2、3、4—绕组引线　5—定子铁心

为了保证三相定子绕组能够产生频率和幅值相同、相位相差120°电角度的三相交流电，定子绕组线圈的绕制和在定子铁心槽中的嵌入应符合一定规律。

三相绕组的联结有星形联结（简称Y联结）和三角形联结（简称△联结）两种，如图2-5所示。Y联结即将三相绕组的三个末端x、y、z连接在一起，将三相绕组的首端A、B、C作为交流发电机的交流输出端，如图2-5a所示。而△联结则是将每相绕组的首端和另一相绕组的末端依次相连接，因而有三个接点，这三个接点即为交流发电机的交流输出端，如图2-5b所示。汽车用交流发电机大多采用Y联结，只有少数大功率交流发电机采用△联结。

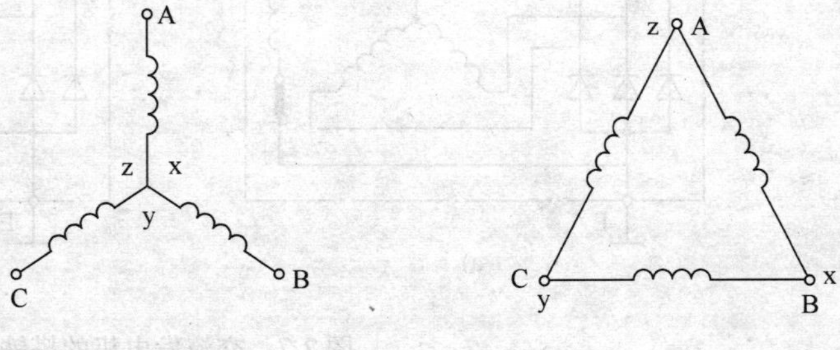

图2-5　三相绕组的联结

a）Y联结　b）△联结

3. 端盖和电刷总成

端盖分前端盖（驱动端盖）和后端盖（整流端盖），其作用是支承转子，安装和封闭内部构件。前后端盖均由铝合金压铸或用砂模铸造而成，这是因为铝合金为非导磁性材料，可减少漏磁并具有轻便、散热性能良好的优点。为提高轴承孔的机械强度，增加其耐磨性在发电机端盖的轴承座孔内镶有钢套。

电刷总成由两只电刷、电刷弹簧和电刷架组成。两只电刷装在电刷架的孔内，借电刷弹簧的压力与集电环保持接触，用于给发电机转子绕组提供磁场电流。

电刷架由酚醛玻璃纤维塑料模压而成或用玻璃纤维增强尼龙制成，安装在发电机的后端盖上。电刷架有两种结构，一种是电刷架可直接从发电机的外部拆装（见图2-6a），因此，拆装维修方便；另一种则不能直接从发电机外部进行拆装（见图2-6b），如需更换电刷，还需将发电机拆开。

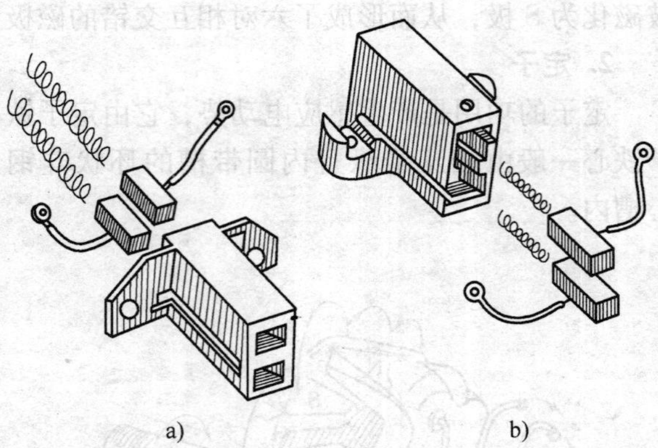

图2-6　电刷架结构
a）能从外部拆装　b）不能从外部拆装

交流发电机有内搭铁型和外搭铁型之分。磁场绕组的一端经集电环和电刷在发电机端盖上搭铁的发电机称为内搭铁型交流发电机，如图2-7a所示，东风EQ1092型载货汽车用交流发电机即为内搭铁型交流发电机；磁场绕组的两端均与端盖绝缘，其中一端经调节器后搭铁的发电机称为外搭铁型交流发电机，如图2-7b所示。桑塔纳、捷达、红旗、奥迪、解放等大多数汽车均采用外搭铁型交流发电机。因此，两只电刷接线柱均与发电机外壳绝缘，分别用“F+（或F_1）”和“F-（或F_2）”表示（有的用“D_{F+}”、“D_{F-}”表示）。

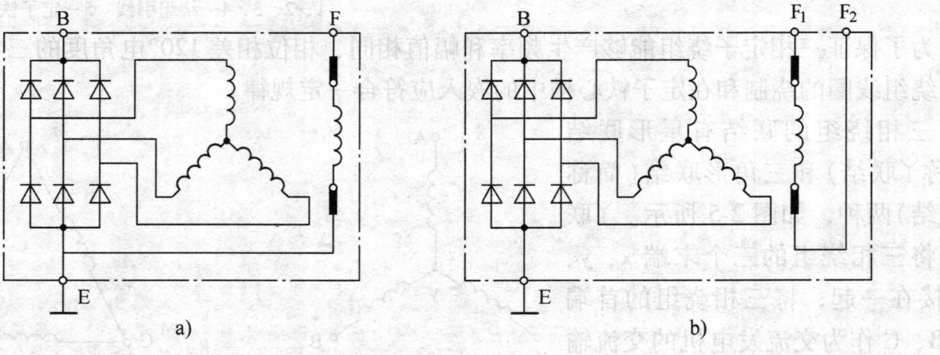

图2-7　交流发电机的搭铁型式
a）内搭铁型交流发电机　b）外搭铁型交流发电机

交流发电机前端盖前装有驱动带轮，由发动机带动驱动带轮旋转，转子随驱动带轮一同转动。通风散热依靠风扇来完成，在前、后端盖上制有通风口，当风扇与驱动带轮一起转动时，空气便从进风口流入，经发电机内部再从出风口流出，由此便将内部热量带出，达到散热目的。散热风扇有1~2个，用铝合金板或钢板冲压或焊接而成，其安装形式如下：

对于只有一个风扇的发电机，其风扇均装在前端盖与驱动带轮之间；对于有两个风扇的发电机，其风扇的安装形式有两种：

1）一个风扇安装在前端盖与驱动带轮之间，另一个风扇安装在后端盖与转子爪极之间。如北京切诺基（BJ2021型）吉普车用交流发电机。

2）在前、后端盖内的转子爪极两侧各安装一个风扇。如丰田和夏利轿车用交流发电机。

二、整流器

交流发电机整流器的作用是将发电机定子绕组产生的三相交流电变换为直流电。一般由六只硅整流二极管和安装二极管的散热板所组成。

汽车交流发电机用硅整流二极管的内部结构和工作原理与一般工业用硅整流二极管基本相同，但其外形结构却与一般二极管有所区别，如图 2-8 所示。

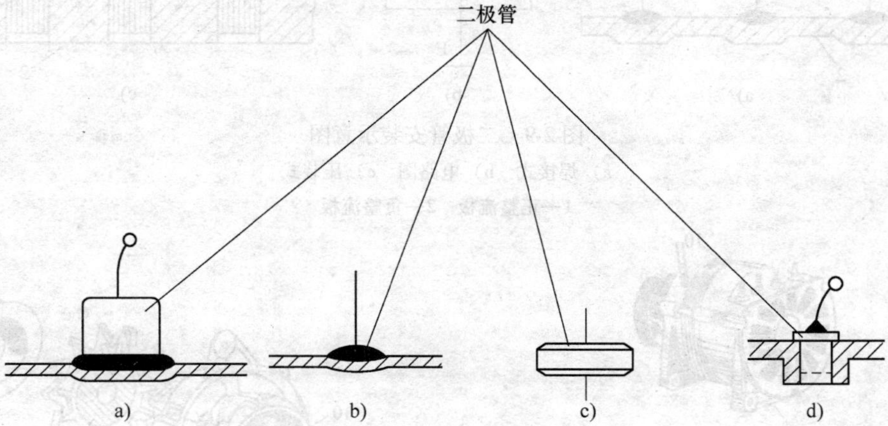

图 2-8　车用二极管的结构

a）a 型二极管　b）b 型二极管　c）c 型二极管　d）d 型二极管

图 2-8a 所示二极管(简称 a 型)是将二极管的外壳用焊锡焊到金属散热板上；图 2-8b 所示二极管(简称 b 型)是将二极管的整流结(即 PN 结)直接烧结在金属散热板上；图 2-8c 所示二极管(简称 c 型)是将二极管做成扁圆形，既可焊在金属散热板上，也可夹在两块金属板之间使用；图 2-8d 所示二极管(简称 d 型)是将二极管压装在金属散热板上的孔中使用。在这四种类型的二极管中，b、d 两种型式应用最广。

汽车交流发电机用整流二极管有正极管与负极管之分。一只普通交流发电机具有三只正极管和三只负极管。引出电极为二极管正极，外壳为二极管负极的称为正极管；引出电极为二极管负极，外壳为二极管正极的称为负极管。

安装整流二极管的铝质散热板称为整流板。交流发电机的整流器多数都有两块整流板。安装三只正极管的整流板称为正整流板；安装三只负极管的整流板称为负整流板，如图 2-9 所示。在正整流板上制有一个螺孔，称为“输出”端子安装孔，螺栓由此从后端盖引出，作为发电机的“输出”端子，该端子为发电机的正极，标记为“B”、“B +”、“A”或“ +”。整流器总成的形状各异，有长方形、马蹄形、半圆形和圆形等。

三、爪极式无刷交流发电机

这种交流发电机的结构与普通交流发电机大致相同。图 2-10 所示为国产 JFW14X 型爪极式无刷交流发电机的外形及其分解，其励磁绕组是静止不动的，因此，励磁绕组的两端引出线可以直接引出，省去了电刷和集电环，爪极在励磁绕组的外围旋转。

爪极式无刷交流发电机的结构及磁路如图 2-11 所示。其特点是励磁绕组 7 通过一个磁

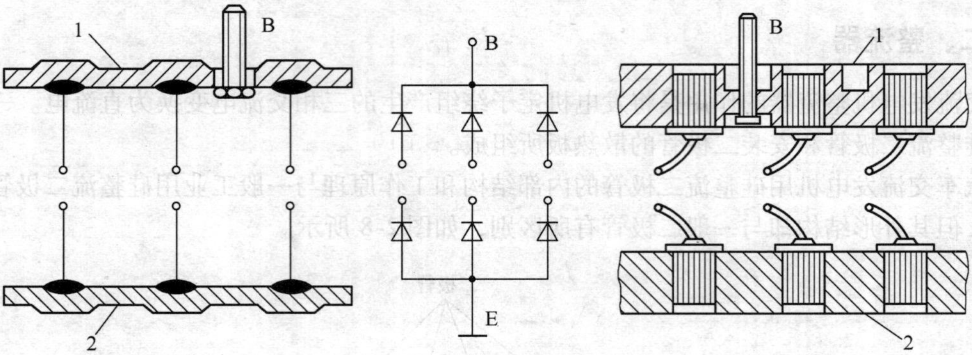

图 2-9　二极管安装示意图

a）焊接式　b）电路图　c）压装式

1—正整流板　2—负整流板

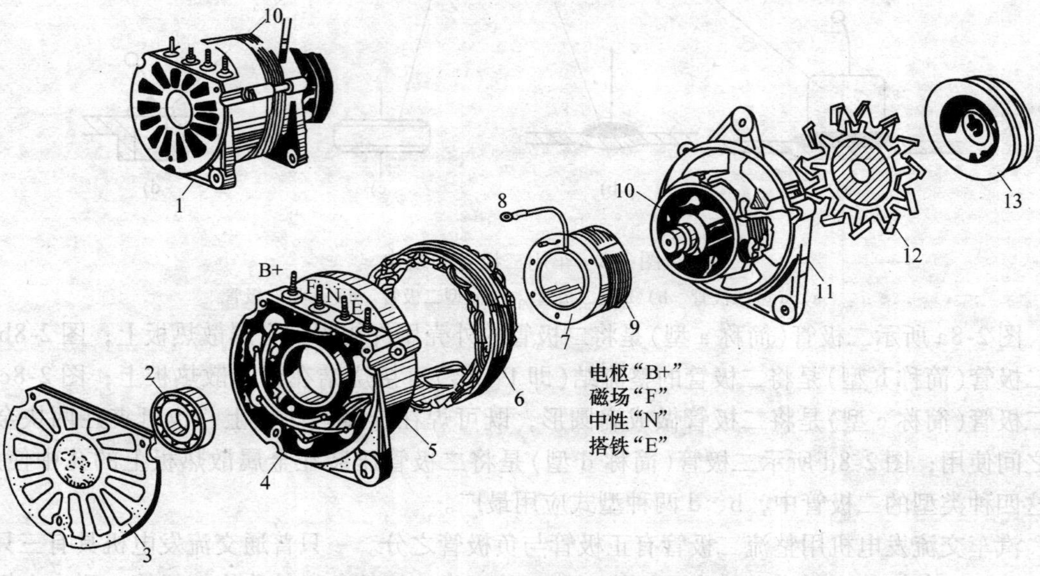

图 2-10　国产 JFW14X 型爪极式无刷交流发电机外形及其分解图

1—外形　2—后轴承　3—防护罩　4—元件板和硅二极管组　5—励磁绕组支架及后轴承支架

6—定子总成　7—磁扼　8—励磁绕组接头　9—励磁绕组　10—爪极及转子轴总成

11—前端盖　12—风扇叶　13—传动带轮

扼托架 2 固定在后端盖 3 上。两个爪极中只有一个爪极直接固定在发电机转子轴上，另一个爪极 4 则用非导磁连接环 6 固定在前述爪极上。当转子轴旋转时，一个爪极就带动另一个爪极一起在定子内转动。

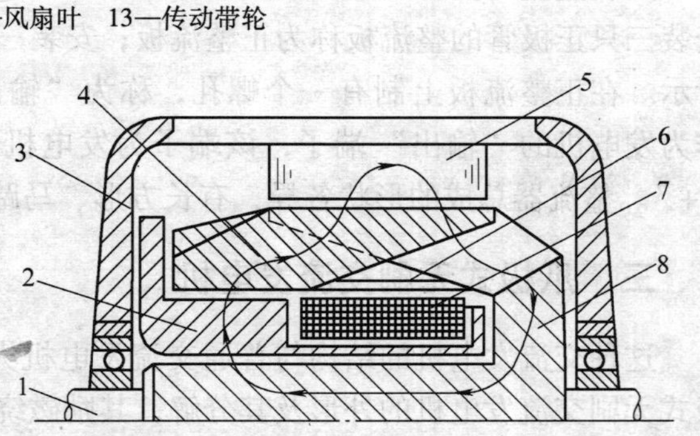

图 2-11　爪极式无刷交流发电机结构及磁路

1—转子　2—磁扼托架　3—后端盖　4—爪极　5—定子铁心

6—非导磁连接环　7—励磁绕组　8—转子磁扼

当励磁绕组中有直流电通过时，其磁路是：左边的爪极磁极 N→主气隙→定子铁心 5→主气隙→右边爪极的磁极 S→转子磁扼8→附加气隙→磁扼托架 2→

附加气隙。

转子旋转时，爪极形成的 N 极和 S 极的磁力线在定子绕组内交替通过，定子槽中的三相绕组就感应出交变电动势，在回路中形成三相交流电，经整流后变为直流电。

这种交流发电机两个爪极之间连接制造工艺较困难。此外，由于磁路中增加了两个附加气隙，故在输出相同功率的情况下，其励磁绕组的励磁电流必须增大。

第三节　实训：交流发电机的不解体检测与拆解

一、实训目的与要求

1）熟悉交流发电机的拆检及装复。

2）认识交流发电机的构造特点。

3）掌握交流发电机的不解体检测方法。

二、实训仪器和设备

普通交流发电机 5 台，万用表 5 块，拆装工具 5 套。

三、实训步骤

1. 交流发电机的不解体检测

使用万用表对发电机外接线柱进行测量，可以初步判定发电机的状态。对于普通发电机拆解前的测量，建议使用指针式万用表。常用发电机各接线柱间电阻值见表 2-1。

表 2-1　常用发电机各接线柱间电阻值

发电机型号	F 与 E 间电阻/Ω	B 与 E 间电阻/Ω		N 与 E 或 B 间电阻/Ω	
		正向	反向	正向	反向
JF11、13、15、21、132N	4～7	40～50	≥10k	10～15	≥10k
JFW14（无刷）	3.5～3.8	40～50	≥10k	10～15	≥10k
夏利 JFZ1542	2.8～3.0	40～50	≥10k	10～15	≥10k
桑塔纳 JFZ1913	2.8～3.0	65～80	≥10k	10～15	≥10k

将实际测量发电机结果填入表 2-2 中，并据此判断发电机状态。

表 2-2　使用万用表型号及档位

发电机型号	F 与 E 间电阻/Ω	B 与 E 间电阻/Ω		N 与 E 或 B 间电阻/Ω	
		正向	反向	正向	反向

2. 发电机拆解作业

发电机的拆解按照以下操作步骤进行。

1）拆下电刷及电刷架(外装式)紧固螺钉，取下电刷架总成，如图 2-12 所示。

2）在前、后端盖上做记号，拆下连接前、后端盖的紧固螺栓(见图 2-13)，将其分解为与转子结合的前端盖和与定子连接的后端盖两大部分。

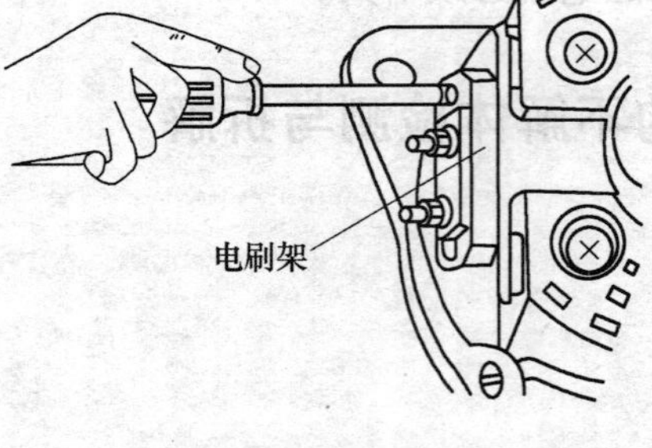

图 2-12　电刷架拆解

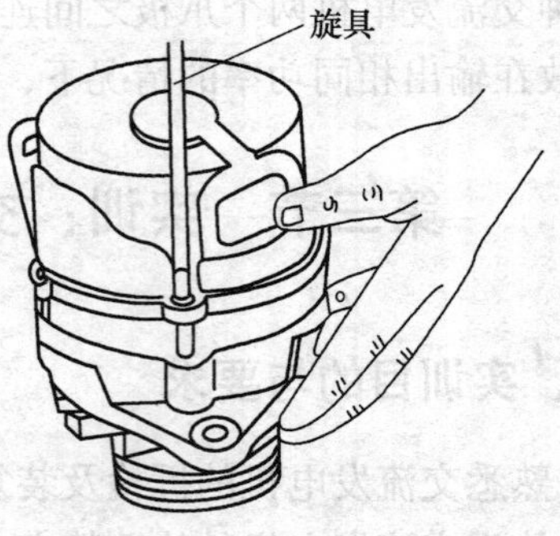

图 2-13　前、后端盖的分解

注意：不能单独将后端盖分离下来，否则会扯断定子绕组与整流器的连接线(即三相定子绕组端头)。

3）将转子夹紧在台虎钳上，拆下带轮紧固螺母(见图 2-14)后，可依次取下带轮、风扇、半圆键、定位套。

4）将前端盖与转子分离，若该部位装配过紧，可用拉器拉开(见图 2-15)或用木锤轻轻敲，使之分离。

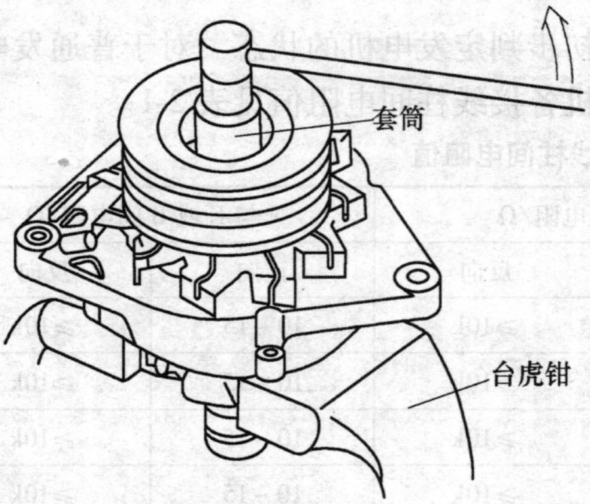

图 2-14　带轮的分解

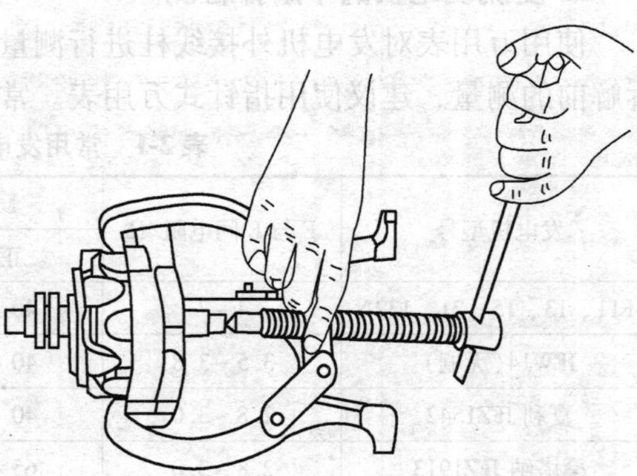

图 2-15　前端盖的分解

注意：铝合金端盖容易变形，因此拆卸时应均匀用力。

5）拆卸防护罩，拆卸图 2-16 所示的后端盖上的三个螺钉(其中③兼作“－”接线柱)，即可将防护罩取下。

对于整体式发电机，先拧下“B”端子上的固定螺母并取下绝缘套管，如图 2-17 中③所示；再拧下后防尘盖上的 3 个带垫片的固定螺母，如图 2-17①、②、④所示，取下后防尘盖；然后拆下电刷组件的两个固定螺钉和调节器的 3 个固定螺钉，取下电刷组件和 IC 调节器总成；最后拧下整流器二极管与定子绕组的引线端子的连接螺钉，取下

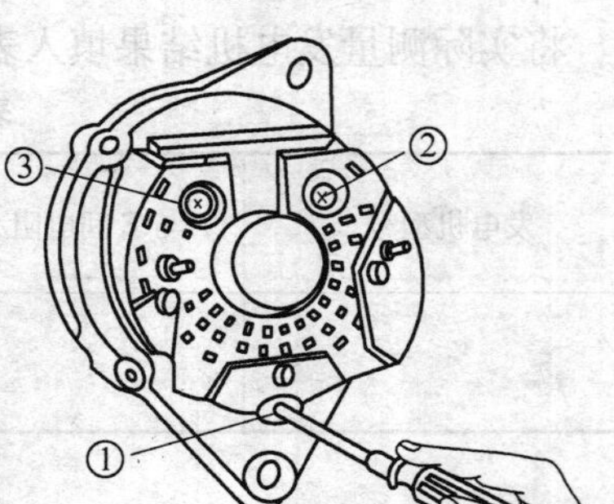

图 2-16　后端盖的分解

整体式整流器总成。

6）拆下定子上四个接线端（三相绕组首端及中性点）在散热板上的连接螺母，如图2-18中②、③所示，使定子与后端盖分离。

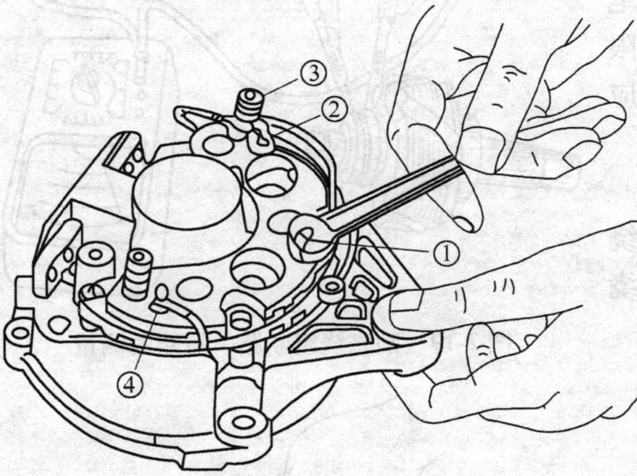

图2-17　定子线圈与整流板的分解

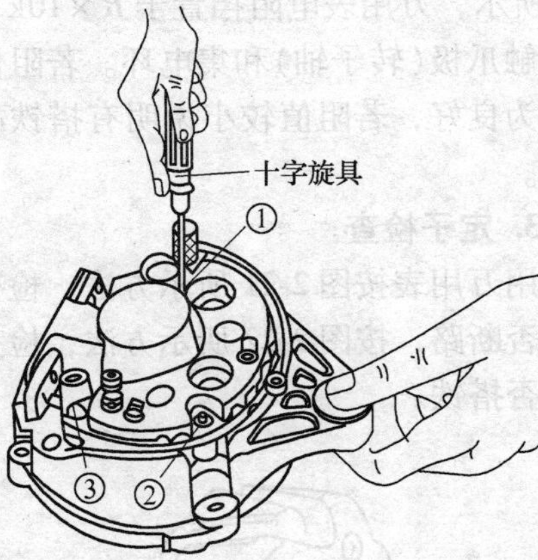

图2-18　整流板的分解

7）拆下后端盖上紧固整流器总成的螺钉（见图2-18中①），取下整流器总成。

注意：若经检验所有二极管均良好，该步骤可不进行。

8）零部件的清洗。对机械部分可用煤油或清洗液清洗，对电气部分如绕组、散热板及全封闭轴承等宜用干净的棉纱擦拭去表面尘土、脏污。

发电机的拆解要按照工艺要求进行，禁止生敲硬卸而损坏机件。拆解的零件要按照规范清洗并顺序摆放。对有问题的零件和拆解复杂部位的顺序和连接方法，必要时要有详细记录。

第四节　实训：交流发电机的检修及装配

一、实训目的与要求

1）熟悉交流发电机的工作原理。

2）掌握交流发电机的检测与维修方法。

二、实训仪器和设备

交流发电机5台，万用表5块，常用工具5套。

三、实训步骤

1. 解体步骤与清洗

解体步骤与零部件清洗见第三节实训项目。

2. 转子检查

1）检查励磁绕组的断路或短路。用万用表测量两线圈电阻，两表笔分别触在两集电环上，如图2-19所示。正常阻值为2.7～20Ω之间（不同型号发电机略有差别）。如果阻值小于正常值即为短路，若阻值为无限大，则为线头脱焊或断路。

2）励磁绕组和集电环搭铁试验。如图2-20所示，万用表电阻挡置于 $R\times10\text{k}$，两表笔分别触爪极（转子轴）和集电环。若阻值为无限大则为良好，若阻值较小说明有搭铁故障，应检修。

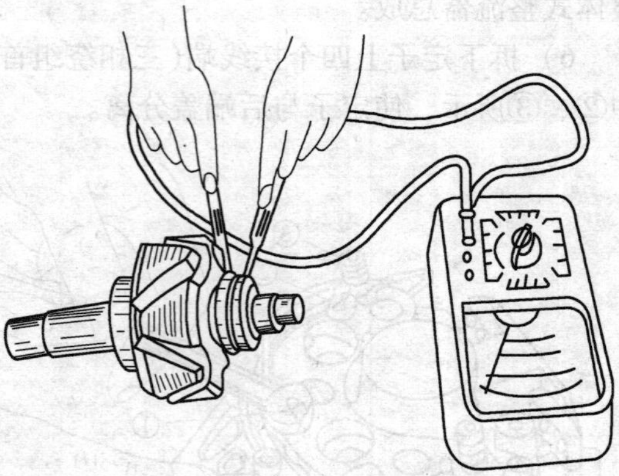

图 2-19　励磁绕组断路、短路的测量

3. 定子检查

用万用表按图 2-21 所示方法，检查定子绕组是否断路，按图 2-22 所示方法，检查定子绕组是否搭铁。

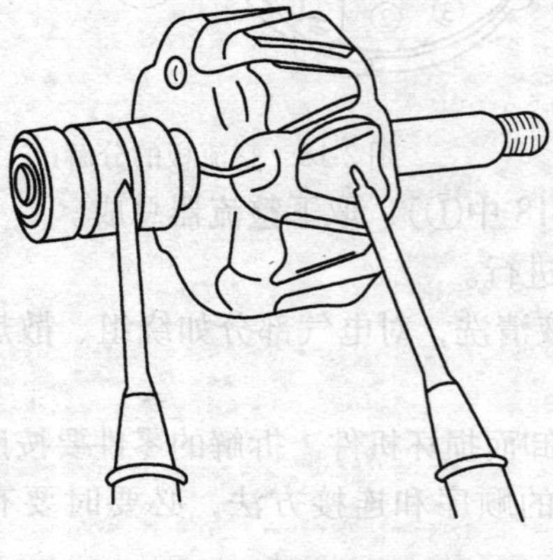

图 2-20　检测励磁绕组搭铁故障

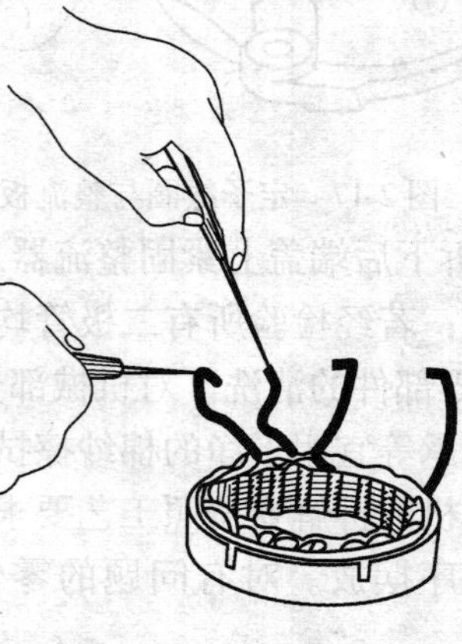

图 2-21　检测定子绕组断路故障

4. 交流发电机整流二极管极性的判断

测量二极管，既可以使用指针式万用表，也可以使用数字式万用表。这两种仪表的测量原理如图 2-23 所示。需要注意的是：数字万用表红表笔是内部电池的正极，当使用其二极管挡位测量时，显示的数值表示的是二极管的正向压降值，单位是 V。

当整流器的极性无法直观判别时，可用万用表判断二极管的极性。方法如下：

① 指针式万用表，黑表笔所接的是高电位，红表笔接的是低电位。极性判断的方法是用万用表 $R\times100$ 或 $R\times1\text{k}$ 挡，用红、黑表笔同时接触二极管的引线和外壳，然后对调表笔同时测量，在所测阻值小的那次测量中，黑表笔所接的是二极管的正极，红表笔所接的是二极管的负极。

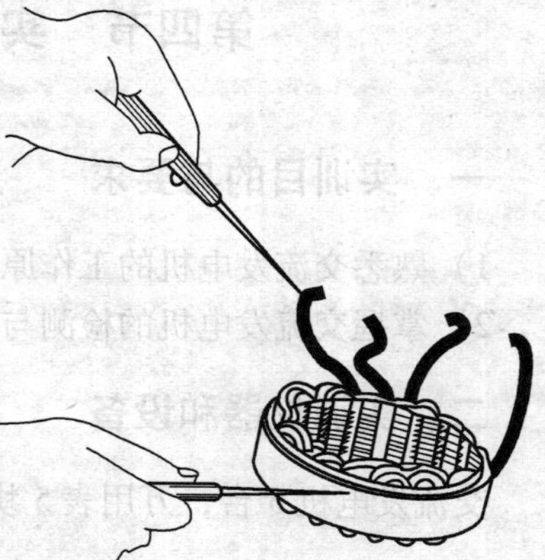

图 2-22　检测定子绕组搭铁故障

② 数字式万用表，同指针式万用表相反，红表笔所接的是万用表的高电位，黑表笔所接的是万用表低电位。极性的判断的方法是用万用表的二极管挡，用红、黑表笔同时接触二极管的引线和外壳，然后对调表笔测量，在测量显示 0.5～0.7V 的值时，

红表笔所接的是二极管的正极，黑表笔所接的是二极管的负极。

5. 检查电刷组件

电刷表面不得有油污，且应在电刷架中活动自如，电刷磨损不得超过原高度的1/2（用游标卡尺或钢板尺检测）；检测电刷弹簧压力时，当电刷从电刷架中露出2mm时，电刷弹簧力一般为2～3N；电刷架应无烧损、破裂或变形。

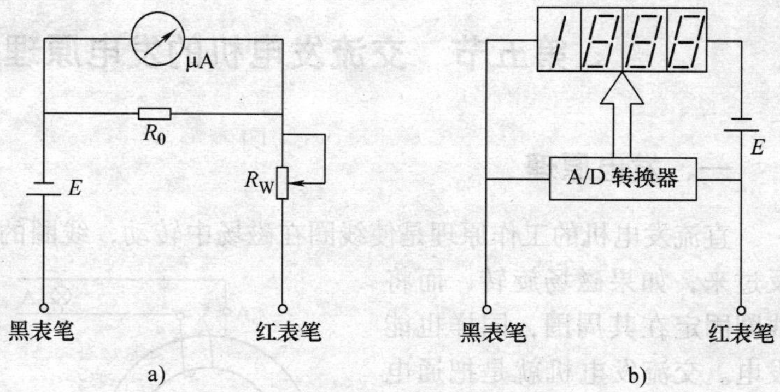

图 2-23　万用表工作原理

a）指针式万用表工作原理　b）数字万用表工作原理

6. 发电机的装配

1）装配应注意以下几点：

① 各零部件应保持清洁。

② 配合部位涂些机油润滑。

③ 各部位所配装的垫片（包括调整垫、绝缘垫等）应按要求装回，不能遗漏。

④ 对于整体式、电刷架内置的发电机，将转子轴装入后轴承时，应注意将电刷压入孔中（用一钢针从孔中插入，拖住电刷），以免折断。

⑤ 装配后应检查各转动部位是否能灵活转动。

2）装配按照与拆卸相反的顺序进行。

① 将整流器装到后端盖上，拧上三颗固定螺钉，整流器即被固定在后端盖上。应注意各绝缘垫片不能漏装。装复后用万用表电阻挡测量“B”接线柱与端盖间电阻应为∞。测量两散热板之间及绝缘散热板与端盖之间电阻，均应为∞。若上述电阻较小或者为零，表明漏装了绝缘垫片或套管，应拆开重装。

② 将定子总成与后端盖结合。将定子绕组上的四个接线端子从后端盖孔中穿出，将接线端分别连接在整流器的接线螺钉上。

③ 将前端盖装到转子轴上。先将前端盖上的轴承、轴承盖安装并紧固好，再将该部分套到转子轴上，若过盈量较大，可用木锤轻轻敲入。

④ 装配风扇、带轮。在转子轴上套上定位套，安装半圆键、风扇叶片、带轮、弹簧垫圈，拧紧带轮紧固螺母。

⑤ 将后端盖、定子装到转子轴上。应注意使前后端盖上发电机安装挂脚位置恰当（符合拆解标记）。上述两大部分结合后，穿上前、后端盖紧固螺栓并分几次拧紧。

⑥ 装复后端盖上的防护罩。

⑦ 安装电刷架总成。

⑧ 检验装配质量。使用万用表检测各接线柱和与外壳间的电阻值，应该符合参数要求，否则应该拆解重装。

第五节　交流发电机的发电原理及整流过程

一、发电原理

直流发电机的工作原理是使线圈在磁场中转动，线圈的工作边不断切割磁力线而发电；反过来，如果磁场旋转，而将线圈固定在其周围，同样也能发电。交流发电机就是把通电线圈所产生的磁场在发电机中旋转，使磁力线切割定子线圈，在线圈内产生交变电动势，利用的是电磁感应原理。图 2-24 所示为交流发电机的工作原理。发电机的三相定子绕组按一定规律分布在发电机的定子槽中，彼此相差 120°电角度。

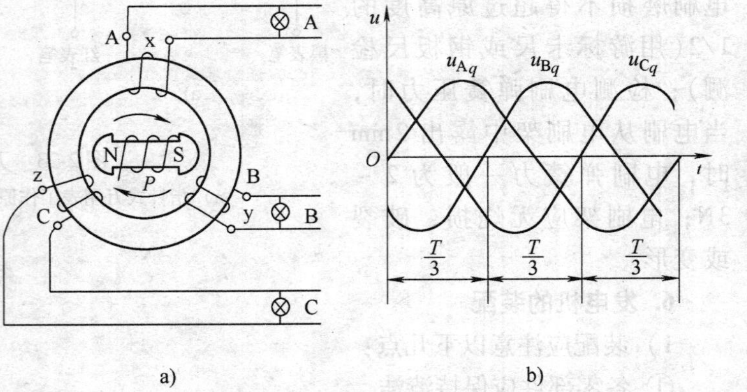

图 2-24　三相交流发电机的工作原理

a) 三相交流发电机　b) 输出波形

若转子不停地旋转，则感应电动势和负载中电流的方向和大小将随时间作周期性变化，于是就产生交变电动势和交变电流。由于磁感应强度的分布近似于正弦规律，使交流电也按正弦规律变化，这就是所谓的正弦交流电，它是一般交流电的正弦波形。

实际使用的是三相同步交流发电机，是指转子的转速与旋转磁场的转速相同（同步转速）的三相交流发电机。

交流发电机的磁路如图 2-25 所示。转子爪极的磁力线由转子的 N 极出发，穿过转子与定子之间很小的气隙进入定子铁心，最后又经过空气隙回到相邻的 S 极，并通过磁轭构成了磁回路。转子磁极呈鸟嘴形，可使定子绕组感应的交流电动势近似于正弦曲线的波形。

由导磁回路可见，在设计交流发电机时，必须保证转子相邻异性磁极间的气隙大于转子与定子间的气隙，以使磁力线穿过定子铁心，定子绕组才能切割磁力线而产生感应电动势。

当转子旋转时，由于定子绕组与磁力线有相对的切割运动，所以在三相绕组中产生频率相同、幅值相等、相位互差 120°电角度的正弦电动势 e_A、e_B 和 e_C，其波形如图 2-24b 所示。三相绕组中电动势的瞬时值方程式为

$$e_A = E_m\sin\omega t = \sqrt{2}E_\Phi\sin\omega t$$

$$e_B = E_m\sin(\omega t - 120°) = \sqrt{2}E_\Phi\sin(\omega t - 120°)$$

$$e_C = E_m\sin(\omega t + 120°) = \sqrt{2}E_\Phi\sin(\omega t + 120°)$$

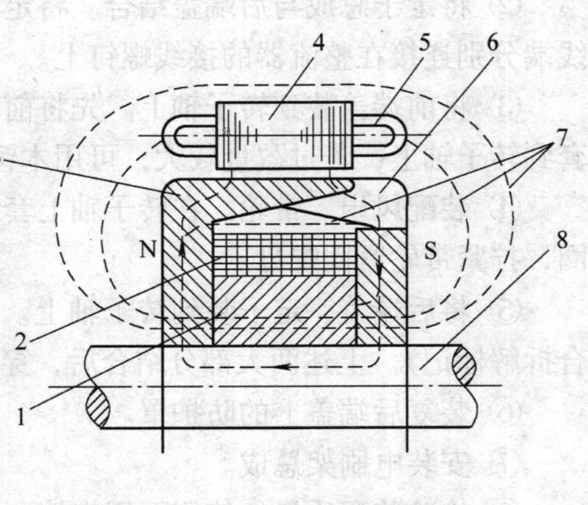

图 2-25　交流发电机的磁路

1—磁轭　2—磁场绕组　3—爪极　4—定子铁心　5—三相绕组　6—爪极　7—漏磁　8—轴

式中 E_m——每相电动势的最大值；

E_Φ——每相电动势的有效值；

ω——电角速度（$\omega=2\pi f$）。

可知，交流发电机定子绕组内感应电动势的大小与每相绕组串联的匝数以及感应电动势的频率成正比。即定子绕组的匝数越多，转子转速越高，则绕组内感应电动势也就越高。公式表示为

$$E_\Phi = Cn\Phi$$

根据电工学原理，交流发电机在采用Y联结时（见图 2-26a），任意两个输出端的输出电压（称为线电压 u_L）、输出电流（称为线电流 i_L）与每相绕组的相电压 u_Φ、相电流 i_Φ 的关系为

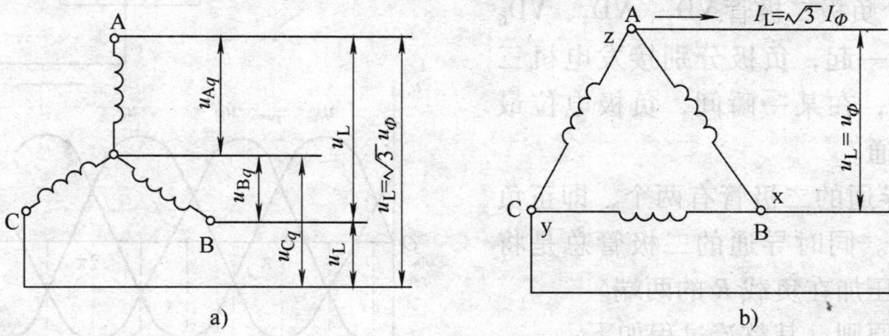

图 2-26 三相绕组不同联结时电压、电流关系

a）Y联结 b）△联结

$$u_L=\sqrt{3}u_\Phi$$
$$I_L=I_\Phi$$

式中 u_L——定子绕组输出的线电压；

u_Φ——每相绕组的相电压；

i_L——定子绕组输出的线电流；

i_Φ——每相绕组的相电流。

当交流发电机定子绕组采用△联结时（见图 2-26b），则：

$$u_L=u_\Phi$$
$$i_L=\sqrt{3}i_\Phi$$

由此可见，在交流发电机相电压相同的情况下（相同转速时），Y联结比△联结具有较高的输出电压，而当输出线电压相同时，△联结输出电流则较大。因此，采用Y联结的交流发电机在发动机转速较低时（如怠速时）便可向蓄电池充电，而采用△联结的交流发电机则需较高的发动机转速才能向蓄电池充电（指在与Y联结有相同的传动比时）。所以，大多车用交流发电机都采用Y联结，只有在少数大功率交流发电机上才采用△联结。

二、整流过程

定子绕组中所感应出的交流电，要靠硅二极管组成的整流器改变为直流电。可见硅二极管是交流发电机的关键元件。

硅二极管具有单方向导电的特性，当二极管外加电压为正向电压时（即二极管的正极电位高于负极电位），二极管呈低电阻，处于导通状态；而当外加电压为反向电压（即正极电

位低于负极电位时），二极管呈高电阻，处于截止状态。利用硅二极管的这种单方向导电的特性，就可组成各种型式的整流电路，把交流电变为直流电。

在交流发电机中，六只硅二极管组成了三相桥式全波整流电路，如图 2-27a 所示。

1）在三相桥式整流电路中，三个正极二极管 VD_1、VD_3、VD_5 的负极连接在一起，正极分别接三相绕组的首端，在三相交流电正半周期内导通，在某一瞬间，正极电位最高的二极管导通。

2）而三个负极二极管 VD_2、VD_4、VD_6 其正极连接在一起，负极分别接发电机三相绕组的首端，在某一瞬间，负极电位最低的二极管导通。

3）同时导通的二极管有两个，即正负二极管各一个。同时导通的二极管总是将发电机的线电压加在负载 R 的两端。

根据上述原则，其整流过程如下：

在 $t=0$ 时，$u_A=0$，u_B 为负值，u_C 为正值，则二极管 VD_5、VD_4 处于正向电压作用下而导通。电流从 C 相出发，经 VD_5、负载、VD_4 回到 B 相构成回路。由于二极管内阻很小，所以此时 B、C 之间的线电压都加在负载上。

在 $t_1 \sim t_2$ 时间内，A 相电压最高，而 B 相电压最低，VD_1、VD_4 处于正向电压而导通，A、B 之间的线电压加在负载上。

在 $t_2 \sim t_3$ 时间内，A 相电压仍最高，而 C 相电压变为最低，VD_1、VD_6 导通，A、C 之间的线电压加在负载上。

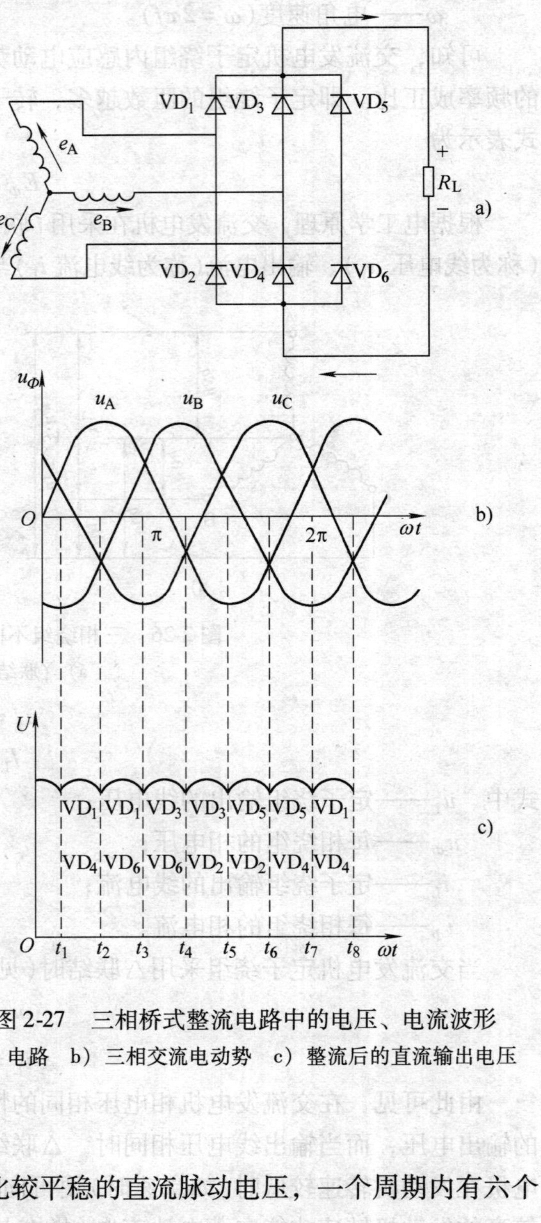

图 2-27　三相桥式整流电路中的电压、电流波形
a）电路　b）三相交流电动势　c）整流后的直流输出电压

在 $t_3 \sim t_4$ 时间内，VD_3、VD_6 导通。

依此下去，周而复始，在负载上得到一个比较平稳的直流脉动电压，一个周期内有六个纹波，其电压波形如图 2-27c 所示。

综上所述可得到以下结论：

① 三相桥式全波整流电路能将三相交流电变成较平稳的直流电，整流效率高质量好。

② 经整流后的直流电压即是硅整流发电机的直流输出电压，数值为三相交流电线电压的 1.35 倍，即

$$U=1.35U_L=2.34U_\Phi$$

式中　U_L——线电压的有效值；

U_Φ——相电压的有效值；

$$U_L = \sqrt{3} U_\Phi$$

③ 由于三相桥式整流电路中，在交流电的每一个周期内，每只二极管只有 1/3 时间导通，所以每只二极管的平均电流 I_D 为负载电流 I 的 1/3，即

$$I_D = \frac{1}{3} I$$

④ 每只二极管所承受的最高反向电压 U_{DRM} 为线电压的最大值，即

$$U_{DRM} = \sqrt{2} U_L = \sqrt{2} \times \sqrt{3} U_\Phi = 2.54 U$$

⑤ 当交流发电机三相定子绕组采用Y联结时，三相绕组三个末端的公共接点，称为三相绕组的中性点(N)，中性点对发电机的搭铁端是有电压的，称为中性点电压，它是通过三个负极二极管整流(即三相半波整流)后得到的直流电压，故该点的平均电压等于交流发电机直流输出电压的一半，即

$$U_N = \frac{1}{2} U$$

式中　U_N——中性点电压；

U——发电机直流输出电压。

因此，有些交流发电机用导线将中性点引出，如图 2-28 所示，其在发电机上的接线柱标记为“N”。通常用来控制各种用途的继电器，如磁场继电器、充电指示继电器、起动继电器等。

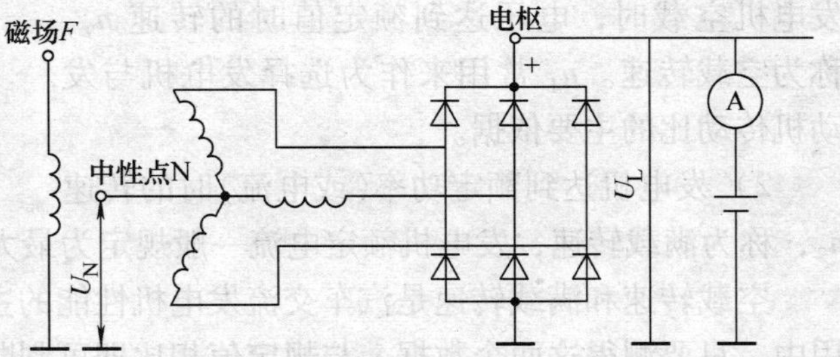

图 2-28　带中性点接线柱的交流发电机

从三相绕组的任意一端引出的引线均称为 P 点，分别称为 P_1、P_2、P_3，从中性点引出的一点也称为 P，其每一点的平均电压均等于交流发电机直流输出电压的一半，即 $U_P = \frac{1}{2} U$，因为它们都是通过三个负极二极管整流后得到的直流电压，有的发电机外接线柱的中性点标注为 P。

三、交流发电机的励磁

将电源引入到励磁绕组使之产生磁场称为励磁，交流发电机励磁方式有自励和他励两种。除了永磁式交流发电机不需要励磁以外，其他形式的交流发电机都需要励磁，因为它们的磁场都是电磁场，必须给励磁绕组通电才会有磁场产生。

(1) 他励　在发动机起动期间，需要蓄电池供给发电机励磁绕组电流产生磁场使发电机发电。这种供给磁场电流的方式称为他励发电。

(2) 自励　随着发电机转速的提高，发电机的电动势逐渐升高并能对外输出，一般在发动机怠速时发电机就能对外供电了，当发电机对外供电时，就可以把自身发的电供给励磁绕组产生磁场使发电机发电，这种供给磁场电流的方式称为自励。

由于发动机转速低时交流发电机不能自励发电，所以低速时采取他励发电，当发动机达到正常怠速转速时，发电机的输出电压一般高出蓄电池电压 1～2V 以便对蓄电池充电，此时由发电机自励发电。

第六节　交流发电机的工作特性

交流发电机的特性有输出特性、空载特性和外特性，其中以输出特性最为重要。

一、输出特性

输出特性也称负载特性，是指发电机向负载供电时，保持发电机输出电压一定(对12V的发电机规定为14V,对24V的发电机规定为28V)，发电机的输出电流与转速之间的关系，即 U = 常数时，$i=f(n)$ 的曲线，如图2-29所示。

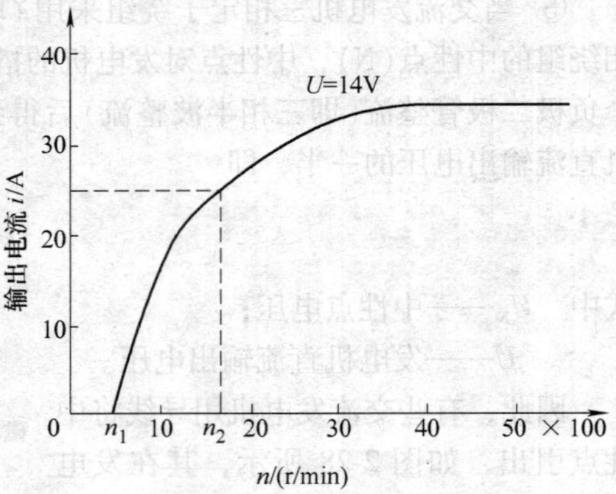

图 2-29　交流发电机的输出特性

由输出特性可以看出发电机在不同转速下输出功率的情况，具体说明以下几点：

1）空载转速是指发电机转速逐渐升高到充电指示灯(或电流表)指示开始充电时的转速。发电机空载时，电压达到额定值时的转速 n_1，称为空载转速。n_1 常用来作为选择发电机与发动机传动比的主要依据。

2）发电机达到额定功率(或电流)时的转速 n_2，称为满载转速，发电机额定电流一般规定为最大电流的70%~75%。

空载转速和满载转速是汽车交流发电机性能的主要指标。在产品说明书中均有规定。使用中，只要测得这两个数据，与规定值相比即可判断发电机的性能是否良好。

3）当转速达到一定值后，发电机的输出电流不再随转速的升高和负载的增大而增大，这时的电流值称为发电机的最大输出电流或限流值。可见交流发电机具有自身限制输出电流的能力，这可避免用电设备过多，用电量过大时造成发电机过载而损坏。

二、空载特性

空载特性是指发电机空载时发电机的电压与转速之间的关系，即 $I=0$ 时，$u=f(n)$ 的曲线，如图2-30所示。从空载特性曲线，可以观察发电机电压与转速的关系，也可判断发电机性能是否良好。

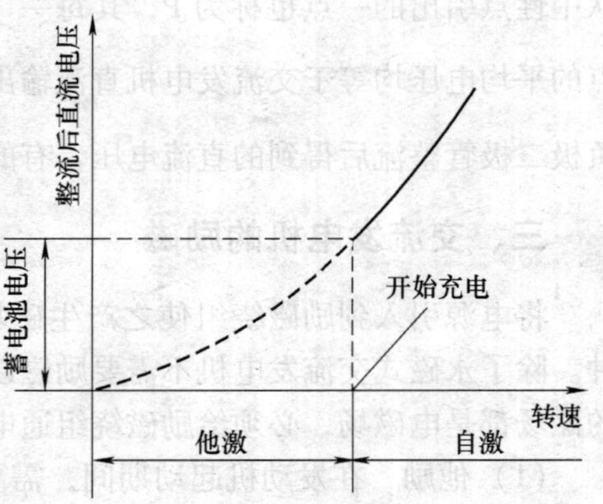

图 2-30　交流发电机的空载特性

三、外特性

外特性是指转速一定时，发电机的端电压与输出电流的关系。即 n = 常数时，$u=f(I)$ 的曲线，如图2-31所示。

从外特性曲线可看出，随着负载即输出电流的增加，发电机的端电压会很快下降，且转速越高，下降的斜率越大。这是由于随着输出电流的增加，发电机定子绕组的压降也会增加，而且转速越高，定子绕组的阻抗越大压降就越大；与此同时，输出电流的增加还会使电枢反应加强，这都将引起发电机的端电压下降，而端电压的下降又会使磁场电流减小，从而导致端电压的进一步下降。因此，当发电机在高转速下运转时，如果突然失去负载，则其端电压会急剧升高，这时发电机中的二极管以及调节器中的电子元器件将有被击穿的危险。

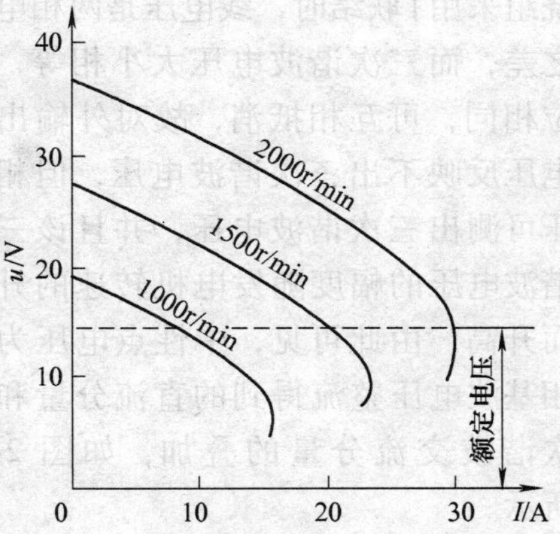

图 2-31　交流发电机的外特性

另外，当输出电流增大到一定值时，如负载再增加，其输出电流不仅不会增加，反而会同端电压一起下降，即在外特性曲线上存在一个转折点。因此，当发电机短路时，其短路电流是很小的，这也说明交流发电机具有自身限制电流的功能。一般交流发电机是工作在转折点以前的。

第七节　交流发电机性能的改善

Y联结的交流发电机中，其中性点 N 不仅具有直流电压(等于发电机直流输出电压的一半)，而且还包含有交流电压成分。其原因如下：

当交流发电机空载时，由于鸟嘴形磁极使磁场分布近似为正弦曲线，从而使其三相感应电动势接近于正弦波。而当发电机正常工作有电流输出时，由于电枢反应的强弱、漏磁、铁磁物质的磁饱和以及整流二极管的非线性特性等因素，将会使交流发电机内的磁通变为非正弦分布，从而造成交流发电机感应电动势和输出电压的波形畸变。

如图 2-32a 所示为某一相电压的实际波形，可以认为这一畸变波形是由正弦基波(见图 2-32b)和三次谐波(频率为基本频率的 3 倍，如图 2-32c 所示)叠加而成。由图 2-33 可看出，尽管三相电压的基波相位相差 120°，而各相的三次谐波之间的相位却是相同的，由于三相

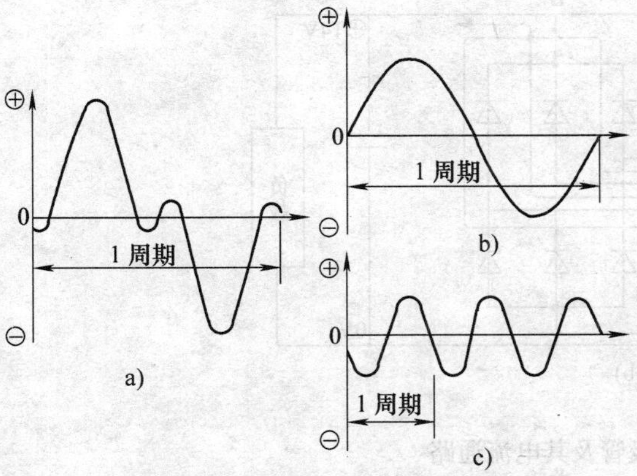

图 2-32　有输出电流时的畸变波形与其分解
a）相电压畸变波形　b）相电压基波　c）三次谐波

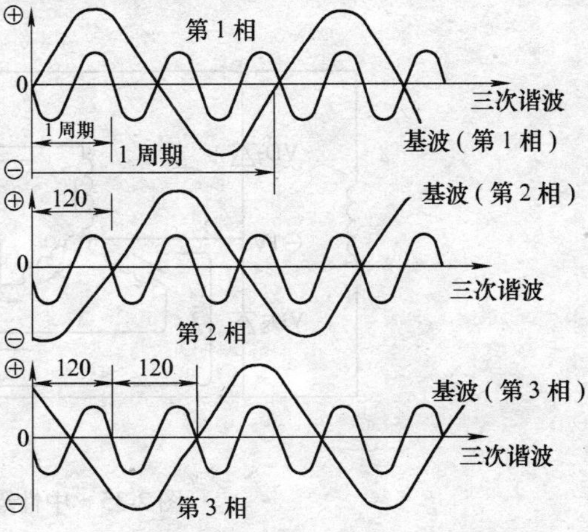

图 2-33　各项绕组的基波和三次谐波

绕组采用Y联结时，线电压是两相电压之差，而三次谐波电压大小相等，相位相同，可互相抵消，故对外输出的电压反映不出三次谐波电压，但相电压可测出三次谐波电压，并且该三次谐波电压的幅度随发电机转速的升高而升高。由此可见，中性点电压为三相基波电压整流得到的直流分量和三次谐波交流分量的叠加，如图 2-34 所示。

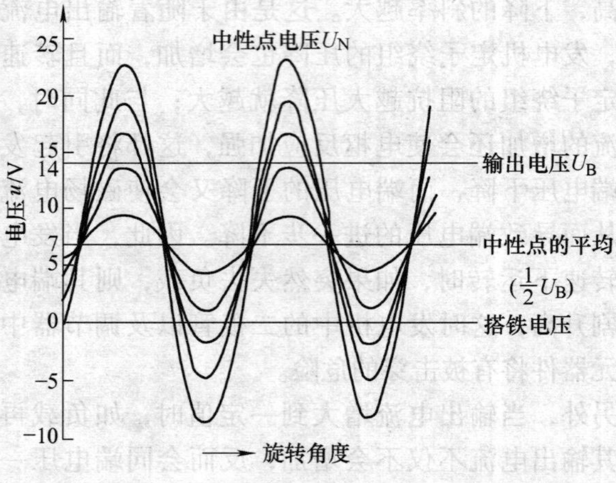

图 2-34　不同转速时中性点电压变化波形

当发电机转速升高到一定程度(超过 2000r/min)时，交流分量的最高瞬时值有可能超过发电机的直流输出电压 U_B，最低瞬时值则可能低于搭铁端电压(0V)，可见在这种情况下，该处的交流分量中高于发电机输出电压 U_B 和低于 0V 时便有可能向外输出。

在普通交流发电机的基础上加装两只整流二极管，就成为八管交流发电机，如天津夏利 TJ7100、TJ7130 型轿车用 JFZ1542 型 14V 45A 交流发电机。加装的两只整流二极管在中性点 N 和发电机的“B +”端以及搭铁端“E”之间，这两只二极管称为中性点二极管。如图 2-35 中的 VD_7 和 VD_8，其工作原理如下：

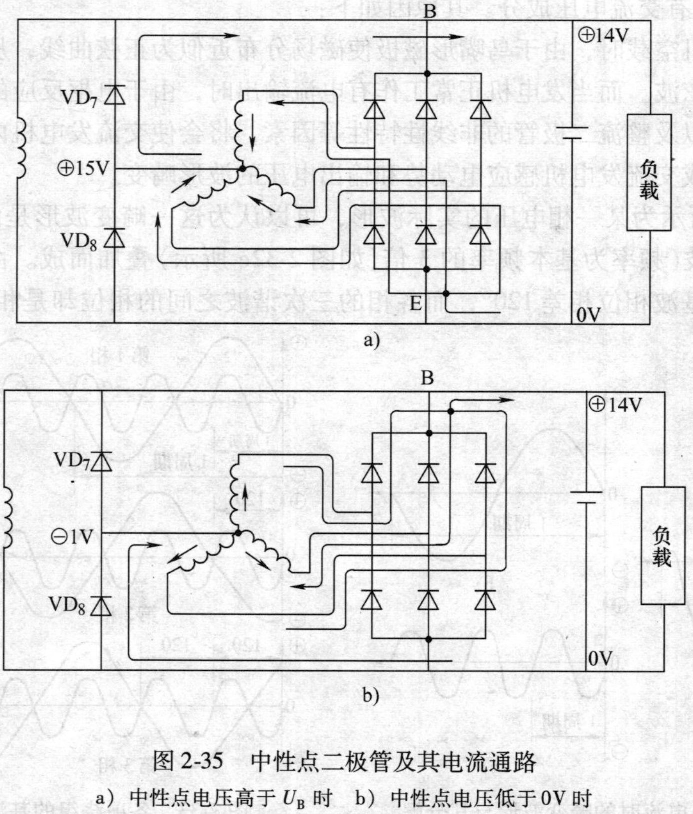

图 2-35　中性点二极管及其电流通路

a）中性点电压高于 U_B 时　b）中性点电压低于 0V 时

1）当中性点的瞬时电压高于发电机的输出电压 U_B 时(在中性点电压低于 U_B 时，发电机

的输出电压要加到 VD_7 的负极上，达不到其导通电压，VD_7 不导通，只有当中性点的输出电压高于 U_B 时，VD_7 才导通，忽略 VD_7 的管压降，同理可解释 VD_8），二极管 VD_7 导通，电流经 VD_7、负载以及三个负极二极管中的一只后经某一相绕组形成回路，如图 2-35a 中箭头所示。

2）当中性点的瞬时值电压低于 0V 时，二极管 VD_8 导通，电流则从某一相出发，经该相的正极二极管、B + 端、负载、搭铁，最后经二极管 VD_8 回到中性点而形成回路，如图 2-35b 中箭头所示。

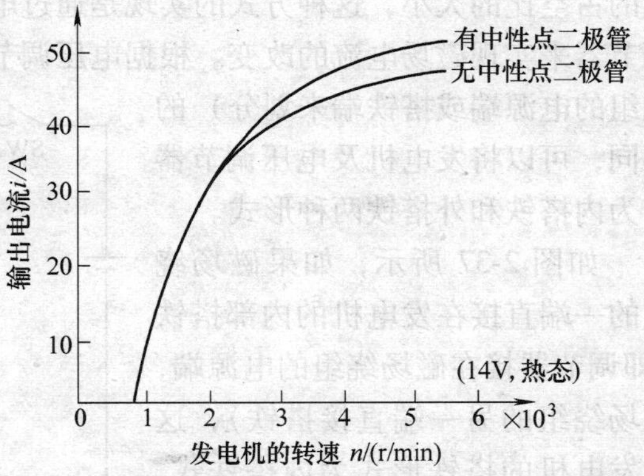

图 2-36 有、无中性点二极管发电机输出电流的对比

由此可见，在不改变发电机结构的情况下，只要在中性点处接入两个中性点二极管，便可利用中性点电压来增加发电机的输出电流，图 2-36 所示为有、无中性点二极管某发电机输出电流的对比，可见在中高速时，有中性点二极管的交流发电机输出电流可增加 10%～15%。

第八节 交流发电机的电压调节器

一、交流发电机电压调节器的功用

发电机在汽车上是按固定的传动比由发动机来驱动的，因此，它的转速完全由发动机的转速所决定。对于既定发电机，我们知道，发电机的输出电压 E_Φ 与发动机的转速 n 和每极磁通 Φ 的乘积成正比，即 $E_\Phi = C_e n\Phi$（C_e 为发电机的结构常数）。汽车在行驶中，其发动机转速是经常改变的，致使发电机的转速随之改变，故发电机的输出电压也必然是随着转速的变化而变化的，这与用电设备和蓄电池充电要求电压恒定是相矛盾的。因此，发电机必须具有调节电压的装置，即电压调节器，使之与发电机相配合，以便当发电机转速改变时，自动调节发电机的输出电压，使之保持恒定以防止发电机输出电压过高而烧坏用电设备和蓄电池过充电。

二、电压调节原理

交流发电机的输出电压 u 正比于交流发电机感应电动势 E_Φ，而感应电动势 E_Φ 正比于发动机转速 n 与每极磁通 Φ，即

$$u \propto E_\Phi = C_e n\Phi$$

而发电机的每极磁通 Φ 正比于发电机的磁场电流 I_L，即

$$u \propto E_\Phi = C_e n\Phi = KnI_L$$

当发电机转速改变时，相应地改变每极磁通 Φ 才能达到保持电压恒定的目的，每极磁通 Φ 的多少取决于发电机的磁场电流的大小，因此，在发电机转速变化时，只要自动调节磁场电流的大小，就可使发电机输出电压保持恒定。调节器的调节原理就是通过调节磁场电流使磁通改变来使发电机输出电压保持恒定。

发电机输出电压的调节转化为调节磁场电流的大小。磁场电流的调节方法：一种方法是

可以在磁场电路中串联可变电阻器，以此来改变磁场电流的大小，这种方式不易实现电流的自动调节；另一种方法是改变磁场平均电流，即改变磁场电流通电时间的比率或改变磁场电流的占空比的大小，这种方式的实现是通过电压调节器来完成的，即在磁场电路中串联电压调节器来实现磁场电流的改变。根据电压调节器在磁场电路中的位置(电压调节器位于磁场绕组的电源端或搭铁端来划分）的不同，可以将发电机及电压调节器分为内搭铁和外搭铁两种形式。

如图 2-37 所示，如果磁场绕组的一端直接在发电机的内部搭铁(即调节器接在磁场绕组的电源端，磁场绕组的另一端直接搭铁)，这种发电机的搭铁形式为内搭铁式，与之配用的调节器叫做内搭铁式调节器，如图 2-37a 所示，此时，两只电刷引线中一根与后端盖上的磁场接线柱“F”（或“磁场”)相连接，另一根则直接与发电机外壳上的搭铁接线柱“－”（或“搭铁”)相连接。如果磁场绕组通过所配的调节器搭铁，(这种情况下,磁场电流由调节器的“F”接线柱流入,由“E”接线柱流出。调节器串联在磁场绕组的搭铁端)这种发电机的搭铁形式为外搭铁式，与之配用的调节器叫做外搭铁式调节器，如图 2-37b 所示，两只电刷接线柱均与发电机外壳绝缘，分别用“F_1”、“F_2”表示，其分别连接电源和调节器 F 端。

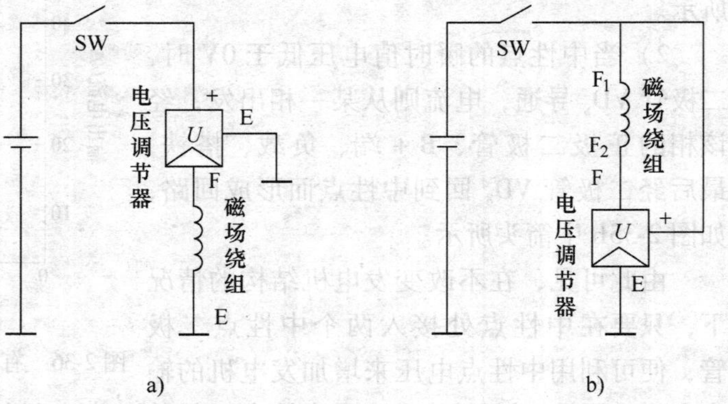

图 2-37 励磁绕组和调节器的不同连接方式

a）内搭铁式 b）外搭铁式

三、交流发电机电压调节器的分类

交流发电机所用的电压调节器种类繁多、型式各异，按其结构特点和工作原理大致可分为机械电磁振动式(触点式)和电子调节器两大类。

1. 电磁振动式调节器

电磁振动式调节器是通过一对或两对触点的反复开闭改变磁场电路的电阻来调节磁场电流的。

2. 电子调节器

电子调节器是利用晶体管的开关特性，使磁场电路接通和断开来调节磁场的平均电流的。

(1) 按结构型式分 晶体管式：即利用分立电子元件组成的调节器，如解放 CA1091 型载货汽车用的 JFT106 型电子调节器。

集成电路式：即利用集成电路(IC)组成的调节器，如北京切诺基(BJ2021)、天津夏利、斯太尔、奥迪 100 和上海桑塔纳等轿车的调节器。

集成电路调节器大都为混合集成电路调节器，常用的集成电路有厚膜集成电路，薄膜集成电路和单片集成电路。

(2) 按安装方式分 外装式：即与交流发电机分开安装的调节器，如 JFT106 型调节器。

内装式：即安装在交流发电机上的调节器。一般为集成电路调节器，如北京切诺基、上海桑塔纳等车的调节器。

（3）按搭铁型式分　内搭铁式：与内搭铁型交流发电机配套工作的电子调节器，如JFT126A型调节器。

外搭铁式：与外搭铁型交流发电机配套工作的电子调节器，如JFT106型调节器。

（4）按功能的多少分　单功能型：即仅有调节电压功能的调节器，如JFT106型调节器。

多功能型：即除具有调节电压的功能之外，还带有充电指示功能（如天津夏利轿车的ICR1761W型调节器）或带有过压控制器的调节器。

随着汽车电子技术的迅速发展，现代汽车已广泛使用交流发电机和集成电路调节器装在一起的整体式交流发电机。尤其是微机在汽车上的应用，利用微机控制交流发电机的输出电压，取消电压调节器已是势在必行了。

第九节　电磁振动式调节器

利用触点的通断来改变励磁绕组的电流大小，使其产生的磁场的强弱变化来保持发电机电压恒定的电压调节器，称为触点式调节器。这种调节器有多种形式，图2-38所示为电磁振动式调节器的基本结构。

铁心7固定在磁轭9上，而衔铁2活动地安装在磁轭上，它们三者以及衔铁与铁心之间的空气隙形成了电压调节器的磁路。弹簧11的一端固定在支架上，另一端固定在衔铁的尾部。磁化线圈8绕在铁心上，它的一端搭铁，另一端经接线柱通过点火开关与发电机的“B＋”接线柱相接，承受着发电机的端电压，触点K3、4串联在磁场电路中，在弹簧作用下保持闭合，调节电阻R_{tj}与触点并联。其作用原理如下：

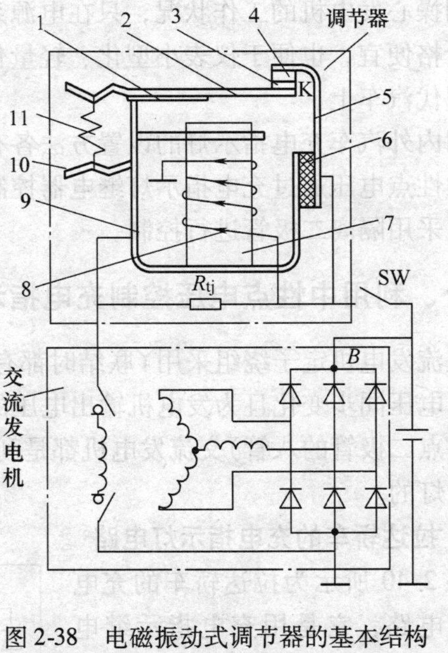

图2-38　电磁振动式调节器的基本结构

1—铰链　2—衔铁　3、4—触点K　5、10—支架　6—绝缘条　7—铁心　8—磁化线圈　9—磁轭　11—弹簧　R_{tj}—调节电阻

当发电机转速升高，其输出电压高于蓄电池电压时，发电机磁场绕组和调节器磁化线圈以及用电设备开始由发电机供电，即发电机开始自励发电。这时发电机的励磁回路和调节器磁化线圈供电回路则为：

$$\text{发电机正极(B+)}\rightarrow\begin{bmatrix}\text{触点 K}\rightarrow\text{磁场绕组}\\\text{调节器磁化线圈}\end{bmatrix}\rightarrow\text{搭铁}\rightarrow\text{发电机负极}$$

当发电机转速升高，使发电机电压增高到某一数值U_2时，由于线圈的电磁力矩大于弹簧力矩，将衔铁吸下，触点分开，调节电阻R_{tj}便串入磁场电路中。此时磁场电路为发电机正极→调节电阻→磁场绕组→发电机负极。由于磁场电路中串入了调节电阻，因而磁场电流减小，磁场减弱，使发电机电压降低。当电压降到某一数值 U_1 时，由于磁化线圈中电流减小，电磁力矩小于弹簧力矩，触点重新闭合，调节电阻又被短路，磁场电流和发电机电压重又上升，而当电压升高到 U_2，触点重又打开。这样在调节器工作时，触点时开时闭，周期的振动，使发电机电压总是在 U_1、U_2 间脉动，保持一平均值 U_O。图 2-39 所示为某一转速下电压的脉动曲线。

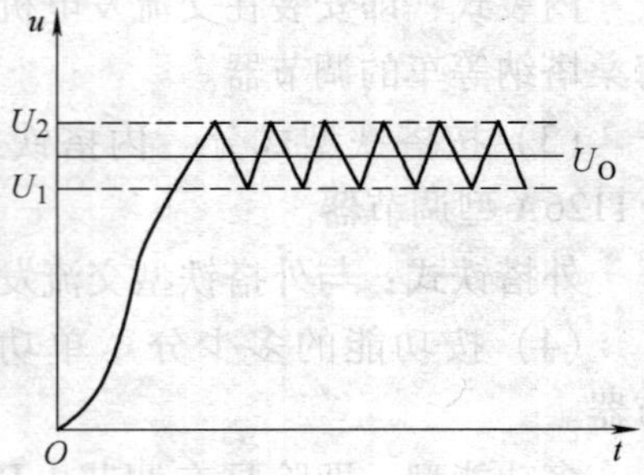

图 2-39　电压脉动曲线

电压平均值 U_0 为调节器控制下的发电机输出电压，称为调节器的调节电压。对于 12V 电气系统，该电压值约为 13.5～14.8V，24V 电气系统为 27～29V。

第十节　充电指示灯的控制电路

采用电流表或电压表来监测电源系统的工作状况，具有显示准确、可靠的优点，但不醒目直观，同时驾驶员在行车时需不时地监视电流表或电压表的读数变化，因而对驾驶员的工作有一定影响，相比之下，充电指示灯就简单多了，只要指示灯不亮，驾驶员只管放心驾车而不用操心发电机的工作状况，只在电源系统有故障时它才点亮，而且醒目、直观，设置简单，价格便宜，也便于仪表小型化、轻量化。因此，充电指示灯逐渐取代了电流表，被广泛用于现代汽车上。

国内外汽车充电指示灯的设置方法各有特点，但从控制原理上可大致分为三种方式：即利用中性点电压通过充电指示灯继电器控制、利用具有三个磁场二极管的九管交流发电机控制以及采用隔离二极管进行控制。

一、利用中性点电压控制充电指示灯

交流发电机定子绕组采用Y联结时都有一中性点 N，该点的直流平均电压与发电机的直流输出电压同步变化且为发电机输出电压的一半，所以，几乎所有采用星形联结的六管(或带中性点二极管的八管)交流发电机都是利用该点的电压，通过继电器或有关电路去控制充电指示灯的。

1. 拉达轿车的充电指示灯电路

图 2-40 所示为拉达轿车的充电指示灯电路，它是用充电指示继电器控制充电指示灯的典型电路。充电指示继电器磁化线圈的一端接交流发电机的中性点，另一端搭铁，其常闭触点与充电指示灯串联。

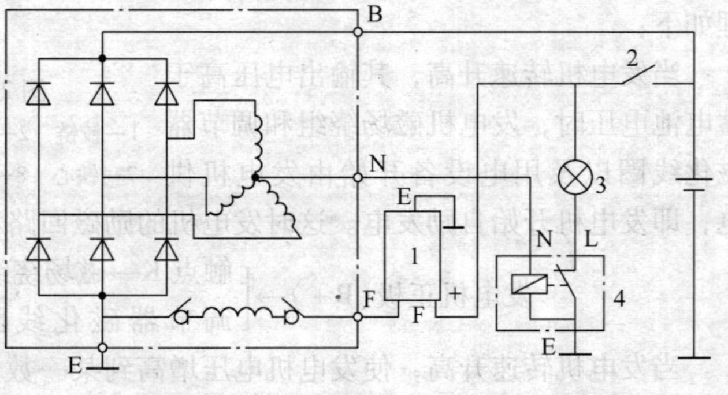

图 2-40　中性点控制的充电指示灯继电器电路图
1—电压调节器　2—点火开关　3—充电指示灯　4—充电指示继电器

接通点火开关，若不起动发动机，发电机不运转，中性点电压为零，充电指示灯继电器不动作，其常闭触点保持闭合状态，电流分两

路：①蓄电池正极→点火开关→充电指示灯→充电指示继电器的常闭触点→搭铁→蓄电池负极，形成回路，充电指示灯亮，表示发电机没有运转发电，指示灯线路正常。②蓄电池正极→点火开关→调节器(＋→F)→电刷→励磁绕组→电刷→搭铁→蓄电池负极，给励磁绕组提供励磁，为发电机的发电做好准备。

起动发动机后，发电机开始运转。随着发电机输出电压的升高，当发电机输出电压超过蓄电池电压时，中性点的输出电压使充电指示继电器动作，充电继电器的常闭触点被吸开，切断充电指示灯回路的电流，充电指示灯熄灭，表示发电机正常发电，并向蓄电池充电。若发电机不发电或其输出电压低于蓄电池电压时，发电机中性点输出电压为零或低于充电指示继电器的动作电压，其常闭触点仍然闭合，充电指示灯亮，表示蓄电池不充电。

注意：一般充电指示继电器的设计动作电压为6～7V之间，释放电压在6V以下，该继电器不能用12V或24V普通车用继电器代替。

在实际使用中，为了减少发电机与充电指示继电器、调节器等部件的连接导线，减少由于接线错误等造成的故障，通常都将充电指示继电器与电磁振动式调节器组合为一体，封装在一个壳体内，即形成具有电压调节和充电指示灯控制双重功能的组合继电器或双联调节器，如国产JFT126型双联调节器，日本丰田、日产早期使用的双联振动式调节器等。随着电子技术的发展，此类组合继电器已完全实现电子模块化控制，如新型的微型汽车五菱之光、长安之星等，东风EQ1092，解放CA1092型载货汽车采用的JD136型起动复合继电器中的保护继电器即起充电指示继电器的作用(详见第三章)。需说明的是，上述复合继电器中的充电指示灯继电器都可单独使用，只要继电器的标称电压合适，可在找不到匹配条件下选用。

2. 日本丰田汽车的充电指示灯电路

图2-41所示为早期日本丰田汽车用双联调节器内部线路，该调节器由两部分组成，除了双级式电压调节器外，还有一只充电指示继电器。工作过程如下：

1）接通点火开关：①充电指示灯点亮，电路为：蓄电池正极→点火开关SW→充电指示灯1→调节器L接线柱→常闭触点K_1→搭铁→蓄电池负极。②励磁绕组被激磁，电路为：蓄电池正极→点火开关SW→熔断器2→调节器IG接线柱→常闭触点K_3→调节器F接线柱→交流发电机F接线柱→励磁绕组→搭铁→蓄电池负极。

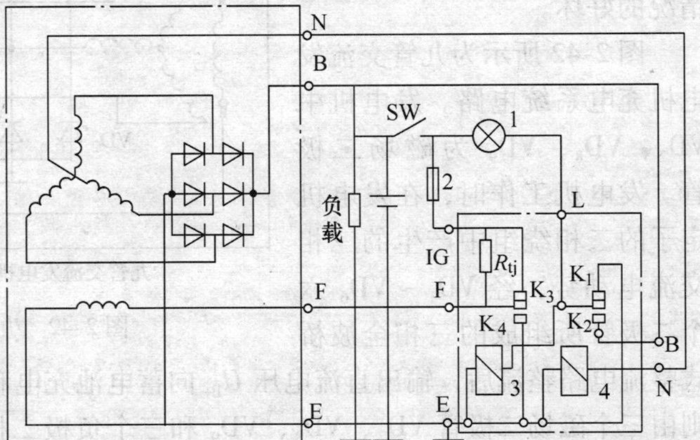

图2-41　日本丰田汽车用双联调节器内部线路图

1—充电指示灯　2—熔断器　3—电压调节器磁化线圈　4—充电指示继电器磁化线圈　K_1—常闭触点　K_2—常开触点　K_3—低速触点(常闭)　K_4—高速触点(常开)

2）励磁电流由他励变为自励，充电指示灯熄灭：起动发动机，随着交流发电机的转速增加，交流发电机的输出电压逐渐升高，当交流发电机的输出电压等于蓄电池的电压时，励磁电流改由发电机提供。此时，交流发电机中性点的输出电压使常闭触点K_1断开，常开触点K_2闭合，切断充电指示灯回路，充电指示灯熄灭。K_2 的闭合，接通了电压调节器磁化线圈 3 的电路，为电压调节器的正常调节做好准备。

3）电压调节过程：随着发电机转速的提高，当发电机输出电压达到工作电压时，磁化线圈 3 的电磁吸力增强，将触点臂吸下，使常闭触点 K_3 断开（K_4 仍处于打开状态），此时磁场电路为发电机输出端 B→点火开关 SW→调节器 IG 接线柱→调节电阻 R_{tj}→调节器 F 接线柱→发电机 F 接线柱→励磁绕组→搭铁→蓄电池负极。由于磁场电路中串入了调节电阻 R_{tj}，使磁场电流减小，发电机电压降低。当发电机电压下降而略低于工作电压后，通过磁化线圈 3 的电流减小，电磁吸力减弱，K_3 在弹簧拉力作用下重又闭合，调节电阻 R_{tj} 又被短路，使磁场电流增加，发电机电压再度升高。当发电机电压升至略高于工作电压后，K_3 又被打开。如此重复上述过程，使发电机电压在低速时保持稳定。当发电机在高转速时，即使 K_3 打开，调节电阻 R_{tj} 串入励磁绕组电路中，因其数值较小，发电机电压仍会继续升高，增大磁化线圈 3 的吸力，将触点臂吸的更低，而使高速触点 K_4 闭合。K_4 闭合时，由于磁场绕组的两端均搭铁而被短路，于是发电机电压急剧下降。与此同时，磁化线圈的吸力减小，触点臂在弹簧拉力的作用下，又停在中间位置，使 K_3、K_4 都打开，磁场电路中又串入了调节电阻 R_{tj} 电压重又升高。如此反复，高速触点 K_4 反复开闭使发电机电压保持稳定。

4）当发电机出现故障导致发电机不发电时，其中性点无电压，充电指示灯继电器不动作，则充电指示灯将会一直发亮，表示充电系统有故障。

二、利用具有三个磁场二极管的九管交流发电机控制充电指示灯

九管交流发电机的特点是发电机中除了一般常用的六只二极管外，又增加了三个功率较小的二极管，它们的作用是提供磁场电流及控制充电指示灯，所以又称为磁场二极管。

采用磁场二极管后，可以省去继电器，而仅用简单的充电指示灯即可表示发电机工作情况的好坏。

图 2-42 所示为九管交流发电机充电系统电路。发电机中 VD_7、VD_8、VD_9 为磁场二极管。发电机工作时，在发电机定子的三相绕组中产生的三相交流电动势，经 VD_1 ~ VD_6 六个二极管所组成的三相全波桥式整流电路整流后，输出直流电压 U_{B+} 向蓄电池充电和向用电设备供电。发电机的磁场电流则由三个磁场二极管 VD_7、VD_8、VD_9 和三个负极二极管 VD_2、VD_4、VD_6 组成的三相全波桥式整流电路整流后的直流电压 U_{D+} 供给。调节器可为电磁式或晶体管式。

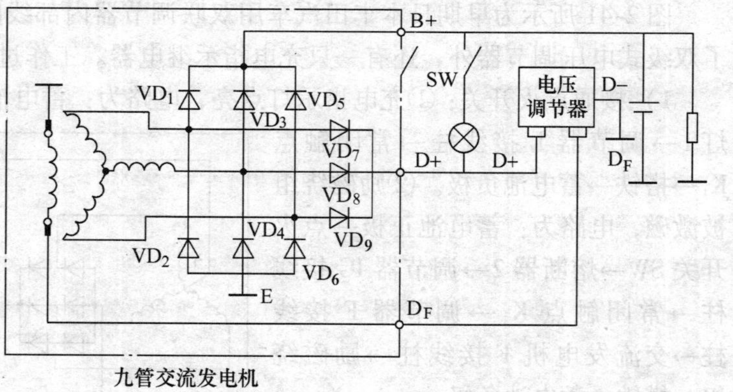

图 2-42　九管交流发电机充电系统电路图

充电指示灯的工作原理如下：接通开关 SW，蓄电池电流经点火开关 SW→充电指示灯→调节器接线柱 D+→电磁振动式调节器中的触点（或晶体管调节器中的大功率管）→调节器接线柱 D_F→发电机磁场绕组→搭铁，构成回路。此时充电指示灯发亮，同时发电机被励磁。

发电机工作时，充电指示灯是由蓄电池电压与磁场二极管的输出端“D+”电压的差值所控制的。随着发电机转速的升高，由于“D+”电压增高，故充电指示灯的亮度减弱。当发电机电压达到蓄电池充电电压时，发电机开始自励，此时充电指示灯因两端的电位相等而熄灭，表示发电机已经正常工作。

当发电机转速降低或发电机有故障时，则接线柱“D+”电压降低，由于指示灯两端的电位差增大，指示灯又发亮。这样利用该充电指示灯不仅可在停车后发亮警告驾驶员及时关掉电源开关，又可指示发电机的工作情况，同时还省去了结构复杂的继电器。但当充电指示灯回路中各部件出现断路故障时，则充电指示灯将会始终不亮。

三、带隔离二极管的充电指示灯电路

图2-43所示为法国马夏尔交流发电机的充电电路，这种发电机在其桥式整流输出端与发电机端盖上的“B+”接线端子之间装了一只或两只功率更大的二极管VD，称为隔离二极管，由于发电机带有隔离二极管，因而可很方便地设置充电指示灯电路，同时还可避免发动机不工作而点火开关长时间接通时，蓄电池通过调节器向发电机磁场绕组大电流放电。其工作原理如下：

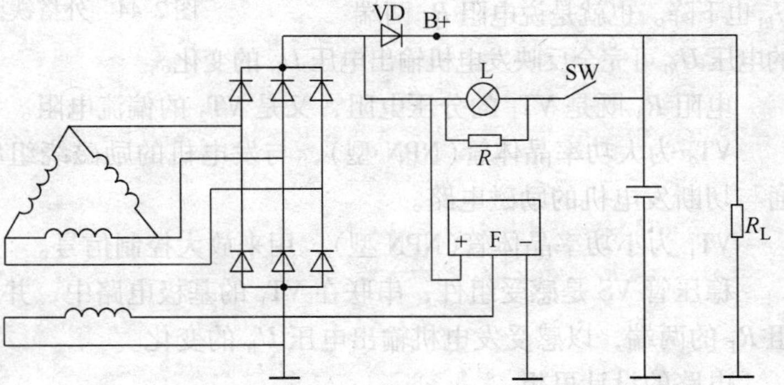

图2-43　带隔离二极管的充电指示灯电路

当接通点火开关SW时，蓄电池电流经充电指示灯、调节器(+→F)、流入发电机磁场绕组、搭铁而形成回路，此时充电指示灯亮，并使发电机有较小的预励磁电流。当起动发动机并随着发电机转速的升高，输出的直流电压超过蓄电池电压时，隔离二极管导通，发电机自励发电并向蓄电池充电。与此同时，充电指示灯因两端的电位差减小而熄灭。

当发电机转速降低或有故障时，充电指示灯由于两端的电位差增大就会发亮。这样在电路中增加一个隔离二极管就可用充电指示灯来指示发电机的工作情况。

第十一节　晶体管调节器

一、晶体管调节器的基本工作原理

晶体管调节器是利用晶体管的开关特性制成的，即将晶体管作为一只开关串联在发电机的磁场电路中，根据发电机输出电压的高低，控制晶体管的导通和截止，调节发电机的磁场电流使发电机输出电压稳定在某一规定的范围之内。内搭铁形式的调节器要配套内搭铁发电机，外搭铁形式的调节器要配套外搭铁发电机。

外搭铁型调节器的基本电路如图2-44所示，它通常由功率晶体管、信号放大和控制电路以及电压信号的检测电路等三部分组成，整个电路由三只电阻R_1、R_2、R_3，两只晶体管VT_1、VT_2，一只稳压二极管VS和一只二极管VD组成。

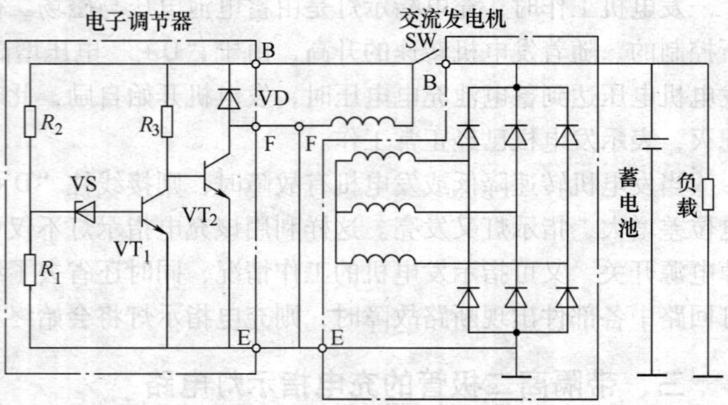

图2-44 外搭铁型电子调节器的基本电路

电阻 R_1 和 R_2 串联组成一个分压器，接在发电机输出端 B + 与搭铁端之间，直接检测发电机的输出电压 U_B，分压电阻 R_1 两端的电压 U_{R1} 为

$$U_{R1}=\frac{R_1}{R_1+R_2}U_B \quad (1)$$

由上式(1)可见，当发电机电压 U_B 升高时，分压电阻 R_1 上的电压 U_{R1} 也升高；反之，U_B 下降，U_{R1} 也下降。也就是说电阻 R_1 两端的电压 U_{R1} 可完全反映发电机输出电压 U_B 的变化。

电阻 R_3 既是 VT_1 的分压电阻，又是 VT_2 的偏流电阻。

VT_2 为大功率晶体管（NPN 型），与发电机的励磁绕组串联，工作在开关状态，用来接通与切断发电机的励磁电路。

VT_1 为小功率晶体管（NPN 型），用来放大控制信号。

稳压管 VS 是感受组件，串联在 VT_1 的基极电路中，并通过 VT_1 的发射结并联于分压电阻 R_1 的两端，以感受发电机输出电压 U_B 的变化。

电路的设计思想：

当发电机输出电压 U_B 升高到调节电压上限 U_{B2} 时，分压电阻 R_1 两端的电压 U_{R1} 加在稳压管 VS 和 VT_1 的基极上，恰好能使稳压管 VS 反向击穿，为 VT_1 提供基极电流，使 VT_1 导通，即

$$U_{R1}=\frac{R_1}{R_1+R_2}U_B \geqslant U_{VS}+U_{be1} \quad (2)$$

式(2)为稳压管 VS、晶体管 VT_1 的导通条件。

当发电机输出电压 U_B 下降到调节电压下限 U_{B1} 时，U_{B1} 不能使稳压管 VS 反向击穿，使 VT_1 无基极电流而截止，即

$$U_{R1}<U_{VS}+U_{be1} \quad (3)$$

式(3)为稳压管 VS、晶体管 VT_1 的截止条件。

VD 是续流二极管，励磁绕组由接通变为断开状态时，产生的自感电动势（F 端高电位，B 端低电位）经二极管 VD 构成放电回路，防止晶体管 VT_2 被击穿损坏。

工作原理：

① 点火开关 SW 刚刚接通时，发动机不转，发电机不发电，蓄电池电压加在分压电阻 R_1、R_2 上，此时因 U_{R1} 较低不能使稳压管 VS 反向击穿，VT_1 截止，使得 VT_2 导通，发电机磁场电路接通，此时由蓄电池供给磁场电流，通路为：蓄电池正极→发电机励磁绕组→调节器 F 接线柱→晶体管 VT_2→调节器 E 接线柱→搭铁→蓄电池负极。

② 当发电机电压升高到大于蓄电池电压时（900r/min 左右），发电机自励发电，并开始对蓄电池充电，如果此时发电机输出电压 U_B 小于调节电压上限 U_{B2}，VT_1 继续截止，VT_2 继续导通，但此时的磁场电流由发电机供给，通路为：发电机正极→发电机励磁绕组→调节器 F 接线柱→晶体管 VT_2→调节器 E 接线柱→搭铁→发电机负极。由于磁场电路一直导通，发

电机电压随转速升高而升高。

③ 当发电机电压升高到等于调节电压上限 U_{B2} 时，调节器对电压的调节开始。此时电阻 R_1、R_2 上的分压 $U_{R1} \geqslant U_{VS} + U_{be1}$，VS 反向击穿导通，$VT_1$ 导通，VT_2 截止，发电机磁场电路被切断，磁通下降，发电机输出电压下降。

④ 当发电机电压下降到等于调节电压下限 U_{B1} 时，电阻 R_1、R_2 分压减小，$U_{R1} < U_{VS} + U_{be1}$，VS 截止，$VT_1$ 截止，VT_2 重新导通，磁场电路重新被接通，发电机输出电压上升。

发电机电压上升到等于调节电压上限 U_{B2} 时，VT_2 就截止，磁场电路被切断，发电机输出电压 U_B 下降；发电机电压降到等于调节电压下限 U_{B1} 时，磁场电路被接通，发电机输出电压 U_B 上升。周而复始，发电机输出电压 U_B 被控制在一定范围内。

实际上，对于电子调节器来说，由于晶体管 VT_2 的状态转换（导通和截止）的频率很高，U_{B1} 和 U_{B2} 两者之间的差距非常小，所以发电机的输出电压 U_B 的波动非常小，再加上电容的滤波，所以发电机的输出电压很稳定。

内搭铁型电子调节器的基本电路如图 2-45 所示，内搭铁晶体管调节器也是由功率晶体管，信号放大和控制电路以及电压信号的检测电路三部分组成，该电路的特点是晶体管 VT_1、VT_2 采用 PNP 型，发电机的励磁绕组连接在 VT_2 的集电极和搭铁端之间，与外搭铁型电路显著不同，电路工作原理和结构与上述外搭铁型电子调节器类似。

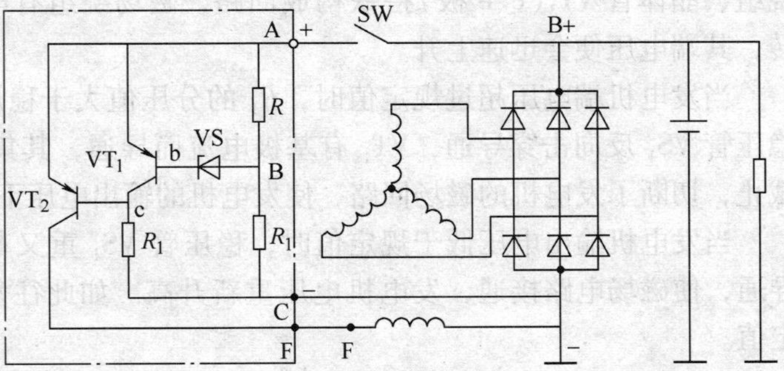

图 2-45　内搭铁型电子调节器的基本电路

现在车用搭铁形式不同的晶体管电压调节器，其调节机理和工作过程同上述两种电压调节器基本是相同的，只不过在电路形式上要复杂一些，元器件数量多一些，控制功能多一些。

二、晶体管调节器实例

1. 国产 JFT106 型晶体管调节器

国产 JFT106 型晶体管调节器为 14V 外搭铁式，可与 14V、750W 的九管外搭铁交流发电机配套使用，也可与 14V、1000W 的普通六管交流发电机配套使用，解放 CA1091 型载货汽车 JF1522 型交流发电机配用的晶体管调节器就是此类型调节器，它封装于铝合金外壳内，引线采用接线板形式，有“－”、“+”、“F”三个接线板，其内部电路如图 2-46 所示。

JFT106 型晶体管调节器工作原理：电阻 R_2 和 R_3 并联后与 R_1 串联构成分压电路，当接通点火开关时，蓄电池电压便加在该分压电路上，R_1 上的分压经 VD_1 和 R_6 加在稳压管 VS_1 上，此时，R_1 上的分压值低于稳压管 VS_1 的反向击穿电压，故 VS_1 截止，晶体管 VT_1 因无基极电流而截止。VT_1 截止时，R_5、VD_2、R_7 构成串联电路，R_7 上的电压便加到 VT_2 的基极，使 VT_2 获得基极电流而导通。VT_2、VT_3 接成复合管形式（以提高放大倍数），因而 VT_3

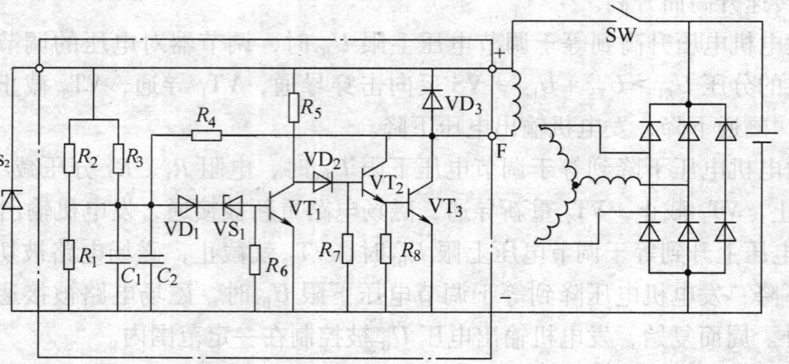

图 2-46　JFT106 型晶体管调节器电路

也导通。VT_3 导通时发电机磁场绕组一端搭铁，于是磁场电流从蓄电池经过点火开关、磁场绕组、晶体管 VT_3（c、e 极）搭铁构成回路，磁场绕组有电流通过而产生磁场。如发电机旋转，其端电压便会迅速上升。

当发电机端电压超过规定值时，R_1 的分压值大于稳压二极管 VS_1 的反向击穿电压，则稳压管 VS_1 反向击穿导通，VT_1 有基极电流而导通，其集电极电位接近于零而使 VT_2、VT_3 截止，切断了发电机的磁场回路，使发电机的输出电压下降。

当发电机输出电压低于规定值时，稳压管 VS_1 重又截止，VT_1 也截止，VT_2、VT_3 重又导通，使磁场电路接通，发电机电压重新升高。如此往复，发电机输出电压便被稳定在规定值。

VD_1 是温度补偿二极管，其电压温度系数为负值，而稳压管 VS_1 的电压温度系数为正值，故起温度补偿作用，使 VT_1 的导通和截止时刻不受温度的影响，从而提高了调节器的热稳定性。

VD_2 的作用是当 VT_1 导通时，使 VT_2 可靠截止。其作用原理是：当 VT_1 处于导通状态时，由于 VT_1 温度升高会造成其集-射极（c-e 极）管压降增大，有可能使 VT_2 误导通。增加二极管 VD_2 后，由于 VD_2 的分压作用，而消除了 VT_2 误导通的可能性。

VD_3 为续流二极管。它与发电机磁场绕组反向并联，当 VT_3 截止时，可使发电机磁场绕组中产生的自感电动势经它与磁场绕组自成回路，保护 VT_2、VT_3 免受损坏。

C_1、C_2 与分压电阻 R_1 并联，由于电容器两端的电压不能突变，因此，分压电阻 R_1 两端的电压也不会发生突变，这就推迟了稳压管导通与截止的时间，从而可降低晶体管 VT_1 的开关频率，减少了晶体管的损耗，使晶体管发热量减少，使用寿命延长。

R_4 为正反馈电阻，联结于晶体管 VT_3 的集电极和二极管 VD_1 的正极之间，作用是加快晶体管 VT_3 的开关速度，减小晶体管的耗散功率，同时还可提高调节器的灵敏度，使调节电压更加稳定。其作用原理如下：

当发电机电压超过稳压值、晶体管趋于截止时，其集电极电位上升，通过电阻 R_4 反馈到二极管 VD_1 的正极，使稳压管 VS_1 的负极电压上升而导通的更快更可靠，晶体管 VT_1 因此也加速导通，从而使晶体管 VT_2、VT_3 加速截止，使得磁场电流迅速减小、发电机电压很快下降；同理当发电机电压降低到稳压值以下，VT_2、VT_3 趋于导通时，又使 VT_2、VT_3 加速导通，使发电机电压迅速上升到稳压值。所以，由 R_4 组成的正反馈电路加快了晶体管的开关速度，从而减小了晶体管的耗散功率，起到防止 VT_3 发热、提高调节电压精度的作用。

稳压二极管 VS_2 起过压保护作用。即利用它的稳压特性，对发电机负荷突然减小或蓄电池接线突然断开时，发电机所产生的正向瞬变过电压进行吸收保护，并可利用其正向导通特性，对开关断开时电路可能产生的反向瞬变过电压进行吸收，防止调节器或其他电子设备中的电子元器件损坏。

2. 电子调节器工作特性

调节器的工作特性是指调节器控制的调节电压 U_r 和磁场电流 I_f 随发电机转速 n 变化的规律。研究电子调节器的工作特性，可用示波器检测调节器“F”端子的电压波形，根据大功率晶体管的开关规律进行分析。实测JFT106型电子调节器“F”端子输出电压如图2-47所示，大功率晶体管的开关时间如图2-48所示，具体数据见表2-3。

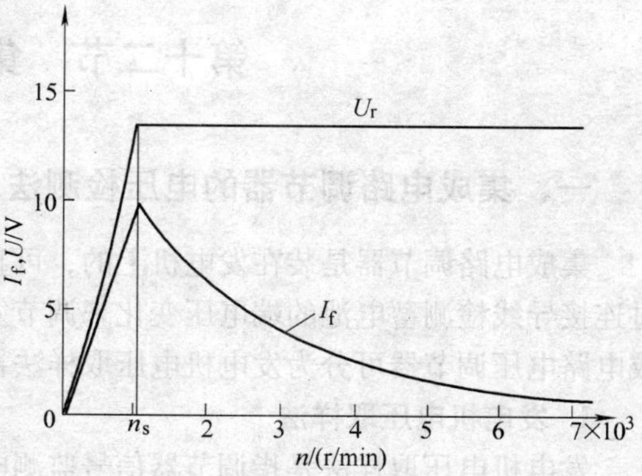

图2-47　电子调节器工作特性曲线

表2-3　不同转速时晶体管的开关时间

发电机转速 n/(r/min)	导通时间 t_{on}/ms	截止时间 t_{off}/ms	开关周期 T/ms	相对导通率 τ_{on}	相对截止率 τ_{off}
3000	4	19	23	0.17	0.83
6000	2	20	22	0.09	0.91
9000	1	23	24	0.04	0.94

由图2-48和表2-6可见，晶体管的开关规律是：发电机转速升高时，导通时间缩短，相对导通率减小；截止时间增长，相对截止率增大。反之，当发电机转速降低时，导通时间增长，相对导通率增大；截止时间缩短，相对截止率减小。

将实际测量的调节电压和磁场电流与发电机转速之间的关系描绘成曲线，如图2-47所示，图中 n_s 为开始工作转速，称为工作下限。当发电机转速超过工作下限时，由晶体管开关规律可知，转速升高，相对导通率减小。因为大功率晶体管导通时，磁场电流接通，所以发电机转速升高时，磁场电流减小。

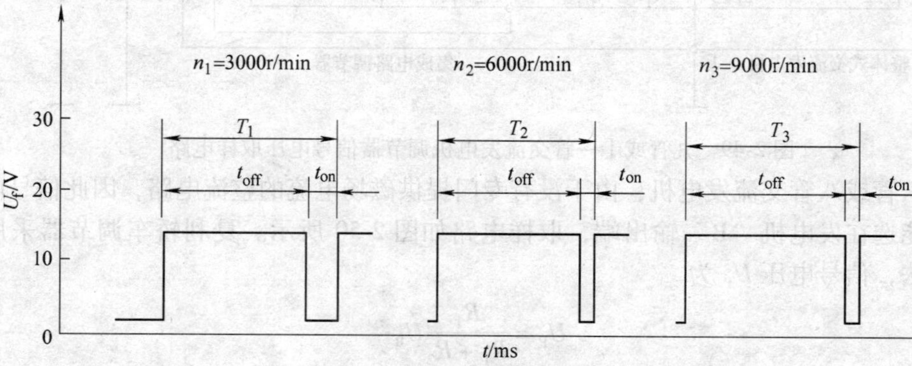

图2-48　不同转速时晶体管的开关时间

电子调节器是利用晶体管的开关特性来调节发电机电压的，当大功率晶体管截止时，磁场电流被切断，发电机仅靠剩磁发电，又因交流发电机剩磁磁通很少，所以调节器的工作上限很高，调节范围很大。

第十二节　集成电路调节器

一、集成电路调节器的电压检测法

集成电路调节器是装在发电机上的，可直接在发电机上检测发电机的输出电压，也可通过连接导线检测蓄电池的端电压变化来调节发电机输出电压。根据其电压检测点的不同，集成电路电压调节器可分为发电机电压取样法蓄电池电压取样法和综合电压取样法三种。

1. 发电机电压取样法

发电机电压取样法是指调节器信号监测电路的取样电压直接取样于发电机输出电压（U_B或U_{D+}）的取样方法。采用发电机电压取样法时，根据调节器配用发电机的类型不同，调节器的取样电路也不相同。配用九管或十一管交流发电机调节器的信号电压取样电路如图2-49所示，取样点为发电机“D+”输出端，桑塔纳、捷达、东风EQ2102和斯太尔1491型汽车调节器采用了这种取样方法，信号电压U_P为

$$U_P = \frac{R_1}{R_1 + R_2} U_{D+} \tag{1}$$

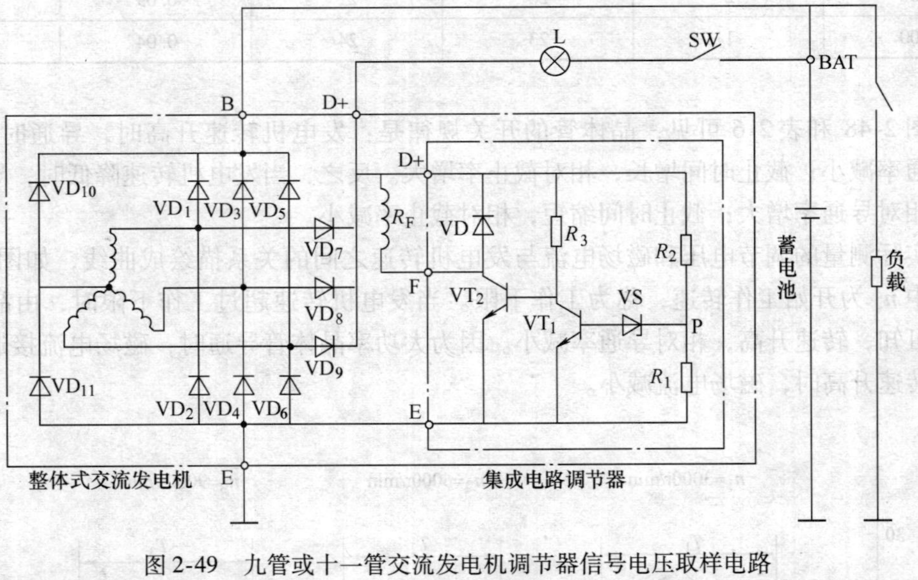

图2-49　九管或十一管交流发电机调节器信号电压取样电路

对于六管或八管交流发电机，由于没有专门提供磁场电流的整流电路，因此信号电压的取样点只能选在发电机“B”输出端，取样电路如图2-50所示。夏利轿车调节器采用了这种取样方法，信号电压U_P为

$$U_P = \frac{R_1}{R_1 + R_2} U_B \tag{2}$$

发电机电压取样方法的优点是工作可靠性高，即使发电机输出端“B”与蓄电池正极柱

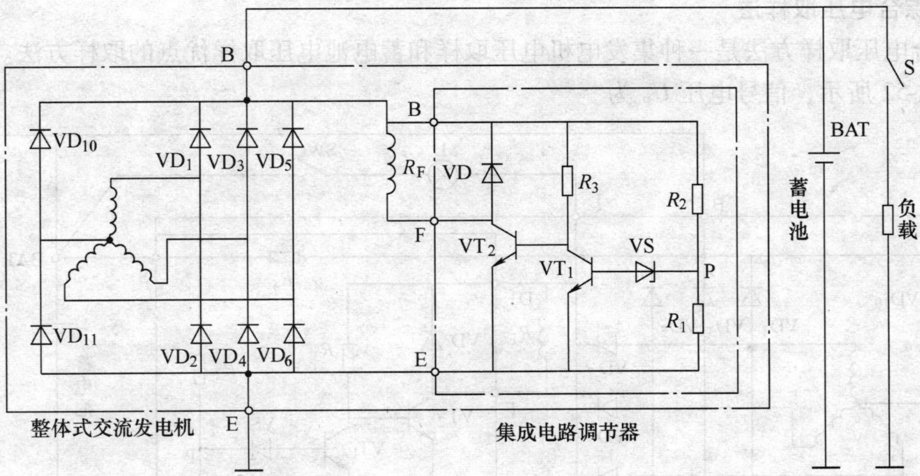

图 2-50　六管或八管交流发电机调节器信号电压取样电路

"BAT"之间的导线断路或接触不良，也不会导致发电机电压失控。其缺点是调节器的负载特性较差，特别是当充电电流较大时，因为发电机"B"端至蓄电池正极柱"BAT"之间的电压降较大，所以蓄电池充电电压将会偏低，蓄电池将充电不足。因此，大功率发电机不宜采用发电机电压取样法。

2. 蓄电池电压取样法

蓄电池电压取样法是指调节器信号监测电路的取样电压直接取样于蓄电池端电压（U_{BAT}）的取样方法。取样点为蓄电池正极柱 BAT，取样电路如图 2-51 所示，信号电压 U_P 为

$$U_P = \frac{R_1}{R_1 + R_2} U_{BAT} \qquad (3)$$

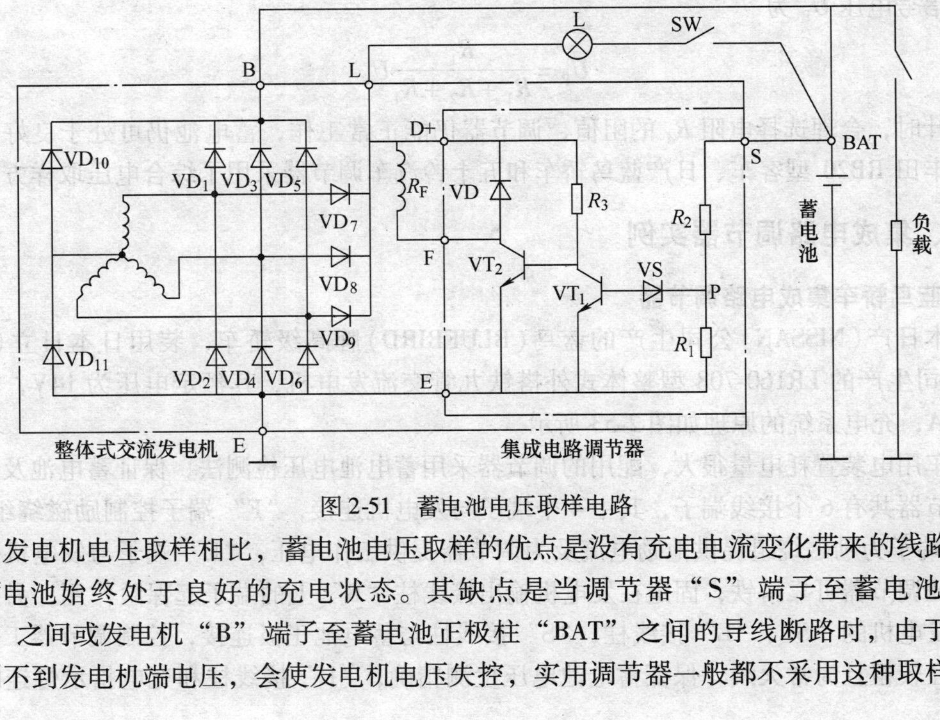

图 2-51　蓄电池电压取样电路

与发电机电压取样相比，蓄电池电压取样的优点是没有充电电流变化带来的线路压降干扰，蓄电池始终处于良好的充电状态。其缺点是当调节器"S"端子至蓄电池正极柱"BAT"之间或发电机"B"端子至蓄电池正极柱"BAT"之间的导线断路时，由于监测电路检测不到发电机端电压，会使发电机电压失控，实用调节器一般都不采用这种取样方法。

3. 综合电压取样法

综合电压取样方法是一种集发电机电压取样和蓄电池电压取样优点的取样方法。取样电路如图 2-52 所示，信号电压 U_P 为

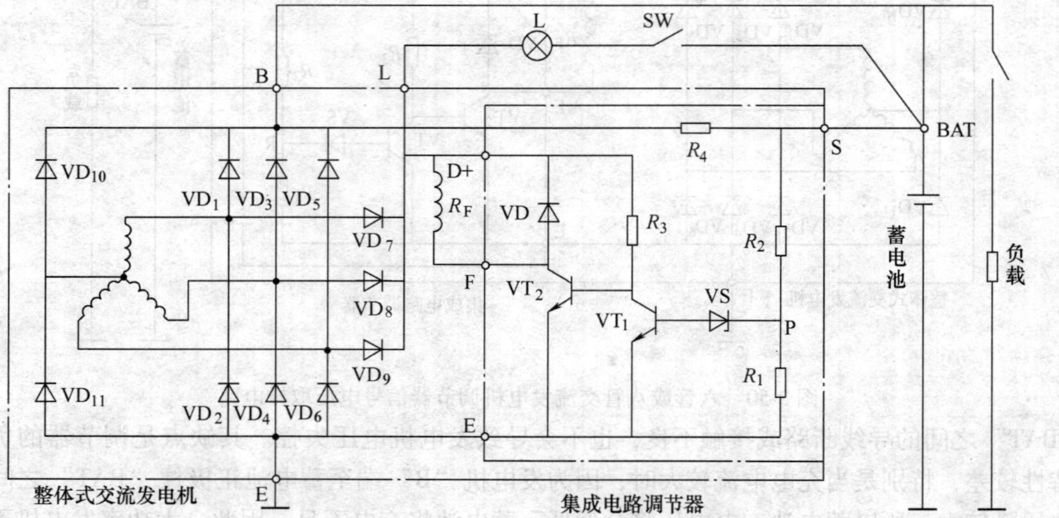

图 2-52　综合电压取样电路

$$U_P = \frac{R_1}{R_1 + R_2} U_{BAT} \tag{4}$$

取蓄电池电压取样方法之长，保证蓄电池充电良好。当发电机“B”端子至蓄电池正极柱“BAT”之间的导线断路时，信号电压 U_P 仍为式(4)所示。尽管蓄电池充电电流大大减小，但是发电机电压不会失控。当调节器“S”端子至蓄电池正极柱“BAT”之间的导线断路时，信号电压 U_P 为

$$U_P = \frac{R_1}{R_1 + R_2 + R_4} U_B \tag{5}$$

设计时，合理选择电阻 R_4 的阻值，调节器仍能正常工作，蓄电池仍可处于良好的充电状态。丰田 RB20 型客车、日产蓝鸟轿车和五十铃汽车调节器采用了综合电压取样方法。

二、集成电路调节器实例

1. 蓝鸟轿车集成电路调节器

日本日产（NISSAN）公司生产的蓝鸟（BLUEBIRD）牌高级轿车，装用日本日立（HITACHI）公司生产的 LR160-708 型整体式外搭铁九管交流发电机，其额定电压为 14V，额定电流为 60A，充电系统的原理如图 2-53 所示。

该车用电装置耗电量很大，配用的调节器采用蓄电池电压检测法，保证蓄电池及时充足电。调节器共有 6 个接线端子，其中 4 个端子与发电机连接，“F”端子控制励磁绕组搭铁，“D+”端子为励磁绕组提供他励电流及为调节器提供工作电压，“E”端子与发电机壳体连接，保证调节器可靠搭铁，固定在发电机输出接线柱“B”上的端子起保险作用；另外两个端子是发电机的“S”、“L”接线柱，“S”接线柱与蓄电池正极连接，控制调节器工作，导线的线径较粗且为常火线，保证蓄电池电压检测精确；“L”接线柱和充电指示灯连接，由

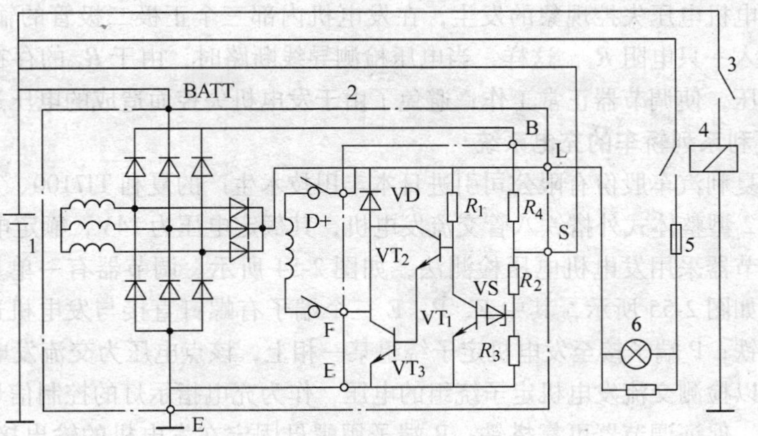

图 2-53　蓝鸟轿车充电系统原理

1—蓄电池　2—整体式九管交流发电机　3—点火开关　4—点火继电器

5—熔断器　6—充电指示灯及其并联电阻

点火开关进行控制，提供他励电流，控制充电指示灯。

图 2-53 中的晶体管 VT_2、VT_3 为达林顿晶体管，有较高的电流放大倍数，饱和导通和截止迅速可靠。充电指示灯 6 两端并联电阻是为了在充电指示灯断路后提供他励电流，保证发电机正常工作。发电机调节器通过“S”接线柱直接检测蓄电池电压。点火开关 3 通过主继电器 4 控制充电指示灯和他励电路。

工作过程如下：

点火开关 3 尚未接通时，虽然充电指示灯和他励电路不能接通，但是蓄电池电压经调节器“S”直接加在电阻 R_1、R_2 组成的电压检测电路上，此时电阻 R_1 上的分压值 U_{R1} 低于稳压管 VS 击穿电压与晶体管 VT_1 的发射结压降之和，故 VS、VT_1 均截止，因为此时接线柱“L”上无电压，所以达林顿晶体管 VT_2、VT_3 也处于截止状态，无励磁电流。

点火开关 3 接通后，主继电器 4 的线圈电路接通，产生电磁吸力将其触点吸闭。主继电器触点闭合后，因接线柱“L”上有电压，达林顿晶体管 VT_2、VT_3 接通发电机励磁电路，励磁电流流经充电指示灯 6，指示灯亮，表示蓄电池放电。其电路为：蓄电池正极→主继电器 4 的触点→熔断器 5→充电指示灯 6 及电阻→调节器接线柱“L”→励磁绕组→晶体管 VT_2、VT_3→搭铁→蓄电池负极。此时若发电机旋转，则其电压随转速的升高而升高。当发电机电压升高到高于蓄电池充电电压时，充电指示灯 6 因两端电位相等而熄灭，表示发电机已正常工作，开始自励并向蓄电池充电，蓄电池电压随发电机端电压升高而升高。

当调节器“S”端检测到蓄电池端电压升高到调节电压上限值 U_{B2}时，电阻 R_1 上的分压值 U_{R1}升高到稳压管 VS 的击穿电压与晶体管 VT_1 的发射结压降之和，故 VS、VT_1 均导通，VT_2、VT_3 发射结几乎短路而截止，励磁电路被切断，发电机端电压下降，蓄电池电压随之下降。当蓄电池端电压降到调节电压下限值 U_{B1} 时，R_1 上的分压值 U_{R1} 低于稳压管 VS 的击穿电压与晶体管 VT_1 的发射结压降之和，VS、VT_1 截止，达林顿晶体管 VT_2、VT_3 重又导通而接通励磁电路，发电机端电压又升高，蓄电池端电压也升高。当蓄电池端电压又升高到调节电压上限值时，重复上述过程，维持蓄电池端电压(即充电电压)不超过调节器调节电压。

为了防止由于接于检测点 S 和蓄电池正极间的电压检测导线断路，不能检测蓄电池端电压而造成的发电机电压失控现象的发生，在发电机内部三个正极二极管的输出端 B 与检测点 S 之间又接入一只电阻 R_4，这样，当电压检测导线断路时，由于 R_4 的存在，仍能检测出发电机的端电压，使调节器正常工作，避免了由于发电机失控而造成的电压过高现象。

2. 天津夏利系列轿车的充电系统

天津一汽夏利汽车股份有限公司引进日本丰田技术生产的夏利 TJ7100、TJ7100U 微型轿车采用 JFT1542 型整体式外搭铁八管交流发电机，其额定电压为 14V，额定电流为 45A。

配用的调节器采用发电机电压检测法，如图 2-54 所示。调节器有一单片集成电路和 6 个接线端子，如图 2-55 所示，其中 F、P、E 三个端子有螺钉直接与发电机连接，F 端子控制励磁绕组搭铁；P 端子接至发电机定子绕组某一相上，该点电压为交流发电机直流输出电压的一半，用以检测交流发电机定子绕组的电压，作为充电指示灯的控制信号；E 端子与发电机壳体连接，保证调节器可靠搭铁；B 端子用螺母固定在发电机的输出接线柱“B”上，为调节器提供检测电压；IG、L 两个端子是发电机的接线柱，“IG”经点火开关接至蓄电池，用于检测蓄电池和发电机电压，从而控制晶体管 VT_2 的导通与截止，L 端子接充电指示灯，控制充电指示灯。调节器的工作过程如下：

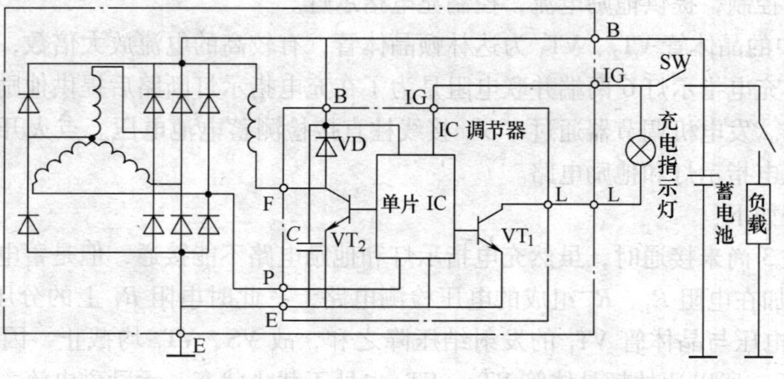

图 2-54　夏利轿车充电系统电路

1）接通点火开关，发电机未转动时，蓄电池电压经点火开关加到整体式交流发电机的“IG”端和调节器的“IG”端，单片集成电路检测出这个电压使 VT_2 导通，于是磁场电路接通，磁场电流的电路为：蓄电池正极→发电机“B”端→电刷→磁场绕组→电刷→调节器“F”端→VT_2（c→e 极）→E 端→搭铁→蓄电池负极。

此时，交流发电机因未运转不发电，故 P 端电压为零，单片集成电路检测出该电压，使 VT_1 导通，于是充电指示灯亮，表示蓄电池放电。

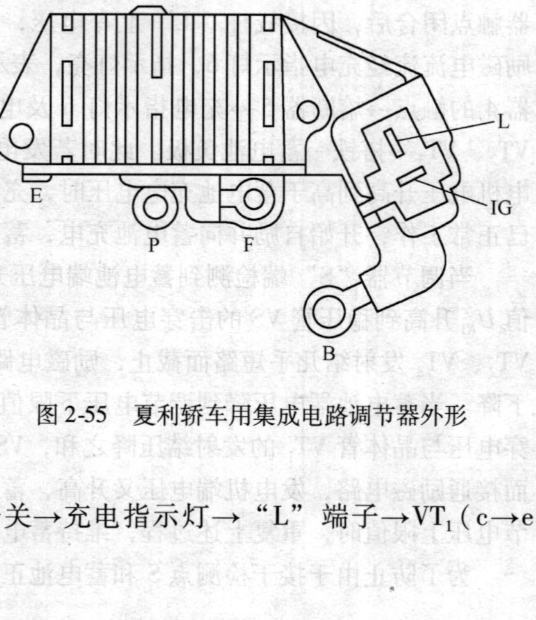

图 2-55　夏利轿车用集成电路调节器外形

充电指示灯电路为：蓄电池正极→点火开关→充电指示灯→“L”端子→VT_1（c→e 极）→E 端→搭铁→蓄电池负极。

2）当发电机转速升高，电压超过蓄电池电压时，P 端电压信号（电枢 B 输出电压的一半）使集成电路控制调节器晶体管 VT_1 截止，于是充电指示灯熄灭，表示发电机开始向蓄电池充电，并向用电设备供电。

3）当发电机电压升高，超过调节电压值上限时（如调压范围：13.5～14.5V 时，上限为 14.5V，下限为 13.5V），“B”端电压信号使集成电路控制 VT_2 截止，切断了磁场电流，发电机输出电压下降。当发电机电压下降到低于调节电压下限值时，集成电路控制 VT_2 导通，磁场电流又接通，发电机输出电压又升高，该过程反复进行，使“B”端输出电压稳定于调节电压值。

4）当磁场电路断路使发电机不发电时，P 端电压为零，单片集成电路检测出该电压信号后便控制 VT_1 导通，使充电指示灯发亮，从而告知驾驶员充电系统出现故障。

5）发电机运行中，如发电机输出端“B”与蓄电池正极的连线断开，单片集成电路仍能检测出发电机“B”端电压，使调节器正常工作，即可防止发电机电压过高现象。

3. 桑塔纳轿车电源系统电路

桑塔纳轿车采用的是内装集成电路调节器（发电机电压取样法）的整体式交流发电机，其电源系统电路如图 2-56 所示。交流发电机的 3 个正极二极管与 3 个负极二极管组成一个三相桥式整流电路作为发电机输出，3 个磁场二极管与 3 个负极二极管也组成一个三相桥式整流电路，给励磁绕组提供励磁电流，其输出端“D+”用蓝色导线经蓄电池旁边的单端子插接器 T_1 后，与中央配电盒（也称为中央线路板）D 插座的 4#端子连接，再经中央配电盒内部线路与 A 插座的 16#端子相连。点火开关 30#端子用红色导线经中央配电盒上的单端子插座 P 与蓄电池正极连接，点火开关 15#端子用黑色导线与仪表板下方黑色插座的 14#端子连接（图中未画出，而是用 T_2 端子代替），经仪表板印制电路上的电阻 R_1、R_2 和充电指示灯 LED 接回到黑色插座 10#端子（图中未画出），再用蓝色导线与中央配电盒 A 插座的 16#端子连接。

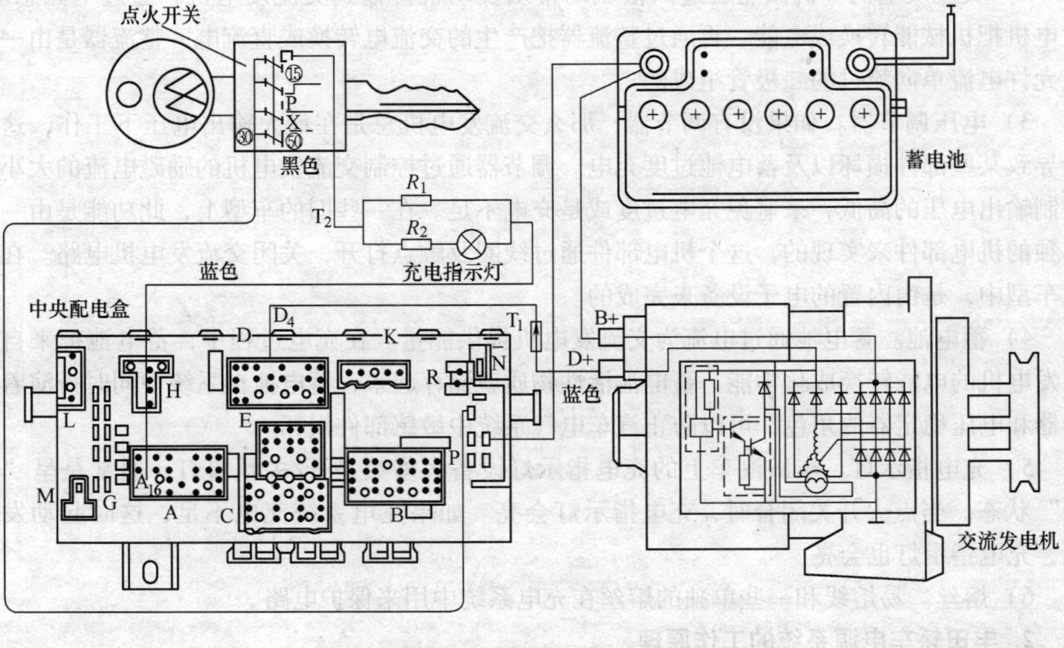

图 2-56 桑塔纳汽车电源系统电路简图

第十三节　典型电源系统故障诊断

一、丰田轿车电源系统

1. 丰田轿车电源系统的构成

丰田轿车电源系统如图 2-57 所示，主要包括：

1）点火开关。点火开关处于“ON”的位置时，蓄电池电流为交流发电机的励磁绕组提供能量。

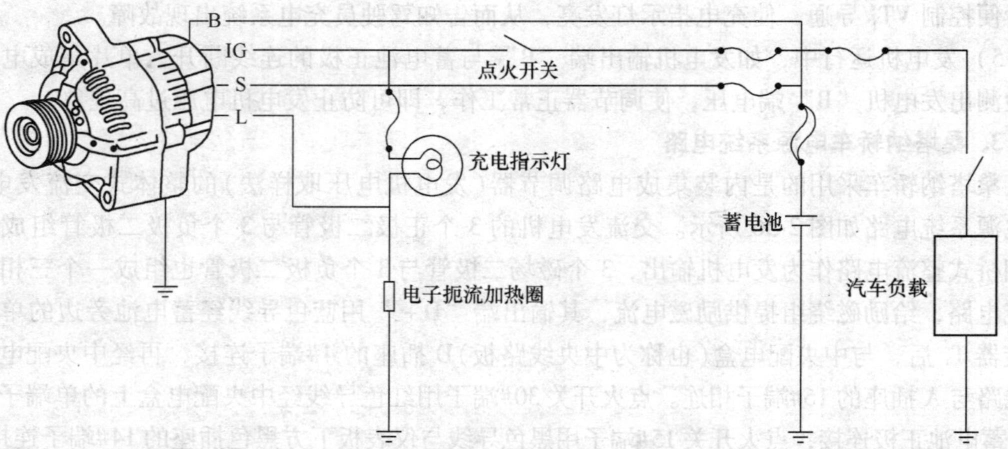

图 2-57　丰田轿车电源系统

2）交流发电机。机械能通过凹槽驱动带从发动机传输到交流发电机。通过电磁感应，发电机把机械能转换成电能，再通过整流器把产生的交流电转换成直流电，整流器是由一组只允许电流单向流过的二极管组成的。

3）电压调节器。如果没有调节器，那么交流发电机总是在最大输出电压下工作，这样会导致某些部件损坏以及蓄电池过度充电。调节器通过控制交流发电机的励磁电流的大小来控制输出电压的高低，来避免充电过度或是充电不足。在一些旧的车型上，此功能是由一个单独的机电部件来实现的，这个机电部件通过线圈及触点打开，关闭交流发电机电路。在现代车型中，是由内置的电子设备来完成的。

4）蓄电池。蓄电池通过电流为交流发电机提供能量。在充电过程中，蓄电池把来自交流发电机的电能转换成化学能。蓄电池活性物质就储存起来，蓄电池在系统中同时扮演着减振器和电压稳定器的角色，可以防止汽车电气系统中敏感部件损坏。

5）充电指示灯。丰田汽车上的充电指示灯设备大多数是开/关预警灯，通常是呈“关闭”状态。当点火开关闭合时，充电指示灯会亮。如果充电系统充电不足，这时起动发动机，充电指示灯也会亮。

6）熔丝。易熔线和一些单独的熔丝在充电系统中用来保护电路。

2. 丰田轿车电源系统的工作原理

当点火开关为闭合时，蓄电池通过连接在开关和端子“IG”之间的导线为调节器提供电压。当交流发电机充电时，端子“B”和蓄电池之间的导线有电流流过。同时，MIC 调节器通过端子“S”监测蓄电池电压。这样，调节器根据需要增大或减少转子磁场能量。指示灯电路通过端子“L”连接起来。电原理如图 2-58 所示，工作过程可参照夏利轿车充电系统。

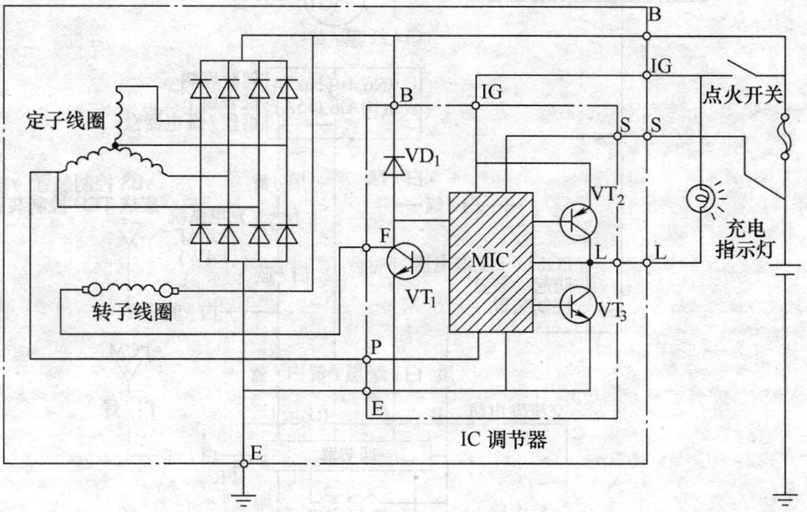

图 2-58　丰田轿车充电系统电原理

二、本田雅阁轿车电源系统

1. 本田雅阁轿车电源系统构成

本田雅阁轿车(L4 发动机)电源系统电路如图 2-59 所示。

2. 本田雅阁轿车电源系统工作原理

该系统发电机整流器为八管，调节器为内装式外搭铁型，由发动机电脑控制。在汽车电路中有一个负载检测仪，将电路中总负载电流信号发送到电脑，调节器“C”接线端子发送发电机电压信号到电脑，电脑根据这两个信号判断磁场电路应该接通还是断开，输出控制信号到 FR 端子，驱动调节器的控制电路，适时地接通和断开磁场绕组电路，以此控制发电机的输出电压。

在发动机起动前，首次将点火开关转至 RUN 位置时，蓄电池电压通过熔丝加到充电系统指示灯上，该指示灯通过交流发电机的端子“L”搭铁，此时充电指示灯点亮。发动机运转后，交流发电机工作正常，蓄电池电压仍然通过熔丝加在充电指示灯上，同时，交流发电机通过端子“L”也供给指示灯电压，因充电指示灯两侧电压相等，指示灯熄灭。当发动机运转，而交流发电机未发电时，充电系统指示灯通过交流发电机端子“L”搭铁，此时，充电指示灯点亮，警告驾驶员电源系统不正常。

三、别克君威轿车电源系统

1. 别克君威轿车电源系统构成

别克君威 2. 5GL、3. 0GS 电源系统电路如图 2-60 所示。

别克轿车使用的蓄电池型号为 Globe，是免维护蓄电池，冷起动电流为 600A，负载测试电流可达 300A。发电机型号为 Valeo，额定输出电流为 140A，负载测试电流为 98A。调节器

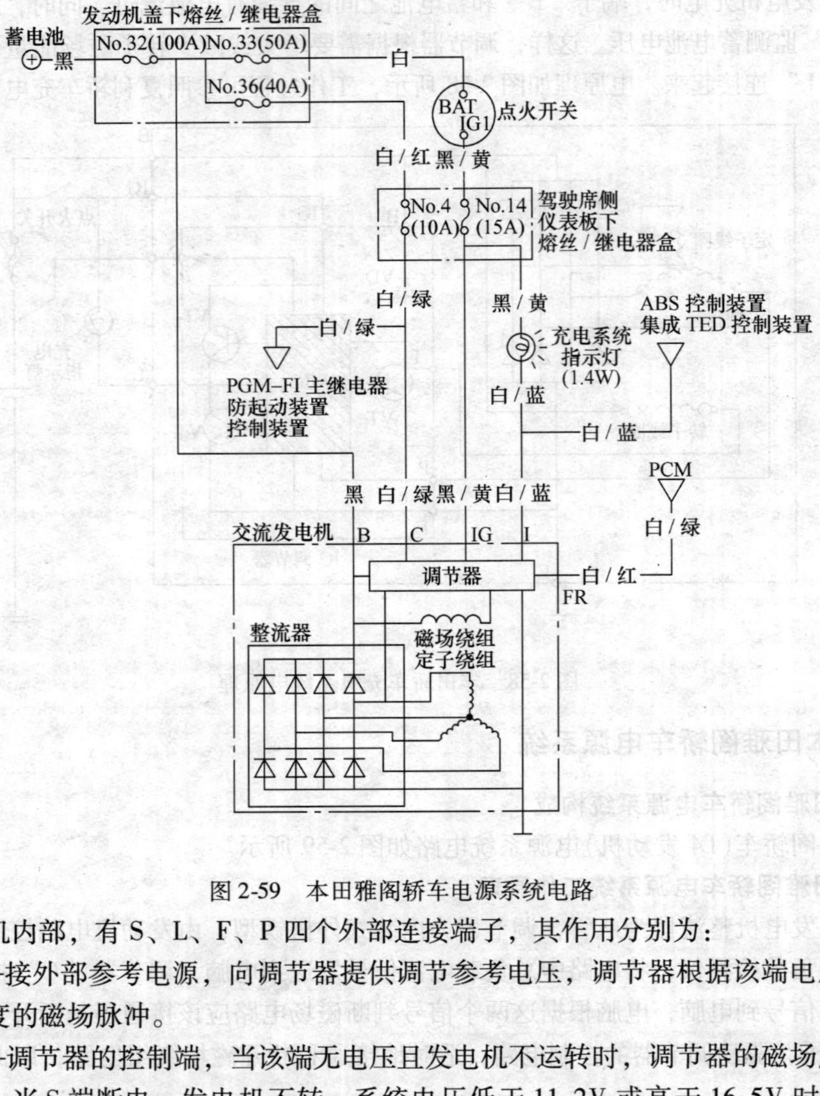

图 2-59　本田雅阁轿车电源系统电路

安装于发电机内部，有 S、L、F、P 四个外部连接端子，其作用分别为：

S 端——接外部参考电源，向调节器提供调节参考电压，调节器根据该端电压的变化而输出不同宽度的磁场脉冲。

L 端——调节器的控制端，当该端无电压且发电机不运转时，调节器的磁场脉冲输出端关闭。另外，当 S 端断电，发电机不转，系统电压低于 11.2V 或高于 16.5V 时，L 端子接地，向外电路提供报警信号。

F 端——磁场脉冲输出端，供外部测量或检测。

P 端——发电机转速信号脉冲输出端。

2. 别克君威轿车电源系统工作原理

由图 2-60 可见，发电机 P 端子未使用。发电机内调节器是否工作取决于其 L 端的指令，在发动机正常运转时，动力系统模块 PCM 向发电机 L 端提供5V 电压，调节器根据发电机电压向磁场绕组提供具有合适占空比的励磁脉冲；当点火开关接通但发动机没有运转或发动机转速过低时，PCM 切断向 L 端子的电压输出，此时调节器将切断磁场绕组的电流，以减小不必要的额外负荷。

发电机 F 端子是磁场脉冲数据输出端，动力系统模块 PCM 用该数据计算发电机 PWM（脉宽调制，Pulse Width Modulated）。PCM 利用发电机 PWM 信号辅助控制怠速稳定。

充电报警控制：别克君威轿车充电报警灯是由动力系统控制模块 PCM 通过 Class-2 串行

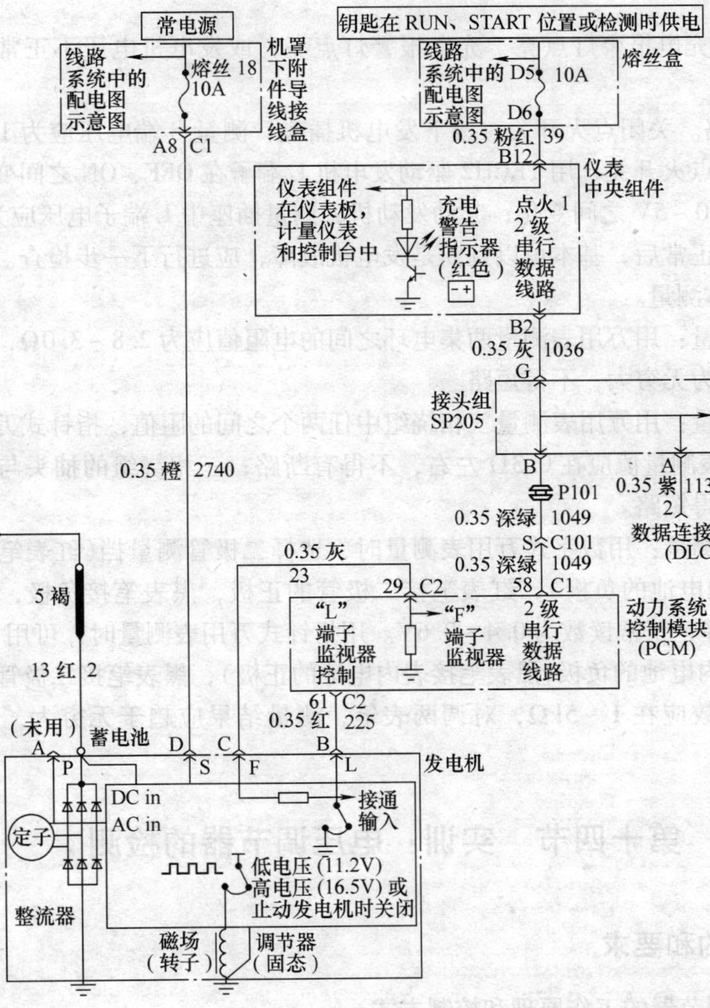

图 2-60　别克君威 2. 5GL、3. 0GS 电源系统电路

数据总线控制的，仪表上的报警灯与发电机之间没有直接连线。PCM 控制报警灯点亮的条件是 PCM 插头 C2 之 61 脚检测到发电机 L 端接地。在发电机内部，调节器有一个直流电压输入端（DC in）和一个交流电压输入端（AC in）。直流输入端可以在发电机插头未连接时（S、L、F、P 断开），用来向调节器提供工作电源和调节参考电压；调节器通过交流电压输入端感知发电机是否运转。在以下情况下，调节器控制 L 端接地，PCM 收到此信号后，通过 Class-2 串行数据总线控制充电报警灯点亮。

①系统电压低于 11. 2V；②系统电压高于 16. 5V；③发电机不转；④S 端参考电压丢失。

3. 别克君威轿车电源系统检修方法

（1）蓄电池亏电　蓄电池亏电是指蓄电池因过度放电或其本身损坏而存电不足的现象。蓄电池轻微亏电会造成起动无力，严重亏电会造成发动机不能起动。蓄电池的充电状态可以通过观察蓄电池上充电状态指示器来初步判断。

造成蓄电池亏电的原因有：忘记关闭用电设备，使蓄电池过度放电；蓄电池故障，如极板硫化、严重自放电等，造成储电能力不足；充电系统电压不足；线路或用电设备有过大的漏电电流。

（2）不充电或充电报警灯点亮　充电报警灯点亮，或发电机电压不正常，可按以下步骤检查。

① 测量外电路。关闭点火开关，拔下发电机插头，测量S端电压应为12V，且不受点火开关控制；接通点火开关，用TECH2驱动发电机L端子在OFF、ON之间变换，测量插头中L端子电压应在0~5V之间变化；起动发动机，测量插座中L端子电压应为5V。

经以上检查都正常后，基本可以判断是发电机故障，应进行下一步检查。

② 发电机解体测量。

转子绕组的测量：用万用表测量两集电环之间的电阻值应为2.8~3.0Ω，爪极与任一集电环之间的阻值应为无穷大，不得短路。

定子绕组的测量：用万用表测量三相绕组中任两个之间的阻值，指针式万用表读数应近似为0，数字万用表测量值应在0.3Ω左右，不得有断路；三相绕组的抽头与铁心之间的阻值应为无穷大，不得短路。

整流二极管的测量：用数字式万用表测量时，选择二极管测量挡(红表笔接表内电池的正极,黑表笔接表内电池的负极)，红表笔接二极管的正极，黑表笔接负极，测量读数是二极管的PN结的压降，正常读数为0.4~0.6V。用指针式万用表测量时，可用$R\times100$或$R\times1k$挡(红表笔接表内电池的负极,黑表笔接表内电池的正极)，黑表笔接二极管的正极，红表笔接负极，正常读数应在1~5kΩ，对调两表笔，测量结果应趋于无穷大，表针应无明显摆动。

第十四节　实训：电压调节器的检测

一、实训目的和要求

1）熟悉电压调节器的工作原理和控制方式。

2）掌握电压调节器的检测方法。

二、实训仪器和设备

万能试验台，直流可调电源，内外搭铁式晶体管电子调节器20个，IC集成电路调节器10个，数字万用表5块，2W/12V试灯5个，4W/12V试灯5个，开关20个，导线及插头夹子若干。

三、实训步骤

1. 晶体管电压调节器的检测

对晶体管调节器进行检测前，应先了解调节器的电路特点及搭铁极性，再确定相应的测试方法。

晶体管电压调节器的测试：将可调直流电源与内搭铁、外搭铁调节器按图2-61所示接好(假如电压调节器的电压调节范围为:13.5~14.5V,13.5 V的电压值为调节电压的下限值,14.5V的电压值为调节电压的上限值)，串接的指示灯相当于交流发电机的励磁绕组，外搭铁调节器在“B”与“F”接线柱间，内搭铁调节器在“F”和“E”接线柱间。逐渐提高可调直流电源电压，当电压达到6V左右时，调节器中指示灯点亮，说明此时电压调节器内的大功率晶体管导通。继续提高电源电压，指示灯逐渐变亮，当电压达到13.5V时，指示灯最亮，说明此时通过励磁绕组的电流最大，再逐渐提高电压，指示灯逐渐变暗，当达到调节电压的上限值14.5V时，指示灯熄灭，此时电压即为调节器的调节电压。然后逐渐调低电压，当电压到调节电压的下限值13.5V时，指示灯点亮，如再调低电压，指示灯变暗。若灯始终不亮或发电机电压超过规定值后，灯仍不熄灭，则调节器有故障，应更换。

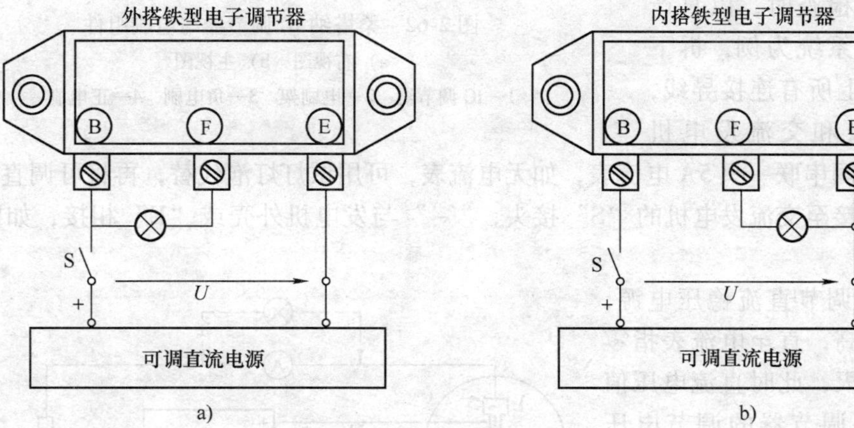

图2-61 晶体管调节器好坏的检测

a）外搭铁型晶体管调节器的检测 b）内搭铁型晶体管调节器的检测

2. 集成电路调节器的检查

由于集成电路都是用环氧树脂封装或塑料模压而成的全密封结构。因此，损坏或失调后，只能更换新品，故只需判断调节器的好坏即可。在检查集成电路调节器之前，必须弄清楚集成电路电压调节器引出线的根数、外部接线端子的含义以及同发电机的接线方法，以防将电源极性接错。否则加上测试电压以后，调节器会瞬时短路而损坏。

集成电路外部接线端子符号代表的含义：

“B+”（或“+B”、“BATT”）：发电机输出端子，用一根很粗的导线连至蓄电池正极或起动机上。

“IG”：通过线束接至点火开关，发动机正常运行时此线通电，有的发电机上无此端子。

“L”：充电指示灯的连接端子，该导线通过线束接仪表板上的充电指示灯或充电指示灯继电器。

“S”（或“R”）：为电压调节器的电压检测端子，通过一根稍粗的导线直接连接蓄电池的正极。

“E”：发电机和调节器的搭铁端子。

（1）集成电路电压调节器的单件测试　三引线集成电路电压调节器采用发电机电压检测法。首先要确定三根引线的名称和作用，以桑塔纳轿车的集成电路调节器为例：如图2-62所示，和发电机外壳相连的引线为D－接线柱，为调节器的搭铁端（相当于E接线柱）；和发电机整流器相连的一电刷接线柱为D+，为调节器的信号检测端子（相当于B接线柱）；

另一电刷接线柱为 D_F，为发电机的励磁线(相当于F接线柱)，与发电机磁场绕组相连。此电压调节器的搭铁形式为外搭铁式，测试电路如图2-61a所示连接，测试方法同上。

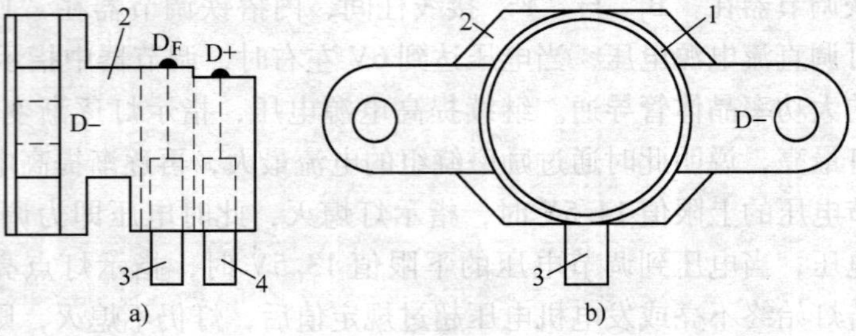

图2-62　桑塔纳IC调节器与电刷组件

a）右视图　b）主视图

1—IC调节器　2—电刷架　3—负电刷　4—正电刷

(2) 集成电路调节器的就车检查　就车检查时，以日产蓝鸟轿车充电系统为例，拆下整体式发电机上所有连接导线，在蓄电池正极和交流发电机“L”接线柱之间串联一只5A电流表，如无电流表，可用试灯灯泡代替，再将可调直流稳压电源的“+”接至交流发电机的“S”接头，“−”与发电机外壳或“E”相接，如图2-63所示。

接好后，调节直流稳压电源，使电压缓慢升高，直至电流表指零或测试灯泡熄灭，此时直流电压值就是集成电路调节器的调节电压值，如该值在13.5～14.5V之间，说明集成电路调节正常。否则，说明该集成电路调节器有故障。

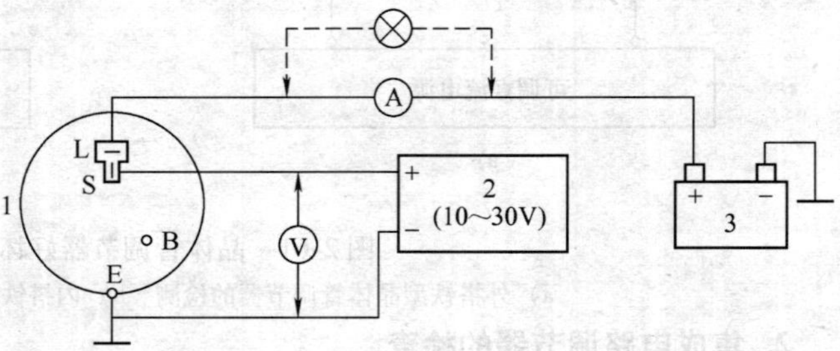

图2-63　集成电路调节器的检查

1—交流发电机　2—可调直流稳压电源　3—蓄电池

在上述两种测试中，如果电压表的读数不符合上述范围，说明集成电路调节器内部存在故障，这时只能更换调节器。

3. 调节器的代换方法

调节器损坏后，最好选用原型号调节器。但在不得已的情况下，也可以用别的型号临时替代。替代时，除了要注意调节器的调压值必须与发电机匹配外，与发电机的线路连接也应做相应的改动。

(1) 用触点式调节器替代　触点式调节器一般是控制发电机励磁绕组的火线，为内搭铁型。

1）替代外装型内搭铁式调节器时，其“+”接线柱接点火开关“IG”或“15#”端子，其F接线柱接发电机F接线柱或“磁场”接线柱。

2）替代外装型外搭铁式调节器时，应先将外搭铁式发电机改为内搭铁式发电机，即将发电机励磁绕组的引出端子(与外搭铁式调节器F接线柱相连的接线柱)直接搭铁，与点火开关“IG”或“15#”端子相连的接线柱定义为“F”接线柱，再按替代外装型内搭铁式调节器的接线方法，连接触点式调节器与发电机。

3）替代内装型(整体式交流发电机)集成电路调节器时，因发电机的励磁绕组两端并未引出发电机壳体之外，且一般都带有充电指示灯的控制，所以发电机的改动较多：首先要将有故障的集成电路调节器从发电机内拆下；其次将励磁绕组的输入端(与充电指示灯L、励磁

二极管 VD_L 相连的一端）完全断开，并引出发电机壳体外（注意与发电机壳体的绝缘），且定义该引出线为“F”接线柱；再次将励磁绕组的输出端（与集成电路调节器 F 接线柱相连的一端）直接搭铁；最后按替代外装型内搭铁式调节器的接线方法，连接触点式调节器与发电机。不过，充电指示灯的控制只能改为其他的控制形式。

（2）内、外搭铁式晶体管调节器的相互替代　正如触点式调节器替代其他形式的调节器一样，在内、外搭铁式晶体管调节器的相互替代时，不可能对晶体管调节器做任何改动，只能选择对发电机及其线路的连接做相应的变动。

1）内搭铁式晶体管调节器配外搭铁式发电机。将发电机励磁绕组的输入端 F_2（与点火开关“IG”或“15#”端子相连的接线柱）定义为“F”接线柱，并与内搭铁式晶体管的“F”接线柱相连；将发电机励磁绕组的输出端 F（与原外搭铁式晶体管的“F”相连的接线柱）直接搭铁；内搭铁式晶体管调节器的“+”端子接点火开关“IG”或“15#”端子，“-”端子接搭铁。

2）外搭铁式晶体管调节器配内搭铁式发电机。将发电机励磁绕组输出端的搭铁片拆去后，与外搭铁式晶体管调节器的“F”端子相连；将发电机励磁绕组的输入端子“F”接线柱与点火开关“IG”或“15#”端子相连；外搭铁式晶体管调节器的“+”端子接点火开关“IG”或“15#”端子，“-”端子接搭铁。

第十五节　实训：充电系统的故障检测

一、实训目的与要求

1）熟悉充电系统的线路检测。

2）掌握充电系统的线路检测方法。

3）掌握充电系统故障诊断的方法。

二、实训仪器和设备

实训轿车，试灯，万用表，常用工具。

三、实训步骤

1. 各国汽车充电系统的常见类型

根据交流发电机和电压调节器的连接线路及内部结构的不同，可以将充电系统的电路结构类型大致分为两种：

1）第一种类型的发电机主要是六管、八管发电机，充电指示灯用专门的继电器或集成电路调节器集中控制的充电系统控制，车型大致包括：

① 早期国产的东风 EQ1090、EQ1092 系列：六管、内搭铁、外装机械式或晶体管电子调节器、充电指示继电器控制指示灯。

② 解放车型 CA1091、CA1092、齐头货车系列：六管、外搭铁、外装晶体管电子调节器、充电指示继电器控制指示灯。

③ 丰田系列、天津一汽生产的系列车型、一汽金杯外装调节器车型、四川丰田考斯特

系列客车等：六管或八管交流发电机、机械式电压调节器一般为内搭铁，电子式调节器一般为外搭铁，集成电路调节器一般为多功能调节器同时具有充电指示灯的控制功能。

④ 本田系列如雅阁、奥德赛等，通用汽车系列如上汽的别克世纪、GL8、君威、凯越等，福特系列，克莱斯勒系列如北京切诺基系列越野车：采用六管或八管交流发电机，电压调节器多数为外搭铁，集成电路调节器一般为多功能调节器同时具有充电指示灯的控制功能。

以上几类车型的共同特点是：充电指示灯靠专门的充电指示灯继电器或多功能电压调节器控制，充电指示灯的控制信号一般取自交流发电机的中性点或三相绕组中的某一相，其直流电压值均为交流发电机输出电压的一半。外部接线柱的名称一般为①外装式调节器：B+(电枢)、F(磁场)、N(中性点)、E(搭铁)，另有两个接线端子：IG(点火线)、L(充电指示灯线)，充电系统结构如图2-41所示。②内装式多功能集成电路调节器：B+(电枢)、IG(点火,即受点火开关控制,给发电机提供励磁)、L(充电指示灯)，充电系统结构如图2-54所示。

2）第二种类型的特征：一般采用九管或十一管整流器的交流发电机，有三个专门的磁场二极管控制充电指示灯同时为交流发电机的励磁绕组提供励磁电流，调节器外装或内装，集成电路调节器一般没有充电指示灯的控制功能。

常见车型如：如红旗，解放面包，奥拓，上汽赛欧，奇瑞，东南汽车系列，马自达系列，风神蓝鸟，新型东风解放货车，标致雪铁龙系列车型等国产车，日产系列，现代系列，大众系列汽车如桑塔纳、捷达、奥迪、宝来等，德国车系的奔驰、宝马、大众等车型。

这种车型的外部接线柱名称为B+(电枢)、D+(充电指示灯)，充电系统的类型采用发电机电压检测法，如德国车系，如图2-56所示。另一种外部接线柱的名称为B+(电枢)、L(充电指示灯)、S(蓄电池的电压检测端子)，充电系统的类型采用蓄电池电压检测法，如日产系列车型，如图2-53所示。

2. 各国充电系统的常见故障

充电系统主要故障有不充电、充电电流过小、过大或充电不稳等。故障的原因可能是多方面的，因此，当发现故障时，应根据故障现象，结合充电线路的特点进行分析，查找故障原因，及时排除故障。下面以上述两种类型的电路为基础，分析充电系统出现故障的原因及排除方法。

(1) 不充电的故障诊断与排除

1）故障现象1：发动机在任何转速下运转时，电流表指示放电或在闭合点火开关和正常行车时，充电指示灯亮，用万用表测量发电机输出电压过低。

故障原因分析：充电指示灯亮，同时发电机的输出电压(等于蓄电池电压)过低，可以说明发电机不发电。两种类型的充电系统故障部位可作一比较。

第一种类型充电系统：

参照图2-41、2-54，原因可能是：

① 发电机传动带过松或严重打滑。

② 外装调节器发电机“磁场”接线柱(内装集成电路调节器的“IG(点火)”接线柱)松脱、过脏、绝缘损坏或导线连接不良。

③ 整流器正或负二极管全部击穿、定子绕组全部搭铁或断路(此种情况不多见,个别出

现问题的话可能会造成发电量过小）。

④ 励磁绕组回路有断路处，使发电机不能建立磁场，因而不发电，造成故障的部位有：

A. 转子及电刷部位：励磁绕组断路（较多发生在与集电环连接处），电刷过短，电刷弹簧折断，电刷在电刷架内卡住。

B. 调节器部位：外装式调节器的磁场 F 接线柱的绝缘损坏搭铁，电压调节器大功率晶体管烧坏（断路）；电子式电压调节器不搭铁，调节器内敏感组件稳压二极管击穿，导致大功率晶体管截止。

C. 充电指示灯损坏，充电指示灯的外部接线有短路处等。

故障判断与排除：停止发动机，检查发电机、调节器、蓄电池、线束之间的连接导线有无松脱、断路，传动带松紧情况，如完好，进行下一步。对于外装调节器的内搭铁发电机：将发电机“F”线取下，另用一导线将交流发电机的“B＋”与“F”接线柱跨接；外搭铁发电机改为内搭铁后按上述方法进行。如发电机发电，则换修调节器或检查发电机及调节器间的线路；如发电机仍不充电，拆检发电机。逐项检查后，修理或更换有关损坏的零部件。

第二种类型充电系统：

参照图 2-53、2-56，出现故障的部位①、②、③和第一种类型一致，但第一种类型的第④条在这种类型的充电系统中不会出现。

因第二种类型的发电机均为九管或十一管的发电机，均具有三个专门的磁场二极管，其二极管的作用是一方面控制充电指示灯，另一方面在发电机正常工作时给发电机提供励磁，闭合开关不动作时发电机的励磁通过充电指示灯由蓄电池提供，充电指示灯位于交流发电机的电枢“B＋”接线柱与三个磁场二极管的输出端“D＋”之间，当发电机发电时，因电枢“B＋”接线柱与三个磁场二极管的输出端“D＋”之间的电压相等，充电指示灯无电流通过而熄灭，当发电机因故障不发电时，两端有电位差而使充电指示灯点亮，表示充电系统出现故障，此时充电指示灯点亮的回路即为交流发电机的励磁回路，如励磁回路出现断路的话，充电指示灯不会点亮，因此，充电指示灯点亮且发电机不发电的情况下，九管或十一管的交流发电机是不出现励磁绕组断路的情况的。

故障判断与排除：停止发动机，检查发电机的传动带及外部接线情况，如完好，可将发电机的 D＋（L）接线柱（端）导线的插接件拔下并悬空，接通点火开关，如充电指示灯仍亮，故障原因为充电指示灯线路有短路处，检查线路，排除故障；装复 D＋（L）端子，接通点火开关，如充电指示灯点亮，则故障原因是交流发电机的定子绕组全部断路或整流器的正极管或者负极管全部击穿，使电流无法输出。逐项检查后，修理或更换有关损坏的零部件。

2）故障现象 2：闭合点火开关和正常行车时，充电指示灯均不亮，测量发电机输出电压过低。

故障原因分析：对于第一种类型的充电系统，充电指示灯不亮，说明充电指示灯烧坏或充电指示灯线路有断路处，导致充电指示灯不亮，但此时交流发电机的励磁可能是有的，交流发电机是有可能发电的，因此，这种故障现象（充电指示灯线路和励磁绕组回路同时出现断路）在第一种类型的充电系统出现的机率不大，除非充电指示灯线路和励磁绕组回路同时出现断路。

对于第二种类型的充电系统，充电指示灯不亮，且交流发电机不发电，出现故障的部位只可能是交流发电机的充电指示灯（即交流发电机的励磁回路）中出现断路处，导致交流发电机的励磁绕组不产生磁场，同时充电指示灯中没有电流通过在任何时刻都不点亮。因此，这种情况下，故障原因仅可能是：励磁绕组回路有断路处，使发电机不能建立磁场，因而不发电，造成故障的部位有：

A. 转子及电刷部位：励磁绕组断路(较多发生在与集电环连接处)，电刷过短，电刷弹簧折断，电刷在电刷架内卡住。

B. 调节器部位：外装式调节器的磁场F接线柱的绝缘损坏搭铁，电压调节器大功率晶体管烧坏(断路)；电子式电压调节器不搭铁，调节器内敏感组件稳压二极管击穿，导致大功率晶体管截止。

C. 充电指示灯损坏，充电指示灯外部接线有断路等。

故障判断与排除：停止发动机，检查发电机的传动带及外部接线情况，如完好，可将交流发电机的D+(L)接线柱(端)导线的插接件拔下并搭铁，充电指示灯仍不亮，故障原因是充电指示灯线路有断路，或充电指示灯本身损坏。检查线路，排除故障。如搭铁后，充电指示灯点亮，则可能的故障原因是充电指示灯接线柱接触不良，或交流发电机内部励磁绕组回路有断路处，拆解发电机，逐项检查，修理或更换有关损坏的零部件。

(2) 充电电流过小

1) 故障现象：只有当发动机中速及中速以上运转时，充电指示灯方能熄灭，打开前照灯，灯光暗淡，按喇叭声音较小，起动无力，蓄电池存电不足，经常要进行充电。

2) 故障原因分析：蓄电池接近充足电的状态时，充电电流过小为正常现象，但若蓄电池存电不足而充电电流过小，则说明充电系统有故障。故障原因一般为：

① 发电机传动带过松或打滑，充电线路接触不良。

② 个别二极管断路或击穿，定子绕组有连接不良或断路、短路、搭铁处。

③ 转子绕组短路，电刷磨损过度或电刷弹簧弹力过弱。

④ 集电环脏污使电刷与集电环接触不良。

⑤ 输出导线与发电机的连接接触不良或导线内阻增大，造成压降过大。

⑥ 调节器的电压调节过低。

3) 故障诊断与排除：检查并调整发电机传动带的松紧度，带磨损严重时应予以更换；检修充电线路，保证其连接可靠；检查电刷磨损是否过甚，弹簧弹力是否过小，并视情况更换新件；集电环脏污应清理干净；用万用表检查定子、转子绕组及整流元件，损坏时应予更换；检查并视情况更换电压调节器。

(3) 充电电流过大

1) 故障现象：车辆使用过程中，车灯特别亮，易烧坏灯泡，蓄电池电解液消耗过快，车厢内有较强烈的酸性气味，发电机及点火线圈易过热。

2) 故障原因：

① 电压调节器损坏，导致电压调节器的触点(机械式电压调节器)或大功率晶体管(电子式电压调节器)处于常通状态，失去电压调节作用。

② 机械式电压调节器搭铁不良，造成调节器的磁化线圈中不能形成电流回路，无磁性，使触点常闭。

③ 外搭铁交流发电机的励磁绕组的一端直接搭铁，导致电压调节器不能起调节作用。

④ 电压调节器的信号线(调节器的“+”接线柱)压降过大，电压调节器检测信号偏低，

导致发电机的输出电压过高。

3）故障诊断与排除：用万用表检查发电机的输出电压，如电压过高，应检查磁场绕组（转子）是否搭铁，如线圈良好，则应更换电压调节器，如仍旧输出电压过高，则应进一步检查。

（4）充电电流不稳

1）故障现象：发动机在怠速以上运转时，充电指示灯时亮时灭，电流表指示充电，但指针左右摆动。

2）故障原因：

① 发电机传动带过松、打滑，充电线路或磁场接线柱接头松动。

② 发电机内部故障：集电环脏污、电刷磨损过甚与集电环接触不良、电刷弹簧弹力过弱、绕组接头松动、发电机内部接线接触不良等。

③ 晶体管电压调节器中元件虚焊、元件稳定性差等。

3）故障诊断与排除：

① 检查并调整发电机传动带的松紧度，传动带磨损严重时应予更换，传动带轮沾有油污应清洗干净。

② 检查充电线路的连接是否松动，并重新进行紧固。

③ 检修电刷总成及发电机内部接线连接质量。

④ 以上检查均正常时，应更换电压调节器。

（5）交流发电机工作时有异常声响　可能的故障原因及故障排除：

① 发电机传动带磨损或过松，应进行更换或张紧。

② 发电机轴承或电刷损坏，应进行更换。

③ 转子与定子的铁心在运转时碰擦，或电枢轴弯曲，分解发电机，查找原因。

第三章 起 动 机

第一节 概 述

电力起动系统主要由蓄电池、起动机、起动开关和起动电路等组成。电力起动系统结构比较简单，操作简便，起动迅速，并且可以远距离控制，在汽车上得到广泛应用。

一、起动系统的作用与基本要求

起动系统的作用是在正常使用条件下，通过起动机将蓄电池储存的电能转变为机械能带动发动机以足够高的转速运转，以便发动机顺利起动。

1）起动机的功率应和发动机起动所必需的功率相匹配，以保证起动机产生的电磁转矩大于发动机的起动阻力矩(摩擦阻力矩和压缩阻力矩)，带动发动机以高于最低起动转速(指在一定条件下,发动机能够起动的最低曲轴转速,汽油机一般为 50 ~ 70r/min,柴油机一般为 100 ~ 150r/min)的转速运转。

2）蓄电池的容量必须和起动机的功率相匹配，保证为起动机提供足够大的起动电流和必要的持续时间。

3）起动电路的连接要可靠，起动主电路导线电阻和接触电阻要尽可能小，一般都在 0. 01Ω 以下。因此，起动主电路的导线截面积比普通的导线大得多，并且连接要非常牢固、可靠。

4）发动机起动后，起动机小齿轮自动与发动机飞轮退出啮合状态或进行滑转，防止发动机带动起动机运转。

二、起动机的基本组成

起动机是起动系统的核心，主要由直流电动机、传动机构和控制装置三部分组成，具体结构如图 3-1 所示。

1）直流电动机，其作用是将电能转变为机械能，产生电磁转矩。

2）传动机构(又称啮合机构)，其作用是在发动机起动时，使起动机驱动齿轮啮入飞轮齿环，将直流电动机产生的电磁转矩传递给飞轮，驱动发动机运转；而在发动机起动后，使起动机驱动齿轮自动打滑，以免反拖起动机电枢轴，并最终与飞轮齿环脱离啮合。

3）控制装置，用来控制起动机主电路的通断，并控制传动机构的工作。在有些汽油车上，它还用来隔除点火系统点火线圈的附加电阻。

三、起动机分类

汽车用起动机种类繁多，型式各异，分类方法各不相同。现代汽车普遍采用的是电磁控制式起动机。可按起动机的总体结构、传动机构的啮入方式进行分类。

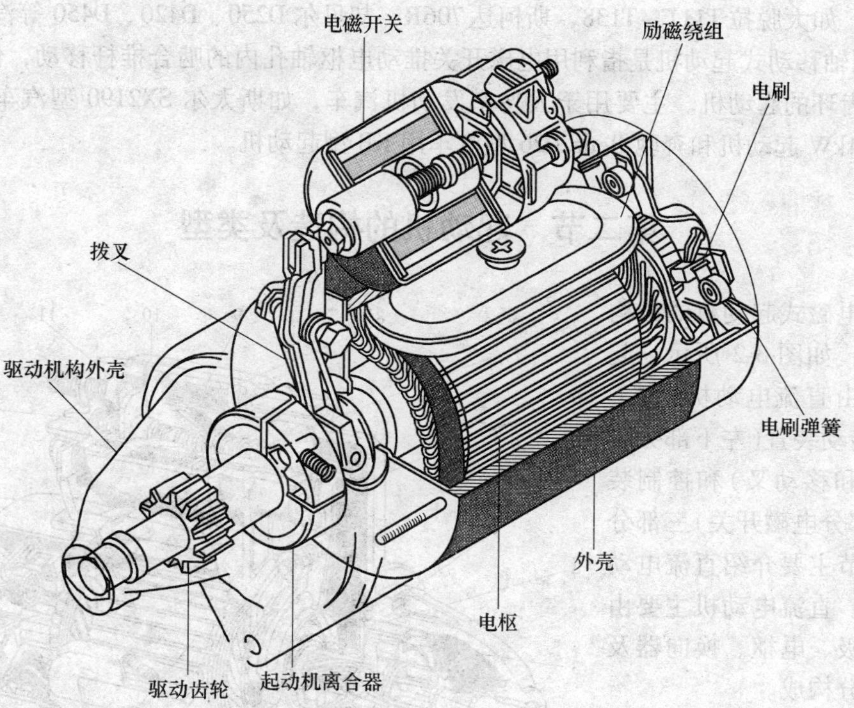

图 3-1 起动机的构造

1. 按起动机总体结构分类

按其总体结构不同，起动机可分为电磁式、永磁式和减速式。

1）电磁式起动机是指电动机的磁场为电磁场的起动机。电磁场是指由线圈通电而在铁心中产生的磁场，如桑塔纳轿车用 QD1225 型起动机，东风 EQ2102 型汽车用 QD2623 型 24V 4.5kW 起动机，东风 EQ1090 型汽车用 QD124、QD1212 型起动机和解放 CA1091 型汽车用 QD1215 型起动机，均为电磁式起动机。

2）减速式起动机是指传动机构设有减速装置的起动机。其电动机一般采用高速小型电动机，质量和体积比电磁式起动机减小 30%~35%。缺点是结构和工艺比较复杂。主要用于小轿车和轻型越野汽车，如桑塔纳 2000GSi 型轿车起动机、丰田轿车起动机、切诺基吉普车用 DW1.4 型起动机和南京依维柯用 QDJ1317 型 12V 2.5kW 起动机。

3）永磁式起动机是指电动机的磁场由永久磁铁产生的起动机。由于磁极采用永磁材料（铁氧体或钕铁硼等）制成，无需磁场绕组，因此电动机结构简化、体积小、质量小。永磁起动机的功率较小（一般在 2kW 以下，并且带有减速装置）。主要用于小轿车和轻型越野汽车，如北京切诺基吉普车、奥迪 100 型轿车用起动机。

2. 按传动机构啮入方式分类

按传动机构啮入方式不同，起动机可分为强制啮合式、电枢移动式和同轴齿轮移动式。

1）强制啮合式起动机是指利用电磁力拉动杠杆机构，使驱动齿轮强制啮入飞轮齿环的起动机。其主要优点是工作可靠性高，因此现代汽车广泛采用。

2）电枢移动式起动机是指利用磁极产生的电磁力使电枢产生轴向移动，从而将驱动齿轮啮入飞轮齿环的起动机。其特点是结构比较复杂，主要用于大功率发动机汽车，东欧汽车采用较多，如太脱拉T111、T138，斯柯达706R，却贝尔D250、D420、D450等汽车起动机。

3）同轴移动式起动机是指利用电磁开关推动电枢轴孔内的啮合推杆移动，使驱动齿轮啮入飞轮齿环的起动机。主要用于大功率发动机汽车，如斯太尔SX2190型汽车用QD2745型24V 5.4kW起动机和奔驰Benz2026型汽车用KB型起动机。

第二节　起动机的构造及类型

各型电磁式起动机的结构大同小异，如图3-2所示，起动机主要由直流电动机(右下部分)、传动装置(左下部分单向离合器和移动叉)和控制装置(上半部分电磁开关)三部分组成。本节主要介绍直流电动机的构造。直流电动机主要由机壳、磁极、电枢、换向器及电刷等部分构成。

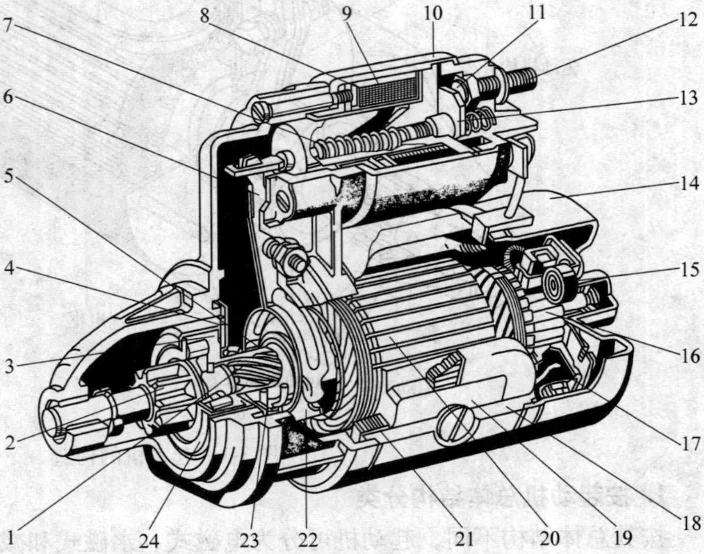

图3-2　起动机结构剖视图

1—电枢轴螺旋花键槽　2—驱动齿轮　3—离合器驱动座圈(外座圈)　4—离合器制动盘　5—啮合弹簧　6—拨叉　7—复位弹簧　8—保持线圈　9—吸引线圈　10—电磁开关壳体　11—电动机开关触点　12—接线端子“30”　13—开关触盘　14—换向器端盖　15—电刷弹簧　16—换向器　17—电刷　18—电动机壳体　19—磁极　20—电枢　21—磁场绕阻　22—滑环　23—支撑盘　24—单向离合器

1. 机壳

电动机壳体的作用是固定机件和构成导磁回路。壳体用铸铁浇铸或钢板卷焊而成，一端开有窗口，作为观察电刷与换向器之用，平时用防尘箍盖住。机壳上只有一个电流输入接线柱并在内部与磁场绕组的一端相接。壳内装有磁极。

2. 磁极

磁极的作用是在电动机中产生磁场，它由铁心和磁场绕组组成(永磁式直流电动机的磁场为永久磁场，由永久磁铁构成)。铁心用螺钉固定在壳体的内壁上，其上套有磁场绕组。当磁场绕组接通电流时，在磁场中心就会产生磁场(即电磁场)。

起动机用直流电动机的显著特点是磁极多、磁场绕组的横截面积大，目的是增大起动机的电磁转矩。其磁极一般为4极，由4个励磁绕组形成两对磁极并两两相对，功率超过7.5kW的起动机有用6极的。定子与转子铁心形成的磁回路如图3-3所示。磁场绕组用矩形截面的裸铜条绕制。

磁场绕组的连接方法有两种，一种是4个绕组串联后再与电枢绕组串联，如图3-4a所示，另一种是两个绕组先串联再并联，然后再与电枢绕组串联，如图3-4b所示。现代汽车起动机普遍采用后一种连接方式，其目的是减少电阻，增大电流和电磁转矩。无论采用哪一种连接方式，其4个磁场绕组所产生的极性必须是相互交错的。

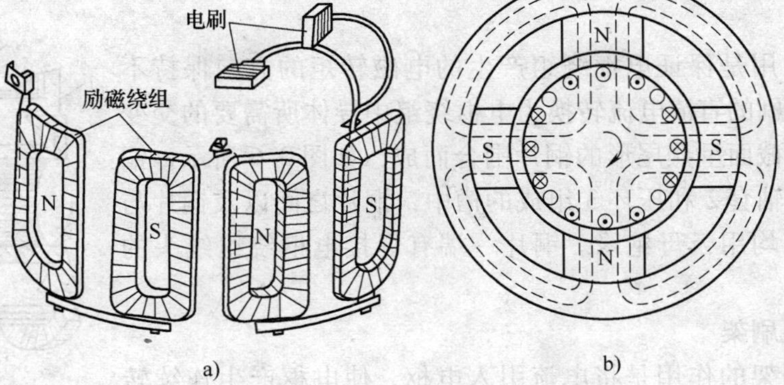

图 3-3 励磁绕组与磁场回路

a) 励磁绕组与正电刷 b) 磁场回路图

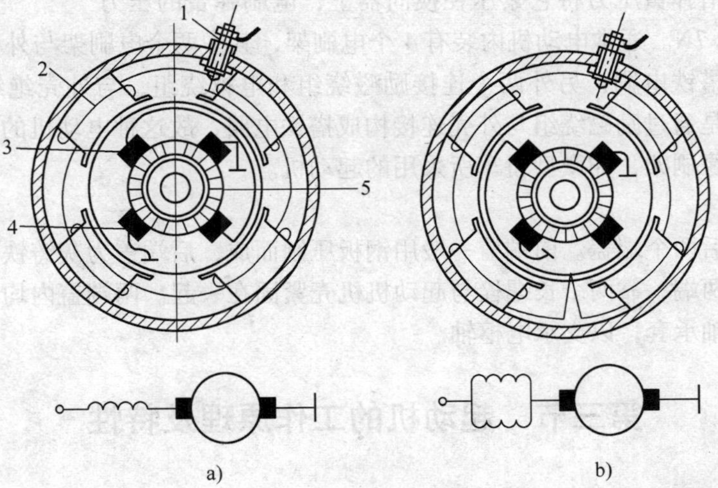

图 3-4 磁场绕组的接法

a) 4 个绕组相互串联 b) 两串两并

1—绝缘接线柱 2—磁场绕组 3—绝缘电刷 4—搭铁电刷 5—换向器

3. 电枢

电枢是产生电磁转矩的核心部件，其结构如图 3-5 所示，主要由铁心、电枢绕组、电枢轴及换向器组成。

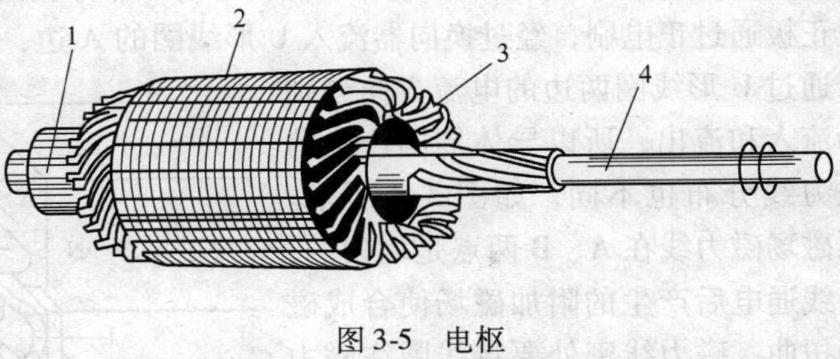

图 3-5 电枢

1—换向器 2—铁心 3—电枢绕组 4—电枢轴

电枢铁心是由许多相互绝缘的硅钢片叠装而成，其圆周上制有安放电枢绕组的线槽，内孔借花键槽压装在电枢轴上。电枢绕组绕制在电枢铁心的线槽内，绕组两端分别焊接在换向器的铜片上。为了获得较大的电磁转矩，流经电枢绕组的电流很大(小功率起动机为 300A 左右，大功率起动机为 1000A 以上)，电枢绕组采用横截面积较大的矩形或圆形(切诺基吉普车)裸铜条绕制，绕线型式多采用波绕法。

4. 换向器

换向器的功用是保证电枢绕组产生的电磁转矩的方向保持不变，即把通入电刷的直流电流转换为电枢绕组中导体所需要的交变电流。它由许多截面呈燕尾形的铜片围合而成，如图 3-6 所示，铜片 1 嵌在换向器轴套 2 和压环 3 组成的槽中，铜片之间以及铜片与轴套、压环之间均用云母绝缘。铜片一端有焊接电枢绕组线头的突缘。

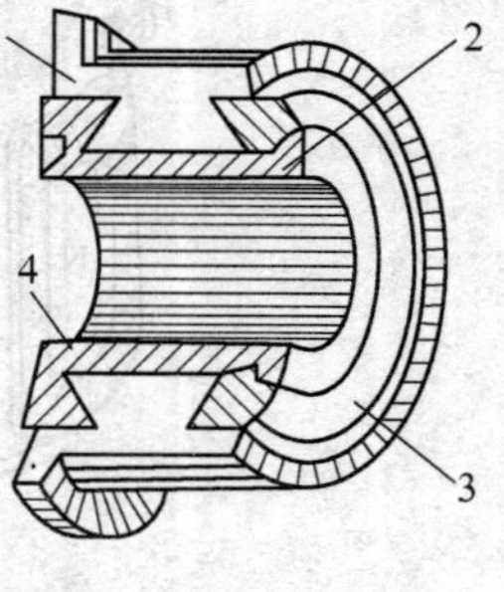

图 3-6　换向器的剖面图

1—铜片　2—轴套

3—压环　4—云母

5. 电刷与电刷架

电刷与电刷架的作用是将电流引入电枢，使电枢产生连续转动。电刷由铜与石墨粉压制而成，加入铜是为了减少电阻并增加耐磨性，起动机电刷的含铜量为 80% 左右，石墨含量为 20% 左右。电刷装在电刷架中借弹簧压力将它紧压在换向器上，电刷弹簧的压力一般为 11. 7 ~ 14. 7N。通常电动机内装有 4 个电刷架，其中两个电刷架与外壳直接相连构成电路搭铁，称为搭铁电刷；另外两个连接励磁绕组和电枢绕组，与外壳绝缘，称为绝缘电刷。有些电动机是通过励磁绕组与外壳连接构成搭铁电路，故这种电动机的所有电刷都与机壳绝缘，称为绝缘刷架，如微型轿车所采用的起动机。

6. 端盖

起动机有前后两个端盖。前端盖一般用钢板压制而成，后端盖为灰铸铁浇铸而成。它们分别装在机壳的两端，靠两个长螺栓与起动机机壳紧固在一起。两端盖内均装有青铜石墨轴承套或铁基含油轴承套，以支承电枢轴。

第三节　起动机的工作原理及特性

一、直流电动机的工作原理

直流电动机是将电能转化为机械能的设备，它是根据带电导体在磁场中受到电磁力作用的原理制成的。如图 3-7 所示，在永久磁铁 N 极与 S 极之间，置入可以转动的 U 形线圈，U 形线圈两端与两个半圆导体——换向器(每个导体称换向片,合称换向器)相连。电流由蓄电池正极通过正电刷，经过换向器流入 U 形线圈的 A 边，再经 B 边从换向器负电刷流出。由于通过 U 形线圈两边的电流方向分别为流入和流出，所以导体周围产生的磁力线分布也不同，如图 3-8 所示。原磁场磁力线在 A、B 两点是均匀的，导线通电后产生的附加磁场使合成磁场扭曲，磁力线密处要将线圈往磁力线疏处推动，于是 A、B 两点(即线圈的两侧)受到大小相等方向相反的推力，使其产生逆时针旋转的转矩。当

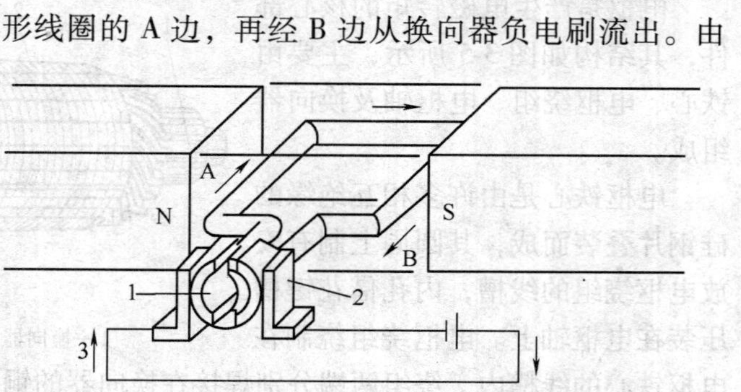

图 3-7　电动机的工作原理

1—换向器　2—电刷　3—电流方向

U 形线圈受力旋转 180° 以后，其 B 边转到正电刷侧，而 A 边转到负电刷侧，此时流入 B 导体和 A 导体的电流改变了方向。如此重复上述动作，U 形线圈上就受到了能够连续旋转的力，这样，电动机就可以连续运转了。实际使用的电动机，除了用永久磁铁产生磁场外，也常用通电的绕组来产生磁场，图 3-9 所示为电磁式直流电动机工作原理图。

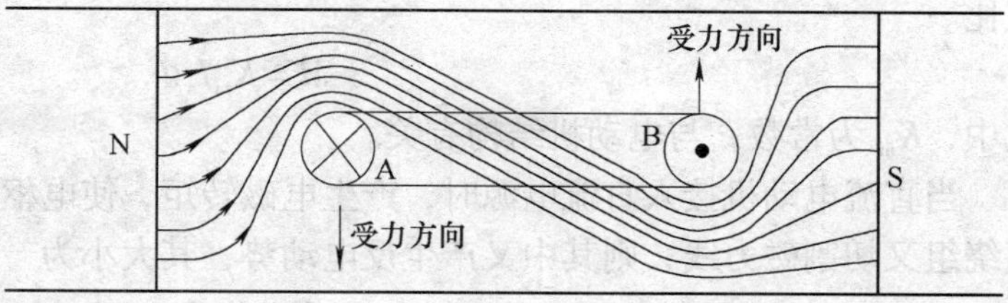

图 3-8 电动机转矩产生原理

图 3-7 所示的电枢绕组虽然能按一定的方向转动，但是每当转到垂直位置时，都是依靠惯性转过，转动很不平稳，电磁力产生的电磁转矩很小。为了增大电磁转矩，提高电动机的平顺性，实际使用的电动机采用了多组电枢绕组和多对磁极。对于结构一定的电动机，其电磁转矩 M 与磁极磁通 Φ 和电枢电流 I_a 成正比，其数学表达式为

$$M = C_m \Phi I_a$$

式中，C_m 为电动机结构常数，取决于电动机的结构。

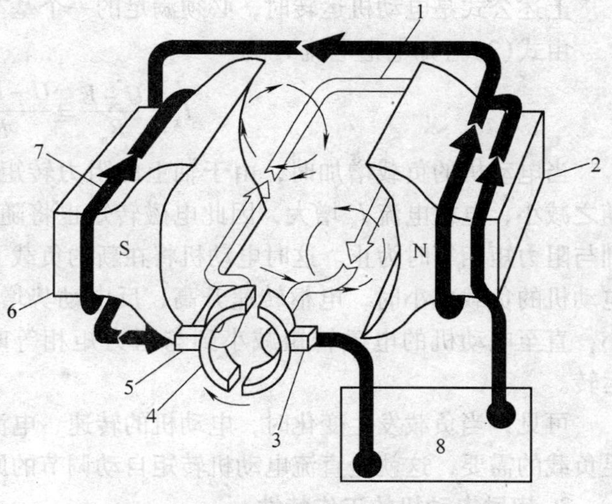

图 3-9 电磁式直流电动机工作原理

1—电枢绕组 2、6—磁极 3、5—电刷
4—开口的环形换向器 7—励磁绕组 8—蓄电池

二、起动机的工作特性

1. 电动机的反电动势

为说明电动机的性能特点，需要对电动机与发电机的基本工作原理作一对比分析。

1）电动机：带电的导体在磁场中受到电磁力（力的方向符合左手定则），导体就会运动，电能转化为机械能，可以用来起动发动机或带动其他机械做功。

2）发电机：导体置于磁场中，靠外力使导体运动时，导体内部就会产生电动势（电动势方向符合右手定则），机械能转变成电能。

3）反电动势的产生：电动机一旦运动起来，就同时符合了发电机的条件，也产生电动势，从右手定则分析可知，此电动势方向和加在其上的电源方向相反，起到削弱电源的作用，称为反电动势。反电动势 E 的大小与电动机电枢的转速 n、磁极磁通 Φ 成正比，即

$$E = K_e \Phi n$$

式中，K_e 为常数，与电动机结构有关。

只要电动机在运动，这个反电动势就时刻存在，因此，它对电动机的工作特性有重要的影响。

2. 直流电动机的转矩及转矩自动调节原理

当直流电动机接上直流电源时，由于载流导体在磁场中受到电磁力的作用，产生电磁转矩使电枢旋转。电动机产生的电磁转矩 M 的大小与电枢电流 I_a 及磁极的磁通 Φ 的大小成

正比。

$$M = K_m I_a \Phi \tag{1}$$

式中，K_m 为常数，与电动机结构有关。

当直流电动机接入直流电源时，产生电磁转矩，使电枢旋转。但当电枢旋转时，由于电枢绕组又切割磁力线，则其中又产生反电动势，其大小为

$$E = K_e \Phi n \tag{2}$$

这样外加于电枢上的电压，一部分消耗在电枢电阻上，一部分则用来平衡电动机的反电动势。即

$$U = E + I_a R_a \tag{3}$$

上述公式是电动机运转时，必须满足的一个基本条件，称为电压平衡方程式。

由式(3)可知电枢电流 I_a 为

$$I_a = \frac{U-E}{R_a} = \frac{U-K_e n\Phi}{R_a} \tag{4}$$

当电动机的负载增加时，由于轴上的阻力转矩增大，电枢转速降低，而使反电动势 E 随之减小，电枢电流 I_a 增大，因此电磁转矩也将随之增大，并直至电动机的电磁转矩增加到与阻力矩相等时为止。这时电动机将在新的负载下以新的较低的转速平稳运转。反之，当电动机的负载减小时，电枢转速升高，反电动势增大，电枢电流减小，电磁转矩则随之减小，直至电动机的电磁转矩减小到与阻力矩相等时为止，电动机将在较高的转速下平稳运转。

可见，当负载发生变化时，电动机的转速、电流和转矩将会自动地作相应的变化，以满足负载的需要，这就是直流电动机转矩自动调节的原理。

3. 串励电动机的工作特性

在直流电动机中，按磁场绕组与电枢绕组的连接方式的不同，又可分为串励式、并励式(见图3-10)和复励式三种。汽车用的起动机大多为串励式起动机，电枢绕组和励磁绕组是串联的，即电枢电流与励磁电流相等，如图3-11所示。串励式电动机的工作特性有以下两点。

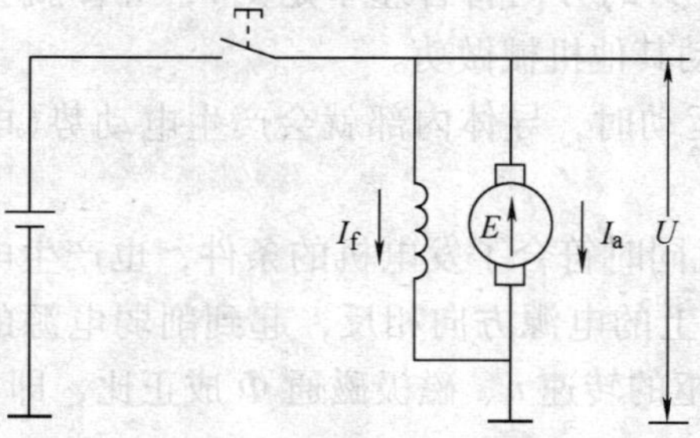

图3-10　并励式直流电动机的电路图

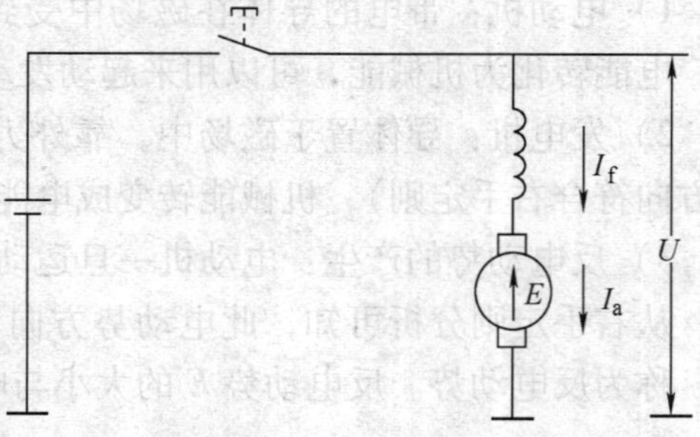

图3-11　串励式直流电动机的电路图

(1) 起动转矩大　并励式直流电动机磁通 Φ 为一常数，所以电磁转矩只与电枢电流成正比。串励电动机的电磁转矩 M，在磁路未饱和时，与电枢电流 I_a 的平方成正比，只有在磁路饱和后，Φ 几乎不变，电磁转矩才与电枢电流成直线关系，如图3-12所示，这是串励式电动机适宜作为起动机的原因之一。因为供给同样的电枢电流，串励电动机可获得比并励电动机大得多的转矩。特别是在起动的瞬间，由于发动机的阻力矩很大，起动机处于完全制

动的情况下，$n=0$，故反电动势 $E=0$。此时电枢电流将达到最大值（称为制动电流），产生最大力矩（称为制动力矩）从而使发动机易于起动。这是起动机采用串励式直流电动机的主要原因。

（2）软机械特性　任一时刻，电枢电流的大小由蓄电池电压和电动机的反电动势共同决定。蓄电池最终供给电动机的电枢电流是以上两种电力电流之差。经理论分析和推导，得出串励电动机的转速 n 应等于

$$n=\frac{U-I_aR_a}{K_e\Phi}$$

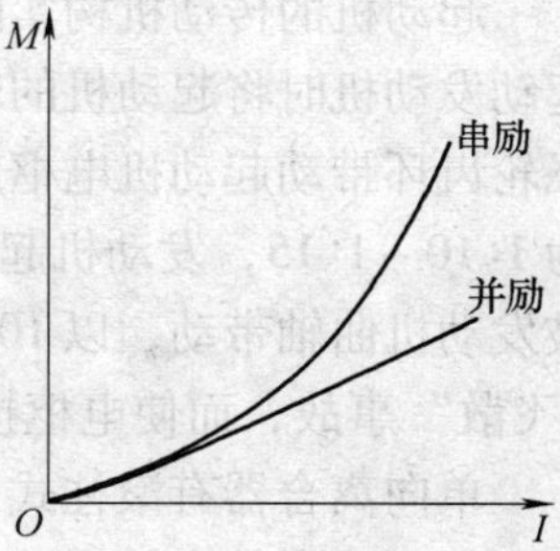

图 3-12　直流电动机的转矩特性

在串励式直流电动机中，其电压平衡方程式为

$$U=E+I_a(R_a+R_f)$$

$$n=\frac{U-I_a(R_a+R_f)}{K_e\Phi}$$

在磁路未饱和时，由于 Φ 不是常数，所以当 I_a 增大，即转矩增大时，由于 Φ 和 $I_a(R_a+R_f)$ 的增大，其转速将显著下降，具有软的机械特性。

由于串励直流电动机具有软的机械特性，即轻载时转速高、重载时转速低，故对起动发动机十分有利。因为重载时转速低，可使起动安全可靠，这是起动机采用串励式的又一原因。

串励直流电动机在轻载时转速很高，易造成“飞车”事故。因此对于功率较大的串励直流电动机不允许在轻载或空载下运行。

三、起动机的特性曲线

起动机的转矩、转速、功率与电流的关系称为起动机的特性曲线。图 3-13 所示为东风牌汽车用 QD124 型起动机的特性曲线。

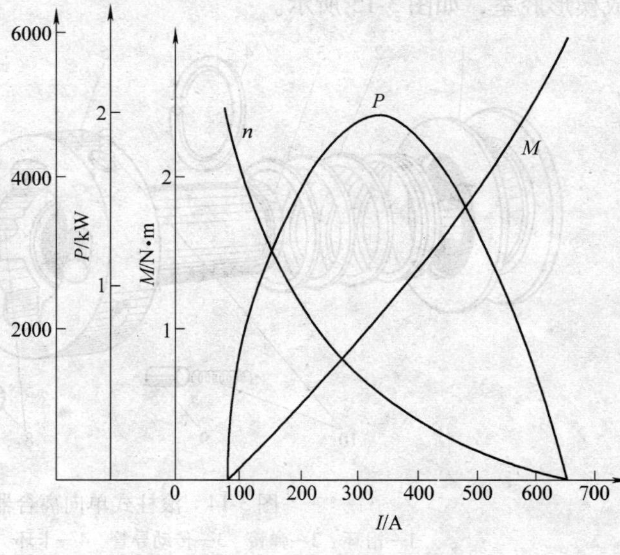

图 3-13　起动机的特性曲线

由图 3-13 可见：

1）当完全制动时，相当于刚接入起动机的情况，此时 $n=0$，电流最大（称为制动电流），转矩也达最大值（称为制动力矩）。

2）在起动机空转时，电流 I_0（称为空转电流）和转速 n_0 达最大值（称为空转转速）。

3）在电流接近制动电流的一半时，起动机的功率最大。

第四节　起动机的传动机构

一般起动机的传动机构主要由单向离合器和电枢轴的螺旋部分等组成，对于减速起动

机，传动机构还包括减速装置。

起动机的传动机构实际上是一个单向离合器。单向离合器的作用是单方向传递转矩，即起动发动机时将起动机的转矩传给发动机曲轴，而当发动机起动后，它又能自动打滑，不使飞轮齿环带动起动机电枢旋转，以免损坏起动机。因为飞轮齿环与起动机驱动齿轮的传动比为1∶10～1∶15，发动机起动后，如果不及时将起动机与发动机分离，则起动机的电枢就会被发动机曲轴带动，以10000～15000r/min高速旋转，导致电枢线圈从电枢槽中甩出，造成“飞散”事故，而使电枢损坏。

单向离合器有滚柱式、摩擦片式、弹簧式、棘轮式等不同型式。滚柱式和弹簧式离合器主要用于功率较小的汽油发动机起动机，摩擦片式离合器可以传递较大转矩，主要用于柴油发动机起动机。

一、滚柱式单向离合器

滚柱式单向离合器是利用滚柱在两个零件之间的楔形槽内的楔紧和放松实现力矩传递和打滑的。

1. 结构特点

滚柱式单向离合器的结构如图3-14所示。传动导管与外座圈制成一体，外座圈内圆制成“＋”字形空腔。驱动齿轮另一端的内座圈伸入外座圈的空腔内，将“＋”字形空腔分割成楔形腔室，如图3-15所示。

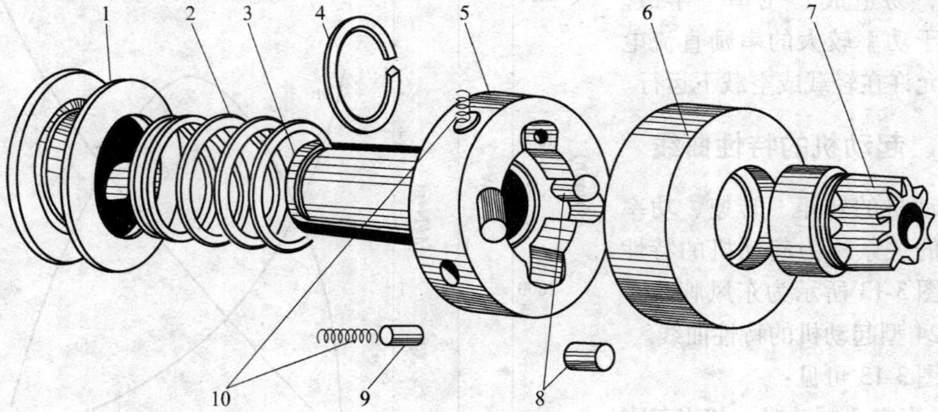

图3-14　滚柱式单向离合器的结构

1—滑环　2—弹簧　3—传动导管　4—卡环　5—驱动座圈　6—壳体　7—驱动齿轮　8—滚柱　9—弹簧帽　10—弹簧

滚柱有4～6只，安放在楔形腔室内。弹簧一端套有弹簧帽，并安放在外座圈的径向小孔中。弹簧帽压在滚柱上，弹簧另一端压在铁皮外壳上，铁皮外壳将内外座圈卷压包装在一起。当起动机尚未投入工作时，弹簧张力将滚柱压向楔形室较窄一端。传动导管套装在电枢轴上，导管内圆制有内螺旋花键槽，与电枢轴上的外螺旋花键槽配合而传递动力。驱动齿轮与内座圈制成一体，并套装在电枢轴的光轴部分，既可轴向移动，也可绕轴转动。

2. 工作过程

（1）起动发动机时传递动力　起动发动机时，驾驶员操纵点火开关，在控制装置（电磁开关)的作用下，拨叉下端便拨动离合器向车后移动，驱动齿轮与发动机飞轮齿环进入啮合。当电动机驱动转矩小于发动机阻力矩时，电枢轴仅带动传动导管与外座圈转动，此时驱动齿轮、内座圈和飞轮并不转动，在内座圈与滚柱之间的摩擦力矩和弹簧力矩作用下，滚柱滚向楔形室较窄一侧并将外座圈与内座圈卡成一体，动力便经电枢轴、传动导管和外座圈、滚柱、内座圈和驱动齿轮传递到发动机飞轮齿环。

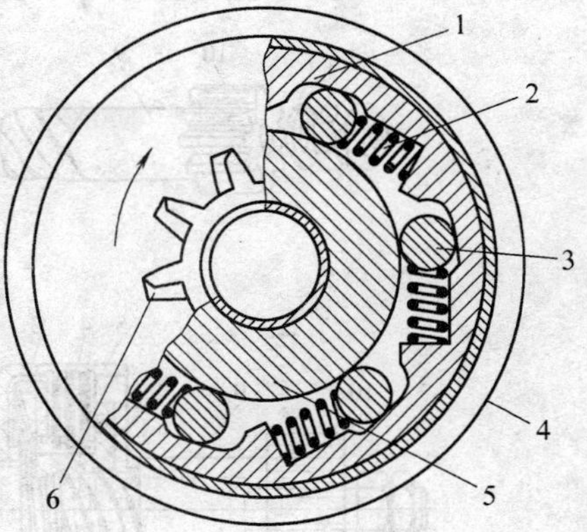

图 3-15　单向离合器楔形腔室的结构
1—驱动座圈　2—滚柱弹簧　3—滚柱
4—壳体　5—内座圈　6—驱动齿轮

当电动机驱动转矩达到或超过发动机阻力矩时，驱动齿轮便带动飞轮旋转，直到发动机起动为止。在起动发动机时，离合器驱动齿轮为主动部件，发动机飞轮为被动部件。

（2）起动发动机后切断动力　发动机起动后，曲轴在活塞的作用下高速旋转，发动机飞轮转为主动部件，单向离合器驱动齿轮转为被动部件。由于飞轮齿环与驱动齿轮之间的传动比较大，因此发动机一旦被起动，飞轮就会带动驱动齿轮高速旋转。由于驱动齿轮转速远远高于电枢轴转速，因此内座圈与滚柱之间的摩擦力矩便使滚柱克服弹簧力矩滚向楔形室较宽一侧，滚柱将在内、外座圈之间跳跃滚动，发动机的动力不会传递给电枢轴，即动力联系切断。此时电枢轴仅由电枢绕组产生的电磁转矩驱动而空转，从而避免电枢超速旋转而损坏。

二、摩擦片式单向离合器

摩擦片式单向离合器是利用分别与两个零件关联的主动摩擦片和被动摩擦片之间的接触和分离实现力矩传递和打滑的。摩擦片式单向离合器多用于柴油发动机使用的功率较大的起动机上。其内部结构与工作原理如图 3-16 所示。

摩擦片式单向离合器的外接合鼓 1 固定在起动机轴上，两个弹性圈 2 和压环 3 依次沿起动机轴装进外接合鼓中，青铜制成的主动片 4 以其外凸齿装入外接合鼓的切槽中，钢制的被动片 5 以其内齿插入内接合鼓 6 的切槽中。内接合鼓具有螺线孔并旋在起动机驱动齿轮柄 9 的三线螺纹上，齿轮柄则自由地套在起动机轴上，内垫有减振弹簧 8 并用螺母锁着以免从轴上脱落。内接合鼓 6 上具有两个小弹簧 7，轻压诸片，以保证它们彼此接触。其工作原理如下：

当起动机带动曲轴旋转时，内接合鼓沿螺旋线向右移动，将摩擦片压紧（见图 3-16b）利用摩擦力，使电枢的转矩传给飞轮。发动机起动后，起动机驱动齿轮被飞轮带着转动，当其转速超过电枢转速时，内接合鼓则沿着螺旋线向左退出，摩擦片放松（见图 3-16c），这时驱动齿轮虽高速旋转，但不驱动电枢，从而避免了电枢因超速而飞散的危险。

装置弹性圈 2 的目的是为了保护反击。弹性圈的中央部分靠在外接合鼓 1 的凸起上，而周缘与压环 3 接触。当起动机传递转矩时，它在压环凸缘的压力下稍有弯曲。如果发动机发生反击，这时离合器中摩擦片仍保持被压紧状态，弹性圈则弯曲到使内接合鼓 6 的右端顶住它的中央部分，这就限制了内接合鼓向右的位移，因而限制了摩擦片的压紧程度，摩擦片开始打滑，从而起到了保护反击的作用。

摩擦片式单向离合器所传递的最大转矩是由于内接合鼓 6 顶住弹性圈而被限制的，因此

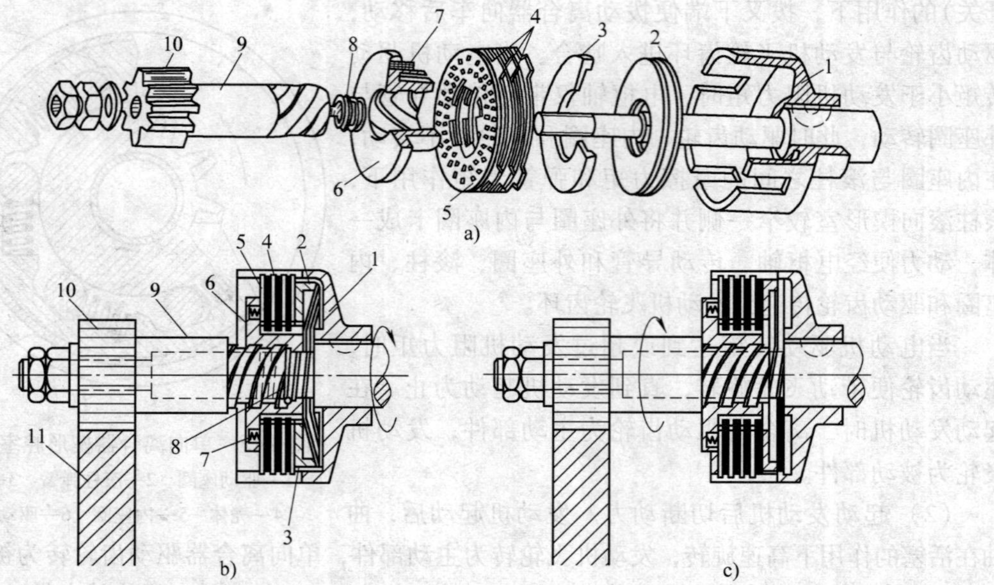

图 3-16　摩擦片式单向离合器

a）单向离合器结构　b）摩擦片压紧　c）摩擦片放松

1—外接合鼓　2—弹性圈　3—压环　4—主动片　5—被动片　6—内接合鼓

7—小弹簧　8—减振弹簧　9—齿轮柄　10—驱动齿轮　11—飞轮

在压环与摩擦片之间加薄垫片即可调整最大转矩。

摩擦片式单向离合器能传递较大转矩，但摩擦片磨损后，摩擦力会大大降低，故需经常调整。

三、弹簧式单向离合器

弹簧式单向离合器是利用与两个零件关联的扭力弹簧的粗细变化来实现力矩传递和打滑的。国产黄河牌汽车以及日本五十铃 TX50 型汽车的起动机采用这种型式。

弹簧式单向离合器的结构如图3-17所示。起动机驱动齿轮套在起动机电枢轴的光滑部分上，联接套筒 6 套在电枢轴的螺旋花键上，两者之间由两个月形圈 3 连接。月形圈的作用是使驱动齿轮与联接套筒之间不能作轴向移动，但可相对转动。在驱动齿轮柄和联接套筒 6 上包有扭力弹簧 4，扭力弹簧的两端各有 1/4 圈内径较小，并分别箍紧在齿轮柄和联接套筒上。当起动机带动曲轴旋转时，扭力弹簧扭紧，包紧齿轮柄与联接套筒，于是电枢的力矩通过扭力弹簧 4、驱动齿轮 1 传至飞轮齿环，使发动机起动。发动机起动后，驱动齿轮的转速高于起动机电枢，则扭力弹簧放松，这样飞轮齿环的扭力便不能传给电

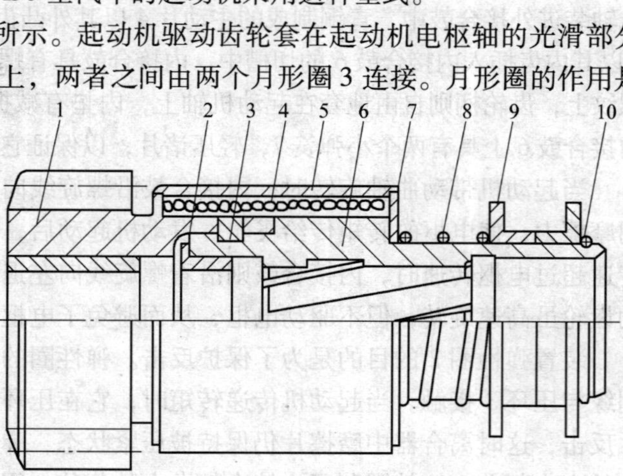

图 3-17　弹簧式单向离合器的结构

1—驱动齿轮　2—挡圈　3—月形圈　4—扭力弹簧　5—护圈

6—联接套筒　7—垫圈　8—缓冲弹簧　9—移动衬套　10—卡簧

枢，即驱动齿轮 1 只能在电枢轴的光滑部分上空转而起单向离合器的作用。

弹簧式单向离合器的优点是结构简单、工艺简化、寿命长、成本低。但扭力弹簧圈数多，轴向尺寸较长，不能在小型起动机上装用。

第五节　实训：起动机的拆装与调整

一、实训目的与要求

1）通过拆装掌握起动机的结构及熟练拆装技巧。

2）初步了解起动机的调整。

二、实训仪器和设备

1）起动机(以 QD124 型起动机为例)5 台。

2）拆装工具(一字螺钉旋具、十字螺钉旋具、钳子、扳手等)5 套。

三、实训步骤

1. 起动机的拆装与结构认识

（1）起动机的拆解

1）从电磁开关接线柱上拆除起动电动机与电磁开关之间的连接导线，如图 3-18 所示。

2）松开电磁开关总成的两个固定螺母，如图 3-19 所示，取下电磁开关总成。

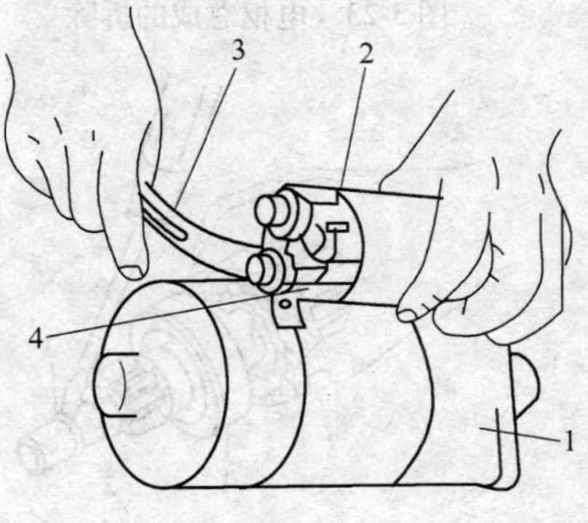

图 3-18　拆除导线

1—起动电动机　2—电磁开关

3—梅花扳手　4—导线

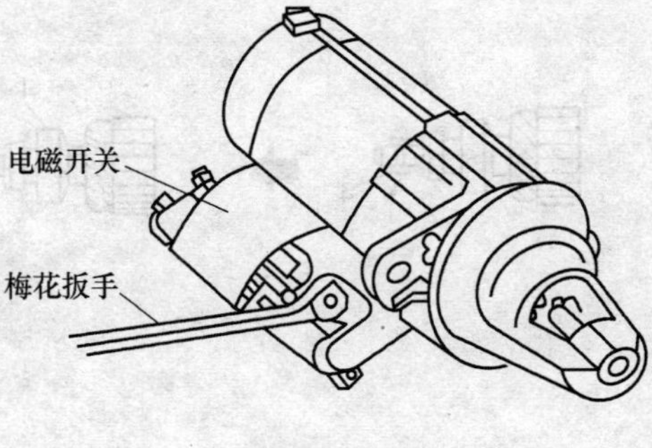

图 3-19　松开固定螺母

注意：在取出电磁开关总成时，应将其头部(图 3-20 中箭头 1 所指)向上抬，使柱塞铁心端头的扁方(图 3-20 中箭头 2 所指)与拨杆脱开后取出，如图 3-20 所示。

3）拆下换向器的两个螺栓，取下换向器端盖，如图 3-21 所示。

4）拆下电刷架及定子总成，如图3-22所示。

5）将起动机电枢总成及小齿轮拨杆一起从起动机机壳上拉出来，如图 3-23 所示。

6）从电枢轴上拆下电枢止推挡圈右半环、卡环、电枢止推挡圈左半环，然后拆下超速离合器总成，如图 3-24 所示。

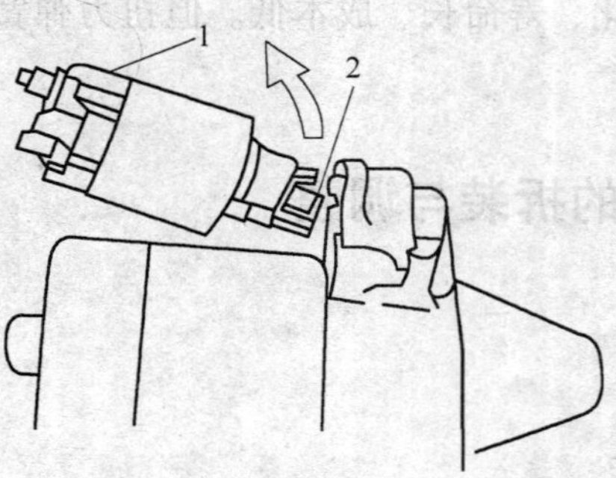

图 3-20　取出电磁开关总成

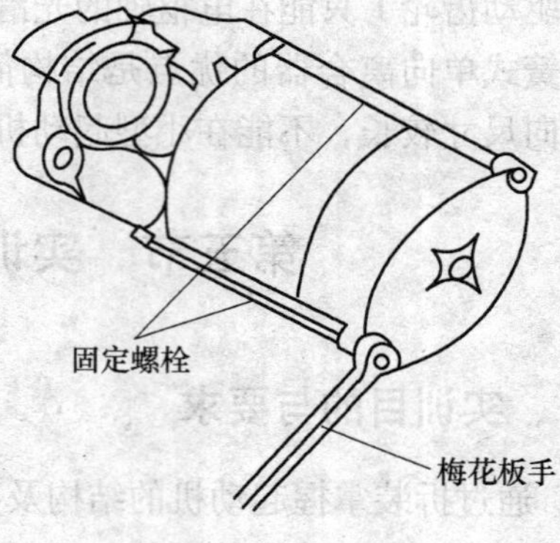

图 3-21　拆下换向器螺栓

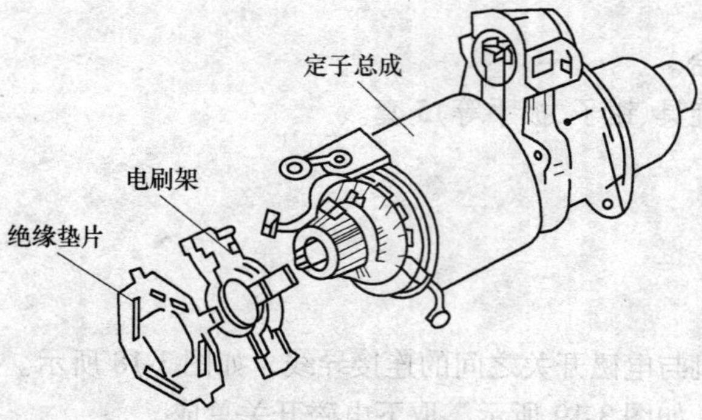

图 3-22　电刷架及定子总成

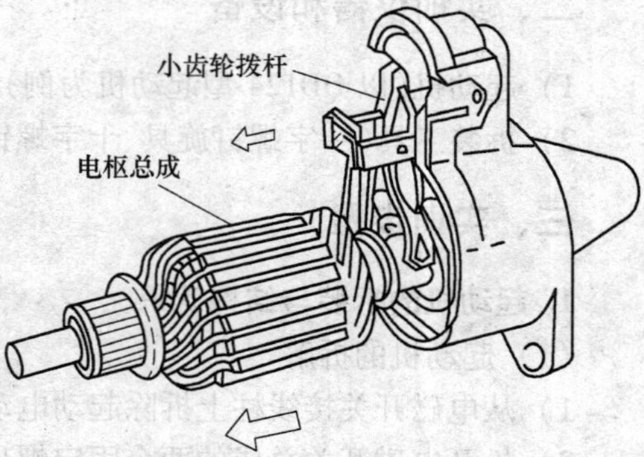

图 3-23　电枢总成的拆除

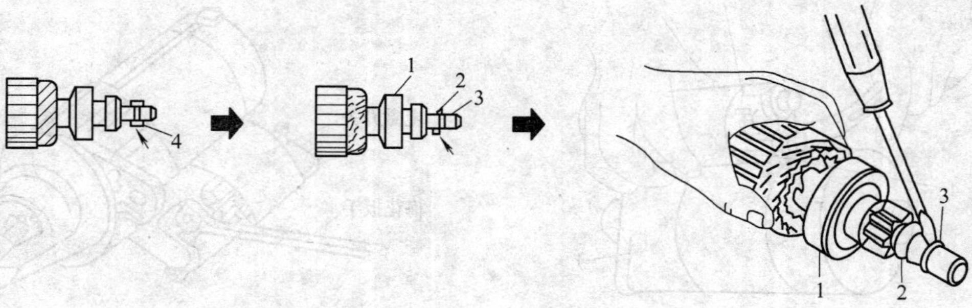

图 3-24　单向离合器的拆解

1—超速离合器总成　2—电枢止推挡圈左半环　3—电枢卡环　4—电枢止推挡圈右半环

观察与思考：

① 起动机上各接线柱的名称、作用和连接关系如何？

② 起动机的机械传动控制属于哪种形式？

（2）起动机的组装　起动机的组装按照与拆解相反的顺序进行，但要注意的是，在组装起动机前应将起动机的轴承和滑动部位涂以润滑脂。装复后应转动灵活，电枢轴的轴向间隙在0. 05 ~1. 00mm 之间。

2. 起动机的调整

对于现代轿车所用起动机取消了调整的功能，但大型车辆上所用的起动机还存有调整功能，下面以321型起动机为例说明起动机的调整方法。

（1）驱动小齿轮与限位环圈之间的间隙调整　将动铁心向内推压到极限位置时，驱动小齿轮与限位环圈之间的间隙应为4～5mm，若不符合该标准，可通过对调整螺钉进行调整使之达到标准。调整时，先将紧固螺母松开，抽出铰接销钉，再把调整螺钉旋进或旋出，从而改变间隙。

（2）驱动小齿轮端面与传动端壳凸缘之间的距离调整　如果驱动小齿轮端面与传动端壳凸缘之间的距离不符合标准（32.5～34mm），可通过调整限位螺钉使之达到标准。调整时，先松开固定螺母，再把限位螺钉旋出或旋入，从而改变其距离。

第六节　实训：起动机正确使用与维护

一、实训目的和要求

1）了解起动机各部件的性能参数。

2）掌握起动机的检测方法。

二、实训仪器和设备

已分解的起动机（以QD124型起动机为例）部件、蓄电池、卡尺、导线、锉刀、砂纸、万用表等。

三、实训内容

1. 起动机的使用注意事项

1）每次接通起动机的时间不应超过5s，重复起动时应间隔15s。

2）冬季和低温地区冷车起动时，应先预热发动机，然后再使用起动机。

3）起动发动机，并将变速杆置于空档位置踩下离合器踏板，严禁挂挡起动来移动车辆。

4）发动机起动后，应立即松开点火开关（或起动按钮），使起动机停止工作，以减小单向离合器不必要的磨损。

5）发动机工作时，严禁将起动机投入工作。

6）当发动机连续几次不能起动时，应对起动电路以及起动机有关系统进行检查，排除故障后再起动。

7）发动机起动后，如起动机不能停转，应立即关闭电源总开关，或拆除蓄电池搭铁线查找故障。

2. 起动机维护要点

1）经常检查起动电路各导线连接是否牢固，绝缘是否良好。

2）经常保持起动机机体和各部件的清洁干燥。汽车每行驶300km应检查并清洁换向器一次。

3）汽车每行驶5000～6000km，应检查电刷的磨损程度及电刷的弹簧压力一次。

4）经常检查传动机构和控制装置的活动部件，并按规定进行润滑。

5）起动机一般每年应进行一次维护性检修，可视实际情况适当地缩短或延长。

3. 起动机的检修

（1）电枢的检修　电枢绕组易发生的故障有断路、短路和搭铁。

1）电枢绕组搭铁的检修。如图3-25所示，用万用表测量换向器的每个铜条与电枢轴之间的电阻，应为∞，否则，表示换向器铜条有短路，应更换电枢。

2）检查换向器表面。如图3-26所示，若表面粗糙，用砂纸轻轻打磨。

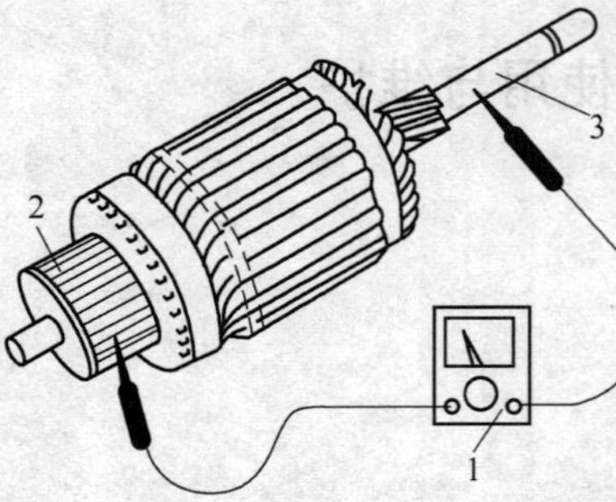

图3-25　电枢绕组搭铁的检查

1—万用表　2—换向器　3—电枢轴

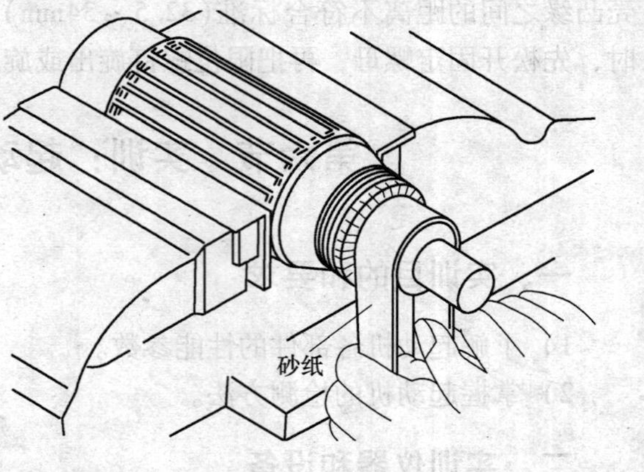

图3-26　换向器表面的检查

（2）换向器的检修

1）换向器的最小直径的检查。如图3-27所示，用卡尺检查换向器的外径，不得小于使用极限值（QD1225为33.5mm）。如果小于极限值时，应更换电枢。

2）换向器磨损的检修。如图3-28所示，检查换向器的绝缘云母片的深度，标准值为0.5～0.8mm，使用极限值为0.2mm。超过极限值时，应用锉刀进行修理，修整时锉刀要与换向器外圆母线平行。

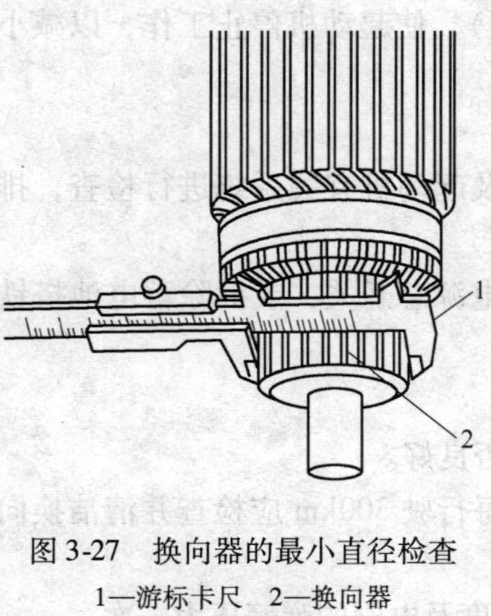

图3-27　换向器的最小直径检查

1—游标卡尺　2—换向器

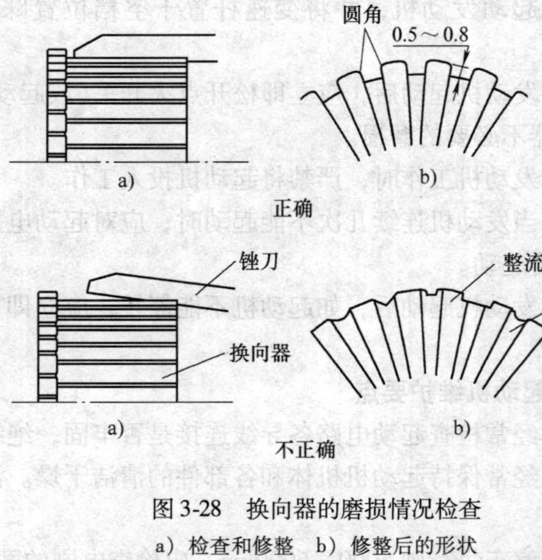

图3-28　换向器的磨损情况检查

a）检查和修整　b）修整后的形状

（3）电刷的检修

1）电刷长度的检查。如图 3-29 所示，用卡尺检查电刷长度，应不小于新电刷的 2/3（QD1225 最小长度为 11.5mm）。如果小于极限值，应予以更换。电刷与换向器的接触面积应大于 75% 以上。电刷在电刷架内应活动自如无卡滞现象。

2）电刷弹簧拉力的检查。如图 3-30 所示，用弹簧秤测量弹簧拉力，应在 18 ~ 22N 之间。如果达不到规定值，应更换新的弹簧。

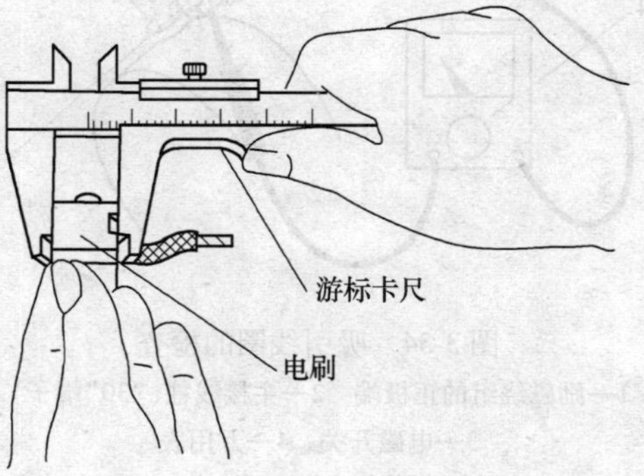

图 3-29　电刷长度检查

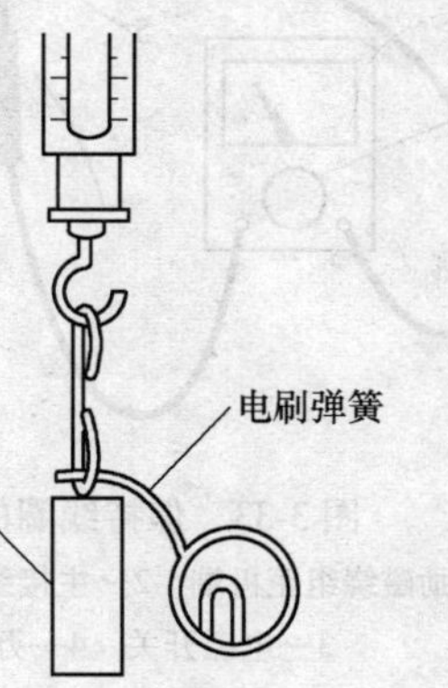

图 3-30　电刷弹簧拉力的检查

（4）励磁绕组的检修

1）励磁绕组断路的检修。如图 3-31 所示，用万用表测量励磁绕组的正极端与电刷之间的电阻，应为 0。否则，说明励磁绕组断路，应更换。

2）励磁绕组对壳体短路的检修。如图 3-32 所示，用万用表检查励磁绕组的正极端与定子壳体之间的电阻，应为∞。否则，表示励磁绕组与壳体短路，应更换。

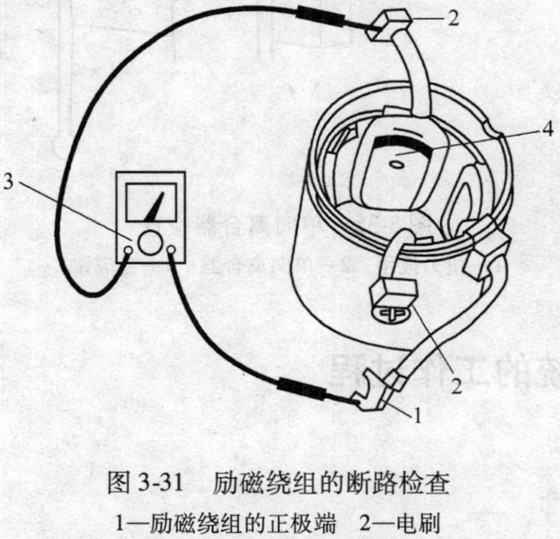

图 3-31　励磁绕组的断路检查

1—励磁绕组的正极端　2—电刷

3—万用表　4—励磁绕组

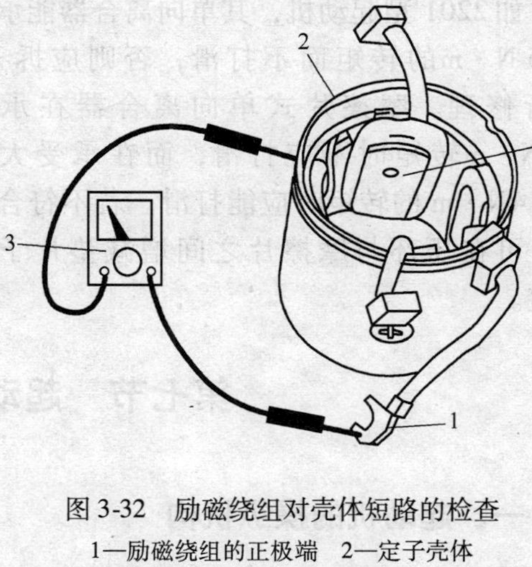

图 3-32　励磁绕组对壳体短路的检查

1—励磁绕组的正极端　2—定子壳体

3—万用表　4—励磁绕组

（5）电磁开关检修

1）保持线圈的检修。如图 3-33 所示，从励磁绕组接线柱上拆下励磁绕组正极端后，用万用表（$R\times1$ 挡）检查电磁开关接线柱（“50”端子）与电磁开关壳体之间的电阻，应在 0 ~ 2Ω 之间。否则，表示保持线圈断路，应更换电磁开关。

2）吸引线圈的检查。如图 3-34 所示，从励磁绕组接线柱上拆下励磁绕组正极端，用万用表($R\times1$ 挡)检查电磁开关与励磁绕组接线柱之间的电阻，应在 $0\sim2\Omega$ 之间。否则，表示吸引线圈断路，应更换电磁开关。一般来说，同一起动机的保持线圈电阻较吸引线圈电阻大一些。

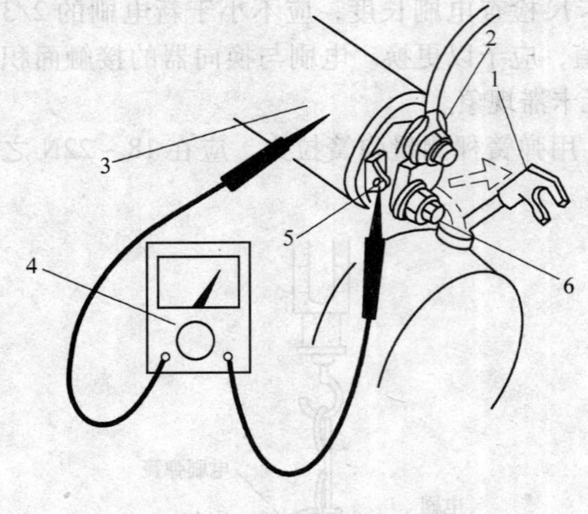

图 3-33　保持线圈的检查

1—励磁绕组正极端　2—主接线柱（“30”端子）　3—电磁开关　4—万用表　5—电磁开关接线柱（“50”端子）　6—励磁绕组接线柱

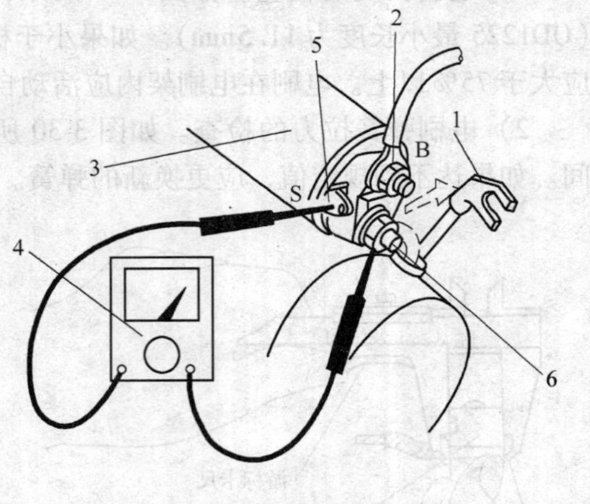

图 3-34　吸引线圈的检查

1—励磁绕组的正极端　2—主接线柱（“30”端子）　3—电磁开关　4—万用表　5—电磁开关接线柱（“50”端子）　6—励磁绕组接线柱

（6）检查单向离合器　将单向离合器夹在台虎钳上，用扭力扳手转动，如图 3-35 所示，应能承受制动试验时的最大转矩而不打滑。如 2201 型起动机，其单向离合器能承受 25.5 N·m的转矩而不打滑，否则应拆开，进行修理。摩擦片式单向离合器在承受 117N·m转矩时不应打滑，而在承受大于 176.4N·m 的转矩时应能打滑。若不符合规定，可在压环与摩擦片之间增减垫片予以调整。

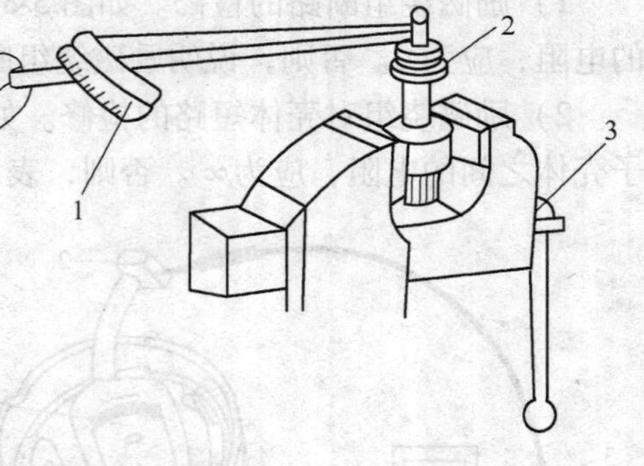

图 3-35　单向离合器检查

1—扭力扳手　2—单向离合器　3—台虎钳

第七节　起动系统的工作过程

一、起动机的操纵机构

起动机操纵机构安装在起动机的上部，用来控制起动机主电路的通断，并操纵传动机构。现代汽车大都采用电磁式操纵机构。

图 3-36 所示为 QD124 型起动机电磁操纵开关。活动铁心 8 与拨叉 11 通过调节螺钉 10 相连，固定铁心 5 的中心装有推杆 7，其上套有铜质接触盘 4。活动铁心及推杆接触盘 4 上均有复位弹簧。电磁开关有两线圈，即吸引线圈和保持线圈。两线圈绕向相同，其公共端接

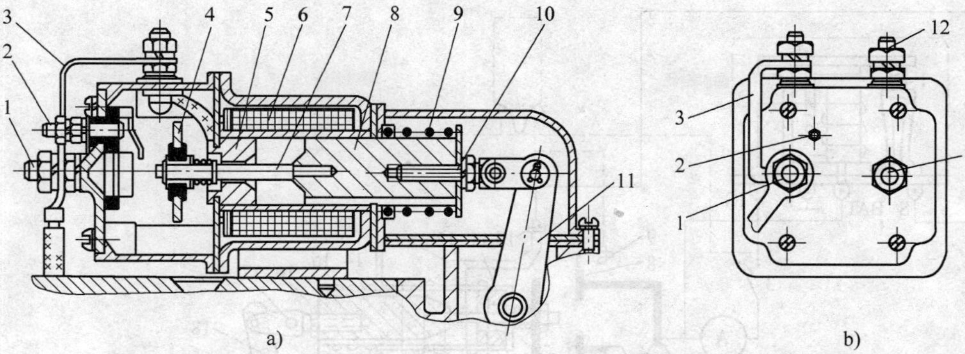

图 3-36 电磁开关结构

1、13—主接线柱 2—附加电阻短路接线柱 3—导电片 4—接触盘 5—固定铁心 6—吸引线圈和保持线圈 7—推杆 8—活动铁心 9—复位弹簧 10—调节螺钉 11—拨叉 12—起动机接线柱

起动开关或“起动机”接线柱，吸引线圈的另一端接起动机开关(直流电动机电源)主接线柱，保持线圈的另一端搭铁。主接线柱 1 与起动机内部励磁绕组相连，另一主接线柱 13 则接向蓄电池正极。

二、电磁式操纵开关工作过程

起动发动机，电磁开关内两绕组均有电流通过，产生较强的电磁吸力，吸引铁心向左运动，调节螺钉带动拨叉使驱动齿轮与飞轮齿环啮合。同时，主接触盘紧压在两主接线柱上，使两主接线柱和附加电阻短路接线柱连在一起，蓄电池通过主接线柱和主接触盘向起动机大电流放电，起动发动机。同时，点火线圈附加电阻被跨接，为可靠起动奠定了基础。

起动发动机后，电磁线圈断电，活动铁心迅速退磁，在各复位弹簧的作用下，主电路被切断，同时驱动齿轮与飞轮齿环脱离啮合，起动机停止工作。同时，附加电阻重新串入点火系统回路工作。

三、只带起动继电器的起动回路

国产东风 EQ1090 型汽车使用的 QD124 型起动机电路就是只带起动继电器的起动回路，如图 3-37 所示。

1. 起动继电器

起动继电器其实就是一线圈控制开关，和点火开关配合，作用是用来接通电磁开关线圈的电路，以保护点火开关。因为如果直接用点火开关控制电磁开关线圈的电路，则起动时通过点火开关的电流很大(一般为 35~40A)，会使点火开关很快损坏。

如图 3-37 所示，当继电器电磁线圈 2 通电时，产生电磁吸引力，触点 1 闭合，接通“电池(BAT)”接线柱与“起动机(S)”接线柱之间的回路。而当电磁线圈 2 不通电时，则“起动机(S)”接线柱所接回路断开。

2. 起动机的工作过程

1）起动时，将点火开关 3 转到起动位置，起动继电器电路接通，其电流回路为：蓄电池正极→起动机电源端子“30”→电流表→点火开关 3→起动继电器点火开关(IG)接线柱→继电器线圈 2→搭铁(E)→蓄电池负极。电流通过起动继电器线圈，使铁心磁化，吸下

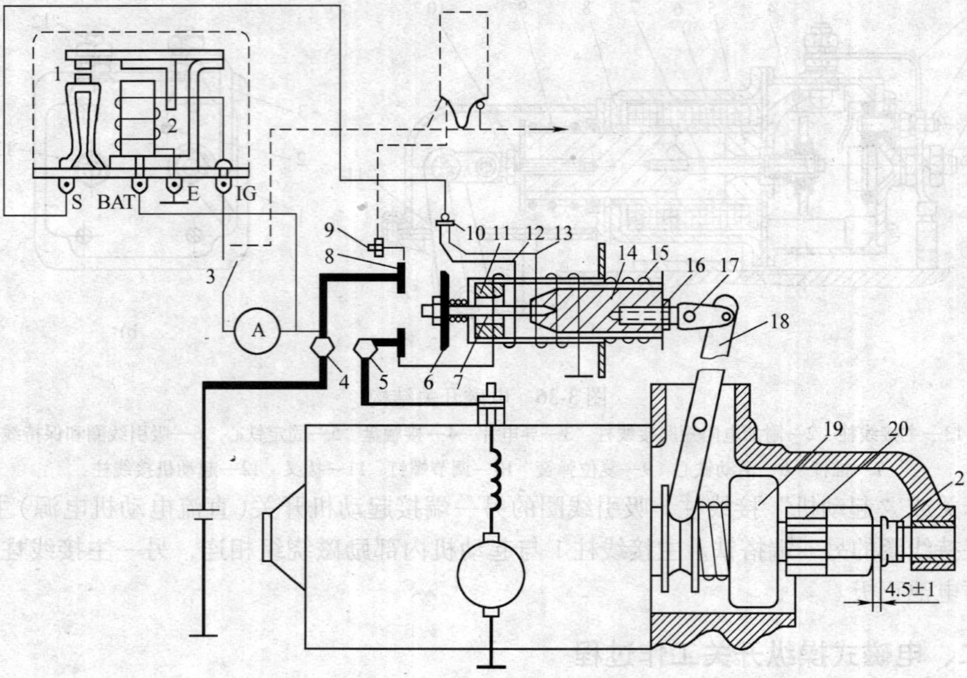

图 3-37　QD124 型起动机控制电路

1—起动继电器触点　2—起动继电器线圈　3—点火起动开关　4—起动机电源端子“30”接线柱
5—起动机开关接线柱　6—主接触盘　7—推杆　8—电动机开关触点
9—附加电阻短路开关接线端子“15a”　10—吸引线圈与保持线圈接线端子“50”　11—固定铁心
12—吸引线圈　13—保持线圈　14—活动铁心　15—复位弹簧　16—调节螺钉
17—连接销　18—拨叉　19—滚柱式单向离合器　20—驱动齿轮　21—止推垫圈

触点臂，于是继电器触点 1 闭合，接通了电磁开关中吸引线圈和保持线圈的电路。

2）起动机电磁开关控制回路为：蓄电池正极→起动机电源端子“30”→起动继电器“电池(BAT)”接线柱、支架、继电器触点 1、“起动机(S)”接线柱→起动机接线柱 10，然后分两路：①保持线圈 13→搭铁→蓄电池负极。②吸引线圈 12→起动机开关接线柱 5→起动机励磁绕组→电枢绕组→搭铁→蓄电池负极。吸引线圈和保持线圈通电产生较强的电磁吸力，活动铁心 14 左移，带动拨叉拨动驱动齿轮与飞轮齿环啮合。同时，起动电动机产生一较小转矩，使驱动齿轮与飞轮齿环边转边啮合，避免了顶齿现象的产生。

3）当驱动齿轮与飞轮齿环接近完全啮合时，活动铁心 14 推动主接触盘的推杆 7 使主接触盘 6 将起动机的主电路接通，其电流回路为：蓄电池正极→起动机电源端子“30”→电磁开关主接触盘 6→起动机开关接线柱 5→励磁绕组→电枢绕组→搭铁→蓄电池负极。于是起动机产生较大电磁转矩，起动发动机。

主电路接通时，吸引线圈 12 被短路，活动铁心靠保持线圈 13 的磁力保持在吸合位置。

4）发动机起动后，放松点火开关旋钮，点火开关会自动转回一个角度，切断起动继电器线圈的电路，使继电器触点 1 立即打开。触点 1 打开后，保持线圈中的电流由起动机电源端子“30”接线柱 4→主接触盘 6→起动机开关接线柱 5→吸引线圈→吸引线圈和保持线圈接线端子“50”→保持线圈→搭铁，构成回路。此时两线圈所建立的磁场方向相反，相互抵消，于是活动铁心在复位弹簧的作用下退回原位，驱动齿轮与飞轮齿环脱离啮合，同时接触盘退出，切断了起动机与蓄电池之间的电路，起动机便停止工作。

四、组合继电器的控制回路

起动发动机时，若驾驶员未及时释放起动开关，就会造成起动机单向离合器的非正常磨损。发动机工作时，不慎将起动开关再次接通，就会造成起动机驱动齿轮与飞轮齿环的撞击，从而加速它们的损坏。为了防止上述误操作，应采取合适的保护电路，以保证起动机的使用寿命。根据以上实际操作中可能出现的操作失误，对起动机保护电路的要求有以下两点。

1）发动机一旦起动，应能使起动机自动停止工作。

2）发动机工作时，即使错误地接通了起动开关，起动机也不会工作。

现代汽车起动机保护电路大多数是依靠交流发电机的中性点电压以及相应的继电器来完成的。

以东风 EQ1090F 型汽车的起动机保护电路为例来分析其保护原理：东风 EQ1090F 型汽车的起动保护电路的核心部件为一起动复合继电器，如图 3-38 所示。它由起动继电器和保护继电器两部分组成，起动继电器的触点是常开的，它的作用是控制起动机电磁开关的工作。保护继电器的触点是常闭的，它的磁化线圈一端搭铁，另一端接至发电机的中性点，承受交流发电机的中性点电压，其作用是保护起动机并控制充电指示灯。

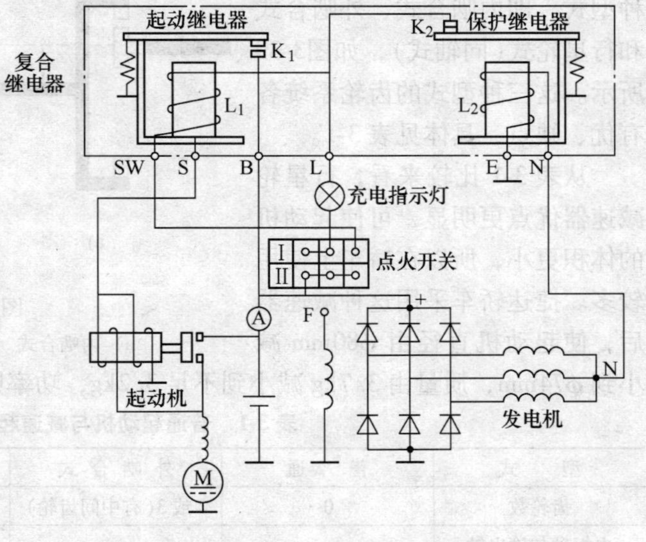

图 3-38 复合继电器的原理

1）起动时，将点火开关旋至起动挡位，则起动继电器的常开触点 K_1 闭合，充电指示灯亮。其电路为：蓄电池正极→电流表→点火开关，然后分两路：①接线柱 SW→线圈 L_1→K_2→磁扼（搭铁）→蓄电池负极。②充电指示灯→L 接线柱→K_2→磁扼（搭铁）→蓄电池负极。线圈 L_1 产生电磁吸力，于是 K_1 闭合，将起动机电磁开关吸引线圈和保持线圈的电路接通。其电路为：蓄电池正极→电流表→接线柱 B-K_1→磁扼→接线柱 S，然后分两路：①保持线圈→搭铁→蓄电池负极。②吸引线圈→起动机磁场绕组、电枢绕组→搭铁→蓄电池负极。在吸引线圈和保持线圈两个线圈的电磁吸力作用下，将起动机主电路接通，蓄电池电流流经起动机磁场绕组和电枢绕组，使起动机发出正常转矩转动曲轴。

2）发动机发动后，如驾驶员没有及时松开点火开关，由于交流发电机电压升高，当中性点电压达 5V 以上时，在保护继电器线圈 L_2 的电磁力的作用下，使触点 K_2 断开，切断了充电指示灯的电路，充电指示灯熄灭，同时又将 L_1 电路切断，于是 K_1 断开，则起动机电磁开关释放，切断了蓄电池与起动机间的电路，起动机便会自动停止工作。

3）发动机工作时，在交流发电机中性点电压的作用下，K_2 一直处于断开状态，L_1 中无电流，则 K_1 始终处于断开状态，起动机电路不能接通。所以即使驾驶员操作失误，又将点火开关旋至起动挡时，起动机也不会工作，这就避免了起动机驱动齿轮被打坏的危险，从而起到了保护起动机的作用。

第八节　减速起动机的结构及工作原理

一、减速起动机

根据电动机工作原理可知，若电磁功率不变，当转速增加时，则电动机的电枢直径、电枢铁心长度可相应减小。因此装用减速齿轮后，可采用小型、高速、低转矩的电动机，从而使起动机的质量与体积可减少30%~35%，不仅提高了起动性能，且使蓄电池的负担减轻。缺点是机械零件数量增加，电动机高速运转，其结构及生产工艺均比传统式起动机复杂。

减速起动机的减速装置有三种型式，即内啮合式、外啮合式和行星轮式（同轴式），如图3-39所示。这三种型式的齿轮系统各有优、缺点，具体见表3-1。

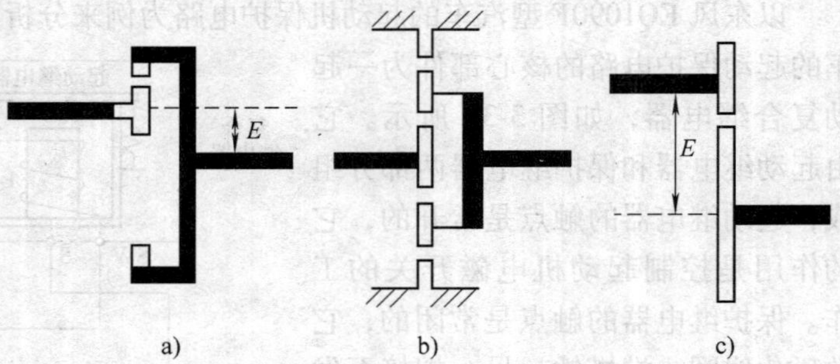

图3-39　齿轮减速器类型

a）内啮合式　b）行星轮式（同轴式）　c）外啮合式

从表3-1比较来看，行星轮减速器优点更明显，可使起动机的体积更小，所以在轿车上使用较多。捷达轿车采用这种减速器后，使起动机直径由 ϕ80mm 减小到 ϕ74mm，质量由3.7kg减小到不足3.2kg，功率则由0.8kW上升到1.1kW。

表3-1　普通起动机与减速起动机的比较

型　式	普　通	外啮合式	内啮合式	行星轮式
齿轮数	0	2或3（有中间齿轮）	2	5
电枢轴与输出轴轴间中心距 E	0	大	小	0，外形与普通型类似
减速比 k	1	$1<k<4$	$2.5<k<4$	$k>3.8$，可到4.5
励磁形式	串励或复励	多为复励	多为复励	串励或复励
换向器和电刷	起动机端部	有的在中部	起动机端部	起动机端部
相对效率比①	1	0.92	0.83	0.95
相对品质比	1	约1/2	约1/2	约2/5
电枢轴承	滑动轴承	滚动轴承	滚动轴承	换向器端用滚动轴承驱动，齿轮端用滚柱轴承或滚动轴承

① 相对效率比：此处仅指在某一特定工况下，减速起动机与普通起动机效率之比。

二、永磁式起动机

定子磁场采用永磁体的起动机，也能减小起动机的体积和质量，起动机的其他部分的结构基本不变。永磁体的材料有高性能的锶铁氧体或钕铁硼材料。

永磁式起动机的性能特点是：

1）因磁力来源于永磁材料做的磁瓦，所以是一种自励直流电动机。因其磁场磁力稳定，工作特性与并励电动机相近，电磁转矩与电枢电流成正比。由直流电动机的工作特性曲线可知，当其电枢电流大于某值后，供给同样的电枢电流其转矩没有串励电动机大，所以这种起动机一般多用作小功率起动机。

2）因为这种起动机是自励，所以其空载转速较小，使用安全性较串励电动机更好。

3）由于锶铁氧体的磁能较低，而钕铁硼价格昂贵，所以目前永磁式起动机主要用在功率2kW以下的起动机上。

现在很多轿车用的起动机是将永磁式磁场和减速器结合成的永磁减速式起动机，使其体积和质量指标都更佳。奥迪100轿车5缸增压汽油机和捷达(2气门及5气门)汽油机所用的起动机及北京切诺基汽车所用的起动机都是永磁减速式起动机。

三、永磁式减速起动机的工作过程

减速起动机的工作过程与电磁式起动机的工作过程基本相同，但是由于减速起动机除减速装置外，一般都采用没有磁场线圈的永磁式直流电动机，其电磁开关接线座上的“C”端子直接与电动机的正电刷引线连接，如图3-40所示。因此，减速起动机控制电路与电磁式起动机略有不同。

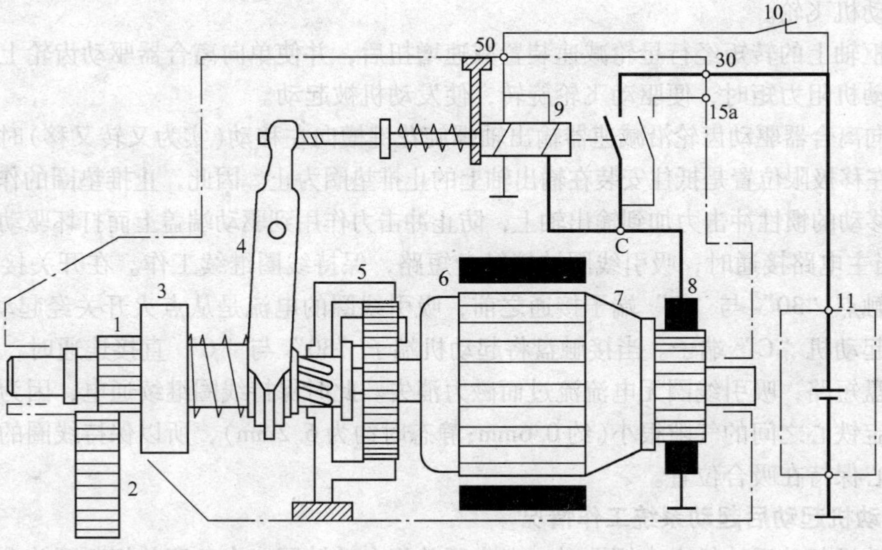

图3-40 桑塔纳2000GSi型轿车减速起动机控制电路

1—驱动齿轮 2—飞轮齿环 3—滚柱式单向离合器 4—拨叉 5—行星轮减速装置 6—永久磁铁 7—电枢 8—正电刷 9—电磁开关 10—点火开关 11—蓄电池

1. 起动发动机时起动系统工作情况

1）接通起动开关，电磁开关的吸引、保持线圈电路接通。当点火开关转到起动“START”位置时，起动机电磁开关吸引线圈和保持线圈的电路接通。吸引线圈电流回路为：蓄电池正极→点火开关→起动机“50”端子→电磁开关的吸引线圈→起动机“C”端子→正电刷→电枢线圈→负电刷→搭铁→蓄电池负极。

保持线圈电流回路为：蓄电池正极→点火开关→起动机“50”端子→电磁开关的保持线圈→搭铁→蓄电池负极。

2）电磁开关与传动机构工作，起动机主电路接通并起动发动机。电磁开关的吸引线圈和保持线圈通电后，其磁通使固定铁心与活动铁心磁化。由于此时两线圈产生的磁通方向相同，因此磁场叠加，固定铁心与活动铁心的磁力增强。在其磁力的共同作用下，活动铁心向右移动，并通过推杆带动挂在推杆左端方形小孔上的拨叉绕支点转动，拨叉下端便拨动单向离合器向左移动，使驱动齿轮与发动机飞轮齿环进入啮合。

当吸引线圈电流流过电枢线圈时，电枢轴便以较慢速度旋转，以便驱动齿轮与飞轮齿环啮合柔和。当驱动齿轮左移与飞轮齿环发生抵住现象时，拨叉下端则先推动左半集电环压缩锥形弹簧继续向左移动，待电动机主电路接通使电枢轴稍微转动、驱动齿轮的轮齿与飞轮齿环的齿槽对正时，即可进入啮合。

在拨叉下端拨动离合器向左移动的同时，活动铁心克服复位弹簧弹力并推动接触盘及接触盘推杆向右移动。当驱动齿轮与飞轮齿环接近完全啮合时，接触盘将起动机“30”端子与“C”端子接通，使电动机主电路接通，其电路为：蓄电池正极→起动机“30”端子→电动机开关接触盘→起动机“C”端子→正电刷→电枢线圈→负电刷→搭铁→蓄电池负极。

电动机主电路接通时，电枢线圈通过电流很大(稳定运转时为160A左右)，电动机产生电磁转矩经减速装置和离合器传给发动机飞轮齿环。其动力传递路径为：电枢轴齿轮(太阳轮)→行星轮→行星架→输出轴外螺旋花键槽→离合器传动导管→离合器滚柱→离合器驱动齿轮→发动机飞轮。

当电枢轴上的转矩经行星轮减速装置减速增扭后，并使单向离合器驱动齿轮上的驱动转矩超过发动机阻力矩时，便驱动飞轮旋转，使发动机被起动。

当单向离合器驱动齿轮沿减速器输出轴螺旋花键槽向左移动(实为又转又移)时具有惯性力作用。左移极限位置是抵住安装在输出轴上的止推垫圈为止。因此，止推垫圈的作用是：将驱动齿轮移动的惯性冲击力加到输出轴上，防止冲击力作用到驱动端盖上而打坏驱动端盖。

3）当主电路接通时，吸引线圈被接触盘短路，保持线圈继续工作。在开关接触盘将电动机开关触点“30”与“C”端子接通之前，吸引线圈的电流是从点火开关经起动机“50”端子流至起动机“C”端子。当接触盘将起动机端子“30”与“C”直接连通时，吸引线圈便被接触盘短路，吸引线圈无电流流过而磁力消失。此时保持线圈继续通电，因为此时活动铁心与固定铁心之间的气隙很小(约0.6mm；静态时约为6.2mm)，所以保持线圈的磁力能够将活动铁心保持在吸合位置。

2. 发动机起动后起动系统工作情况

当发动机起动后放松点火钥匙时，点火开关将自动转回一个角度并切断开关电路，此时吸引线圈电流方向将改变，其电路为：蓄电池正极→起动机“30”端子→接触盘→起动机“C”端子→吸引线圈→起动机“50”端子→保持线圈→搭铁→蓄电池负极。

可见，此时吸引线圈又重新通电，但其电流和磁通方向与起动时相反。由于保持线圈的电流和磁通方向并未改变，因此两个线圈产生的磁力相互抵消。在复位弹簧弹力作用下，活动铁心立即左移复位，接触盘在接触盘弹簧的弹力作用下迅速向左移动，使起动机主电路切断。与此同时，拨叉绕支点转动，其下端带动离合器向右移动，使驱动齿轮与飞轮齿环分离，起动过程结束。

第九节 典型起动系统电路

一、别克君威起动机控制电路

别克君威2.5GL、3.0GS起动机控制电路如图3-41所示。

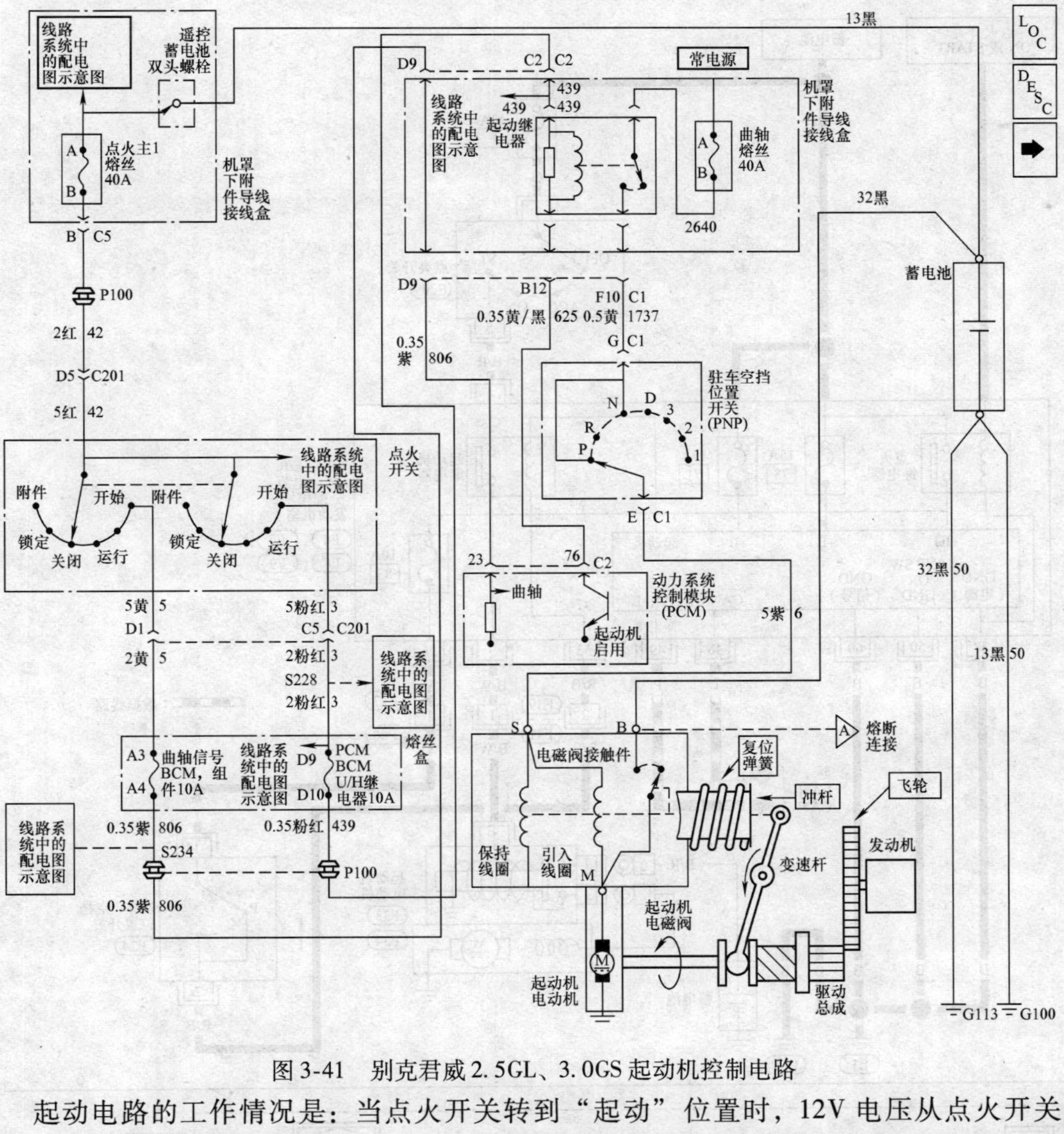

图3-41 别克君威2.5GL、3.0GS起动机控制电路

起动电路的工作情况是：当点火开关转到“起动”位置时，12V电压从点火开关的“起动”挡→驾驶室内熔丝盒的A3～A4熔丝→机罩下附件导线接线盒的D9端子→动力系统控制模块(PCM)插头C2-23端子，作为起动信号。PCM收到此信号后，其C2-76端子接地，位于机罩下附件导线盒内的起动继电器闭合工作。继电器线圈供电来自点火开关，继电器工作时，则12V电源经曲轴Maxi熔丝40A→起动继电器触点→自动变速器P/N开关之“P”或“N”位置→起动机电磁吸力开关，起动机工作。

在以下情况，PCM收到起动信号后并不接通起动机。

1）发动机起动 5s 后。

2）起动机连续工作 15s。

3）防盗口令不正确。

二、日产天籁起动机控制电路

日产天籁轿车起动机控制电路如图 3-42 所示，常火线供电通过 40A 熔断器（标有字母 F）

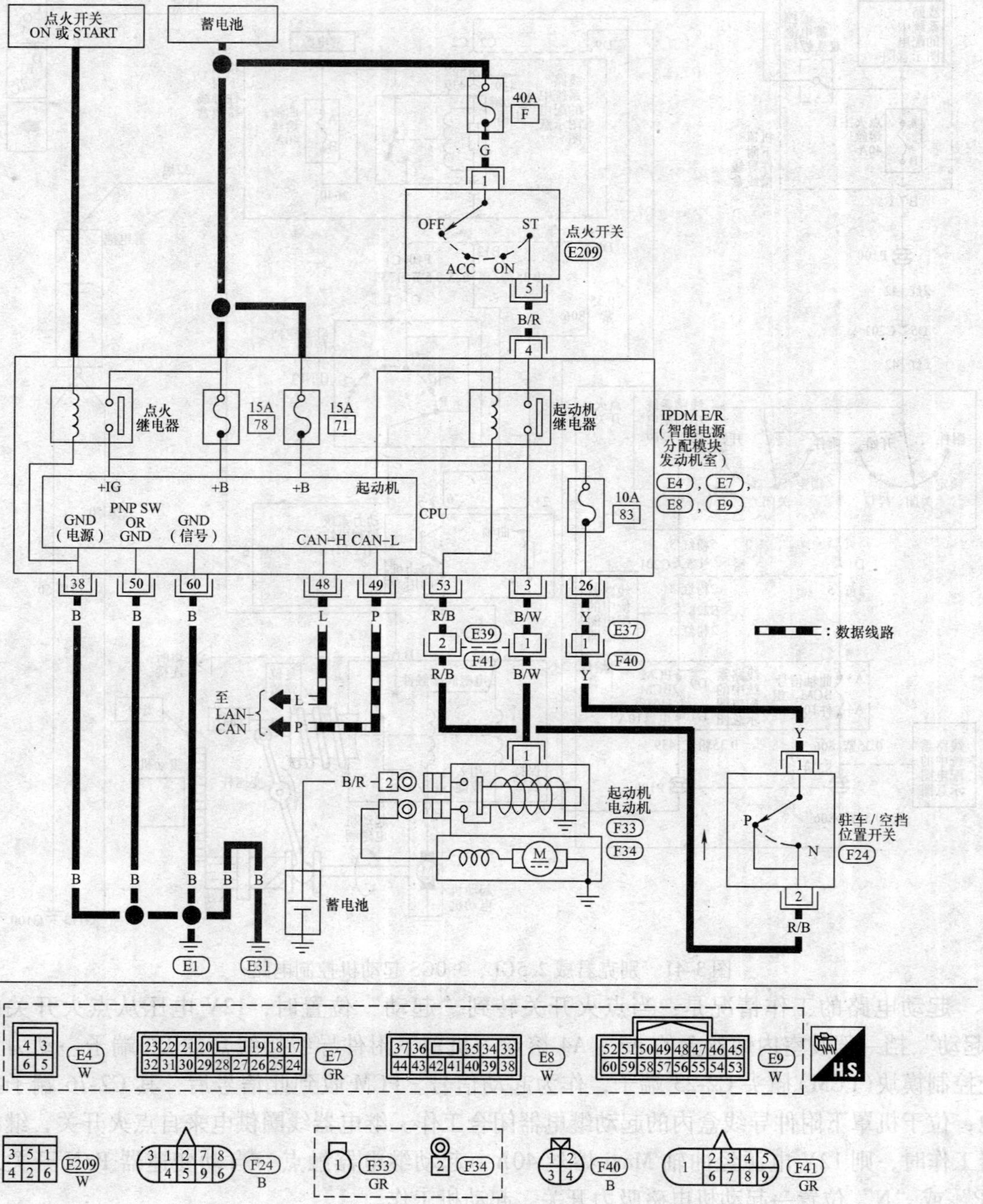

图 3-42　日产天籁轿车起动机控制电路

至点火开关端口 1，通过 15A 熔丝(No. 71,位于 IPDM E/R)至 IPDM E/R 的中央处理器，通过 15A 熔丝(No. 78,位于 IPDM E/R)至 IPDM E/R 的中央处理器。

当点火开关在 ON 或 START 位置时，供电从点火继电器通过 10A 熔丝(No. 83,位于 IPDM E/R)，通过 IPDM E/R 端口 26 至驻车/空挡位置开关端口 1。

当变速杆位于“P”或“N”位置时，通过驻车/空挡位置开关端口 2 至 IPDM E/R 端口 53。IPDM E/R 模块控制起动机继电器电路从 IPDM E/R 端口 38，50 和 60 至接地 E1 和 E31。起动机继电器将转为 ON。

当点火开关在 START 位置，IPDM E/R 被激活并开始供电：从点火开关端口 5 至 IPDM E/R 端口 4 并且通过 IPDM E/R 端口 3 至起动电动机端口 1。起动电动机的电磁开关闭合，在蓄电池和起动电动机之间提供了闭路。起动电动机连接至发动机体接地。提供了电源和接地后，起动机转动曲轴，发动机起动。

第十节　实训：起动机的调整与试验

一、实训目的和要求

1）掌握起动机的调整和试验方法。
2）掌握起动机的技术性能试验方法。

二、实训仪器和设备

万能电器试验台，起动机 5 台，蓄电池 5 块，常用工具 5 套。

三、实训内容

1. 起动机的调整

修复后的起动机必须进行认真的调整。在使用中如有齿轮啮合不良、有冲撞声、起动困难等现象，均应作必要的调整。

（1）驱动齿轮与止推垫圈之间的间隙调整　如图 3-43 所示，先将电磁开关的活动铁心推至使其开关刚好接通的位置，测量驱动齿轮与止推垫圈之间间隙，一般为 4 ~ 5mm，如不符，可拧入或旋出连接螺杆 3 进行调整。然后再将活动铁心顶到极限位置，此时驱动齿轮与止推垫圈之间间隙应为 1.5 ~ 2.5mm，如不符，可调整齿轮行程限位螺钉 1。

（2）电磁开关的调整　电磁开关的调整主要是调整点火线圈附加电阻短路接线柱与接触片的接通时刻。调整时只需将辅助接触片作相应的弯曲。

（3）驱动齿轮端面与驱动端盖突缘面之间的间隙调整　有些汽车(如 EQ1090、BJ212 等)的起动机，规定了起动机驱动齿轮端面与驱动端盖突缘面之间的距离，如图 3-44 所示。EQ1090 规定值为 29 ~ 32mm，BJ212 的规定值为 32.5 ~ 34mm。如不符，可调整齿轮行程限位螺钉 1。

2. 电磁开关试验

（1）吸拉动作试验　将起动机固定在台虎钳上，拆下起动机端子“C”上的励磁绕组电缆引线端子，用带夹电缆将起动机“C”端子和电磁开关壳体与蓄电池负极连接，如图 3-45

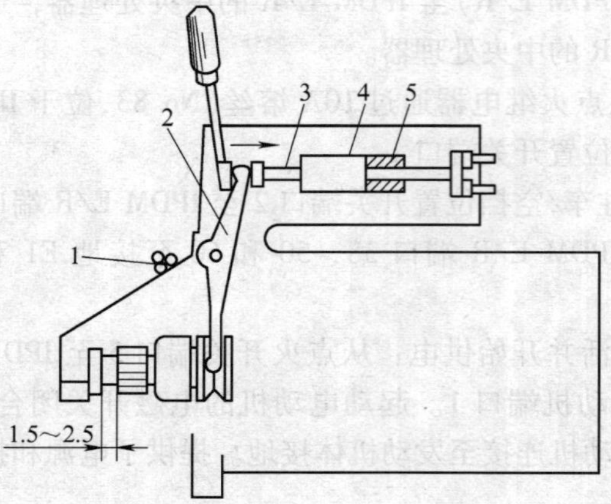

图 3-43　驱动齿轮与止推垫圈之间的间隙调整
1—齿轮行程限位螺钉　2—拨叉
3—连接螺杆　4—活动铁心　5—挡铁

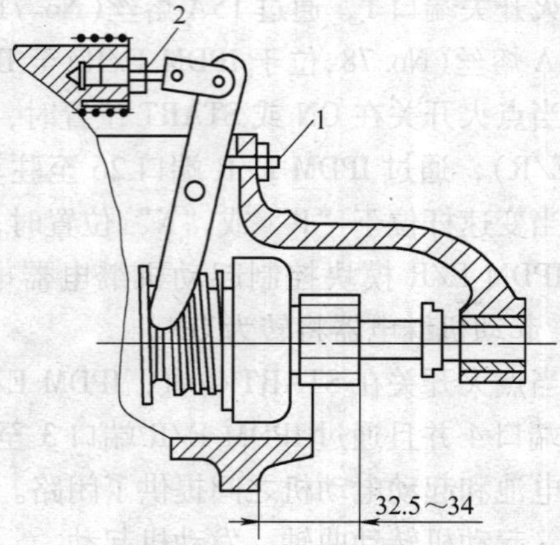

图 3-44　驱动齿轮端面与驱动端盖突缘面之间的间隙调整
1—齿轮行程限位螺钉　2—连接螺杆

所示。用带夹电缆将起动机“50”端子与蓄电池正极连接，此时驱动齿轮应向外移动。如驱动齿轮不动，说明电磁开关有故障，应予以修理或更换。

(2) 保持动作试验　在吸拉动作的基础上，当驱动齿轮保持在伸出位置时，拆下电磁开关“C”端子上的电缆夹，如图 3-46 所示。此时驱动齿轮应保持在伸出位置不动，如驱动齿轮回位，说明保持线圈断路，应予以修理。

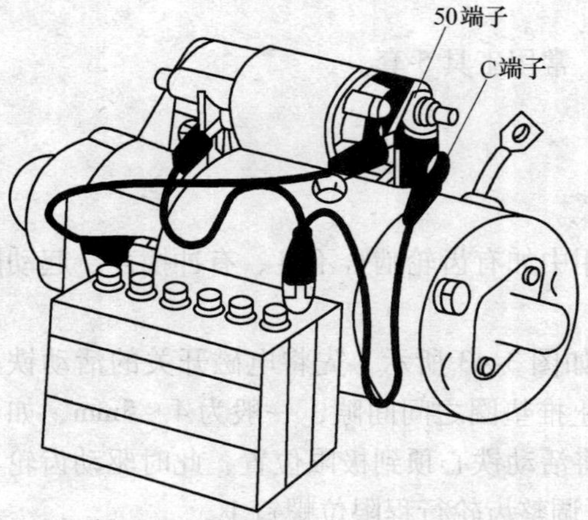

图 3-45　吸拉动作试验线路

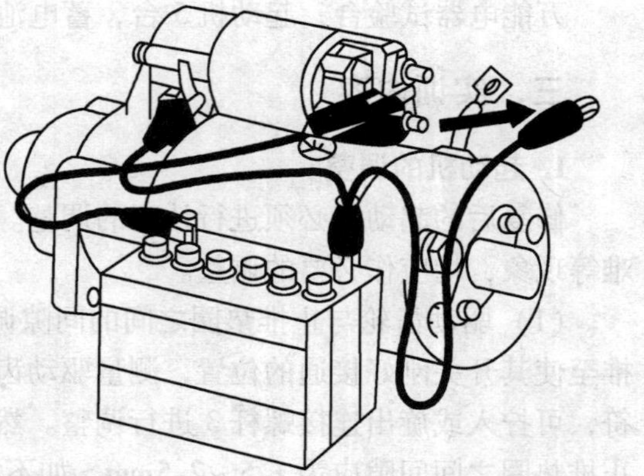

图 3-46　保持动作试验方法

(3) 回位动作试验　在保持动作的基础上，再拆下起动机壳体上的电缆夹，如图 3-47 所示。此时驱动齿轮应迅速回位，如驱动齿轮不能回位，说明复位弹簧失效，应更换弹簧或电磁开关总成。

3. 起动机的试验

起动机修复后，必须进行下列两种试验，如不符合要求，应重新检查和修理。

(1) 空载试验　测量起动机的空载电流和空载转速并与标准值比较，以判断起动机内部有无电路和机械故障。其试验方法如下：

将起动机夹在台虎钳上，按图 3-48 所示接线。接通起动机电路(每次试验不要超过

1min，以免起动机过热），起动机应运转均匀、电刷下无火花。记下电流表、电压表的读数，并用转速表测量起动机转速，其值应符合规定值。

若电流大于标准值，而转速低于标准值，说明起动机装配过紧或电枢绕组和励磁绕组内有短路或搭铁故障。若电流和转速都小于标准值，则说明起动机线路中有接触不良的地方（如电刷弹簧压力不足，换向器与电刷接触不良等）。

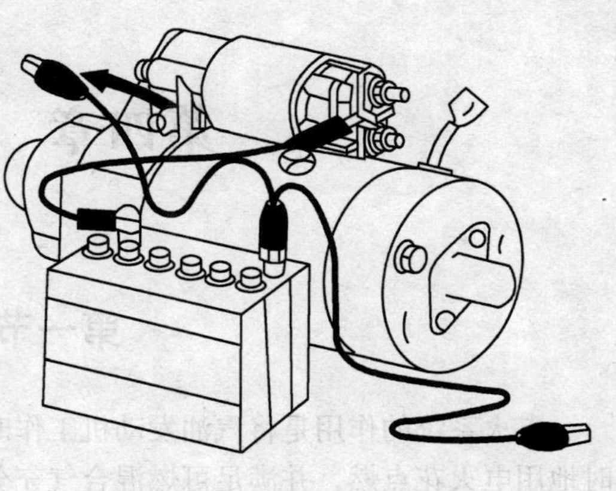

图 3-47　回位动作试验方法

（2）全制动试验　全制动试验应在空载试验的基础上进行，空载试验不合格的起动机不应进行全制动试验。全制动试验的目的是测量起动机在完全制动时所消耗的电流（制动电流）和制动力矩，以判断起动机主电路是否正常，并检查单向离合器是否打滑，其试验方法如下：

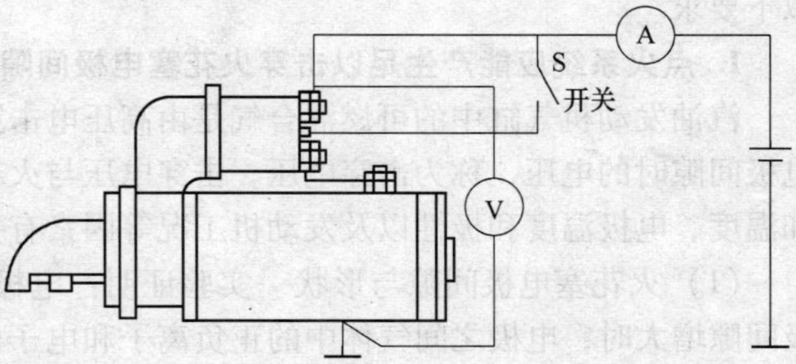

图 3-48　起动机的空载试验电路

将起动机夹持在试验台上，使杠杆的一端夹住起动机驱动齿轮的三个齿（见图 3-49），电路连接与空转试验相同。接通起动机电路，呈现制动状态，观察单向离合器是否打滑并迅速记下电流表、电压表、弹簧秤的读数，其值应符合规定。

若制动力矩小于标准值而电流大于标准值，则说明励磁绕组或电枢绕组中有短路和搭铁故障。若制动力矩和电流都小于标准值，说明线路中接触电阻过大。若驱动齿轮锁止而电枢轴有缓慢转动，则说明单向离合器有打滑现象。

全制动试验应注意：每次试验通电时间不要超过 5s，以免损坏起动机及蓄电池。试验中，工作人员应避开弹簧秤夹具，防止发生人身事故。

桑塔纳的起动机功率为 0.95kW，当制动电流小于 480A 时，输出最大力矩不小于 13N · m。

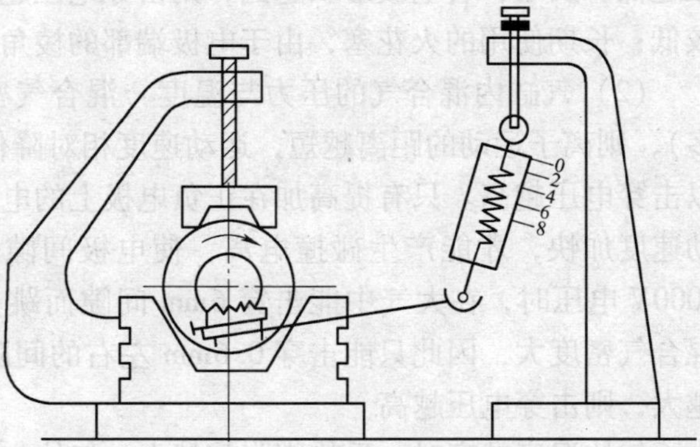

图 3-49　起动机的全制动试验

第四章　点火系统

第一节　概　述

点火系统的作用是将汽油发动机工作时吸入气缸的可燃混合气，在压缩行程终了时，及时地用电火花点燃，并满足可燃混合气充分地燃烧及发动机工作稳定的性能要求，使汽油发动机顺利地实现从热能到机械能的转变。

为了保证汽油发动机在各种工况和使用条件下都能可靠并适时点火，点火系统必须满足以下要求。

1. 点火系统应能产生足以击穿火花塞电极间隙的高压电

汽油发动机气缸中的可燃混合气是由高压电击穿火花塞电极间隙而产生的。击穿火花塞电极间隙时的电压，称为击穿电压。击穿电压与火花塞电极间隙和形状、气缸内混合气压力和温度、电极温度和极性以及发动机工况等因素有关。

（1）火花塞电极间隙与形状　实验证明：电极间隙越大，击穿电压越高。这是因为电极间隙增大时，电极之间气体中的正负离子和电子的运动行程增大，受电场力的作用减小，运动速度降低，动能减小，中性分子不易产生撞破电离，所以需要较高的电压才能击穿电极间隙。

电极形状越尖，电场发射电子越容易，在较低的电压下就可产生弧光放电，所以击穿电压越低；反之，若电极形状越圆，则击穿电压越高。新火花塞电极端部棱角分明，击穿电压较低；长期使用的火花塞，由于电极端部的棱角消失而成圆弧形状，因此击穿电压升高。

（2）气缸内混合气的压力与温度　混合气密度越大（即单位体积中气体分子的数量越多），则离子运动的距离越短，运动速度相对降低，动能相对减小，不易产生碰撞电离，所以击穿电压越高。只有提高加在正负电极上的电压，增大作用在离子上的电场力，使离子运动速度加快，才能产生碰撞电离，使电极间隙击穿而跳火。例如，当正负电极之间施加9000V 电压时，在大气中能击穿 6mm 间隙而跳火；但在发动机气缸中，由于气缸压力高，混合气密度大，因此只能击穿 0.6mm 左右的间隙。由此可见，气缸压力越高，混合气密度越大，则击穿电压越高。

气体温度越高时，受热膨胀就越大，气体密度则越小。因此，当气缸温度升高时，可燃混合气密度减小，击穿电压降低。

（3）电极温度与极性　实验证明：当火花塞电极温度超过混合气温度时，其击穿电压将降低 30% ~50%。这是因为电极温度越高，电极周围气体的密度就越小，容易产生碰撞电离；此外，电极温度越高，在相同电场的作用下，发射电子越容易。

击穿电压与火花塞中心电极的极性有关。当受热电极（火花塞的中心电极）为高压电的负极时，由于热电极容易发射电子，因此击穿电压降低，实验证明，击穿电压比中心电极为正极时要降低 20% 左右。

（4）发动机工况 发动机工况不同，火花塞的击穿电压也不相同，其值随发动机的转速、负荷、压缩比、点火提前角以及混合气成分的变化而变化。

起动发动机时击穿电压最高，当火花塞间隙为0.7mm时可达19kV。这是由于起动时气缸壁、活塞、燃烧室和火花塞电极都处于冷态，吸入气缸的混合气温度低、雾化不良。压缩终了混合气温升不高，因此击穿电压最高。

汽车加速时，由于大量冷混合气突然吸入气缸使火花塞中心电极的温度降低，因此击穿电压较高。当发动机处于大负荷稳定工况工作时，由于气缸压缩终了温度高，加之火花塞的温度也较高，因此击穿电压较低。

发动机高速时，由于气缸内混合气温度和火花塞电极温度都较高，因此击穿电压随转速升高而降低。

综上所述，为了发动机在各种工况下都能可靠点火，点火系统产生的点火电压必须具有一定的储备电压。但是，过高的点火电压又会造成系统部件绝缘困难和成本提高，因此点火电压不能过高，通常限制在30kV以内。

2. 火花塞产生的电火花应具有足够的能量

点燃混合气必需的能量与发动机工况、混合气成分和浓度、电极间隙和形状等因素有关。要使混合气可靠点燃，火花塞产生的电火花应具有一定的能量，发动机正常工作时，由于混合气压缩终了的温度已接近其自燃温度，因此所需的火花能量很小（1～5mJ）。传统点火系统能够发出15～50mJ的火花能量，足以点燃混合气。但在发动机起动、怠速运转以及节气门急剧打开时，则需要较高的火花能量。起动时，由于混合气雾化不良，废气稀释严重，电极温度低，故所需的点火能量最高。为了保证可靠的点火，一般应保证有50～80mJ的点火能量，起动时应产生大于100mJ的火花能量。

3. 点火时间应适应发动机的工作情况

（1）点火顺序 点火系统应按发动机的工作顺序进行点火，即点火顺序应与发动机工作顺序一致，否则就不能适时点着混合气，发动机就不能正常工作。如东风EQ1092型、解放CA1092型汽车装用的六缸汽油发动机，点火顺序为1→5→3→6→2→4；北京BJ2020型汽车四缸发动机的点火顺序为1→2→4→3；桑塔纳2000、3000型轿车四缸发动机，奥迪200型轿车四缸发动机，点火顺序为1→3→4→2；天津夏利轿车三缸发动机的点火顺序为1→2→3。

（2）点火时刻 点火系统必须在最有利的时刻点火。点火时刻是用点火提前角来表示的。点火提前角是指从火花塞电极间跳火开始到活塞行至上止点为止这一段时间内曲轴转过的角度，以θ表示。当负荷一定时，发动机发出功率最大和油耗最小时的点火提前角称为最佳点火提前角。偏离最佳点火提前角时，都会使发动机的动力性和经济性下降。实验证明：如果点火时间适当，燃烧最大压力出现在上止点后10°～15°。

如果点火过迟，在活塞到达上止点时才点火，则混合气一面燃烧，活塞一面下行，即燃烧过程在容积增大的情况下进行，使炽热的气体与气缸壁接触的面积增加，热传导损失增大，因而转变为有效功的热量相对减少，气体最高压力降低，从而导致发动机过热，功率下降。

如果点火过早，由于混合气的燃烧完全在压缩行程进行，气缸内压力急剧升高，在活塞到达上止点前即达最大，使活塞受到反冲，阻止活塞继续向上运动，不仅使发动机的功率降低并有可能引起爆燃和运转不平稳现象。此外，运动的零件和轴承也会加速损坏。

由上述可知，要使发动机发出的功率最大，油耗最少，混合气应在最佳点火提前角时点火，不同发动机的最佳点火提前角各不相同，并且同一发动机在不同工况和使用条件下的最佳点火提前角也不相同。

(3) 最佳点火提前角的影响因素　发动机型号不同，其最佳点火提前角也不同；同一型号的发动机，其工况和使用条件不同，最佳点火提前角也不相同。影响最佳点火提前角的因素有以下几个方面。

1) 转速。发动机转速越高，最佳点火提前角越大。这是因为发动机转速升高时，在同一时间内，活塞将移动较大距离，曲轴也相应地转过较大的角度，如果混合气的燃烧速率不变，则最佳点火提前角应按线性规律增长。但当转速升高时，由于混合气的压力和温度的提高以及扰流的增强，会使燃烧速度也随之加快，因此最佳点火提前角虽随发动机转速的升高而增大，但却不是线性关系。

为使最佳点火提前角能随发动机转速升高而增大，一般是在分电器上装有离心提前机构。

2) 负荷。在同一转速下，随着发动机负荷的增大，最佳点火提前角将随之减小。这是由于发动机负荷大即节气门开度大时，吸入气缸的混合气量增多，压缩行程终了时的压力和温度增高，使燃烧速度加快，因此最佳点火提前角随负荷增大而减小。

为使最佳点火提前角能随负荷增大而减小，一般是在分电器上装有真空提前机构。

第二节　传统点火系统的组成及工作原理

一、传统点火系统的组成

早期汽车上使用的传统点火系统，主要由点火线圈、分电器、火花塞、点火开关等组成，如图 4-1 所示。各组成部分的功用如下：

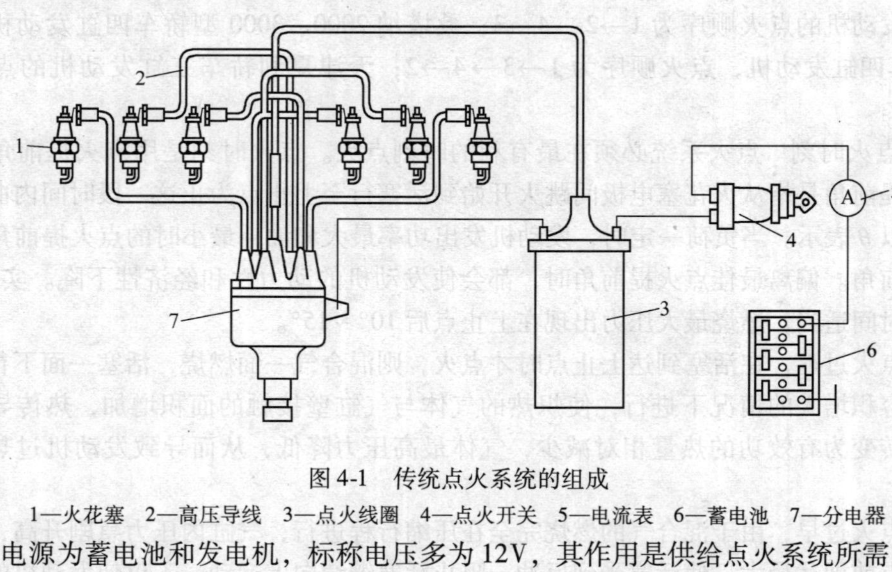

图 4-1　传统点火系统的组成

1—火花塞　2—高压导线　3—点火线圈　4—点火开关　5—电流表　6—蓄电池　7—分电器

1) 电源为蓄电池和发电机，标称电压多为 12V，其作用是供给点火系统所需的电能。

2）点火线圈的功用是将 12V 的低压电转变为 15～20kV 的高压电。

3）分电器主要包括断电器、配电器、电容器和点火提前机构等部分。

断电器由触点副和凸轮组成（凸轮的凸角数与气缸数相等），其作用是用来接通和断开初级电路。当触点闭合时，初级绕组中有电流流过，而当凸轮旋转使凸角顶开触点时，初级电路便被切断。

配电器由分电器盖和分火头组成。分电器盖内有旁电极（旁电极的数目与气缸数相等），当分火头旋转时，它上面的导电片轮流和各旁电极相对，将点火线圈产生的高压电按气缸的工作顺序送往各缸的火花塞。

断电器凸轮和分电器的分火头装在同一轴上，由发动机配气凸轮轴上的斜齿轮驱动，发动机曲轴与分电器转速比为 2∶1，即曲轴每转两转凸轮转一转。

电容器与断电器触点并联，用来减小断电器触点分开时的火花，延长触点的使用寿命，提高次级电压。

点火提前机构的作用是随发动机转速、负荷等的变化改变点火提前角。

4）火花塞的作用是将高压电引入气缸燃烧室，产生电火花点燃混合气。

5）点火开关用来控制点火系统的初级电路，只要断开点火开关，发动机可立即熄火。

6）附加电阻用来改善点火特性和起动性能，它通常与点火线圈组装在一起。

二、传统点火系统的工作原理

传统点火系统的电路可分为低压电路和高压电路。低压电路的作用是控制点火线圈初级电路的通断，使点火线圈内磁场产生突变而使点火线圈次级绕组产生高压电。低压电路主要包括蓄电池、电流表（有些车辆没有）、点火开关、附加电阻、点火线圈初级绕组、断电器、电容器等。高压电路的作用是在点火线圈初级电路被切断时感生出高压电，将火花塞间隙击穿，点燃可燃混合气。高压电路主要包括点火线圈次级绕组、中心高压线、配电器、分缸高压线、火花塞等。传统点火系统的工作原理如图 4-2 所示。

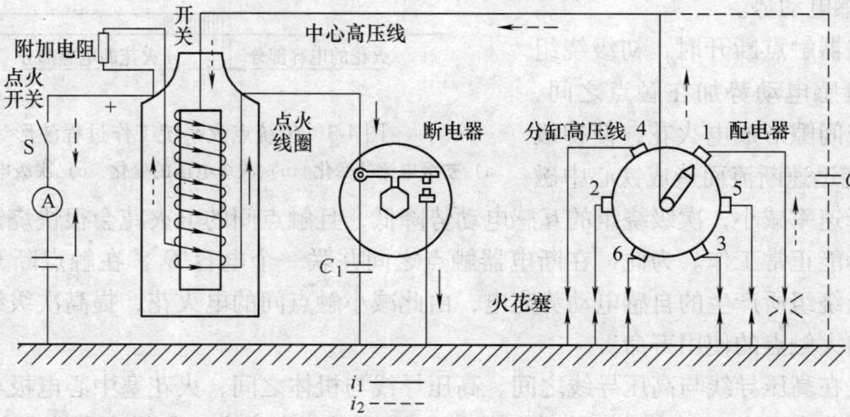

图 4-2　传统点火系的工作原理

发动机工作时，由发动机凸轮轴以 1∶1 的传动关系驱动分电器轴。分电器上的凸轮使断电器触点交替地闭合和打开。当触点闭合时，接通点火线圈初级绕组的电路；当触点打开时，切断点火线圈初级绕组的电路，使点火线圈的次级绕组中产生高压电；经火花塞的电极产生电火花，点燃混合气。其工作过程可分为三个阶段。

1. 触点闭合，初级电流逐步增长

在点火开关接通的情况下，当断电器触点闭合时，点火线圈初级绕组中有电流通过。流过初级绕组的电流称为初级电流 i_1，其电路是蓄电池正极→电流表→点火开关→点火线圈“+”接线柱→附加电阻 R_f→点火线圈“开关”接线柱→点火线圈初级绕组→点火线圈“-”接线柱→断电器触点→搭铁→蓄电池负极。

在断电器触点由断开到闭合的一瞬间，初级绕组中从无电流到有电流，根据楞次定律，在初级绕组中产生了一个与初级电流 i_1 方向相反的自感电动势，它阻碍初级电流的迅速增长，使初级电流 i_1 按指数规律逐步增长，如图 4-3a 所示。当触点保持继续闭合时，大约经 20ms 后，初级电流 i_1 将达到最大稳定值。

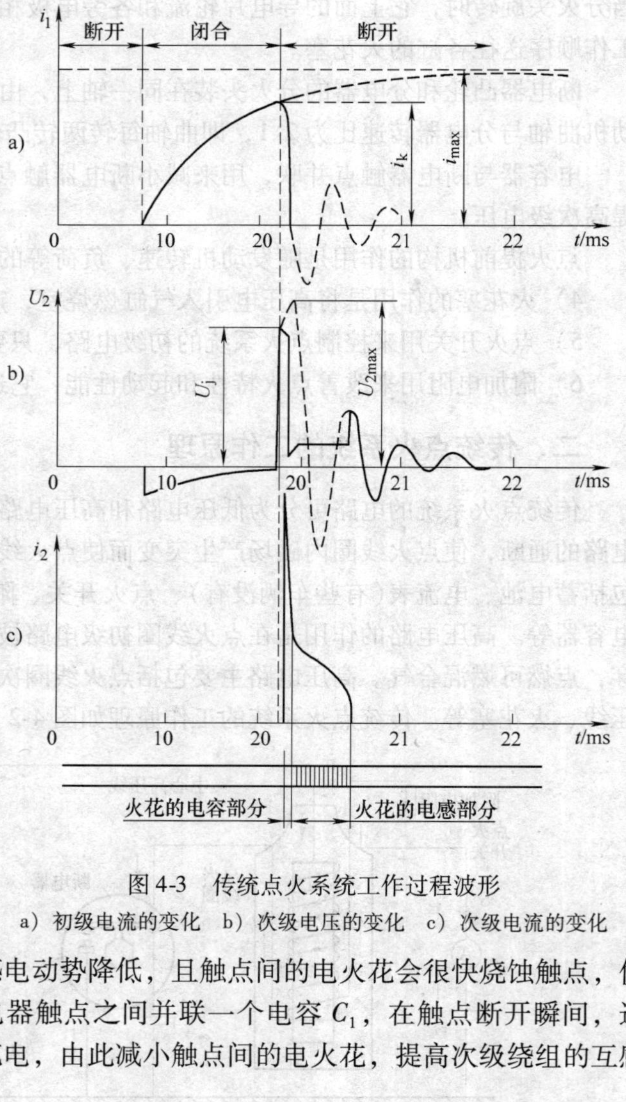

图 4-3　传统点火系统工作过程波形

a）初级电流的变化　b）次级电压的变化　c）次级电流的变化

2. 触点断开，次级绕组中产生高压电

当分电器凸轮转过一定角度后，便将断电器触点顶开，初级电路被切断，初级电流 i_1 迅速下降到零。根据楞次定律，在初级绕组和次级绕组中都产生感应电动势。初级绕组匝数少，产生 200～300V 的自感电动势，次级绕组由于匝数多，产生高达 15～20kV 的互感电动势。

当断电器触点断开时，初级绕组所产生的自感电动势加在触点之间，并击穿触点间隙形成电火花，使初级电流 i_1 不能迅速断流而造成铁心中磁场能的下降速率减小，次级绕组的互感电动势降低，且触点间的电火花会很快烧蚀触点，使点火系统不能正常工作。为此，在断电器触点之间并联一个电容 C_1，在触点断开瞬间，迅速吸收初级绕组所产生的自感电动势充电，由此减小触点间的电火花，提高次级绕组的互感电动势，增大触点的使用寿命。

此外，在高压导线与高压导线之间、高压导线与机体之间、火花塞中心电极与侧电极之间存在一个分布电容 C_2，相当于在次级绕组两端并联一个电容。如果火花塞电极间隙过大而不被击穿，则次级电压将达到最大值 U_{2max}。此后，次级电压将随初级电流的变化进行衰减振荡，如图 4-3b 中虚线所示。

3. 火花塞电极间隙被击穿，产生电火花，点燃可燃混合气

一般来说，火花塞的击穿电压 U_j 总是低于 U_{2max}。当增长的次级电压 U_2 达到 U_j 时，火花塞电极间隙被击穿而形成电火花，次级电流 i_2 迅速增加，次级电压 U_2 急剧下降，如图4-3c所示。在火花塞电极间隙被击穿以后，储存在 C_1、C_2 中的电场能得以释放。这部分由电容储存的能量维持的放电过程，称为“电容放电”，其特点是放电时间极短，放电电流很大。因此电容放电只消耗了磁场能的一部分。火花塞间隙被击穿以后，火花塞电极间的“电阻”减小，铁心中剩余的磁场能得以沿着电离了的火花塞间隙缓慢放电，形成“电感放电”，又称“火花尾”。其特点是放电时间较长，放电电流较小，放电电压较低。实验证明，电感放电的持续时间越长，点火性能越好。

当发动机完成一个工作循环，点火系按点火顺序各缸轮流点火一次。

第三节 传统点火系统的构造

一、点火线圈

点火线圈是将电源的低压电转变为点火所需的高压电的基本元件。常用的点火线圈分为开磁路式和闭磁路式两种。

1. 开磁路式点火线圈

开磁路式点火线圈的基本结构如图 4-4 所示。它主要由铁心、导磁钢套、绕组、胶木盖、瓷杯、外壳等组成。点火线圈的上端装有胶木盖，其中央突出部分为高压接线柱，其他的接线柱为低压接线柱。根据低压接线柱的数目不同，点火线圈有两接线柱式和三接线柱式之分。

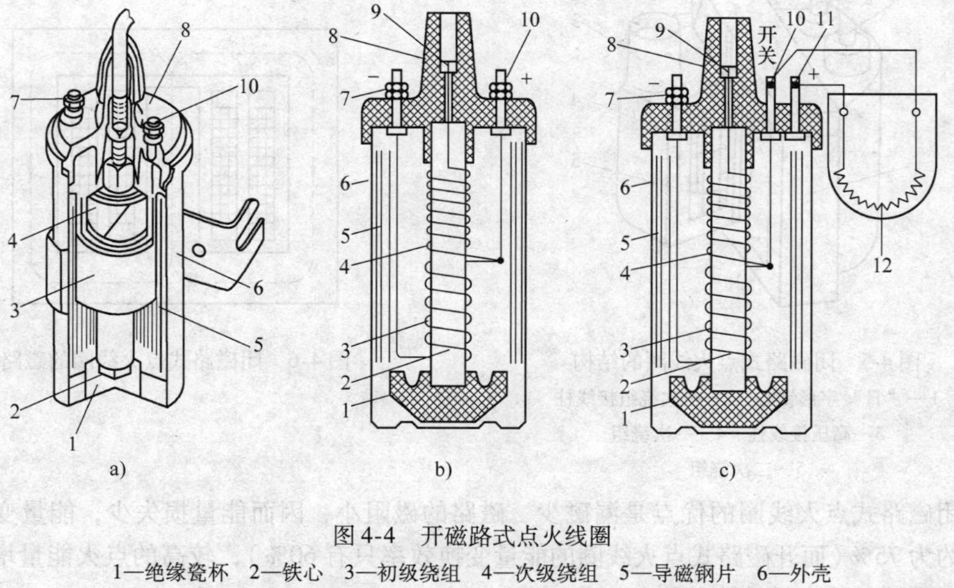

图 4-4 开磁路式点火线圈

1—绝缘瓷杯 2—铁心 3—初级绕组 4—次级绕组 5—导磁钢片 6—外壳 7—“－”端子 8—胶木盖 9—高压插孔 10—“开关”端子 11—“电源”端子 12—附加电阻

为了减少涡流和磁滞损失，铁心 2 由硅钢片叠成，包在硬纸板套内。套上绕有次级绕组 4，它用直径为 0.5 ~ 0.10mm 的漆包线，绕 11000 ~ 26000 匝。绕组绕好后在真空中浸以石蜡和松香的混合物，以增强绝缘。绕组和外壳之间，装有导磁用的钢片，用来加强磁通，当一次电流流过一次绕组时，使铁心磁化。由于磁路上、下部分都是从空气中通过的，铁心未构成闭合磁路，所以称它为开磁路式点火线圈。外壳的底部有瓷杯 1，以防高压电击穿二次绕组的绝缘向铁心和外壳放电。为加强绝缘和防止潮气侵入，在外壳内填满沥青或变压器油。

点火线圈的附加电阻又称为热变电阻，由镍铬合金丝制成。目前汽车上使用的附加电阻有电阻线式和电阻盒式两种。电阻线式附加电阻将合金丝做成导线，安放在汽车线束中；电阻盒式附加电阻将合金丝绕制成螺旋形，安放在陶瓷盒内，再将陶瓷盒固定在点火线圈或其他适当部位。

热变电阻的显著特点是：温度升高时，阻值迅速增大；温度降低时，阻值迅速减小。点火系统充分利用了这一特点来自动调节初级电流、改善点火系统的工作性能。点火线圈附加电阻的作用是：

1）发动机转速低时，防止点火线圈过热。

2）发动机转速高时，防止发动机断火。

3）起动发动机时，改善发动机的起动性能。

2. 闭磁路式点火线圈

闭磁路式点火线圈的结构如图 4-5 所示。与传统的开磁路点火线圈相比，其铁心不是条形的，而是带有气隙的“日”字形状，在“日”字形铁心内绕有一次绕组，在一次绕组外面绕有二次绕组。闭磁路式点火线圈的磁路如图 4-6 所示。由图可见，磁力线由铁心构成闭合磁路(为了减少磁滞现象,常设有一个很微小的间隙)，因而漏磁少，能量损失小。

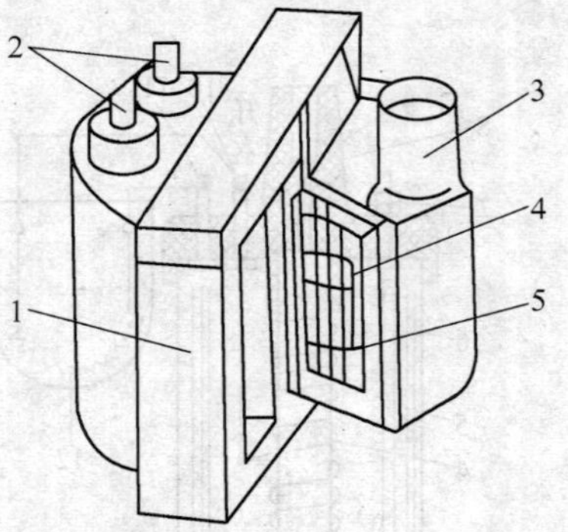

图 4-5　闭磁路式点火线圈的结构

1—“日”字形铁心　2—一次绕组接线柱

3—高压接线柱　4—一次绕组

5—二次绕组

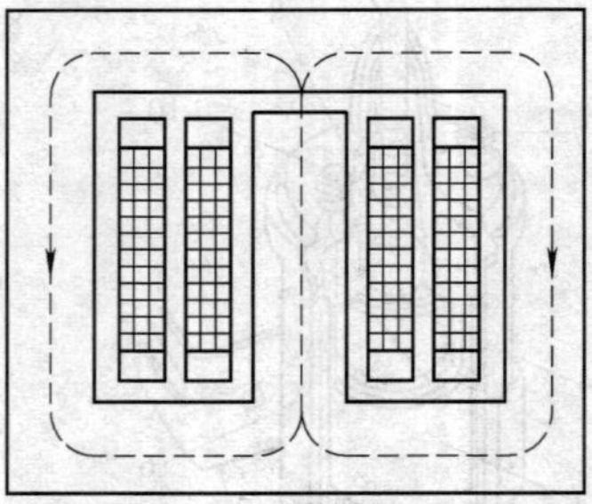

图 4-6　闭磁路式点火线圈的磁路

闭磁路式点火线圈的优点是漏磁少、磁路的磁阻小，因而能量损失少，能量变换效率高，约为 75%（而开磁路式点火线圈的能量变换效率只有 60%），较高的点火能量增强了点火的可靠性，缺点是结构稍复杂。

二、分电器

分电器型式很多，但其结构大同小异，都是由断电器、配电器、电容器和点火提前机构等组成。图 4-7 所示为东风 EQ1090 型载货汽车用 FD632 型分电器的结构。

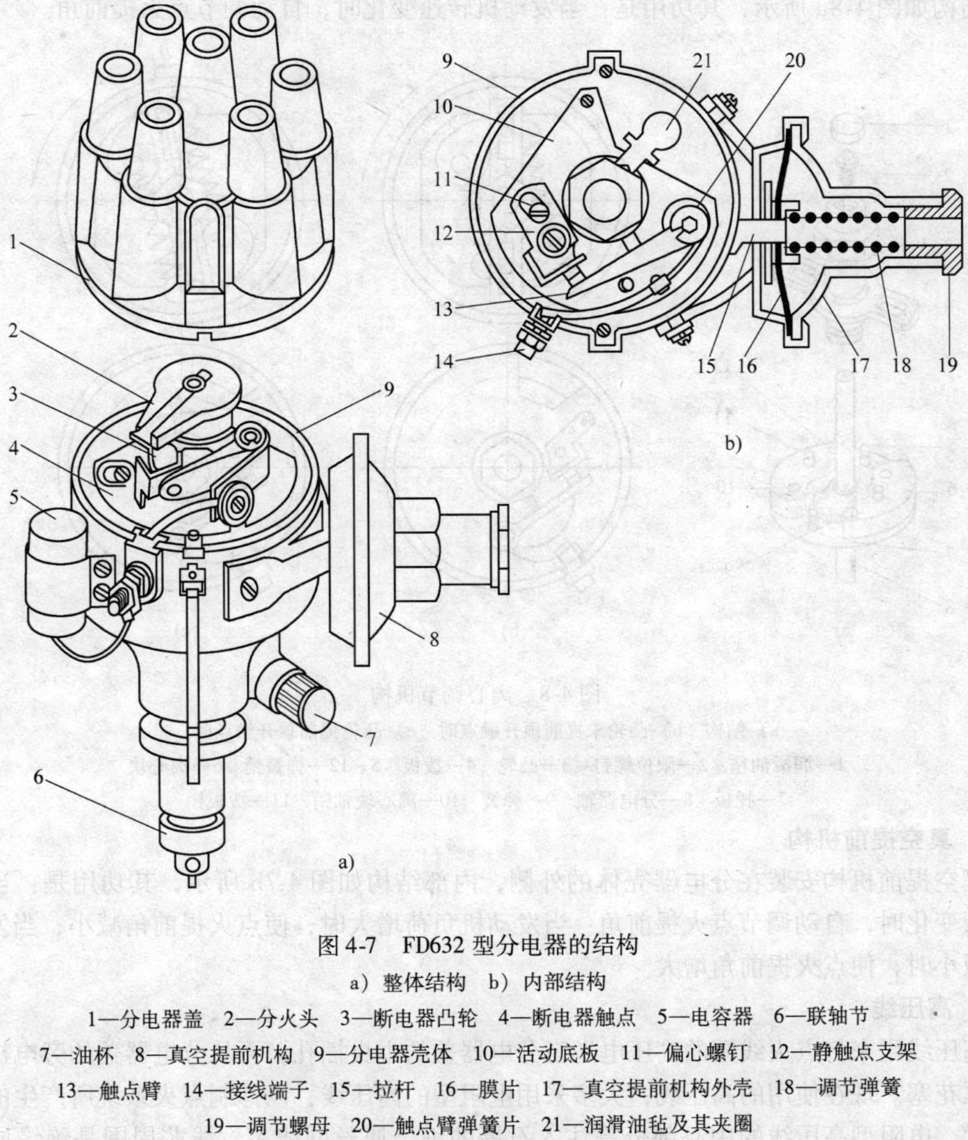

图 4-7 FD632 型分电器的结构

a）整体结构 b）内部结构

1—分电器盖 2—分火头 3—断电器凸轮 4—断电器触点 5—电容器 6—联轴节 7—油杯 8—真空提前机构 9—分电器壳体 10—活动底板 11—偏心螺钉 12—静触点支架 13—触点臂 14—接线端子 15—拉杆 16—膜片 17—真空提前机构外壳 18—调节弹簧 19—调节螺母 20—触点臂弹簧片 21—润滑油毡及其夹圈

分电器壳体一般由铸铁或生铝铸造而成。分电器壳体下部与分电器轴之间压装有青铜衬套。分电器轴安装在机油泵驱动轴的顶端，由配气凸轮轴(顶置气门发动机为中间驱动轴)通过斜齿轮驱动旋转。配气凸轮轴(或中间驱动轴)与分电器轴之间的传动比为1∶1。分电器轴在其壳体的衬套内旋转，并利用油杯中的润滑脂进行润滑。

1. 断电器

断电器的作用是接通与切断低压电路。断电器由凸轮和触点总成组成。

2. 电容器

电容器有两个作用，一是在触点断开时，减小触点火花，延长触点的使用寿命；二是在触点断开时，使初级电流迅速切断，提高电路和磁通的变化率，从而提高次级电压。

3. 离心调节机构

离心调节机构安装在断电器固定底板下面，主要由凸轮、拨板、离心块、弹簧和托板组成，结构如图 4-8a 所示，其功用是：当发动机转速变化时，自动调节点火提前角。

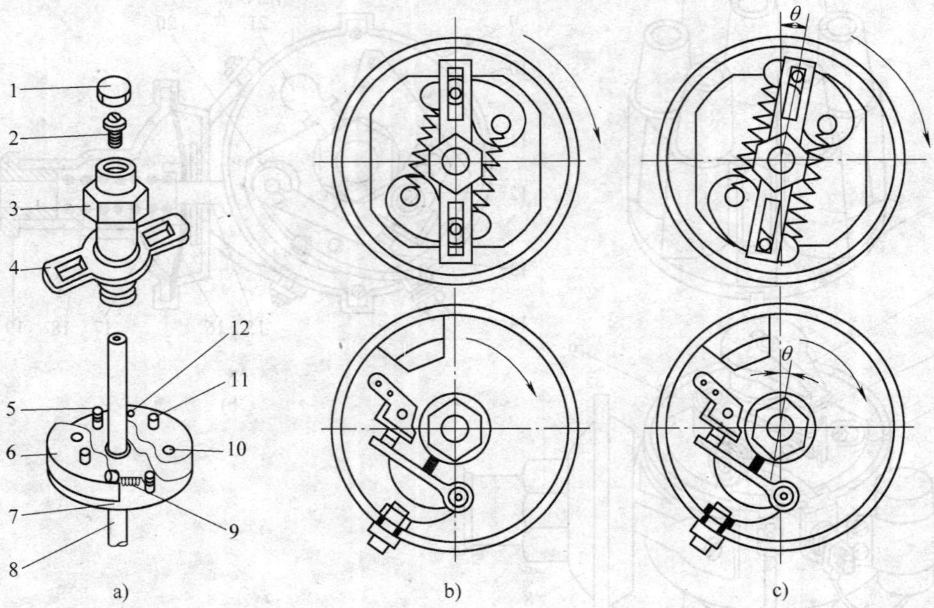

图 4-8　离心调节机构

a）结构　b）凸轮未提前顶开触点时　c）凸轮提前顶开触点时

1—润滑油毡　2—限位螺钉　3—凸轮　4—拨板　5、12—弹簧销　6—离心块
7—托板　8—分电器轴　9—弹簧　10—离心块轴销　11—拨板销

4. 真空提前机构

真空提前机构安装在分电器壳体的外侧，内部结构如图 4-7b 所示，其功用是：当发动机负荷变化时，自动调节点火提前角：当发动机负荷增大时，使点火提前角减小；当发动机负荷减小时，使点火提前角增大。

5. 高压线

高压线用来将点火线圈的高压电送至分电器盖的中央插孔，再从分电器盖的旁电极插孔传至火花塞。现在使用的高压线，大多采用电阻型的高压线，以抑制点火系统所产生的无线电干扰。电阻型高压线的中心部分是注入石墨的细金属丝网线芯，线芯周围是绝缘层及外皮，参考图 4-1。

三、火花塞

火花塞的功能是将点火线圈次级产生的高压电，在火花塞电极间形成电火花，点燃气缸内被压缩的混合气。

1. 火花塞的结构

火花塞的结构如图 4-9 所示。在钢制壳体的内部固定有高氧化铝陶瓷绝缘体，使中心电极与侧电极之间保持足够的绝缘强度。绝缘体内的上部装有导电金属杆，通过接线螺母与高压导线相连，下部装有中心电极。导电金属杆与中心电极之间用导电玻璃密封。中心电极用镍锰合金制成，具有良好的耐高温、耐腐蚀和导电性能。壳体下部的螺纹与气缸盖螺纹端面结合处配有密封垫圈，保证壳体与缸盖之间密封良好。

2. 火花塞的热特性

火花塞纯铜垫圈以下绝缘体锥形部分称为绝缘体的裙部。火花塞的热特性主要取决于绝缘体裙部的长度。

发动机在运转时，必须使火花塞散出的热量与火花塞从燃烧室中吸收的热量相平衡，这样才能保证发动机在正常转速和输出功率范围内运转稳定。

1）火花塞的热值。同一种火花塞，在一种发动机上使用时，火花塞工作温度可能很高，而在另一种发动机上使用时，火花塞的工作温度可能会很低。

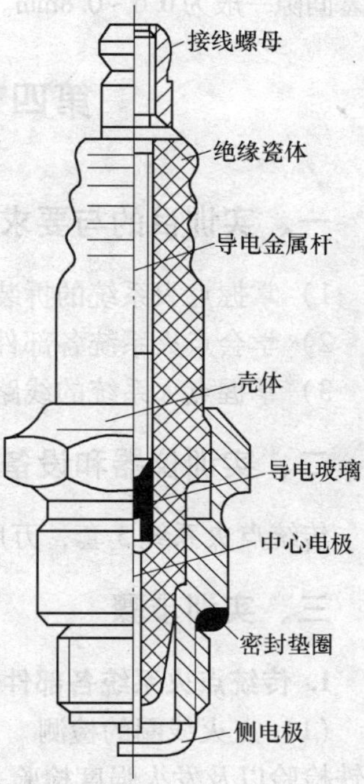

图 4-9 火花塞的结构

火花塞温度过高，在混合气进入燃烧室时会被灼热的火花塞点燃，形成炽热点火。火花塞的温度过低，火花塞绝缘体会很快地被燃烧产生的沉积物所污染，使绝缘体裙体表面的绝缘电阻降低，减弱了点火火花的能量，严重时会出现缺火现象。实践证明，当火花塞绝缘体裙部的温度保持在500～600℃时，落在绝缘体上的油滴能立即烧去，不形成积炭，这个温度称为火花塞的自洁温度。因而，同一种火花塞不可能适用于各种类型的发动机。为了保证火花塞在工作时的温度不会太“热”或太“冷”，要使用热特性不同的火花塞。火花塞的热特性通常用“热值”来表示。火花塞的热值是衡量火花塞热负荷能力的指标，它必须和发动机的性能相匹配。

火花塞的热值一般可分为高热值、中热值和低热值三种。低热值的火花塞，绝缘体裙部长，吸收热量的面积大，散热能力差；中热值的火花塞，绝缘体暴露的面积比高热值的暴露面积小，吸收的热量少，散热性能较好；高热值的火花塞，绝缘体裙部暴露的面积最小，吸收的热量少，热的传导路径短，散热性能好。

2）火花塞热值的选择。发动机的压缩比、冷却方法、转速和负荷等参数不同，发动机气缸中的热状况也不同。低压缩比、低转速的发动机采用裙部长、吸收热量多、传热路径长、散热慢的火花塞。这种裙部长的火花塞称为“热型”低热值火花塞。高压缩比、高转速的发动机，为了避免火花塞温度过热，采用裙部短、受热面积小、传热路径短、散热容易的火花塞。这种火花塞称为“冷型”高热值火花塞。热值选择正确的火花塞经过一段时间使用后，裙部表面应是清洁的，呈浅橘黄色。

3）热值的标注方法。国产火花塞热值的标注是在火花塞型号的第四部分表示。例如：T4197J：T 表示火花塞的绝缘体是突出形，4 表示火花塞的螺纹直径是 14，19 表示螺纹旋合长度是 19，7 表示热值为 7 的冷型火花塞，J 表示是钢壳六角形。“热型”火花塞的热值低，“冷型”火花塞的热值高，介于两者之间的为中热值。表 4-1 为火花塞的热特性参数。

表 4-1 火花塞的热特性参数

热值代号	3	4	5	6	7	8	9
裙部长度/mm	15.5	13.5	11.5	9.5	7.5	5.5	3.5
热特性	热型——		——中型——			——冷型	

4）火花塞的间隙。火花塞间隙的大小，也会影响发动机的性能。蓄电池点火系统使用的火

花塞间隙一般为0.6~0.8mm。在高能无触点点火系统中，火花塞的间隙一般为1.0~1.2mm。

第四节　实训：点火系统各部件检测

一、实训目的与要求

1）掌握点火系统的拆装方法和认识各部件的结构。

2）学会点火系统各部件的检测方法。

3）掌握点火系统的线路连接。

二、实训仪器和设备

传统点火系统5套，万用表5块，拆装工具5套。

三、实训步骤

1. 传统点火系统各部件的检测

（1）点火线圈的检测　点火线圈的检测主要包括外部检验，初次级绕组断路、短路、搭铁检验以及发火强度检验。

1）外部检验。检查点火线圈的外表，若绝缘盖破裂或外壳碰裂，因容易受潮而失去点火能力，应予以更换。

2）初次级绕组断路、短路、搭铁检验。用万用表测量点火线圈的初级绕组、次级绕组以及附加电阻的电阻值，应符合技术标准，否则说明有故障，应予以更换。

① 检查初级绕组电阻：用万用表电阻挡测量“+”与“-”端子间的电阻，如图4-10所示。

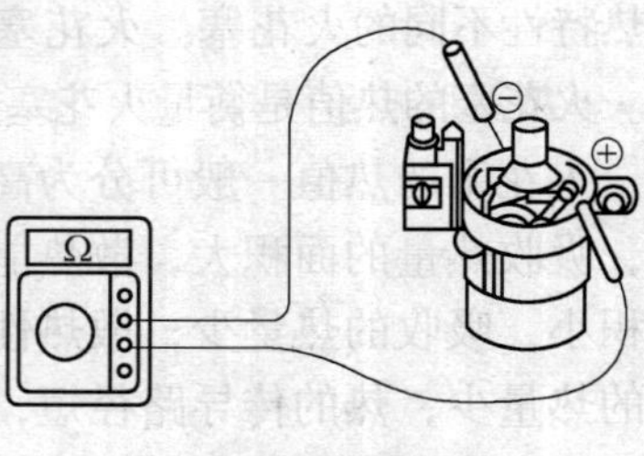

图4-10　初级绕组的检查

② 检查次级绕组电阻：用万用表电阻挡测量“+”与中央高压端子间的电阻，如图4-11所示。

③ 检查附加电阻的电阻：用万用表直接接于电阻器的两端子上，如图4-12所示。

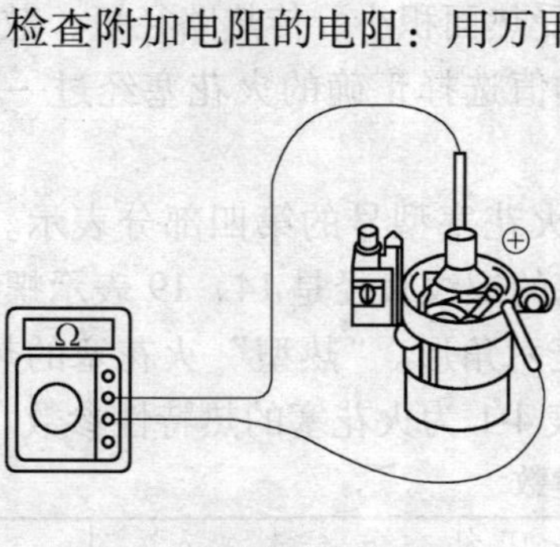

图4-11　次级绕组的检查

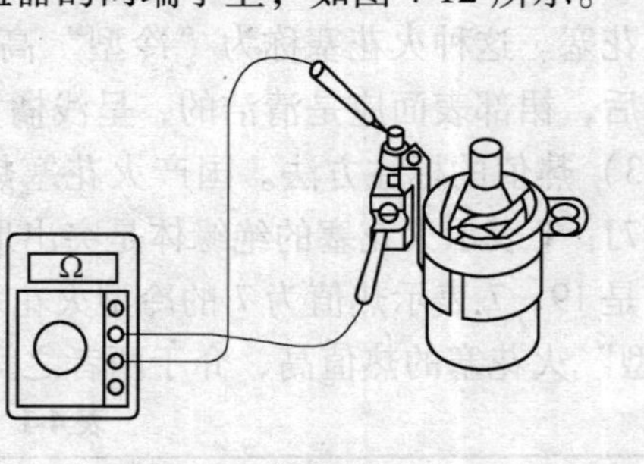

图4-12　电阻器的检查

（2）断电器触点间隙的检测　当断电器凸轮顶开触点最大间隙时，用塞尺测量其间隙应为0.35~0.45mm。

2. 传统点火系统各端子电压的检测

如图4-13所示，用万用表的直流电压挡测量出在断电器的触点闭合和断开两种状态下

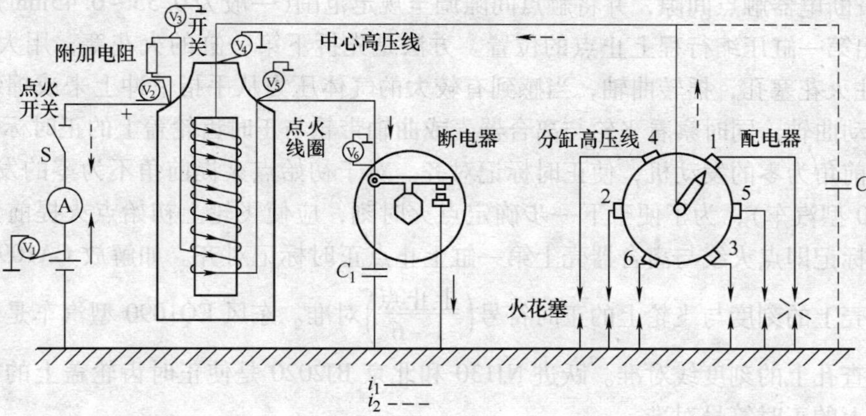

图 4-13　传统点火系统的检测

各端子间的电压值，并将检测结果填入表 4-2 中。通过此项检测，可在一定程度上判断传统点火系统初级电路的故障情况。

表 4-2　传统点火系统各端子检测数据

端子电压 / 触点开闭	U_1	U_2	U_3	U_4	U_5	U_6
触点闭合						
触点断开						

第五节　实训：点火正时的检查与调整

一、实训目的与要求

1）掌握点火正时的检查判断方法。

2）掌握点火正时的调整方法。

二、实训仪器和设备

实训用轿车（发动机试验台）5 台，点火正时枪，常用工具若干套。

三、实训步骤

1. 点火正时的调整

（1）静态调整　为了保证发动机气缸中的混合气在正确的时间被点燃，在往发动机上安装分电器总成和更换燃油品种时，要靠人工调整起始的点火提前角，这一工作通常被称为“点火正时”。点火正时就是点火系统的高压电火花准时点着发动机气缸内的混合气。调整点火正时是在将分电器安装到发动机上时，通过调整和校正点火时机，使点火系统的高压电火花能准时点着气缸内的混合气。

点火正时均以第一缸为基准。一般操作步骤如下：

1）检查断电器触点间隙，并将触点间隙调至规定范围(一般为0.35～0.45mm)。

2）找出第一缸压缩行程上止点的位置。方法是先拆下第一缸的火花塞，用大拇指(或棉纱团)堵住火花塞孔，摇转曲轴，当感到有较大的气体压力从手指下冲上来或棉纱团被冲出时缓慢转动曲轴，同时察看飞轮与离合器壳或曲轴带轮与正时齿轮盖上的正时标记，对于初始点火提前角为零的发动机，使正时标记对齐。对于初始点火提前角不为零的发动机(如东风EQ1090型汽车)，为了便于下一步确定点火时刻，应使飞轮上初始点火提前角相对应的点火正时标记即点火线与离合器壳上第一缸上止点正时标记对齐。如解放CA1091型汽车是使飞轮罩壳上的刻度与飞轮上的正时符号$\left(\frac{\text{上止点}}{1-6}\right)$对准。东风EQ1090型汽车是使飞轮上的钢球与检查孔上的刻度线对准。跃进NJ130和北京BJ2020是使正时齿轮盖上的指针与曲轴前端带轮上的正时符号对准。

3）确定断电器触点刚打开时的位置。旋松分电器壳体夹板固定螺钉(东风EQ1090型汽车则为松开压板的紧固螺栓)，拔出中央高压线，使其端头离开缸体3～4mm。接通点火开关，然后将分电器壳体顺正常旋转方向转动，使触点闭合。再反向转动壳体至中央高压线端头与缸体之间跳火，也即触点是处于刚打开位置。

4）按点火顺序接好高压线。第一缸的高压线应插在正对分火头的旁电极的插座内，然后顺着分火头的旋转方向，按点火次序接好通往其他各缸火花塞的高压线。一般六缸发动机的点火次序为1→5→3→6→2→4，四缸发动机的点火次序为1→2→4→3(如北京BJ2020,且为逆时针旋转)或1→3→4→2。红旗轿车V型八缸发动机的点火次序为1→8→4→3→6→5→7→2(气缸次序是自车前向后,左面为1、3、5、7,右面为2、4、6、8)，但也有不同，应以制造厂的说明为准。

5）起动发动机，检查点火正时。起动发动机，使冷却液温度上升到70～80℃，在发动机怠速旋转时突然加速。如转速不能随节气门的打开而立即增高，感到“发闷”，或在排气管中有突突声，则为点火过迟；如发动机内出现金属敲击声，则为点火过早。点火过早时，应顺着分电器轴旋转方向转动壳体；过迟时，则反向转动分电器壳体。

6）汽车在行驶中进行检查。将发动机走热至70～80℃，在平坦的道路上以直接挡行驶，突然将加速踏板踩到底，如在车速急增时能听到微弱的敲击声，且很快消失，表示点火时间正确；如听到有明显的金属敲击声，说明点火过早；如加速时感到发闷，且无敲击声，说明点火过迟，应停车，转动分电器壳体进行调整，经反复试验，直到合适为止。

（2）动态调整　发动机运转过程中旋松分电器固定螺钉，点火过早时，顺着分电器轴旋转方向转动分电器壳体；点火过迟时，则反向转动分电器壳体。

2. 点火正时的检查

起动发动机，使冷却液温度上升到70～80℃，急加速，如转速不能迅速增高，感觉发闷，或在排气管中有突突声，说明点火过迟；如果出现严重的金属敲击声，说明点火过早；如果有轻微的敲击声且很快消失，说明点火正时。

第六节　电子点火系统的组成及工作原理

1. 传统点火系统的缺陷

（1）触点易烧蚀　传统式点火系统中，其初级电流是由触点接通和切断的，当触点打开瞬间，触点间易形成火花，将触点烧蚀。

（2）火花能量的提高受到限制　由于初级电流受触点允许电流强度的限制(一般不大于5A)，因此火花能量的提高就受到了限制。

（3）高速时次级电压降低　发动机高速时，由于触点闭合时间缩短，初级电流不能达到较大的数值，因此次级电压随转速的升高而显著下降，不能保证高转速、高压缩比、多缸发动机的可靠点火。

（4）对火花塞积炭和污染敏感　传统式点火系统中次级电压上升速率低(一般120μs)，故对火花塞的积炭和污染很敏感，当火花塞稍有积炭时，次级电压就会显著下降，甚至断火。

2. 电子点火系统的优点

与传统点火系统相比，电子点火系统具有以下优点：

1）消除触点所带来的缺点。如触点烧蚀、触点间隙的变化对点火正时的影响。

2）次级电压高且稳定，火花能量大，对火花塞积炭不敏感，故障少，寿命长，对无线电干扰小。

3）可实现初级电流导通角控制、点火提前角控制、爆燃限制等功能。能适应高转速、高压缩比以及满足燃用稀混合气的现代新型发动机的发展需要。

4）提高了发动机的动力性、经济性和冷起动性，降低了排气污染。

3. 电子点火系统的基本组成和类型

电子点火系统又称为半导体点火系统或晶体管点火系统，它主要由点火电子组件、分电器及位于分电器内的点火信号发生器、点火线圈、火花塞等组成。点火电子组件也称电子点火器(简称点火器)，它是由半导体元器件(如晶体管、晶闸管等)组成的电子开关电路，其主要作用是根据点火信号发生器产生的点火脉冲信号，接通和断开点火线圈初级电路，起着传统点火系统中断电器触点同样的作用。

4. 电子点火系统的基本电路和工作原理

电子点火系统将传统点火系统的触点改成了可以起到相同开关作用的晶体管。利用触发信号使晶体管接通或切断，产生初级电流的变化而产生点火的高压。

传统的蓄电池点火系统中，在初级电路中起开关作用的是触点，起点火信号作用的是凸轮，当凸轮顶起触点时，相当于发出点火信号，触点断开切断初级电路，次级电路产生高压。而电子点火电路中，用信号发生器取代凸轮，晶体管取代断电器触点。晶体管的导通相当于触点的闭合，截止相当于触点的断开。当发动机工作时，信号发生器不断的发出正负或高低的点火电压信号，正或高电压信号可使晶体管导通，负或低电压信号可使晶体管截止。晶体管导通时，接通初级电路，产生初级电流；晶体管截止时，切断初级电路，次级电路产生高压。

由于信号发生器所发出的信号电压往往较低，波形也不规则，一般不能直接控制晶体管的导通与截止，因此在实际的点火电路中往往还有信号放大电路、信号整形电路及直流放大器，将信号发生器发出的点火信号放大，整理成标准方波，通过直流放大器将信号进一步放大，再用来控制晶体管的导通与截止。通常将信号放大电路、信号整形电路、直流放大器及大功率晶体管等单独做成一个整体，称为点火模块(或点火器)，如图4-14所示。在点火系统工作时，点火信号发生器产生点火电压信号，将信号送入点火模块，在点火模块中，点火的电压信号经过信号放大、整形、直流放大，控制大功率晶体管的导通与截止，接通与切断初级电路，完成点火功能。

由于晶体管处于开关特性下工作时，具有通过电流大、翻转速度快、翻转过程无机械中断、不会产生电火花等特点，同时现代的点火系统还可以在点火模块中添加有关电路，实现闭合角控制、点火提前角控制、爆燃控制等，使点火性能更加完善。

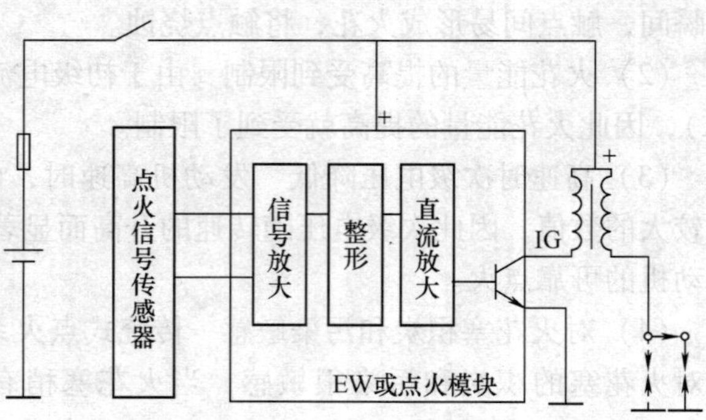

图 4-14 点火模块及点火电路

5. 电子点火系统的类型

（1）按储能方式分

1）电感储能式电子点火系统。储能元件为点火线圈，在初级绕组通电时，将产生点火的能量以磁场能的形式储存在点火线圈中；当初级绕组断电时，在次级绕组感应出高压电。

2）电容储能式电子点火系统。储能元件为电容器，它是将产生点火的能量以电场能的形式存储在专门的储能电容器中，在点火时，储能电容器向点火线圈的初级绕组放电，使次级绕组感应出高压电。

（2）按发展进程分

1）有触点电子点火系统，又称半导体辅助点火系统。目前已被淘汰。

2）无触点电子点火系统。用点火信号传感器取代了传统点火系统中的断电器触点，保留了离心、真空点火提前装置及配电器，增加了一个电子点火模块。该点火系统按信号传感器触发方式的不同，又分为磁感应式（磁脉冲式）、霍尔效应式、光电式、电磁振荡式和磁敏电阻式五种。

3）无机械提前式电子点火系统，又称有分电器式微机控制点火系统。在无触点电子点火系统的基础上，保留了配电器，取消了分电器的离心和真空点火提前装置，增加了由传感器电子控制单元（ECU）、执行器所组成的微机控制点火系统。

4）无分电器式电子点火系统。在无机械提前式电子点火系统的基础上，取消了配电器，直接用数个点火线圈或二极管分配高压电控制火花塞跳火。

第七节 磁感应式电子点火装置

磁感应式电子点火装置也称磁脉冲式电子点火装置，其点火信号发生器是采用电磁感应的原理制成的，故因此而得名。

下面以丰田 20R 型发动机用磁感应式电子点火装置为例介绍，它的基本组成和工作原理如图 4-15 所示，由磁感应式点火信号发生器 1、点火电子组件 2、分电器 3、专用点火线圈 5 以及火花塞 4 等组成。

1. 磁感应式点火信号发生器的工作原理

点火信号发生器装在分电器内，它由分电器轴带动的信号转子 1、永久磁铁 4、铁心 3 和绕在铁心上的传感线圈 2 组成，如图 4-16 所示。信号转子上的凸齿与发动机气缸数相同。其工作原理如下：

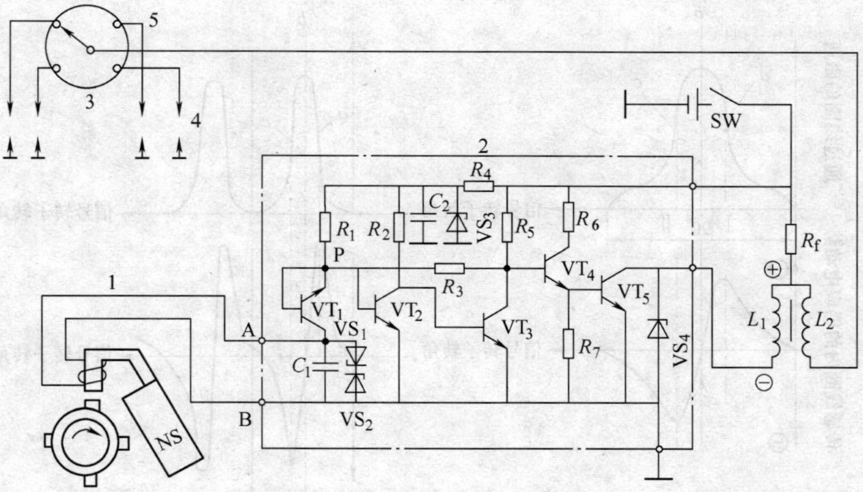

图 4-15　丰田 20R 型发动机用磁感应式电子点火装置电路

1—磁感应式点火信号发生器　2—点火电子组件　3—分电器　4—火花塞　5—点火线圈

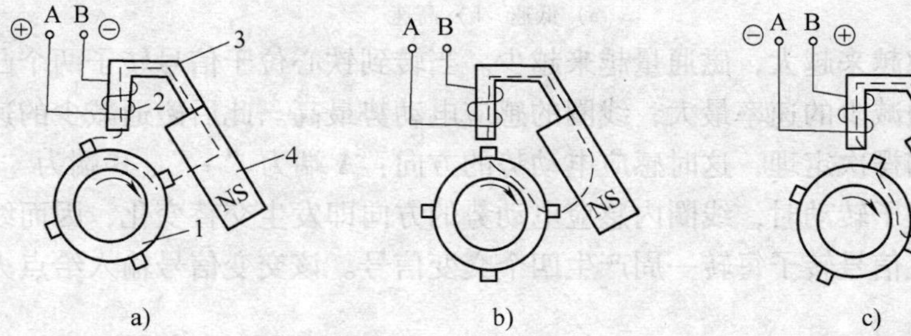

图 4-16　磁感应式点火信号发生器的工作原理

a）靠近　b）对正　c）离开

1—信号转子　2—传感线圈　3—铁心　4—永久磁铁

永久磁铁的磁通从 N 极经信号转子→铁心→S 极。点火开关闭合后，当发动机未转动时，信号转子不动，无信号输出。但当发动机在起动机驱动下转动时，信号转子便由分电器轴带动旋转，这时信号转子的凸齿与铁心间的空气隙将发生变化，使通过传感线圈的磁通量发生变化，因而在传感线圈内便产生交变电动势。

在图 4-16a 所示的位置时，由于信号转子的凸齿逐渐向铁心靠近，凸齿与铁心间的空气隙越来越小，通过传感线圈的磁通逐渐增多，于是在线圈内便产生一感应电动势（其方向是阻碍磁通的增加，大小与磁通的变化速率成正比）。当信号转子转到铁心位于信号转子两个凸齿之间的某一位置 I 时，磁通变化速率最大，其感应电动势最高（见图 4-17）。过该点后，磁通量变化速率降低，感应电动势下降，根据楞次定理可知，这时感应电动势的方向：A 端为“+”、B 端为“−”。

在图 4-16b 所示的位置时，转子凸齿和铁心中心线正好在一条直线上，这时凸齿与铁心间的空气隙最小，通过线圈的磁通量最大，但磁通的变化量为零，因而传感线圈中的感应电动势也为零（见图 4-17）。

当转子从图 4-16b 所示的位置转向 4-16c 所示的位置时，转子凸齿逐渐离开铁心，凸齿

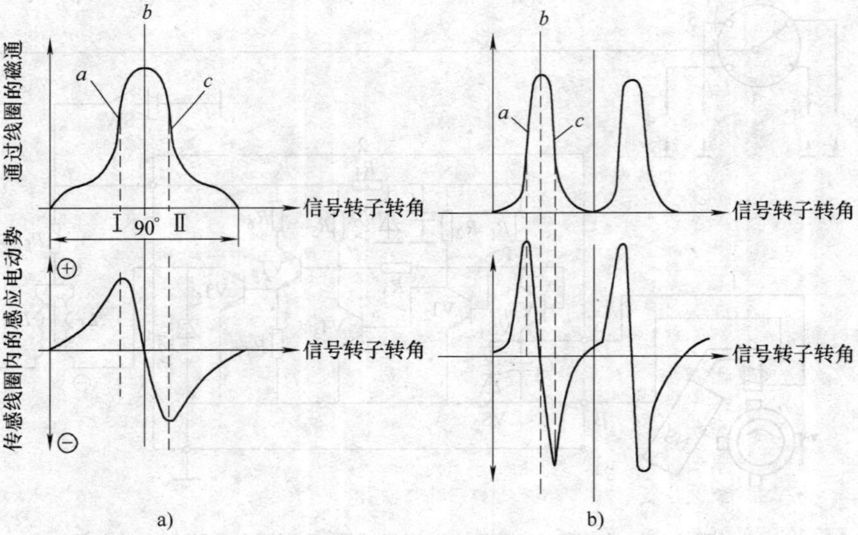

图 4-17 不同转速时传感线圈内磁通及感应电动势的变化情况

a）低速 b）高速

与铁心间的空气隙越来越大，磁通量越来越少。当转到铁心位于信号转子两个凸齿之间的某一位置Ⅱ时，磁通减少的速率最大，线圈的感应电动势最高。此后磁通减少的速度慢，感应电动势下降，根据楞次定理，这时感应电动势的方向：A 端为“－”、B 端为“＋”。

可见在信号转子转动时，线圈内感应电动势的方向即发生交替变化，因而线圈两端输出的是交变信号，且信号转子每转一周产生四个交变信号。该交变信号输入给点火电子组件即可控制点火系统。

不同转速时，传感线圈内磁通的变化以及传感线圈内感应电动势的变化情况如图 4-17 所示。

2. 点火电子组件的工作原理

点火器通常都是组装在一个小盒内，其基本电路如图 4-15 所示。它由点火信号检出电路（晶体管 VT_2）、开关放大电路（晶体管 VT_3、VT_4）和大功率晶体管 VT_5 等三部分组成。

VT_1 主要起温度补偿作用，其发射极与基极相接，故相当于一个二极管。由于它是 NPN 型晶体管，所以只有当 P 点电位高于 A 点的电位时才导通。

VT_3、VT_4 的作用是将 VT_2 的输出放大，以驱动功率管 VT_5，其工作原理如下：

VT_2 为触发管，当它导通时，其集电极的电位降低，使 VT_3 截止。VT_3 截止时，蓄电池通过 R_5 向 VT_4 提供偏流，使 VT_4 导通。VT_4 导通时 R_7 上的电压降又加在 VT_5 的发射结上，使 VT_5 导通，这样电流便从蓄电池正极经点火开关→附加电阻 R_f→点火线圈初级绕组 L_1→VT_5→搭铁，回到蓄电池负极。此时初级绕组有电流通过。

当 VT_2 截止时，蓄电池通过 R_2 向 VT_3 提供偏流，使 VT_3 导通。VT_3 导通则 VT_4 截止，VT_5 也截止，于是点火线圈的初级电流被切断，次级绕组产生高压，火花塞跳火。可见 VT_3 和 VT_4 组成的开关放大电路的作用是放大 VT_2 检出的点火信号，借以控制 VT_5 的导通与截止。当 VT_2 导通时 VT_5 也导通，初级电路接通；当 VT_2 截止时，VT_5 也截止，初级电路被切断。

VT_2 的导通与截止则由点火信号发生器所输出的交变信号电压来控制。点火信号发生器

输出电压与 VT_2、VT_5 的输出信号之间的关系如图 4-18 所示。

当点火信号发生器的输出电压与 U_P 叠加后，高于 VT_2 的开启电压 U_{BE} 时，则 VT_2 导通，VT_5 也随之导通，点火线圈初级绕组中有电流流过；反之，当点火信号发生器输出电压与 U_P 叠加后低于 VT_2 的开启电压 U_{BE} 时，则 VT_2 截止，VT_5 也随之截止，初级绕组中的电流被切断，点火线圈次级绕组产生高压，再由分电器分配至各缸火花塞进行点火。

稳压管 VS_1 和 VS_2 反向串联，并与点火信号发生器的传感线圈并联，其作用是“削平”高速时传感线圈产生的大信号波峰，保护 VT_1 和 VT_2 不受损害。

稳压管 VS_3 的作用是稳定 VT_1 和 VT_2 的电源电压，稳压管 VS_4 的作用是保护 VT_5。

C_1 的作用是消除点火信号发生器传感线圈输出电压波形上的毛刺，防止误点火。C_2 的作用是使电源电压更平滑，同样是为了防止误点火。

电阻 R_3 是正反馈电阻，可加速 VT_2（VT_5）翻转。

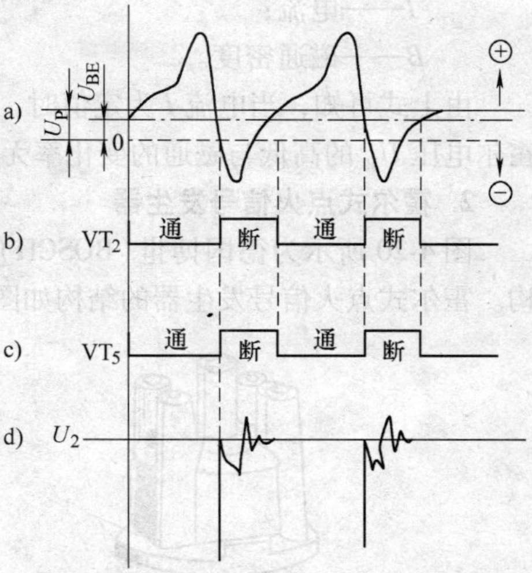

图 4-18 点火信号发生器输出电压与 VT_2、VT_5 输出信号的关系

a）点火信号发生器输出电压 b）VT_2 输出信号 c）VT_5 输出信号 d）次级电压

U_P—P 点直流电位

U_{BE}—V_2 的开启电压 0—接地电位

第八节 霍尔式电子点火装置

霍尔式电子点火装置的点火信号发生器是以霍尔效应的原理制成的。我国生产的奥迪 100、桑塔纳等轿车的点火系统以及 CA488 型车用汽油发动机的点火系统均采用这种类型的无触点电子点火装置。

一、霍尔效应及霍尔式点火信号发生器

1. 霍尔效应

霍尔效应是由美国科学家霍尔（Edward H · Hall）在 1879 年发现的，其原理如图 4-19 所示。

当电流 I 通过放在磁场中的半导体基片（即霍尔元件）且电流方向与磁场的方向垂直时，在垂直于电流与磁通的半导体基片的横向侧面上即产生一个与电流和磁通密度成正比的电压，称霍尔电压 U_H。

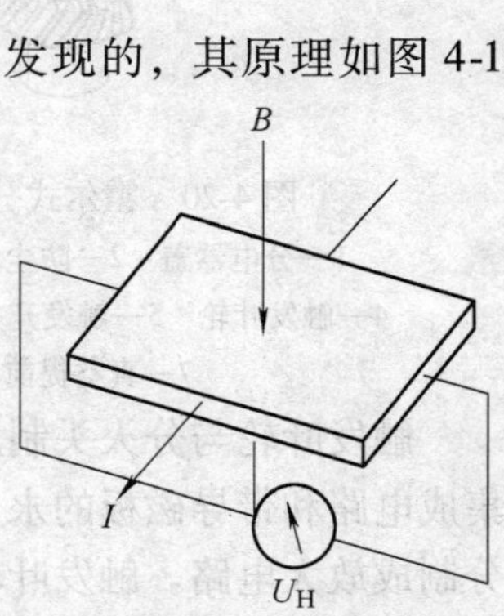

图 4-19 霍尔效应原理

霍尔电压 U_H 可用下式表示：

$$U_H = \frac{R_H}{d} IB$$

式中 R_H——霍尔系数；

d——半导体基片厚度；

I——电流；

B——磁通密度。

由上式可知，当电流 I 为定值时，霍尔电压随磁通密度 B 大小而变化；同时也可看出，霍尔电压 U_H 的高低与磁通的变化率无关。

2. 霍尔式点火信号发生器

图 4-20 所示为德国博世（BOSCH）公司生产的装有霍尔式点火信号发生器的分电器结构。霍尔式点火信号发生器的结构如图 4-21 所示，它由触发叶轮和信号触发开关组成。

图 4-20 霍尔式分电器结构

1—分电器盖 2—防尘罩 3—分火头 4—触发叶轮 5—触发开关 6 分电器壳体 7—真空提前机构

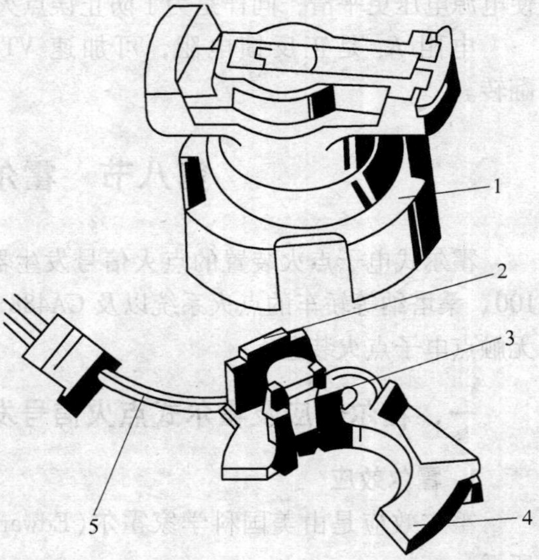

图 4-21 霍尔式点火信号发生器的结构

1—与分火头制成一体的触发叶轮 2—霍尔集成电路 3—带导磁板的永久磁铁 4—触发开关 5—专用插座

触发叶轮与分火头制成一体由分电器轴带动，其叶片数与气缸数相等。触发开关由霍尔集成电路和带导磁板的永久磁铁组成。霍尔集成电路的外层为霍尔元件，同一基板的其他部分制成放大电路。触发叶轮的叶片则在霍尔集成电路和永久磁铁之间转动。

霍尔式点火信号发生器的工作原理如图 4-22 所示。当触发叶轮转动时，每当叶片进入

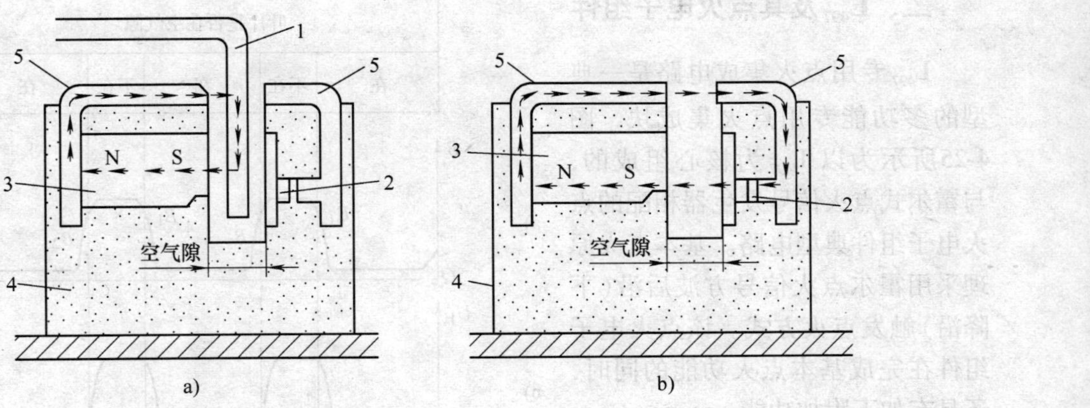

图 4-22　霍尔式点火信号发生器的工作原理

a）触发叶轮的叶片进入空气隙　b）触发叶轮的叶片离开空气隙

1—触发叶轮的叶片　2—霍尔集成电路　3—永久磁铁　4—触发开关板　5—导磁板

永久磁铁与霍尔元件之间的空气隙时，磁场便被触发叶轮的叶片旁路(见图 4-22a)而不能作用于霍尔元件上，因此，霍尔元件不产生霍尔电压。当触发叶轮的叶片离开永久磁铁与霍尔元件之间的空气隙时，永久磁铁的磁通便通过导磁板作用于霍尔元件上，此时，霍尔元件便产生霍尔电压 U_H。

由于霍尔元件产生的霍尔电压较弱(仅为 mV 级)，因此，需要对其进行放大并转换为矩形脉冲(方波)信号后方能作为点火电子组件的点火控制信号。这一任务便由霍尔信号发生器内的霍尔集成电路来完成。霍尔集成电路的工作原理如图 4-23 所示，当触发叶轮的叶片在永久磁铁与霍尔元件之间的空气隙中时，霍尔电压 U_H 为零，霍尔集成电路内的输出级晶体管处于截止状态，因此，点火信号发生器输出高电压(接近于电源电压)；而当触发叶轮的叶片离开空气隙时，霍尔元件产生霍尔电压 U_H，则霍尔集成电路输出级晶体管导通，信号发生器输出低电压(约 0.3～0.4V)。

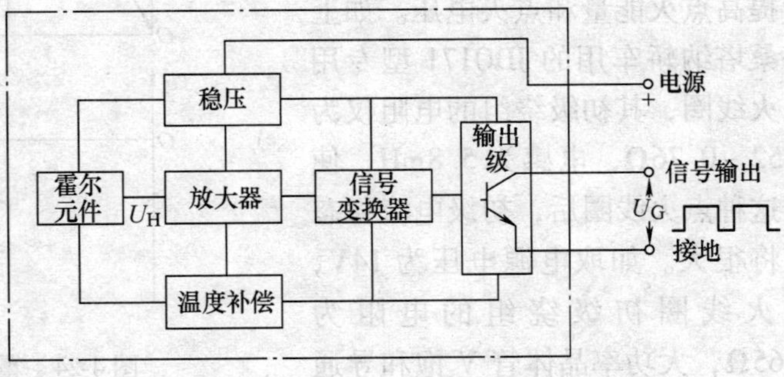

图 4-23　霍尔集成电路工作原理

霍尔信号发生器工作时，通过霍尔元件的磁通密度 B、霍尔电压 U_H 以及霍尔信号发生器输出信号电压 U_G 等随时间(或分电器轴转角)变化的波形如图 4-24 所示。霍尔式点火信号发生器输出的点火信号 U_G 中，在一个点火周期内，高低电压的时间比由触发叶轮的叶片分配角所决定。如上海桑塔纳轿车的霍尔式分电器中，高低电压的时间比为 7∶3。

我国生产的上海桑塔纳、奥迪 100、高尔夫、捷达等轿车均采用了以 L_{497} 为核心组成的点火电子组件。

二、L_{497}及其点火电子组件

L_{497}专用点火集成电路是一典型的多功能专用点火集成块，图4-25所示为以L_{497}为核心组成的，与霍尔式点火信号发生器相配的点火电子组件典型电路。基本点火原理采用霍尔点火信号方波后沿（下降沿）触发点火方式。该点火电子组件在完成基本点火功能的同时，还具有如下附加功能：

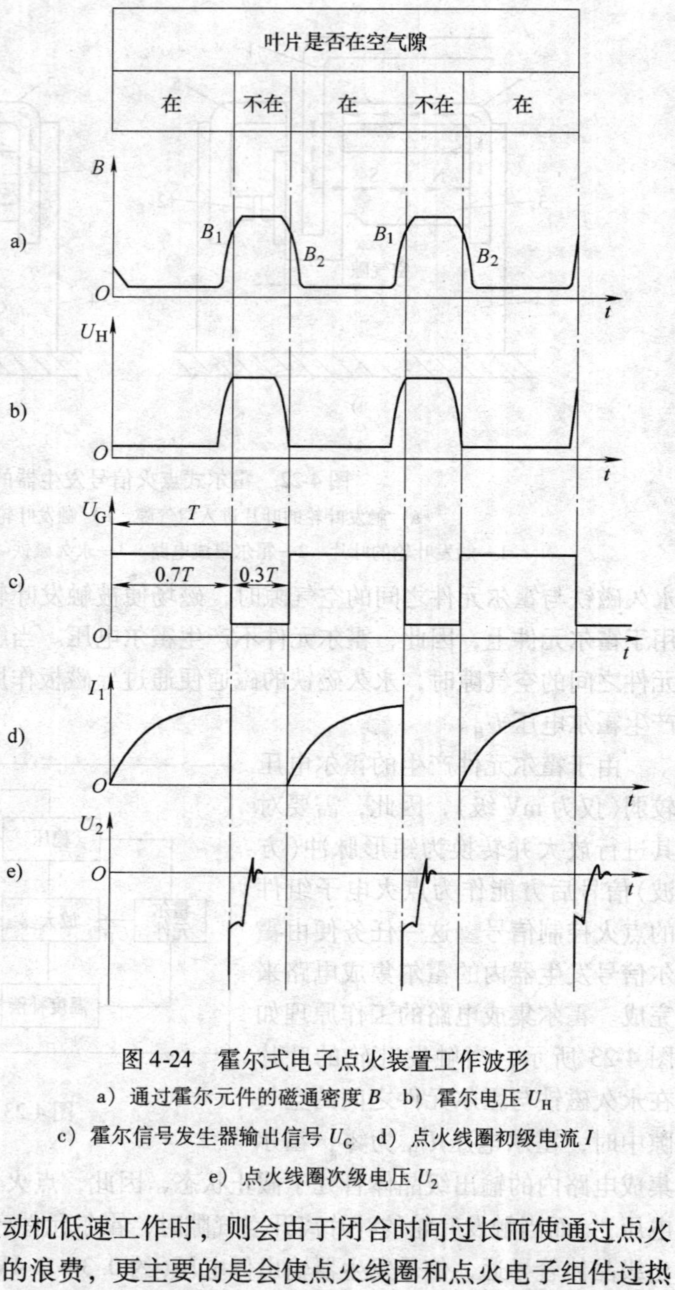

图4-24　霍尔式电子点火装置工作波形

a）通过霍尔元件的磁通密度B　b）霍尔电压U_H

c）霍尔信号发生器输出信号U_G　d）点火线圈初级电流I

e）点火线圈次级电压U_2

1. 点火线圈限流保护功能

为了适应现代发动机在高转速、高压缩比以及稀混合气下的可靠点火，电子点火系统一般均配用初级绕组为低电阻、低电感及高匝比的专用高能点火线圈，以增大初级电流的上升率及断电电流I_p，从而提高点火能量和点火电压。如上海桑塔纳轿车用的JDQ171型专用点火线圈，其初级绕组的电阻仅为0.52～0.76Ω，电感为5.8mH，使用这种点火线圈后，初级电流稳态值将很大。如取电源电压为14V，点火线圈初级绕组的电阻为0.65Ω，大功率晶体管V饱和导通时的电压降取1.5V，则初级电流的稳态值将达19.35A。因此，使用这种高能点火线圈后，虽能保证高速时有足够大的断电电流，但在发动机低速工作时，则会由于闭合时间过长而使通过点火线圈的电流过大，这样不仅造成电能的浪费，更主要的是会使点火线圈和点火电子组件过热而损坏。该点火电子组件中的点火线圈限流保护电路在点火装置工作时，将初级电流I_1限制在某一值并保持恒定不变，这样既保证了点火能量和点火电压在各工况下基本不变，又可避免点火线圈和点火电子组件在低速时过热损坏的现象发生。

具有限流功能的初级电流波形如图4-26b所示，图中t_1为初级电流升至限流值的时间，t_2为限流时间。

2. 闭合角控制功能

图4-27所示为发动机在不同转速下具有限流功能和闭合角控制功能时，点火线圈初级电流的波形。

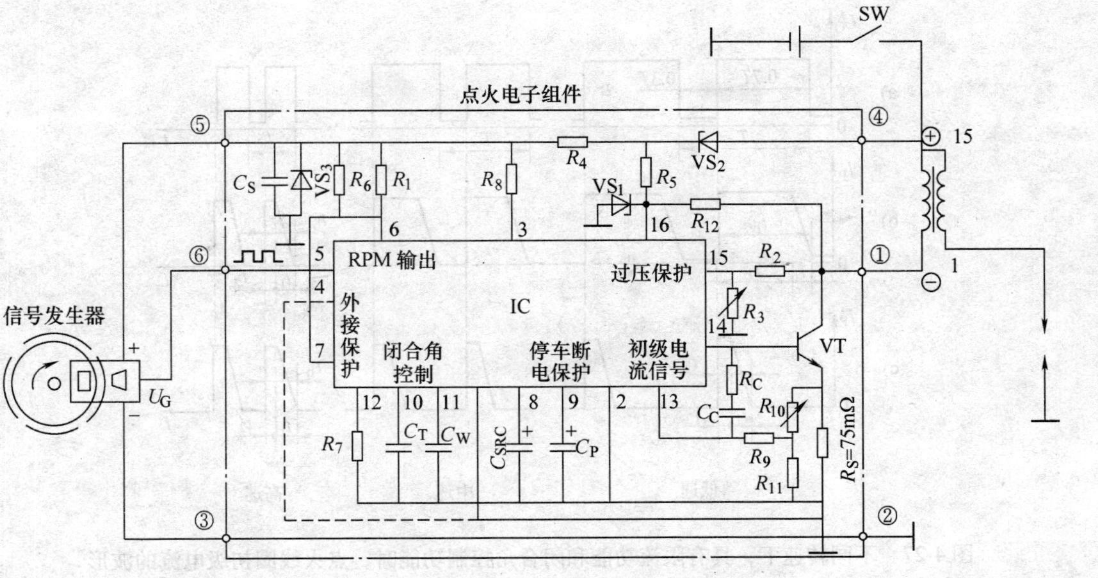

图 4-25　以 L_{497} 为核心组成的点火电子组件电路

3. 电流上升率控制电路

该电路由 L_{497} 部分电路与 8 脚电容 C_{SRC}、偏置电阻 R_7 组成，可调整点火线圈电流由零上升到限流值时的电流上升率。如检测到点火线圈中电流值小于额定值的 94% 时，控制电路在输入信号向低电压转换前便加大电流的上升率。

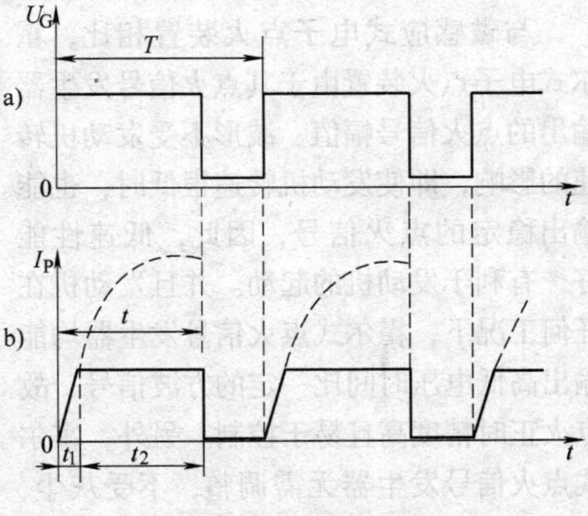

图 4-26　具有限流功能的初级电流波形

a）霍尔式点火信号发生器输出信号　b）初级电流

4. 停车慢断电保护电路

在汽车停驶、发动机停止工作的情况下，驾驶员如忘记关点火开关，而霍尔点火信号发生器也正好输出高电压，将会使点火线圈初级绕组处于长期通电状态，易造成点火线圈和点火电子组件过热损坏，并消耗大量的电能。为避免上述情况的发生，在点火电子组件内设置了停车慢断电保护电路，它能在发动机停转后自动缓慢地使达林顿晶体管 VT 在一定时间内变为截止状态，以切断点火线圈初级电路的电流。停车慢断电保护电路工作时的波形如图 4-28 所示。

5. 过电压保护功能

过电压保护电路由 L_{497} 的 15 脚与外围电路的 R_2、R_3 组成。保护电压，根据末级大功率晶体管的耐压指标，适当调整 R_2、R_3，可调节大功率晶体管的集电极工作时的承受电压，以保护大功率晶体管长期可靠地工作。

6. 其他保护电路

L_{497} 集成电路 16 脚所接的稳压管 VS_1 用于保护末级大功率晶体管的驱动输入端，3 脚内部的稳压管用于保护霍尔点火信号发生器电源及集成电路的工作电压；R_4 为稳压管 VS_2 的限流电阻；外围元件 VS_3 与 C_s 组成反向负脉冲保护电路。可防止电源接反或反向负脉冲使点火电子组件损坏。

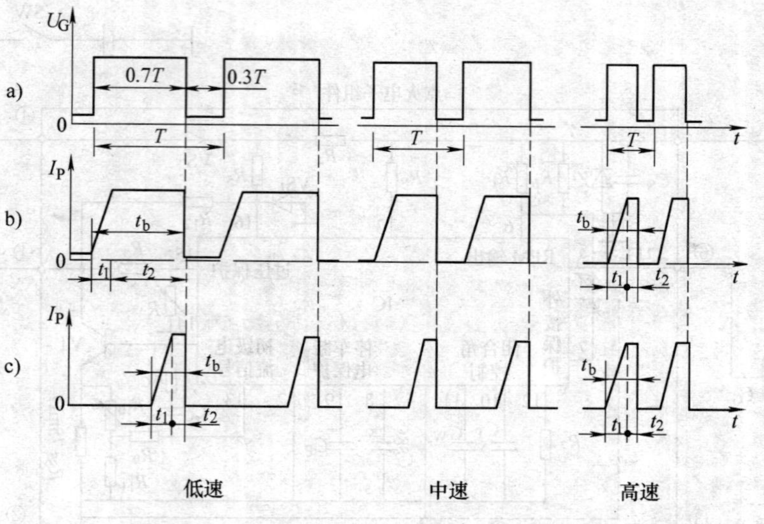

图 4-27　不同转速下，具有限流功能和闭合角控制功能时，点火线圈初级电流的波形

a）霍尔点火信号发生器输出电压波形　b）只有限流功能时的初级电流波形

c）同时具有限流功能和闭合角控制功能时的初级电流波形

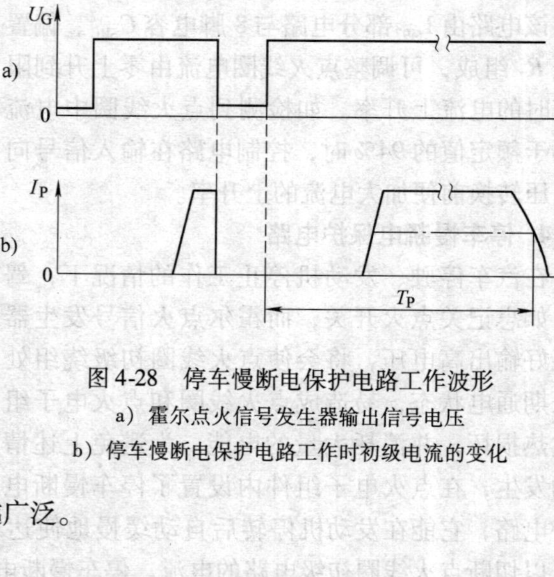

图 4-28　停车慢断电保护电路工作波形

a）霍尔点火信号发生器输出信号电压

b）停车慢断电保护电路工作时初级电流的变化

与磁感应式电子点火装置相比，霍尔式电子点火装置由于其点火信号发生器输出的点火信号幅值、波形不受发动机转速的影响，即使发动机转速很低时，也能输出稳定的点火信号，因此，低速性能好，有利于发动机的起动。并且发动机在任何工况下，霍尔式点火信号发生器均能输出高低电压时间比一定的方波信号，故点火正时精度高且易于控制。另外，霍尔式点火信号发生器无需调整，不受灰尘、油污的影响，使得霍尔式电子点火装置的工作性能更加可靠、耐久、寿命长。因此，霍尔式电子点火装置的应用将会越来越广泛。

第九节　实训：点火提前角的测试

一、实训目的和要求

1）了解点火提前角测试的方法。

2）掌握点火正时枪的使用及点火正时的判断方法。

二、实训仪器和设备

实训轿车，试灯，万用表，常用工具，点火正时枪，缸压传感器。

三、实训步骤

1. 点火提前角基本理论

发动机内可燃混合气的燃烧是需要一定时间的。从火花塞开始点火，到可燃气烧完，需要 2 ~ 3ms。为了使活塞到达上止点时，混合气已经充分燃烧，以便发出最大功率，显然应使活塞到达上止点之前点火。

点火正时指正确的点火时间，一般用点火提前角表示。点火提前角对发动机的动力性、经济性和排放性能有很大影响，因此应重视对发动机点火提前角的检测。

最佳点火提前角并非定值，而是应随转速、负荷和汽油辛烷值的改变而变化。在传统点火系统中，点火提前角随转速的变化是通过分电器中的离心提前机构控制的；随负荷的变化由真空提前机构调节的；而随汽油辛烷值的变化则是在静态条件下通过调整分电器壳与分电器轴的相对位置而实现的。

2. 点火正时枪的结构及检测原理

凭经验可以对发动机的点火正时进行粗略检查并校正，但点火提前角的精确检测必须借助于仪器。常用的检测方法有频闪法和缸压法，下面仅对频闪法予以介绍。

用频闪法检测点火提前角使用的点火正时仪又称为正时枪，如图 4-29 所示。

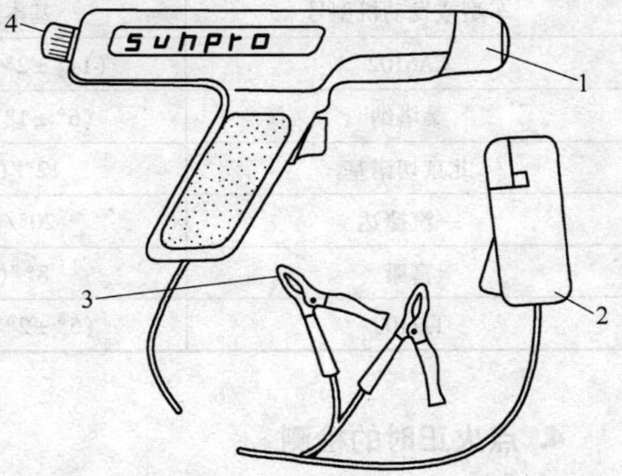

图 4-29　点火正时枪

1—闪光灯　2—点火脉冲传感器　3—电源夹　4—电位计旋钮

点火正时仪由闪光灯、传感器、整形装置、延时触发装置和显示装置构成，其基本工作原理建立在频闪原理的基础上。即：如果在精确的确定时刻，用一束短暂（约 1/5000s）的且频率与旋转零件转动频率相同的光脉冲，照射相对转动的零件，由于人们视力的生理惯性，似乎觉得零件是不转动的。

点火正时仪工作原理：在发动机飞轮或曲轴带轮上，一般都刻有正时标记，在与之相邻的固定机壳上也刻有标记。曲轴旋转至活动标记与固定标记对齐时，第一缸活塞刚好到达上止点。如果用第一缸的点火信号触发闪光灯，并使之发出短暂光脉冲，当用闪光灯照射刻有活动定时标记的飞轮或曲轴带轮时，若发动机转速稳定，则活动标记与闪光灯闪光在光学上是相对静止的，活动标记似乎不动。当闪光灯在第一缸点火信号发生的同时闪光时，一缸活塞尚未到达上止点，活动标记与固定标记尚未对齐，此时两标记之间所对应的发动机曲轴转角即为点火提前角，如图 4-30 所示。

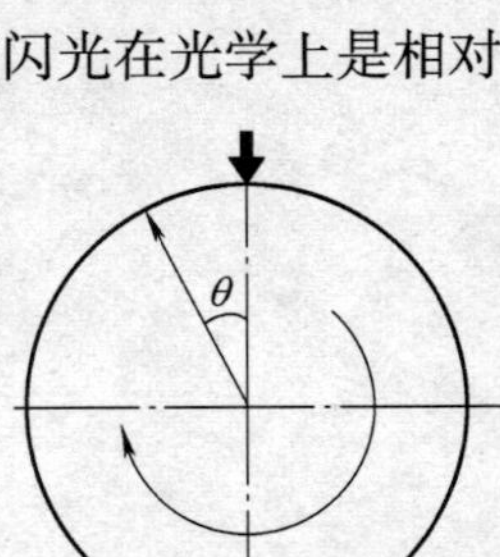

图 4-30　飞轮及壳上的标记和点火提前角

3. 点火正时的检测方法

检测时，先接上正时枪，再把点火脉冲传感器串接在第一缸火花塞与高压线间或卡在第一缸高压线上（感应式传感器），擦拭飞轮或曲轴带轮使之清晰显露出正时标记。使发动机在怠速工况下运转，打开正时枪并使之对准正时标记，调整电位计旋钮，使活动标记与固定标记对齐，此时所显示的读数即为怠速工况下的点火提前角。用同样的方法可测出不同工况下的点火提前角。

发动机怠速运转时，离心式和真空式点火提前装置未起作用或起作用很小，此时测得的点火提前角为初始提前角。测出的各工况下的点火提前角若符合规定，说明初始点火提前角调整正确，同时说明离心式和真空式点火提前装置工作正常。也可对各种工况下的离心提前角和真空提前角进行测试。拆下分电器真空提前装置的真空软管，用在真空提前装置不起作用时各种转速下的点火提前角减去初始点火提前角，即可得到在各种转速下的离心提前角；在连接真空提前装置真空软管的情况下，用在同样转速下测得的点火提前角减去离心提前角和初始提前角，则可得到真空提前角。

对于计算机控制的电子点火系统，其点火提前角的检测应按制造厂规定的标准点火正时的步骤进行。检测时，一般应先把发动机罩下的点火正时检验接线柱搭铁，使计算机控制点火提前不起作用。首先检测基本提前角(即发动机自动控制点火提前装置不起作用时的点火提前角)，检测完后再把搭铁导线拆除。具体检测方法和步骤应查阅说明书。表 4-3 为常见车型发动机的基本点火提前角。

表 4-3　点火提前角及标记位置

车型或发动机型号	基本点火提前角	上止点标记位置
CA6102	(14° ±2°) /(1200r/min)	—
桑塔纳	(6° ±1°) /(850r/min)	左侧飞轮窗口
北京切诺基	12°/(1600r/min)	曲轴带轮左侧
一汽捷达	20°/(850r/min)	—
富康	8°/(750r/min)	—
TJ7100	(5° ±2°) /(800r/min)	左侧飞轮窗口

4. 点火正时的检测

将班级同学分为 5 组，分别利用点火正时枪在汽车发动机试验台上对发动机在不同转速和负荷下的点火提前角进行检测并记录检测结果。分析发动机转速和负荷的大小对于点火提前角的影响。

第五章　汽车照明与信号系统

第一节　照明系统

为了保证汽车行驶的安全性，减少交通事故和机械事故的发生，汽车上都装有照明系统、信号系统、仪表及警告系统。我国交通法规规定，在车辆的使用过程中要求各装置应齐全、完好、功能有效。

一、照明系统组成和功用

汽车照明系统主要是用于夜间行车照明、车厢照明、仪表照明及检修照明。汽车照明系统主要由照明设备、电源和线路(包括控制开关)组成，其中主要照明设备有：

1. 前照灯

前照灯俗称大灯，安装于汽车头部的两侧，用于夜间或光线昏暗路面上汽车行驶时的照明。国家标准规定，机动车前照灯必须具备远光和近光两种照明方式，并可通过变光装置转换，当前照灯由远光变换为近光时，所有远光灯必须同时熄灭。

2. 雾灯

一般在有雾、下雪、暴雨或尘埃等恶劣条件下使用，用来改善道路的照明情况，安装在车头和车尾。装于车头的雾灯称为前雾灯，安装在车尾的雾灯称为后雾灯。由于黄色光的波长较长，穿透性好，所以雾灯一般使用黄色光源。

3. 仪表灯

仪表灯用于夜间行车时仪表的照明，安装在仪表板总成内，以便于驾驶员观察汽车和发动机的工作状况。

4. 顶灯

顶灯又称室内灯，安装于驾驶室和车厢顶部，作为内部照明之用，可用相应的开关控制。目前，很多汽车的室内灯也可用门控开关控制，当车门打开时，门控开关将顶灯的电路接通，使顶灯点亮；当关上车门时，门控开关将电路断开，顶灯熄灭。若进入汽车后仍需照明，可由相应开关控制。

5. 牌照灯

用于汽车夜间行驶时，牌照的照明，安装于汽车牌照的上方或两侧，其亮度应保证在25m以外能认清牌照号码。

在照明设备中，前照灯具有特殊的光学性质，而其他灯在此方面无特殊要求，因此下面重点讨论前照灯。

二、前照灯

1. 对前照灯的基本要求

由于汽车前照灯的照明效果对夜间行车安全影响很大，故世界各国多以法律的形式规定前照灯的照明标准，其基本要求主要有以下两个方面。

1）前照灯应能保证车前有明亮而又均匀的照明，使驾驶员能够看清车前100m内路面上的物体。现代高速汽车前照灯的照明距离应达到200~250m。

2）前照灯应具备防止眩目的功能，以避免夜间两车相会时，使对方驾驶员眩目而造成交通事故。

2. 前照灯的光学系统

前照灯的光学系统包括反射镜、配光镜和灯泡三部分。

（1）反射镜　反射镜又称反光镜，其作用是最大限度地将灯泡发出的光线聚合成强光束，以增加照射距离。反射镜一般是由冷轧钢板冲压成旋转抛物面状（见图5-1），内表面镀铬、铝或银，然后抛光，目前多采用真空镀铝。

一般前照灯发出的亮度有限，若无反射镜，只能照明车前数米的距离。当有了反射镜，如图5-2所示，将灯丝置于焦点F上，灯丝大部分光线向后射在立体角ω范围内，经反射成为平行光束射向远方，其距离可达150m或更远；而在立体角$4\pi-\omega$范围内的光线是直接向前散射的，其中散射向侧方和下方的光线，可照明车前5~10m的路段。

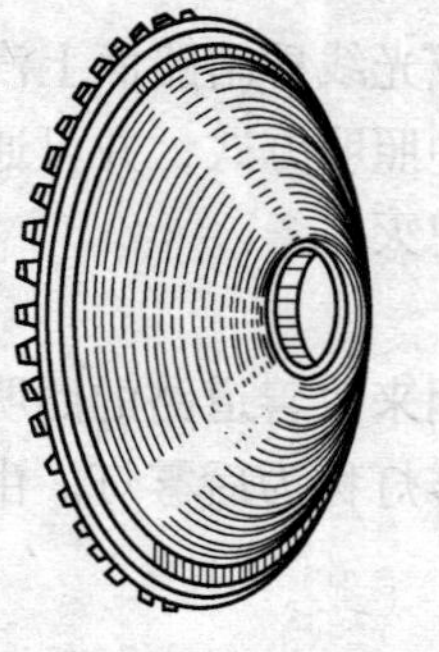

图5-1　半封闭前照灯反射镜

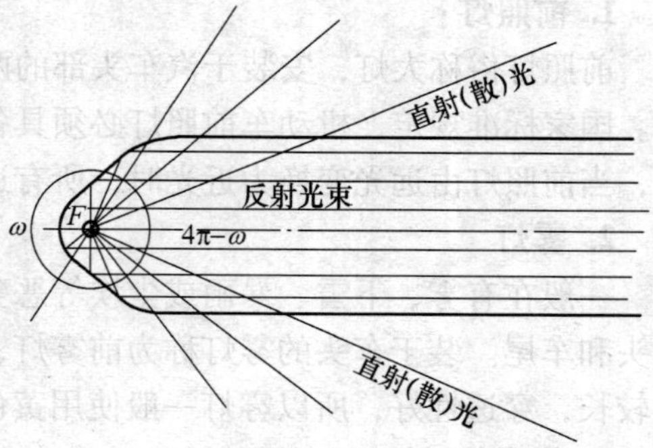

图5-2　反射镜反射光线

（2）配光镜　配光镜也称为散光玻璃，它是由透明玻璃压制而成的棱镜和透镜的组合体，装于反射镜之前，可将反射光束扩散分配，使路段的照明更加均匀，使用配光镜前、后的光束分布曲线如图5-3所示。

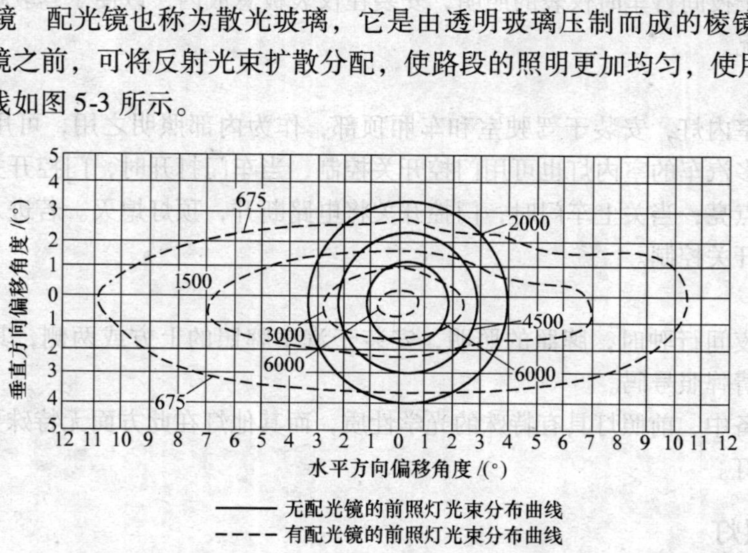

图5-3　前照灯的光束分布

有些国外汽车的配光镜上还设有调整凸块，以便调整前照灯光束分布曲线的形状。

(3) 灯泡　目前，汽车前照灯的灯泡主要有两种，即白炽灯泡和卤钨灯泡。无论哪种灯泡，其灯丝都是用钨丝制成的。由于钨丝在使用时蒸发损耗，使灯泡的使用寿命缩短，为延长其寿命，将玻璃泡中的空气抽出，然后充入其他气体。若充入玻璃泡中的气体为惰性气体，即为白炽灯泡(见图5-4a)；若充入的是卤族元素(碘、氯、氟、溴)即为卤钨灯泡。卤钨灯泡从外形上分 H_1、H_2、H_3、H_4 四种(见图5-4b)，其中 H_4 为双丝灯泡，广泛用于前照灯，H_1、H_2、H_3 灯泡为单丝灯泡，常用于辅助前照灯(如雾灯等)。

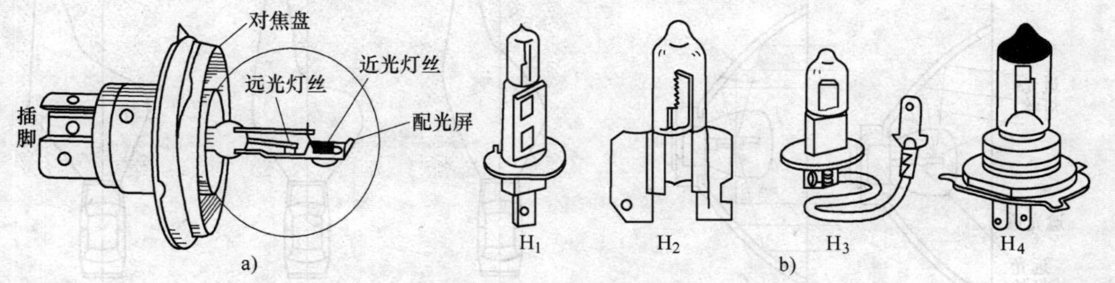

图5-4　前照灯灯泡

卤钨灯泡是利用卤钨再生循环反应原理制成的。卤钨再生循环反应原理指从灯丝上蒸发出来的气态钨，与卤素反应生成一种挥发性的卤化钨，它扩散到灯丝附近的高温区又受热分解，使钨重新回到钨丝上，被释放的卤素继续扩散参与下一次的循环反应，如此周而复始地循环下去，防止了钨的蒸发和钨灯泡的黑化现象。因此，卤钨灯泡与白炽灯泡相比较具有寿命长、亮度大的特点。

目前，现代汽车的前照灯可设计成各种式样，以符合汽车外观整体美观的要求，不同汽车前照灯的配光镜和反射镜也有很大的差异。但无论前照灯的样式如何，都应满足汽车行驶照明的要求。

3. 防眩目措施

夜间会车时，前照灯强烈的灯光可造成迎面驾驶员眩目，容易引发交通事故，所以必须采取有效的防眩目措施。

(1) 利用交通法规强制约束　我国交通法规规定，夜间会车时，须在距对面来车150m以外互闭远光灯，改用防眩目近光灯。

(2) 采用双丝灯泡　前照灯一般采用双丝灯泡，一组灯丝为远光灯丝，功率较大(55～100W)，位于反射镜的焦点位置，射出的光线远而亮；一组灯丝为近光灯丝(功率45～90W)，位于反射镜焦点的上方或前上方并稍向右偏斜，由于光线弱，且经反射后光线大部分向下倾斜，从而减少了对迎面来车驾驶员的眩目作用，如图5-5所示。前照灯近光的此种配光形式称为对称形配光。

(3) 加装配光屏　在近光灯丝下加装配光屏(遮光罩)，当接通近光灯时，配光屏能将近光灯丝下部分的光线完全遮住，消除了向上的反射光线；而接通远光灯丝时，

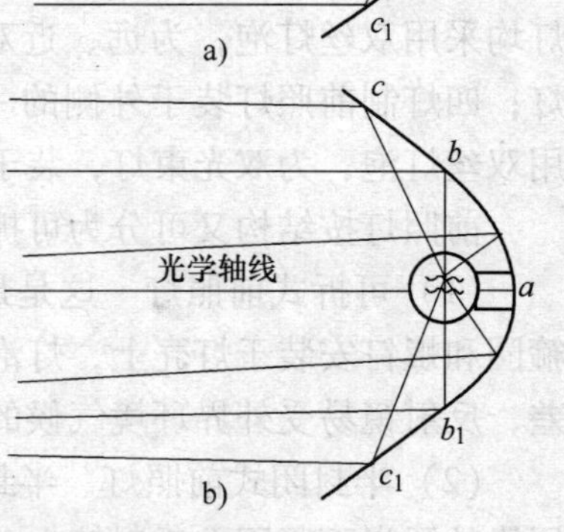

图5-5　双丝灯泡前照灯的工作情况
a) 远光平射　b) 近光倾向下方

配光屏不起作用，如图5-6所示。配光屏在安装时偏转一定的角度(15°)，使其近光的光形分布不对称，形成一条明显的明暗截止线，前照灯近光的此种配光形式称为E形非对称形配光(见图5-7)。由于此种前照灯防眩目效果好，目前灯泡绝大部分采用这种结构形式。

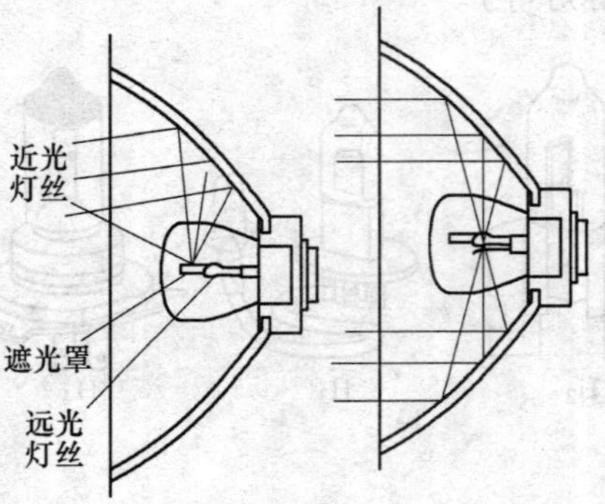

图5-6　装有配光屏的双丝灯泡工作情况

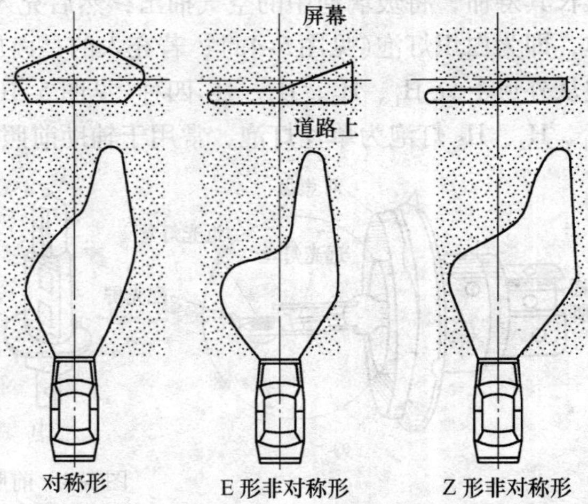

图5-7　前照灯配光光形

(4) 采用Z形配光光形　近年来，国外又发展了一种更优良的光形，其近光光形如图5-7所示，明暗截止线呈Z字形，故称为Z形配光。此种光形能使对面来车驾驶员和非机动车人员都不眩目，提高了夜间行车的安全性。

为确保正确的配光光形，必须保证灯泡安装的正确位置，为此将灯泡的插头做成插片式(见图5-8)，用插头凸缘上的半圆形开口与灯头上的半圆形凸起配合定位。另外，为保证可靠连接，三个插片呈不均匀分布。

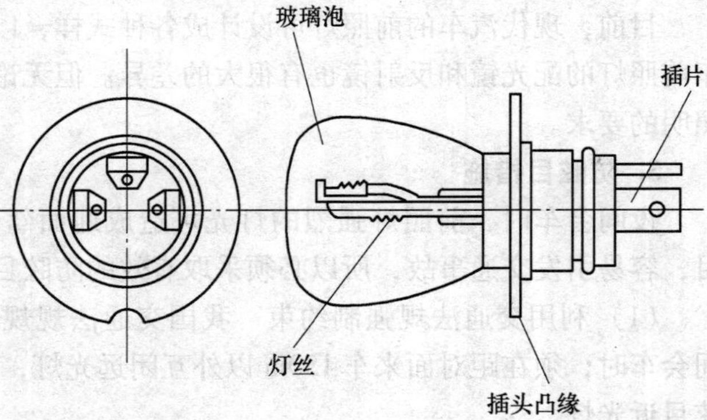

图5-8　三插片式双丝灯泡

4. 前照灯的分类

根据前照灯安装车灯数目不同，可分为两灯制和四灯制。两灯制前照灯均采用双丝灯泡，为远、近双光束灯；四灯制前照灯装于外侧的一对使用双丝灯泡，为双光束灯，装于内侧的一对为远光单光束灯。

前照灯按结构又可分为可拆式前照灯、半封闭式前照灯和封闭式前照灯。

(1) 可拆式前照灯　这是最早使用的一种，其反射镜边缘的齿簧与配光镜组合，再用箍圈和螺钉安装于灯壳上，灯泡的装拆必须将全部光学组件取出后才能进行，因而密封性很差，反射镜易受外界环境气候的影响而污染变黑，严重降低照明效果，目前已趋淘汰。

(2) 半封闭式前照灯　半封闭式前照灯的结构如图5-9所示，其配光镜是靠卷曲反射镜周缘的牙齿而紧固在反射镜上，两者之间垫有橡皮密封圈，其灯泡拆卸只可从反射镜的后方进行。更换时，先拔下灯泡上的插座，取下密封罩、卡簧，即可取下灯泡；安装新灯泡时，注意在灯泡上不能留下污迹，特别是在更换卤钨灯泡时，切勿用手指触及灯泡玻璃壳部分，受皮肤脂肪玷污过的玻璃壳，会大大缩短玻璃壳寿命，因此拿灯泡只应拿基座，整体灯泡也应如此。

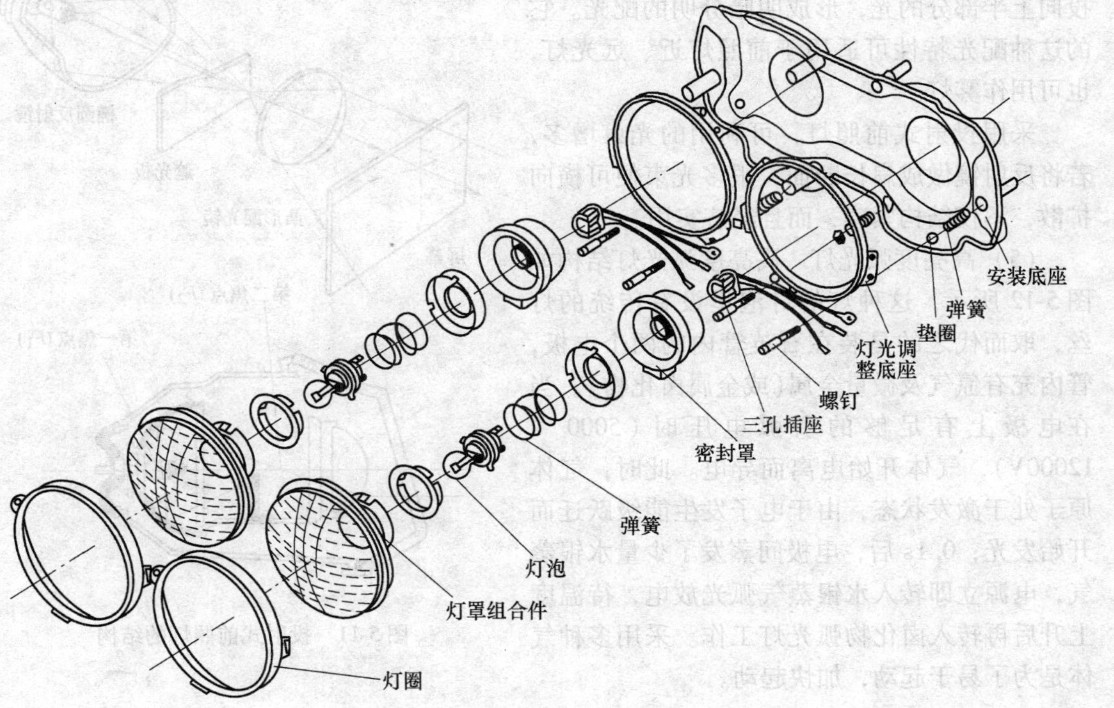

图 5-9　半封闭式前照灯

半封闭式前照灯拆装时，不必拆下光学组件，维护方便，因此得到广泛应用，但密封性能不良。

（3）封闭式前照灯　封闭式前照灯又称真空灯，其灯丝焊在反射镜底座上，反射镜与配光镜熔合为一体，形成灯泡，里面充入惰性气体，如图 5-10 所示。当封闭式前照灯灯丝烧坏后，需要更换整个灯芯总成。更换时，先拔下灯脚与线束连接的插座，然后拆下灯圈，即可取下灯芯；安装灯芯时，应注意配光镜上的标记(箭头或字符)，不应出现倒置或偏斜现象。

封闭式前照灯完全避免了反射镜的污染，但价格较高。为使前照灯更亮、更远、更美观，现代轿车上出现了投射式前照灯和高亮度弧光灯。

（4）投射式前照灯　投射式前照灯装用很厚的无刻纹的凸形配光镜，反射镜为椭圆形，所以其外径很小，其结构如图 5-11 所示。

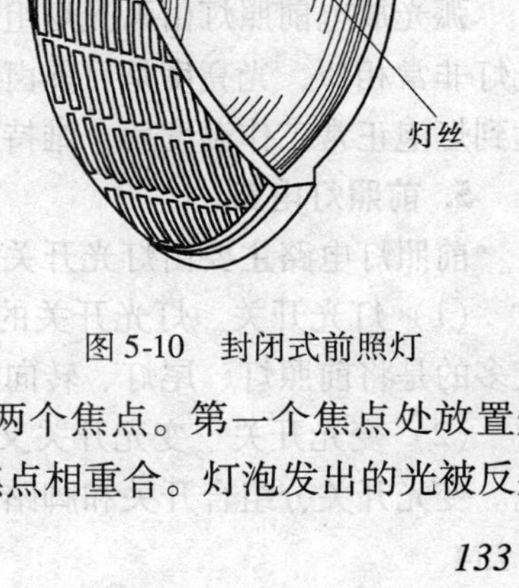

图 5-10　封闭式前照灯

由于投射式前照灯的反射镜近似于椭圆形状，它具有两个焦点。第一个焦点处放置灯泡，第二个焦点在灯光中形成。凸形配光镜的焦点与第二焦点相重合。灯泡发出的光被反射镜聚成第二焦点，在通过配光镜将聚集的光投射到远方。投射式前照灯使用的光源一般为卤素灯泡。

在第二焦点附近设有遮光板，可用于遮住投向上半部分的光，形成明暗分明的配光。它的这种配光特性可适用于前照灯近、远光灯，也可用作雾灯。

采用投射式前照灯，可利用的光束增多，若将反射镜做成扁长断面，很多光束便可横向扩散，不仅结构紧凑，而且经济实用。

（5）高亮度弧光灯　高亮度弧光灯结构如图 5-12 所示，这种灯的灯泡里没有传统的灯丝，取而代之的是装在石英管内的两个电极，管内充有氙气及微量金属(或金属卤化物)。当在电极上有足够的引弧电压时（5000 ~ 12000V），气体开始电离而导电。此时，气体原子处于激发状态，由于电子发生能级跃迁而开始发光；0.1s 后，电极间蒸发了少量水银蒸气，电源立即转入水银蒸气弧光放电，待温度上升后再转入卤化物弧光灯工作。采用多种气体是为了易于起动，加快起动。

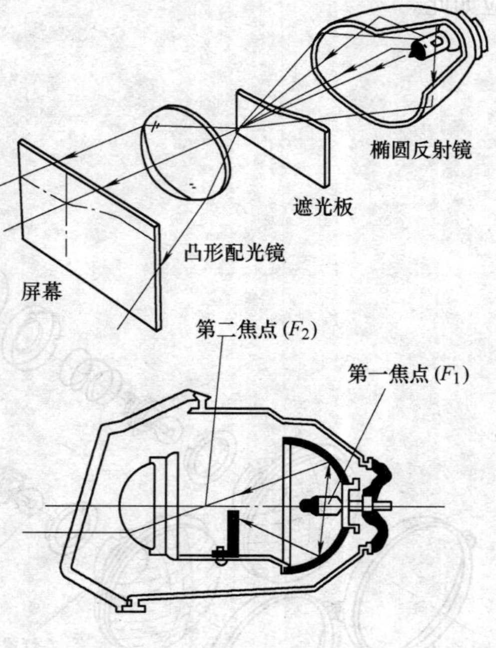

图 5-11　投射式前照灯的结构

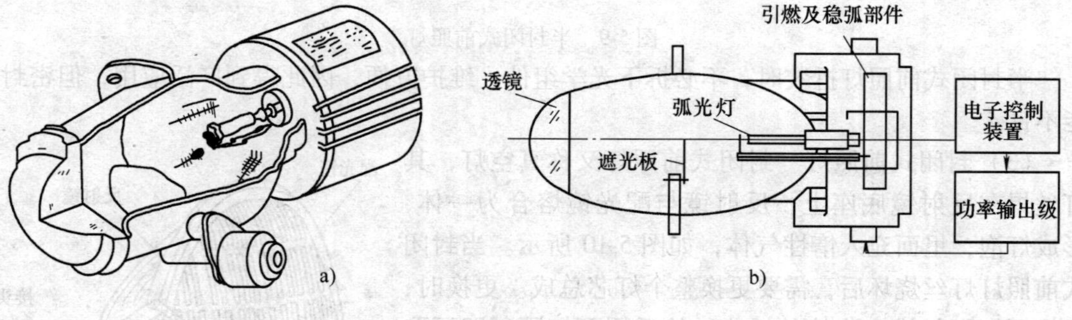

图 5-12　高亮度弧光灯

a) 外形　b) 原理示意

弧光放电前照灯由弧光灯组件、电子控制器和升压器组成。其灯泡发出的光色成分和日光灯非常相似，光亮度是目前卤素灯泡的 2.5 倍，寿命可达卤素灯泡的 5 倍。由于灯泡点燃达到灯泡正常工作温度后，维持电弧放电的功耗很低(约 35W)，故可节约 40% 的电能。

5. 前照灯电路

前照灯电路主要由灯光开关、变光开关、前照灯继电器及前照灯组成。

（1）灯光开关　灯光开关的形式有拉钮式、旋转式和组合式等多种，现代汽车上用的较多的是将前照灯、尾灯、转向灯及变光等开关制成一体的组合式开关。

（2）变光开关　变光开关又称变光器，其作用是根据汽车行驶的需要，变换近光和远光。变光开关分组合开关和脚踏变光开关两种。普通脚踏变光开关结构如图 5-13 所示，当用脚踏动踏钮时，推杆推动转轮向一个方向转动 60°，从而交替接通远、近光。

目前车辆上多采用组合式变光开关，它安装在转向盘下方，便于驾驶员操作。脚踏变光开关已不多用。

（3）桑塔纳轿车照明电路　桑塔纳轿车照明电路如图 5-14 所示。

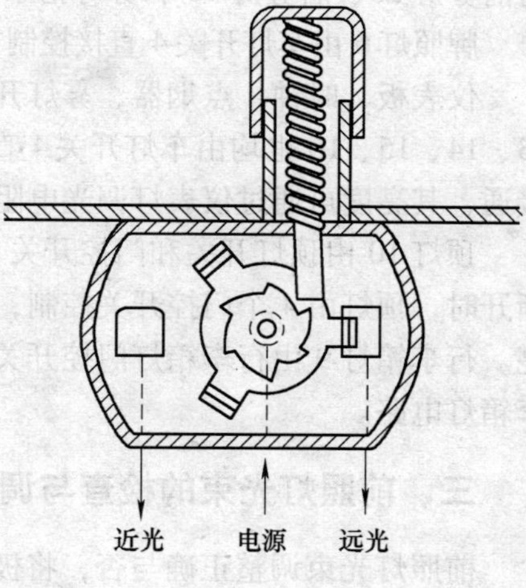

图 5-13　前照灯脚踏变光开关

前照灯 23 由点火开关 3 和车灯开关 4 共同控制，点火开关 3 置于正常工作挡位(1 挡)、车灯开关 4 为 2 挡时，前照灯亮，通过变光和超车开关 2 进行远光、近光变换控制。此外，远光灯还由超车开关 2 直接控制，在夜间汽车超车时当做超车信号灯用。

雾灯开关电路中，连接了雾灯继电器 8，雾灯继电器线圈由车灯开关 4 控制，雾灯继电器触点由中间继

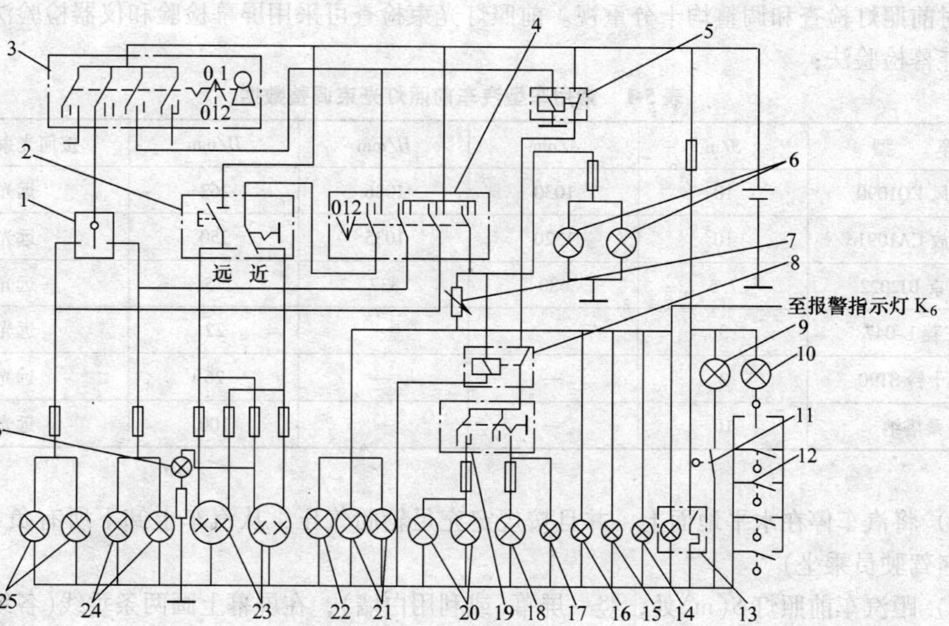

图 5-14　桑塔纳轿车照明电路

1—停车灯开关　2—变光和超车开关　3—点火开关　4—车灯开关　5—中间继电器　6—牌照灯
7—仪表灯调光电阻　8—雾灯继电器　9—行李箱灯　10—顶灯　11—行李箱灯门控开关
12—顶灯门控开关　13—点烟器照明灯　14—雾灯开关照明灯　15—后风窗除霜器开关照明灯
16—空调开关照明灯　17—雾灯指示灯　18—后雾灯　19—雾灯开关　20—前雾灯
21—仪表灯　22—时钟照明灯　23—前照灯　24—右前、后位灯　25—左前、后位灯
26—远光指示灯

注：当拨掉钥匙打开左或右转向时，此时左或右前后示宽灯只是单边亮，这时叫停车灯。

电器 5 控制，而中间继电器由点火开关控制。因此要使用雾灯，点火开关必须置于 1 挡使中间继电器接通，为雾灯继电器触点供电；车灯开关必须置于 1 挡或 2 挡使雾灯继电器接通，这时，雾灯开关就可以控制雾灯了。雾灯开关置于 1 挡接通前雾灯 20 的电路，2 挡同时接

通前雾灯 20、后雾灯 18 和雾灯指示灯 17 的电路。

牌照灯 6 由车灯开关 4 直接控制，不受点火开关控制，在车灯开关置于 1 挡或 2 挡时亮。

仪表板、时钟、点烟器、雾灯开关、后风窗除霜器开关、空调开关等的照明灯 21、22、13、14、15、16 也均由车灯开关 4 直接控制。当车灯开关在 1 挡或 2 挡时，上述照明灯均被接通，其亮度可通过仪表灯调光电阻 7 进行调节。

顶灯 10 由顶灯开关和门控开关 12 共同控制，当顶灯开关接通时，顶灯亮。当顶灯开关断开时，顶灯由 4 个门控开关控制，只要有一个门控开关接通即有一个门关闭不严，顶灯就亮。行李箱灯 9 由行李箱灯门控开关 11 控制，当行李箱门打开时，其门控开关就会接通行李箱灯电路。

三、前照灯光束的检查与调整

前照灯光束调整正确与否，将极大地影响行车安全、运输效率和驾驶员的疲劳程度。汽车每行驶 6000km 或更换前照灯灯泡时，应对前照灯光束进行调整，调整数据见表 5-1。国内外对前照灯检查和调整均十分重视。前照灯光束检查可采用屏幕检验和仪器检验法。下面介绍屏幕检验法：

表 5-1　常用车型汽车前照灯光束调整数据

车　　型	S/m	A/mm	H/mm	D/mm	按何光束调整
东风 EQ1090	10	1030	1086	262	远光
解放 CA1091	10	1320	1035	250	远光
北京 BJ2022	7.5	680	837	75	远光
三菱 L-047	3	—	—	22	远光
五十铃 ST90	3	—	—	26	远光
桑塔纳	10	—	—	100	远光

1）将汽车停在水平地面上，并且按规定充足轮胎气压，从汽车上卸下所有负载（只允许一名驾驶员乘坐）。

2）距汽车前照灯 S(m)处，竖一屏幕（或利用白墙），在屏幕上画两条垂线（各线通过各前照灯的中心）和一条水平线（与前照灯的离地高度等高），如图 5-15 所示。再画一条比 H 低 D(mm)的水平线与两条前照灯的垂直中心线分别相交于 a、b 两点。

3）起动发动机，使之以 2000r/min 的速度（约为发动机最高转速的 60%）旋转，即在蓄电池不放电的情况下点亮前照灯远光（有些车按近光调整）。

4）调整时，应把一只灯遮住，然后检查另一只前照灯的光束是否对准 a 点或 b 点（同一侧的光照中心）。若不符合要求，则拆下前照灯罩圈。用旋具旋入或旋出侧面的调整螺钉，可使光束作水平方向上的调整；用旋具旋入或旋出上面的调整螺钉，可作高低方向的调整（见图 5-16）。待一只前照灯调整好后，再按同样方法调整另一只，使其光束中心对准 b 或 a 点。

5）当远光调整好后，应打开近光灯，检查屏幕上是否有明显的明、暗截止线，其高度是否符合规定。一般规定是：前照灯上边缘距地面不大于 1350mm 的车，在距灯 10m

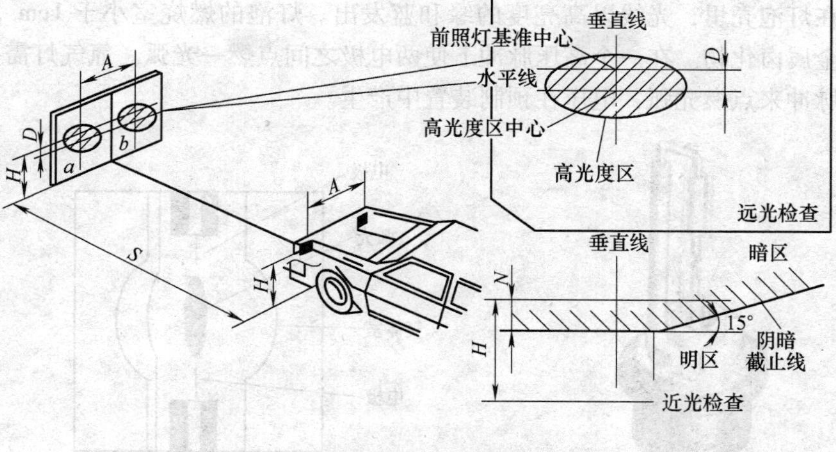

图 5-15 前照灯光束的检查

远处的屏幕上的明、暗截止线水平部分应比前照灯基准中心低 $H/3$ 左右，如图 5-15 右下角所示。

对于按近光调整的四灯制前照灯（CA1091 汽车），当调整好外侧两只前照灯的近光后，还应打开远光束，分别调整内侧两只前照灯（仅有远光），使其光形的最亮点落在近光切断面的上方。

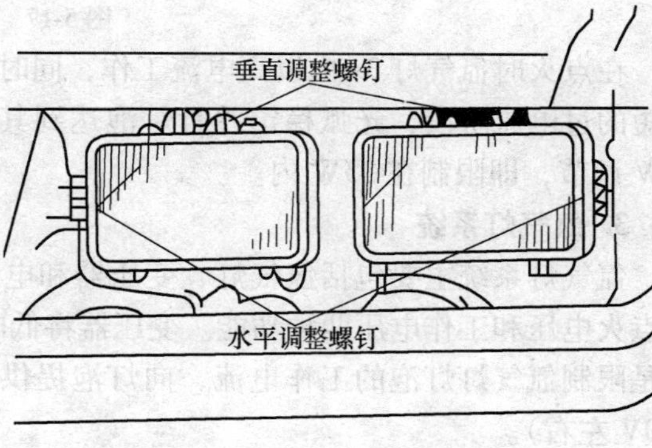

图 5-16 汽车前照灯光束的调整

四、氙气灯

1. 氙气灯的概述

氙气灯，一种含有氙气的新型前照灯，又称高强度放电灯或气体放电灯，英文缩写 HID（High Intensity Discharge Lamp）。目前奔驰 E 级车、宝马 7 系列、丰田雷克萨斯、本田阿库拉等高档车都使用了这种新型前照灯。氙气灯亮度大，照明区域大，发出的亮光色调与太阳光比较接近，消耗功率低，可靠性高，不受车上电压波动影响。因此，安装氙气灯不但可以减少电能消耗，还相应提高了车辆的性能，这对于轿车而言具有很重要的意义。氙气灯灯光相对于传统的灯光技术有非常大的优点：

1）灯泡的使用寿命大约超过 2500 工作小时。

2）一个 35W 氙气灯的发光效率是一个 55W 的卤素灯的两倍。

3）较高的清晰度和射程长度。

4）在近程内有宽度的散射区。

5）可以不需要雾灯。

2. 氙气灯的结构

氙气灯由小型石英灯泡、变压器和电子单元组成。氙气灯灯泡的玻璃用坚硬的耐温耐压石英玻璃（二氧化硅）做成，灯内充入高压氙气缩短灯被点亮的时间，灯的发光颜色则由充入灯泡内的氙气、水银蒸气和少量金属卤化物所决定。

在氙气灯中光线是通过两电极在一个豌豆大小的充气壳之间产生弧光，如图 5-17 所示。气体全部充在灯泡壳里，光线以高亮度的绿和蓝发出。灯泡的燃烧室小于 1cm，带有氙气并混合充入金属卤化物。在一个高压脉冲下使两电极之间点燃一光弧。氙气灯需要一个超过千伏的高压脉冲来点燃光弧，电压在预制装置中产生。

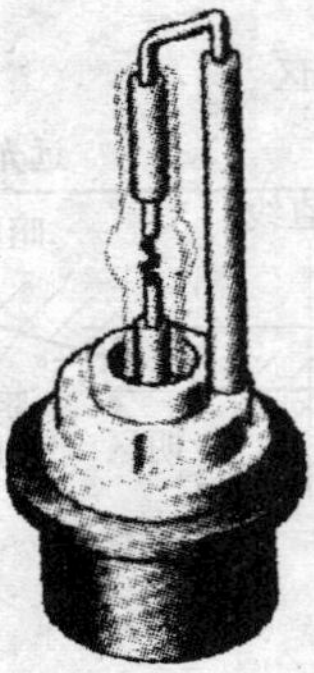

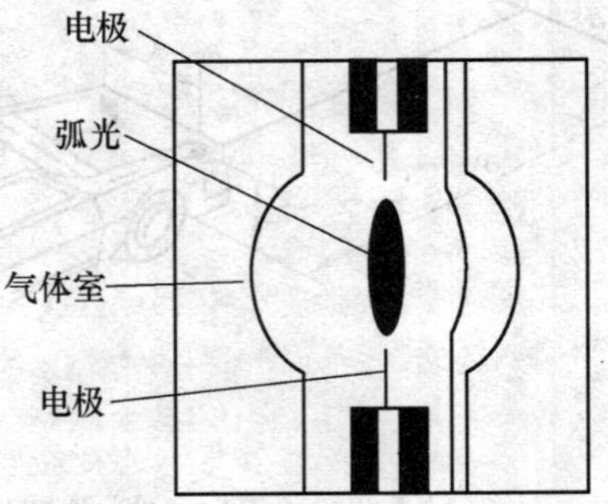

图 5-17　氙气灯

在点火时氙气灯 3s 内以高电流工作，同时灯泡以最小的延迟 0.3s 达到最大的亮度。在很短的过电流阶段，光弧稳定并且灯泡达到其应有的亮度，灯泡功率通过电子预制装置在 35W 调节，即限制在 35W 内。

3. 氙气灯系统

氙气灯系统主要包括氙气灯、变压器和电子控制单元等，如图 5-18 所示。系统具有产生点火电压和工作电压两种功能。变压器将低电压变为高电压输出，电子控制单元的主要功能是限制氙气灯灯泡的工作电流，向灯泡提供 2 万伏以上的点火电压和维持工作的低电压（80V 左右）。

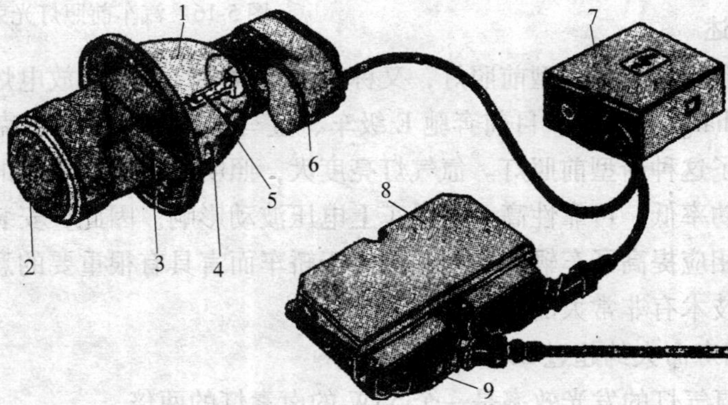

图 5-18　氙气灯系统

1—灯泡单元　2—前照灯玻璃　3—屏蔽板　4—反射镜　5—氙气灯泡　6—连接插座　7—点火装置　8—控制器　9—插接器

五、汽车照明系统的发展

1. 前照灯的发展

轿车前照灯有两种功能：一种是照明，另一种是装饰。在近十几年中，前照灯的外形不断得到改造，与车身嵌装组合为一个整体，越来越显露出它的装饰作用。在今后几年内可能会发现，前照灯的内在结构也将发生一次重大的技术革命，灯具将会装上“脑袋”变成“聪明”的灯。

传统的前照灯有两组灯丝，分别射出远和近的光束。远光束亮，照得远，主要用于高速行驶；近光束暗，照得近，主要用于会车。何时用远灯或近灯皆由驾驶员操纵，而且前照灯的每组光束强弱是不可调的，角度也是在安装的过程中就调整好的。随着轿车的行驶速度的不断提升，传统前照灯的照明已经日益显示出它的弊端，在转弯、会车、雨雾天及在高速公路上行驶，两光束的前照灯会使驾驶员不易看清路面，视野狭窄，也容易造成对方驾驶员眩目。

在20世纪90年代，欧洲开发了AFS灯光系统的前照灯，日本开发了ILS智能灯光系统。在AFS灯光系统中，每只前照灯组件内有8个反射器，在转弯、高速行驶及雨雾天气等不同情况下受控生成能适应各种驾驶环境的灯光模式。但由于其体积较大，存在装配上的局限性，且灯泡更换不方便，因此推广困难。而ILS灯光系统正在向自动控制光线的方向发展，为驾驶员提供比较理想的光束模式。这需要引入微电子技术，必须装入先进的电控元件，今后智能化灯光系统将会陆续面市。

智能化灯光系统能使汽车前照灯随行驶状况的变化而实时变化，将会出现具有10~15种不同光束的前照灯，相对行驶速度和路面而“随机应变”。例如在高速公路上，汽车前照灯会照亮前方不宽的区域，要远一点。当汽车行驶在弯道上，在车辆转弯时外侧要亮度大些，使驾驶员看清楚弯道情况，而内侧要暗些，为的是不要使对面会车的驾驶员眩目。

目前有一款法国人研制出来的前照灯样品中，前照灯组件内装置了3组灯泡，其中1组是活动的，其他两组是固定的。活动的部分由电脑操纵随行车状态灵活变化。例如当转向盘转向时，会有传感器立即探明车辆要转弯，电脑接到信息后立即发指令指挥前照灯内的活动组灯随转向盘的角度变化来更改灯光的投射角度。

2. LED车灯的推广使用

现在汽车照明灯已有白炽灯、卤素灯、氙气灯等。除了前照灯外，其他灯具例如位灯、指示灯、顶灯等多是采用白炽灯。但近年也流行LED做指示灯，例如制动指示灯、转向指示灯等。为什么兴起用LED代替白炽灯呢？

LED与白炽灯比较有显著的优点。一是寿命长，一般可达几万小时至十万小时。有人认为如果未来的汽车照明灯使用LED，整个汽车使用期限不用更换灯具。二是非常节能，比同等亮度的白炽灯起码节电一半以上。三是光线质量高，基本上无辐射，属于“绿色”光源。四是LED的结构简单，内部支架结构，四周用透明的环氧树脂密封，抗振性能好。五是无需热起动时间，亮灯响应速度快(纳秒级)，适用于移动速度快的物体使用。六是适用电压在6~12V之间，完全可以应用在汽车上。七是LED占用体积小，设计者可以随意变换灯具模式，令汽车造型多样化。汽车厂商青睐LED，完全是LED本身的优点所决定的。

LED是英文发光二极管(Light Emitting Diode)的缩写，早在20世纪60年代已经生产，80年代已经普遍用于家用电器上，例如音响的音量指示、开关指示等。在20世纪90年代，有些新型的国产汽车仪表上也已采用LED，主要用于充电指示，后来还有显示发动机转速状况的，例如湖北襄樊生产的一种组合仪表上里程表旁边竖一排LED，当驾驶员踩加速踏板时，LED排灯从下至上依次点亮，当松加速踏板时LED排灯从上至下依次熄灭。90年代中期，我国利用LED做高位制动灯并在汽车上安装。由于LED亮灯快，能及早让尾随后面的汽车驾驶员知道前方车辆的行驶状况，减少汽车追尾碰撞事故的发生。

LED是一种可以自身发光的包含PN结的固体半导体元件。LED的芯片是由P型半导体和N型半导体组成的晶片，在P型半导体和N型半导体之间有一个过渡层，称为PN结。当采用砷化镓(红外线)、砷磷化镓(红到黄)、磷化镓(绿)等半导体材料时，在这些半导体材料的PN结中，注入的少数载流子与多数载流子复合时会把多余的能量以光的形式释放出来，从而把电能直接转换为光能。当PN结施加正向电压，电流从LED的阳极流向阴极时，半导体晶体就发出从紫外到红外不同颜色的光线，光的强弱与电流大小有关。但是，由于LED的发光功率很小，一般只做指示，不能用做照明。用于照明，则是近年才出现的新事物。

由于LED发光功率很小，一般是将许多只LED做成阵列式，以小积大的形式作为实用性的指示灯。但是，这样一来成本就会迅速上升。因为一只高品质的LED价格约1.5元，几十只集合在一起的价格远远超过白炽灯。由于LED发光亮度与电流呈正比，输入电流越大，发光亮度越高，因此，提高LED额定电流、提高光输出功率为厂方研究开发的重点。只有提高单只LED发光功率，才能减少阵列式的LED数目，甚至只用单个LED，以减低成本。目前，照明业界已研制出单个白色LED，发光效能已达到151m/V，相当于白炽灯的发光效能。

在2004年北京车展上，法国雷奥公司展示了用四只LED做成的高位制动灯技术，还有用一个LED来实现所有尾部信号灯功能，包括停车灯、后位灯、转弯指示灯、雾灯和倒车指示灯等。这种LED技术适用于所有尾部灯功能。而在福特汽车展台上，面向今后中国市场的福克斯(Focus)概念车前灯和后灯都采用了LED技术。有人预测，今后几年LED的发光功率和成本这两大瓶颈将得到解决。这样，不但汽车照明，甚至整个照明行业都会发生重大的变革。

第二节 信号系统

一、信号系统的组成

信号系统主要用于向他人或其他车辆发出警告和示意的信号，其主要的信号设备有：

1）位灯：也称为小灯，装于汽车前后部两侧，以示意其轮廓和存在。前位灯又称示宽灯，一般为白色或黄色，后位灯又称尾灯，为红色。

2）示廓灯：主要用于空载车高3.0m以上的客车和厢式货车，前后各两只，前面为白色，后面为红色，装于尽可能高的靠边缘的部位。

3）挂车标志灯：全挂车在挂车前部的左右，各安装一个红色的标志灯，其高度要求高出全挂车的前栏板300~400mm，距外侧车厢小于150mm，以引起其他驾驶员的注意。国家标准规定，汽车的位灯、示廓灯、牌照灯、仪表灯及挂车标志灯应能同时启灭，当前照灯点亮时，这些灯必须点亮，当前照灯关闭和发动机熄火时仍能点亮。

4）转向信号灯：也称转向灯，装于汽车的四个角，对于车身较长的车辆，其中部也装有转向信号灯。转向信号灯一般为橙色，当汽车转向或变更车道时，发出明暗相间的灯光，示意本车的行驶方向。

目前很多汽车前转向灯和前位灯共用一个双丝灯泡，其中功率较大的灯丝用于转向信号灯，功率较小的用于位灯；后转向灯和后位灯共用一个双丝灯泡，其中功率较大的灯丝用于转向信号灯，功率较小的用于位灯。

5）制动信号灯：也称制动灯，装于汽车后面，一般为红色。当踩下汽车制动踏板，制动信号灯电路被接通，警告后面的车辆及行人，近年来小型车辆要求装配高位制动灯。

6）倒车灯：当汽车挂上倒挡时，倒车灯开关接通倒车灯电路，装于车后面的白色倒车灯点亮，警告后面的车辆及行人，兼起照明作用；有些车还装配了倒车蜂鸣器或语音警告装置，在倒车的同时发出声响信号，示意汽车倒车。

目前，多将前照灯、雾灯、前位灯等组合起来，称为组合前灯；将后位灯、后转向信号灯、制动信号灯、倒车灯组合起来称为组合后灯。

7）危险警告灯：由转向信号灯兼任。当汽车发生故障或遇有特殊情况时，按下标有△的红色按钮，此时汽车两侧的转向信号灯同时闪烁作为危险警告灯信号。国标规定，危险警告灯装置不受电源总开关的控制。

8）驻车灯：装于车头和车尾两侧，用于夜间停车时标志车辆形位。当接通驻车灯开关时，仪表照明灯、牌照灯并不亮，耗电量比位灯小。

现代车中还有阅读灯、踏步灯、后照灯、行李厢灯等装置，警车、消防车、救护车和出租车等特殊类型车辆，在车顶部装有警示灯（或标志灯），在此不做一一赘述，各种灯光设备的安装位置如图 5-19 所示。

除前照灯（雾灯）灯泡特殊外，常用照明灯和信号灯的灯泡种类较多，按玻璃体形状可分为球形和柱形等（见图 5-20）。其中，圆锥形灯泡有单灯丝和双灯丝之分。双丝灯泡按插口销钉位置又可分为平脚和高低脚两种。

9）喇叭：汽车在行驶时，按下喇叭按钮，发出声响，警告行人车辆，以确保行车安全。

二、转向信号灯及危险警告灯装置

当汽车要转向时，需接通左侧或右侧转向信号灯；当遇有特别情况时，所有转向信号灯应同时闪烁，作为危险警告信号，主要包括开关、信号灯和闪光器，其中闪光器是主要器件。

1. 开关

转向灯开关和危险警告灯按钮外形如图 5-21 所示，左右拨动转向开关，可接通转向灯电路，标有红色△的按钮为危险警告灯按钮，当按下时，左右转向灯将同时闪烁。

2. 闪光器

闪光器控制着转向信号灯的闪烁频率。目前，使用的闪光器主要有电热式、电容式、电子式。由于电子闪光器具有性能稳定、可靠性高、寿命长的特点，已获得广泛应用。

（1）电热式闪光器　图 5-22 所示为一种电热式闪光器的结构和工作原理。当汽车转向时，接通转向开关，电流从蓄电池正极→附加电阻→电热丝→触点臂→转向开关→转向灯及仪表指示灯（左或右）→搭铁→蓄电池负极，构成回路。由于附加电阻和电热丝串在电路中，使电流较小，故转向灯不亮。经短时间电热丝（镍铬丝）发热膨胀，使触点闭合，此时电流

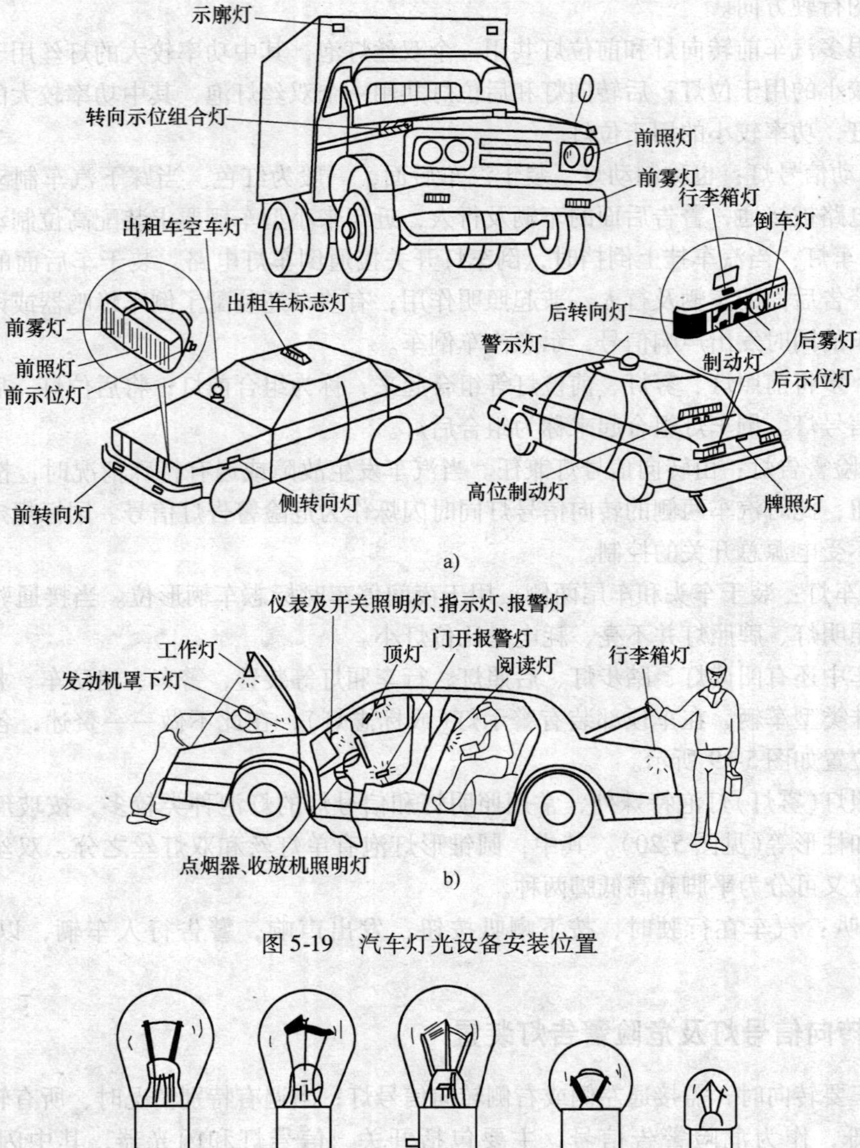

图 5-19　汽车灯光设备安装位置

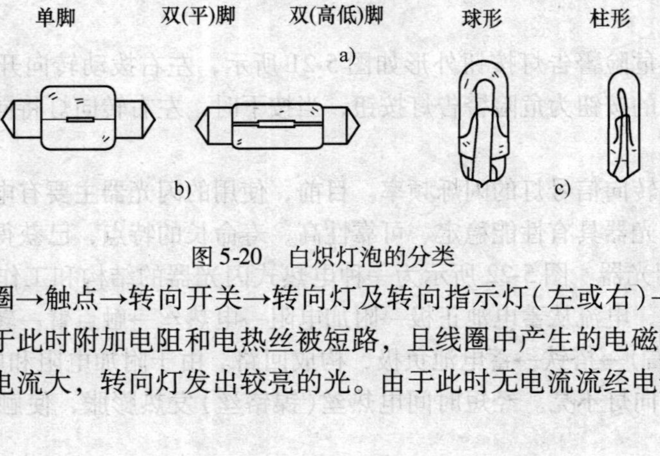

图 5-20　白炽灯泡的分类

由蓄电池正极→线圈→触点→转向开关→转向灯及转向指示灯(左或右)→搭铁→蓄电池负极，构成回路。由于此时附加电阻和电热丝被短路，且线圈中产生的电磁吸力使触点闭合更紧，电路中电阻小电流大，转向灯发出较亮的光。由于此时无电流流经电热丝而使其冷却收

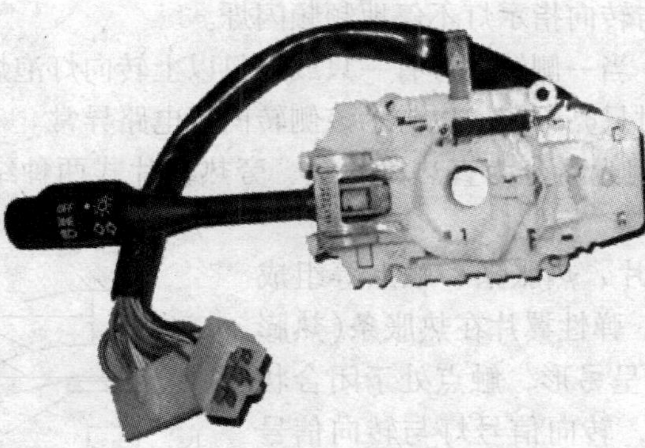

图 5-21　长安汽车组合开关总成

缩，又打开触点，附加电阻和电热丝又重新串入电路，灯光变暗，如此反复，使转向灯明暗交替，示意行驶方向，闪光频率(60 ~ 90 次/min)可通过调整电热丝拉力和触点间隙进行调整。

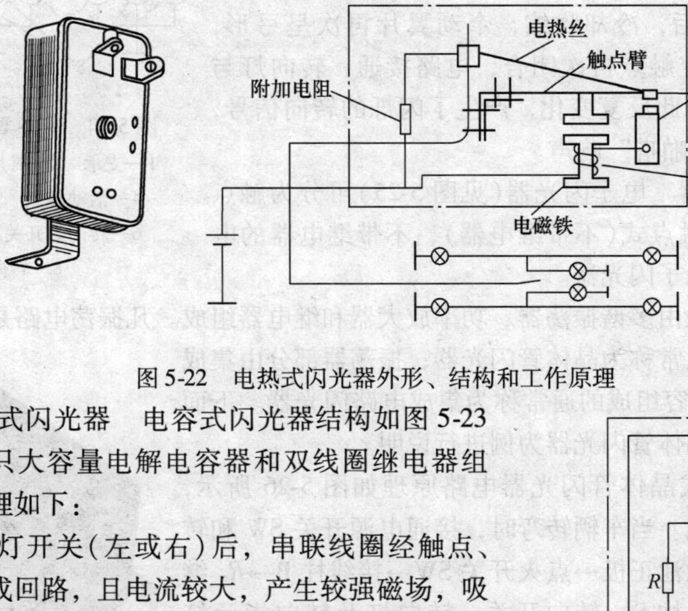

图 5-22　电热式闪光器外形、结构和工作原理

(2) 电容式闪光器　电容式闪光器结构如图 5-23 所示，它由一只大容量电解电容器和双线圈继电器组成。其工作原理如下：

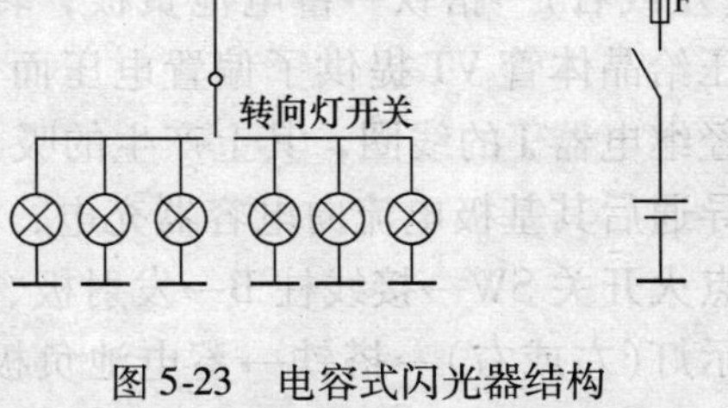

图 5-23　电容式闪光器结构

接通转向灯开关(左或右)后，串联线圈经触点、转向信号灯构成回路，且电流较大，产生较强磁场，吸动衔铁，使触点张开。此过程中，串联线圈通电时间极短，转向信号灯不亮。触点张开后电容器经串联线圈、并联线圈、转向灯开关、转向灯及转向指示灯构成充电回路。由于充电电流很小，此时，转向灯与转向指示灯不亮。触点在串并联线圈的合成磁场(方向相同)作用下，仍保持张开状态。电容器充足电后，并联线圈电流消失，铁心吸力减小，触点在复位弹簧作用下闭合，转向灯与转向指示灯亮，同时，电容器经并联线圈及触点放电。由于串联线圈与并联线圈磁场方向相反，铁心吸力极小，触点保持闭合状态。当电容器放电结束后，并联线圈电流消失，铁心吸力在串联线圈磁场作用下增强，触点再次张开，转向灯与转向指示灯变暗，电容器再

次放电。如此周而复始，转向灯与转向指示灯不停地频频闪烁。

电容式闪光器具有监控功能，当一侧转向灯有一只或一只以上转向灯泡烧断或接触不良时，闪光器就使该侧转向灯接通时只亮不闪，以告示该侧转向灯电路异常。

（3）翼片式闪光器　翼片式闪光器分为直热翼片式、旁热翼片式两种结构，以直热翼片式闪光器为例说明。

直热翼片式闪光器主要由翼片、热胀条、触点等组成(见图5-24)。工作原理：静态时，弹性翼片在热胀条(热膨胀系数较大的金属板条)的拉力下呈弓形，触点处于闭合状态。接通转向灯开关后(左或右)，转向信号灯与转向信号指示灯电路接通，灯亮。电路如下：蓄电池正极→翼片→热胀条→触点→转向灯开关→转向灯及转向指示灯→搭铁→蓄电池负极。由于电流流经热胀条，热胀条伸长。翼片在自身弹力作用下伸直，动触点随热胀条向上移动与静触点分离。电路被切断，转向信号灯与转向信号指示灯熄灭。热胀条中电流消失后，冷却收缩，牵动翼片再次呈弓形，活动触点下移与固定触点再次闭合，电路接通，转向灯与转向指示灯又亮。如此反复变化，产生了闪烁的转向信号，同时发出“啪嗒”“啪嗒”响声。

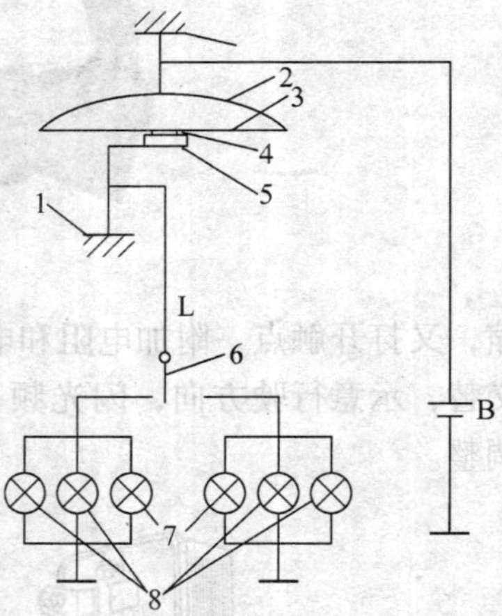

图5-24　直热翼片式闪光器
1—支承　2—翼片　3—热胀条
4—活动触点　5—固定触点
6—转向灯开关　7—指示灯
8—转向灯

（4）电子闪光器　电子闪光器(见图5-25)可分为触点式(带继电器)和无触点式(不带继电器)，不带继电器的电子闪光器又称为全电子闪光器。

电子闪光器一般由多谐振荡器、功率放大器和继电器组成。凡振荡电路是由电阻、电容和晶体管组成的，通常称为晶体管闪光器；振荡器部分由集成电路(IC)和电子电容组成的通常称为集成电路闪光器。下面以带继电器触点式晶体管闪光器为例进行说明。

图5-25　电子闪光器的外形

带继电器触点式晶体管闪光器电路原理如图5-26所示，其触点为常闭合触点。当车辆转弯时，接通电源开关SW和转向开关，电流经蓄电池正极→点火开关SW→接线柱B→R_1 继电器J的触点→接线柱S→转向开关→转向灯及转向指示灯(左或右)→搭铁→蓄电池负极，转向灯亮。由于R_1 上的分压给晶体管VT提供了偏置电压而使其导通，集电极电流流经继电器J的线圈，其上产生的吸力使触点断开。晶体管VT导通后其基极电流向电容器充电，其回路为：蓄电池正极→点火开关SW→接线柱B→发射极、基极→电容器C→R_3→转向灯开关→转向灯及转向指示灯(左或右)→搭铁→蓄电池负极。电容器C充电过程中，随着电容器两端电压上升，基极电流变小，使集电极电流也相应变小。当流经继电器J的线圈的电流不足造成吸力减小而释放常闭合触点时，继电器J的触点又重新闭合，使转向灯点亮，同时电容器通过R_2、触点、R_3 放电，由于此时R_2 向VT提供了反向偏压，加速了VT的截止。随着电容器放电电流的减小，R_1 上的压降又为VT提供了正向的偏置电压。这样循环往复，使转向信号灯闪烁发光。

三、倒车灯与倒车警报器

倒车灯主要是在汽车倒车时提醒行人及其他车辆驾驶员，由装在变速器盖上的倒车开关控制，其电路如图 5-27 所示。

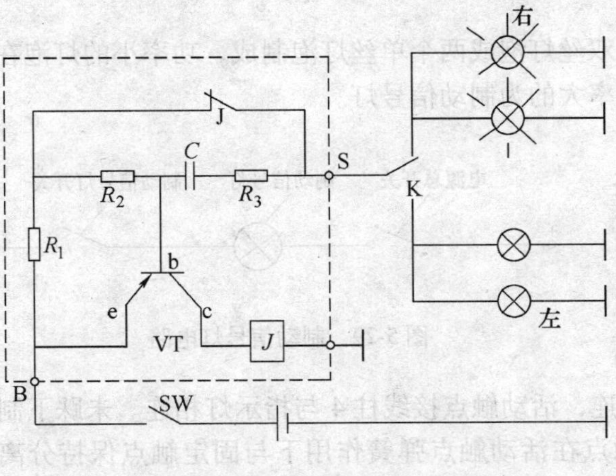

图 5-26　带继电器触点式晶体管闪光器电路

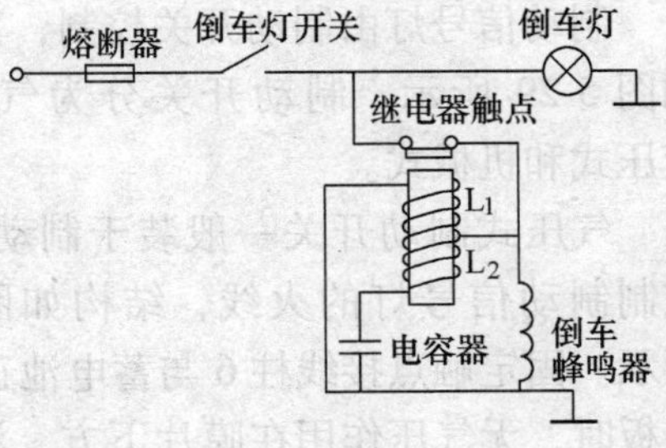

图 5-27　倒车灯及倒车警报器电路

倒车灯开关外形及结构如图 5-28 所示，当变速杆将倒挡拨叉轴拨到倒档位置时，倒挡轴拨叉上的凹槽恰好对准钢球，钢球在弹簧作用下带动膜片和接触盘下移，使静触点与接触盘接触，倒车灯点亮。与此同时，也接通了倒车警报器电路，使警报器发出声响。同时，蓄电池电流还通过线圈 L_2 对电容器进行充电（见图 5-27）。由于流入线圈 L_1 和 L_2 的电流大小相等，方向相反，产生的电磁吸力互相抵消，使线圈不显磁性，因此继电器触点继续闭合。随着电容器两端的电压逐渐上升，使流入线圈 L_2 中的电流变小，即电磁吸力减小，但线圈 L_1 产生的电磁吸力不变，当 L_1 与 L_2 产生的吸力差大于触点的弹簧拉力时，触点被吸开，警报器电路被切断而停止发出声响。

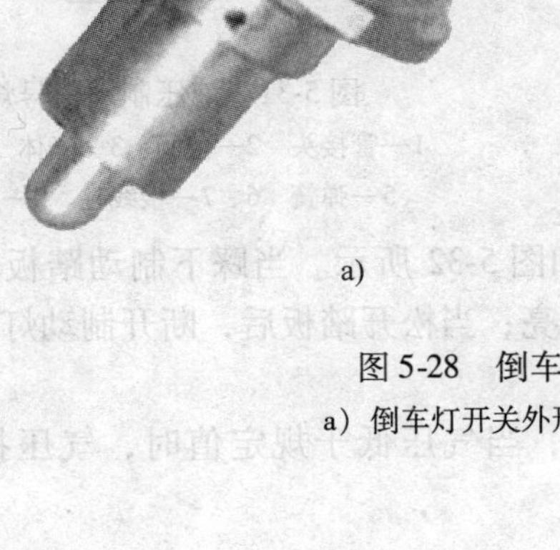

a)

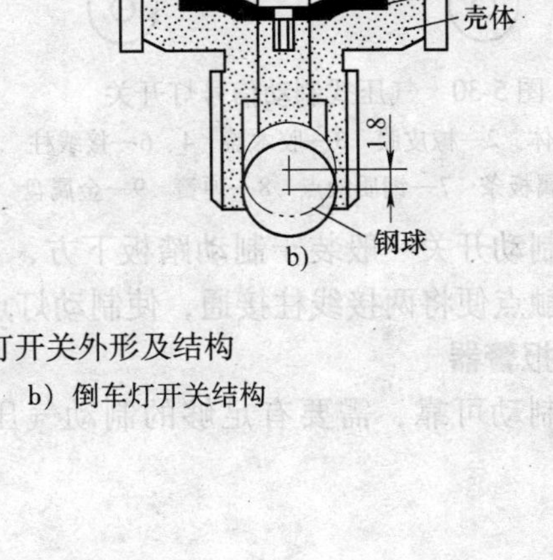

b)

图 5-28　倒车灯开关外形及结构

a）倒车灯开关外形　b）倒车灯开关结构

在继电器触点打开时，电容器又通过线圈 L_2 和 L_1 放电，使线圈产生磁力，触点仍继续打开。当电容器两端电压下降到一定值时，线圈磁力减弱，继电器触点重又闭合，报警器通电发出声响，电容器重又开始充电。如此反复，继电器触点不断开闭，倒车警报器发出断续的声响，以示倒车。

四、制动信号灯

制动信号灯大多与后灯合为一体，用双丝灯泡或两个单丝灯泡制成，功率小的灯泡在下部，作为车后的红光标志并照明牌照，功率大的为制动信号灯。

1. 制动开关

制动信号灯由制动开关控制，其电路如图 5-29 所示。制动开关分为气压式、液压式和机械式。

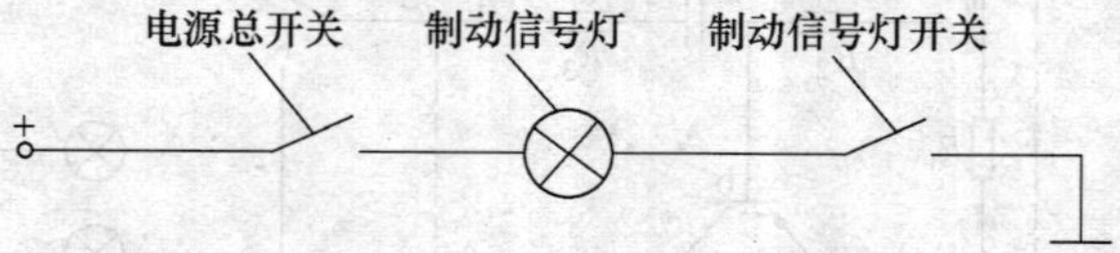

图 5-29 制动信号灯电路

气压式制动开关一般装于制动阀上，控制制动信号灯的火线，结构如图 5-30 所示。固定触点接线柱 6 与蓄电池正极相连，活动触点接线柱 4 与指示灯相连。未踩下制动踏板时，无气压作用在膜片下方，活动触点在活动触点弹簧作用下与固定触点保持分离状态；当踩下制动踏板时，膜片下方的气压增大，迫使膜片压缩活动触点弹簧下移，带动活动触点上移，使其与固定触点接触，这样就接通了制动灯电路，使制动灯点亮。

液压式制动开关一般装于制动总泵前端，其工作情况与气压式基本相同，结构如图 5-31 所示。当踏下制动踏板时，制动系中液压增大，薄膜 2 拱曲，接触桥 4 接触接线柱 6 和 7，制动信号灯便通电发光。当松开制动踏板时，液压降低，薄膜挺直，在弹簧 5 作用下，接触桥 4 回原位，信号灯熄灭。

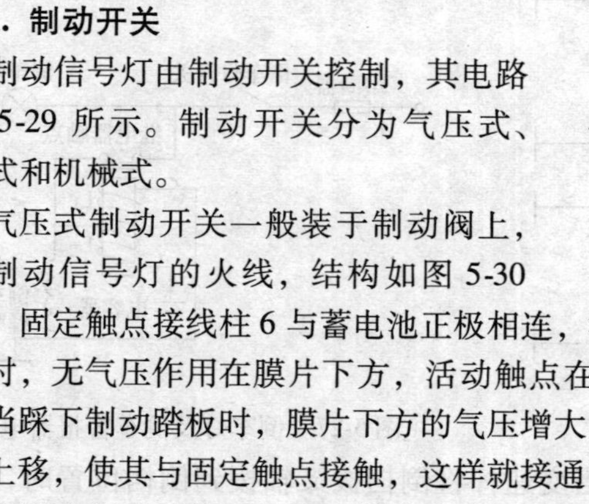

图 5-30 气压式制动信号灯开关

1—壳体 2—橡皮膜 3—胶木盖 4、6—接线柱 5—金属板条 7—钢质触点 8—弹簧 9—金属盘

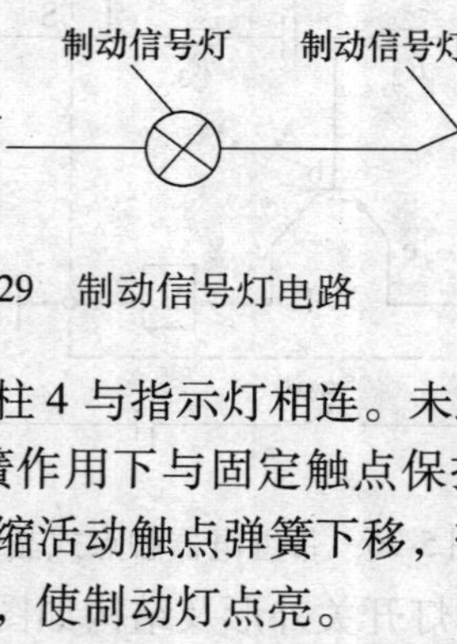

图 5-31 液压制动信号灯开关

1—管接头 2—薄膜 3—壳体 4—接触桥 5—弹簧 6、7—接线柱 8—胶木底座

机械式制动开关一般装于制动踏板下方，如图 5-32 所示。当踩下制动踏板时，制动开关内的活动触点便将两接线柱接通，使制动灯点亮；当松开踏板后，断开制动灯电路。

2. 气压报警器

为了使制动可靠，需要有足够的制动气压，当气压低于规定值时，气压报警器将报警；当气压高于规定值时，将切断报警器电路。

3. 制动液面传感器

制动液面传感器如图 5-33 所示。浮筒 4 内装有磁铁 3，浮筒 4 随着液面的升降上下移动。笛簧接触点 1 控制液面的警告灯。当制动液面下降到规定值以下时，浮筒 4 下降，磁铁 3 的磁力吸动笛簧接触点 1 闭合，接通警告灯亮，发出警告。制动液面在规定值以上时浮筒上升，磁力不足，笛簧接触点 1 在自身弹力的作用下断开液面警告灯电路。

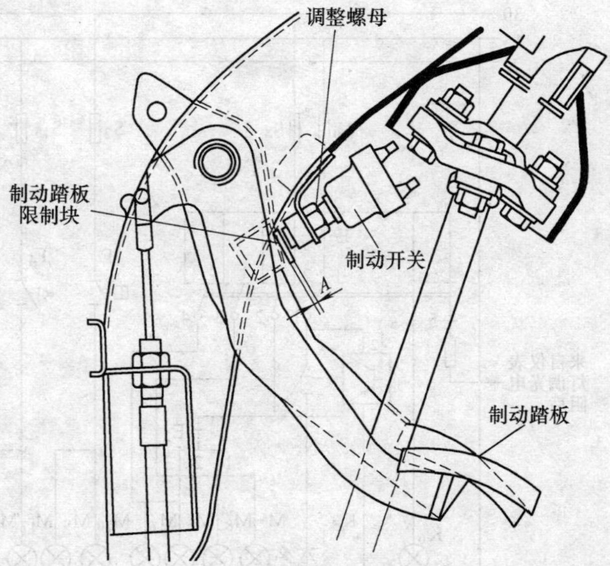

图 5-32　制动踏板下的制动开关

五、桑塔纳轿车信号装置

桑塔纳轿车信号装置电路如图 5-34 所示，当危险报警灯开关 E_3 置于 1 挡（断开位置）时，转向灯开关 E_2 正常起作用，控制左侧或右侧转向灯闪烁。当危险报警灯开关 E_3 置于 2 挡（接通位置）时，转向灯开关不再起作用，左侧和右侧转向灯同时闪烁报警。原理如下：

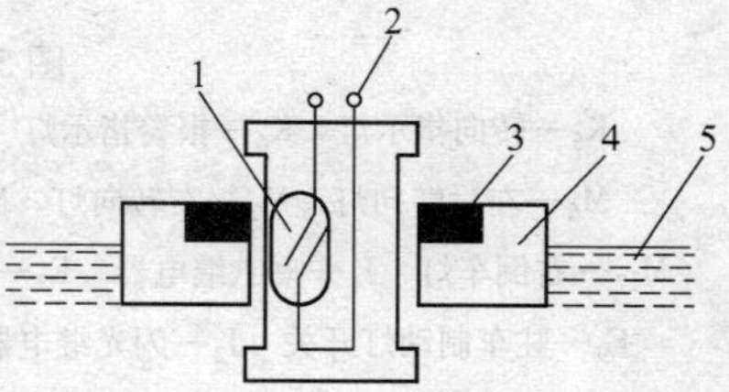

图 5-33　制动液面传感器

1—笛簧接触点　2—接线柱　3—磁铁
4—浮筒　5—制动液

当危险报警灯开关 E_3 置于 1 挡、并且点火开关接通时，转向灯开关 E_2 控制左侧或右侧转向灯和装在仪表板上的转向指示灯 K_5 闪烁。例如，转向灯开关置于右转向位置时，右转向灯 M_7、M_8 和转向指示灯 K_5 交替闪烁，电路为：蓄电池正极→30 电源线→点火开关→15 电源线→熔断器 S_{19}→E_3→闪光继电器 J_2→转向灯开关 E_2→右转向灯 M_7、M_8→搭铁→蓄电池负极。闪光继电器触点闭合时，右转向灯 M_7、M_8 亮，转向指示灯 K_5 暗；闪光继电器触点打开时，右转向灯 M_7、M_8 暗，转向指示灯 K_5 亮，所以，右转向灯 M_7、M_8 和转向指示灯 K_5 交替闪烁。当左侧或右侧转向灯工作时，转向指示灯 K_5 闪烁，显示转向信号装置的工作情况。

当危险报警灯开关 E_3 置于 2 挡时，全部转向信号灯闪烁。电路为：蓄电池正极→30 电源线→熔断器 S_4→E_3→闪光继电器 J_2→E_3 的 3、4 接线柱→左、右转向灯→搭铁→蓄电池负极。闪光继电器触点闭合时，所有转向信号灯和报警指示灯 K_6 亮、转向指示灯 K_5 暗；闪光继电器触点打开时，所有转向信号灯和报警指示灯 K_6 暗、转向指示灯 K_5 亮，所以，所有转向信号灯、报警指示灯 K_6 和转向指示灯 K_5 交替闪烁。报警指示灯 K_6 以较强的亮度闪烁，显示报警系统工作情况。这时，不论转向灯开关是否接通，都不影响全部转向信号灯的闪烁，即不影响危险报警灯工作。

报警指示灯 K_6 还兼有照明作用。当灯光总开关接通时，若危险报警灯开关 E_3 置于 1 挡时，报警指示灯 K_6 点亮，显示危险报警灯开关的位置，可同时参照图 5-14，电路为：蓄电

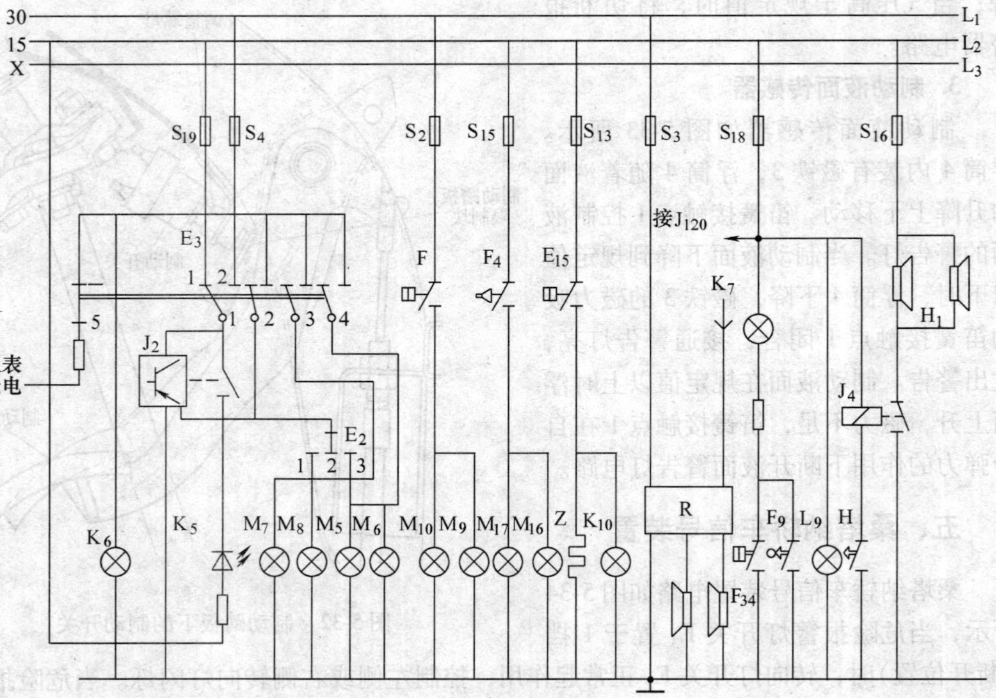

图 5-34　桑塔纳轿车信号装置电路

K_5—转向指示灯　K_6—报警指示灯　K_7—制动液面、驻车指示灯　K_{10}—除霜器指示灯　M_5—左转向灯
M_6—左后转向灯　M_7—右转向灯　M_8—右后转向灯　M_9—左制动灯　M_{10}—右制动灯　M_{16}—左倒车灯
M_{17}—右倒车灯　J_4—喇叭继电器　E_3—危险报警灯开关　F—制动灯开关　F_4—倒车灯开关　E_2—转向灯开关
F_9—驻车制动灯开关　J_2—闪光继电器　H—喇叭按钮　H_1—喇叭　S_{18}—喇叭继电器及驻车制动灯熔断器
S_4—危险报警灯熔断器　S_2—制动灯熔断器　S_{19}—转向灯熔断器　S_{15}—倒车灯熔断器
S_{16}—喇叭熔断器　R—收录机

池正极→30 电源线→车灯开关→仪表板调光电阻→危险报警灯开关电阻→报警指示灯 K_6→搭铁→蓄电池负极。此时，由于仪表板调光电阻与危险报警灯开关电阻 R 的降压作用，指示灯亮度较小。

六、电喇叭和喇叭继电器

在中小型汽车上，由于安装位置的限制，多采用螺旋形和盆形电喇叭。盆形电喇叭具有体积小、质量轻、噪声小等优点。

1. 电喇叭结构及工作原理

（1）螺旋形电喇叭　螺旋形电喇叭的构造如图 5-35 所示。其主要机件有“山”形铁心、励磁线圈、衔铁、膜片、扬声筒、触点以及电容器。膜片借中心螺杆与衔铁、调整螺母、锁紧螺母联成一体。当按下按钮时，电流由蓄电池正极→按钮→线圈→触点→搭铁→蓄电池负极。当电流通过线圈时，产生电磁吸力，吸下衔铁，中心杆上的调整螺母压下活动触点臂，使触点分开而切断电路。此时励磁线圈电流中断，电磁吸力消失，在弹簧片和膜片的弹力作用下，衔铁又返回原位，触点闭合，电路又接通。此后，上述过程反复进行，膜片不断振动，从而发出一定频率的音波，由扬声筒共鸣后发出和谐、悦耳的声音。

为了减小触点张开时的火花，避免触点烧蚀，在触点间并联了灭弧电容器。

（2）盆形电喇叭　桑塔纳系列轿车采用盆形电喇叭，有高音喇叭、低音喇叭各一个，并同步工作。盆形电喇叭作用原理与螺旋形喇叭相同，其结构如图 5-36 所示。

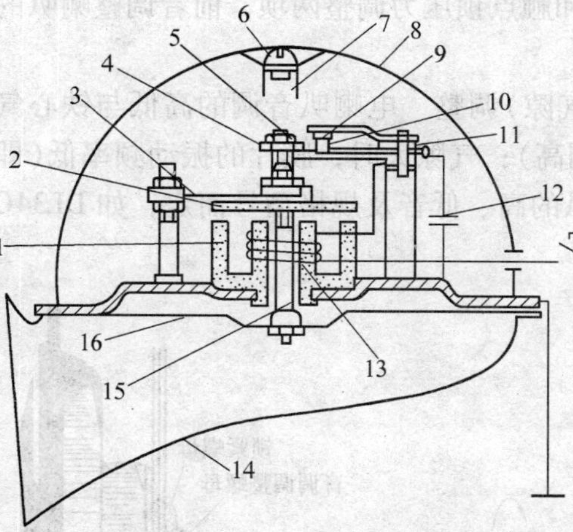

图 5-35　螺旋形电喇叭

1—铁心　2—衔铁　3—弹簧片　4—调整螺母　5—锁紧螺母　6—螺钉　7—支架　8—防护罩　9—固定触点　10—活动触点　11—绝缘片　12—灭弧电容器　13—电磁线圈　14—扬声筒　15—中心螺杆　16—膜片

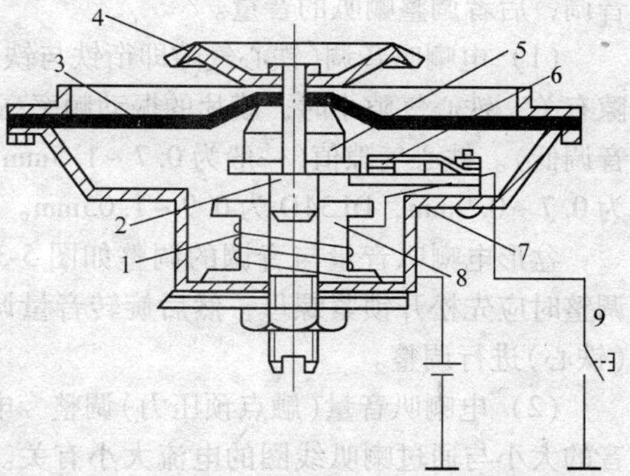

图 5-36　盆形电喇叭

1—电磁线圈　2—活动铁心　3—膜片　4—共鸣板　5—振动块　6—触点　7—外壳　8—铁心　9—按钮

电磁铁采用螺管式结构，铁心上绕有励磁线圈，上、下铁心间的气隙在线圈中间，所以能产生较大的吸力。它无扬声筒，而是将上铁心、膜片和共鸣板装在中心轴上。当电路接通时，励磁线圈产生吸力，上铁心被吸下与下铁心撞击，产生较低的基本频率，并激励膜片及与膜片联成一体的共鸣板产生共鸣，从而发出比基本频率强得多、且分布又比较集中的谐音。

为了保护触点，盆形喇叭在触点之间也并联了一只灭弧电容器。

2. 喇叭继电器

为了得到较为和谐、悦耳的声音，许多轿车装有两个不同音调（高、低音）的电喇叭。其中高音喇叭膜片厚，扬声筒短，低音喇叭则相反。当装用两只电喇叭时，电喇叭耗用电流较大（约 15～20A），用按钮直接控制，易烧蚀触点。为克服这个缺点，采用喇叭继电器控制双音电喇叭。

喇叭继电器电路如图 5-37 所示。按下转向盘上喇叭按钮时，蓄电池便经喇叭继电器线圈形成小电流，使继电器铁心产生电磁吸力，将继电器触点闭合，接通了双音电喇叭，喇叭发音。松开转向盘喇叭按钮时，继电器线圈断电，铁心电磁吸力消失，触点在自身弹力作用下张开，切断了电喇叭电路，电喇叭停止发音。

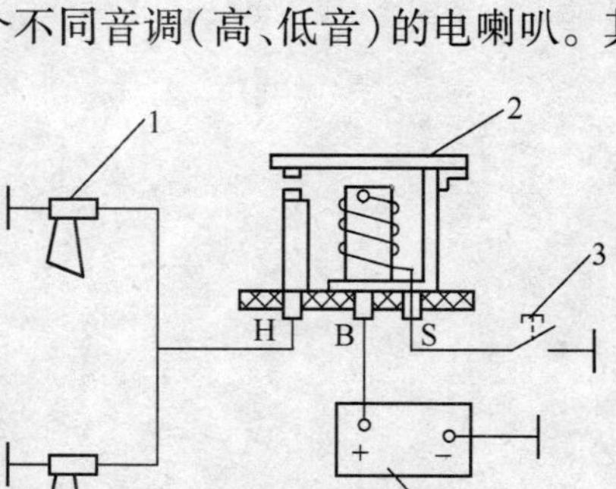

图 5-37　双音喇叭继电器电路

1—喇叭　2—喇叭继电器　3—按钮　4—蓄电池

喇叭继电器的作用就是利用铁心线圈的小电流控制触点的大电流，从而保护转向盘按钮触点。有些汽车为提高可靠性，双音盆形喇叭也采用了继电器控制电路。

3. 电喇叭的调整

螺旋形、盆形电喇叭调整一般有铁心气隙调整和触点预压力调整两项，前者调整喇叭的音调，后者调整喇叭的音量。

（1）电喇叭音调（铁心气隙即衔铁与铁心间的气隙）调整　电喇叭音调的高低与铁心气隙有关，铁心气隙小时，膜片的振动频率高（即音调高）；气隙大时，膜片的振动频率低（即音调低）。铁心气隙值（一般为0.7～1.5mm）视喇叭的高、低音及规格型号而定，如DL34G为0.7～0.9mm，DL34D为0.9～1.05mm。

盆形电喇叭音量与音调的调整如图5-38所示。调整时应先松开锁紧螺母，然后旋转音量调整螺栓（铁心）进行调整。

（2）电喇叭音量（触点预压力）调整　电喇叭声音的大小与通过喇叭线圈的电流大小有关。当触点预压力增大时，流过喇叭线圈的电流增大，使喇叭产生的音量增大，反之音量减小。

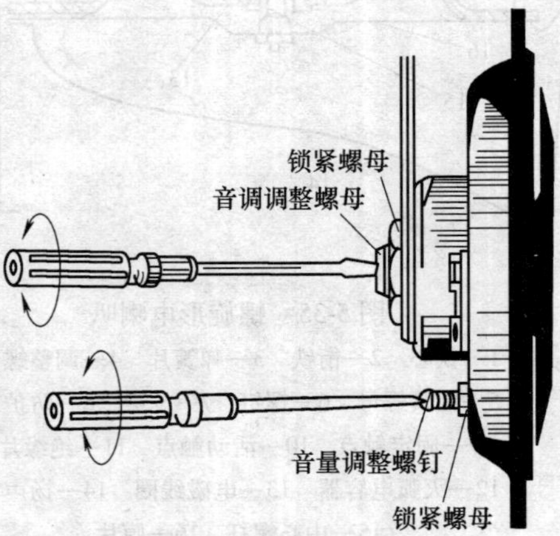

图5-38　盆形电喇叭音量与音调的调整

触点压力是否正常，可通过检查喇叭工作时的耗电量与额定电流是否相符来判断，如相符，则说明触点压力正常。如耗电量等于额定电流，则说明触点压力正常；如耗电量大于或小于额定电流，则说明触点压力过大或过小，应予以调整。对于盆形电喇叭和图5-35所示的螺旋形电喇叭，应先松开锁紧螺母，然后转动调整螺钉（逆时针方向转动时，触点压力增大，音量增大）进行调整。调整时不可过急，每次只需对调整螺母转动1/10圈，每调整一次，通电试验，直至喇叭响声符合要求为止，最后将锁紧螺母锁止。

电喇叭音量和音质调整并不是完全独立的，两者实际上是相互关联的，因此需反复调试才会获得最佳效果。

第六章　汽车仪表与报警信息系统

1. 仪表的作用

为了使驾驶员随时掌握车辆的各种工作状况，保证行车安全，并及时发现和排除车辆存在的故障，现代汽车上都安装有多种监控仪表和报警信息装置。

2. 仪表的分类

汽车仪表按工作原理可分为机械式仪表、电气式仪表、模拟电路电子仪表和数字化电子仪表。传统仪表一般是指机械式仪表、电气式仪表和模拟电路电子仪表。随着现代汽车不断向信息化和电子化方向发展，数字化电子仪表相对于传统仪表具有集成度和精确度高、信息含量大、可靠性好及显示模式自由等优点，逐步取代传统仪表。

现代汽车最常用的是组合式仪表。组合仪表又分为可拆式（桑塔纳2000）和整体不可拆式（宝马、别克）两种。可拆式组合仪表的仪表、指示灯等组成部件如果损坏可以单独更换，而整体不可拆式组合仪表的仪表、指示灯等组成部件如果损坏就要更换总成，代价较高。

现代轿车的仪表台（见图6-1）总成一般分成两部分，一般是指转向盘前的主仪表板和驾驶员旁通道上的副仪表板以及仪表罩构成的平台。主仪表板上一般集中了全车的监控仪表，如车速表、发动机转速表、油压表、冷却液温度表、燃油表等。有些仪表还设有变速挡位指

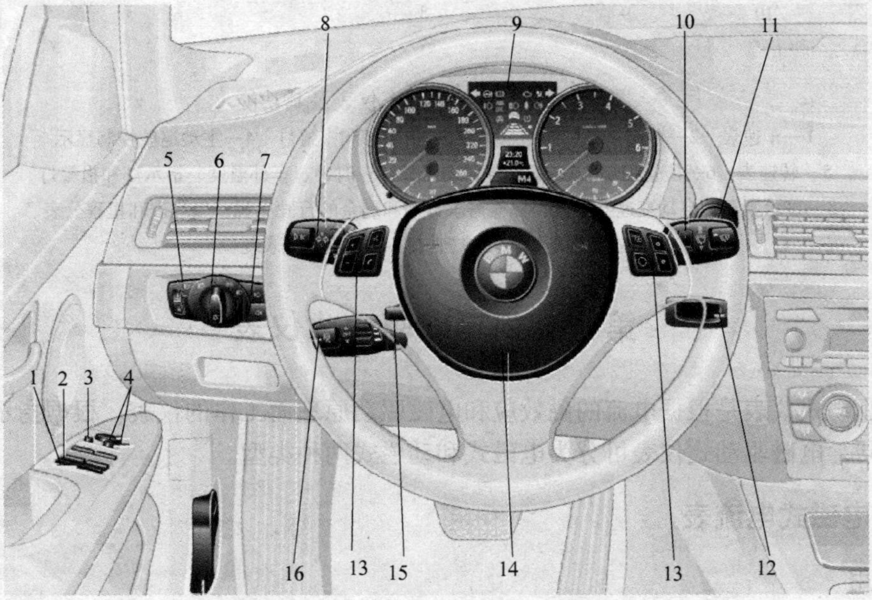

图6-1　新宝马3系汽车仪表台布局

1—车内后座电动车窗的安全开关　2—电动车窗开关　3—外后视镜的折合、翻开开关　4—外后镜调整开关　5—前照灯光程调节装置　6—车灯开关　7—雾灯开关　8—转向及停车警告灯开关　9—仪表总成　10—刮水器开关　11—起动/关闭发动机和接通/关闭点火装置　12—点火开关　13—转向盘按钮　14—喇叭按钮　15—转向盘调整　16—巡航控制

示、时钟、环境温度表、路面倾斜度和海拔表等。按照当前流行的仪表台设计款式，一般将空调、音响、导航、娱乐等设备的显示和控制部件安装在副仪表板上，以方便驾驶者的操作，同时也显得整车布局紧凑合理。汽车仪表装在仪表台上最便于驾驶员观察的位置，并且以最清晰、直观、简便的方式来显示信息。主仪表板上最醒目的位置都是用来指示车辆最基本也最重要的工况信息，同时也用其他指示形式来指示一些次要信息。一般汽车仪表都具备最基本最重要的如车速、里程、发动机转速、冷却液温度、燃油量等信息的指示功能，以及发动机电控、灯光、电源、安全、润滑、制动等系统相关工况信息的指示及报警功能。宝马新 3 系汽车仪表及其功能如图 6-2 所示。

图 6-2　宝马新 3 系汽车仪表及其功能

1—车速表　2—转向信号灯的指示灯　3—指示灯和报警灯　4—主动巡航控制显示
5—转速表　6—能量控制　7—显示屏，用于显示：时钟、车外温度、指示灯和报警灯
8—显示用于：自动变速器挡位、保养需求日期和剩余的行驶里程、里程表和里程分表、设置和信息等　9—燃油表　10—里程分表复位

第一节　电磁驱动式仪表

电磁驱动式仪表是根据电流的磁效应和电磁驱动原理而工作的仪表。根据指示仪表的工作方式不同，电磁驱动式仪表可分为电磁式和动磁式两种类型。

一、电磁式电流表

1. 功用

在现代汽车上，充电系统工作状态的指示方式有电流表指示、充电指示灯指示和电压表指示三种。电流表的显著特点是：不仅能够指示充电系统的充放电状态，而且还能指示充放电电流的大小，适合于整车负载电流相对较小、仪表盘安装空间相对较大的载货汽车选装。充电指示灯只能指示充电系统的充放电状态，不能指示充放电电流的大小，适合于整车负载电流相对较大、仪表盘安装空间相对较小的轿车选装。

电流表的功用是指示充电系统的工作状态。电流表串接在蓄电池与发电机之间的电路中使用。当蓄电池向用电设备放电时，其指示值为负值，当发电机向蓄电池充电时，其指示值为正值。

2. 结构组成

电磁式电流表的结构如图 6-3 所示。黄铜板条 3 固定在绝缘底板上，两端与接线端子 1 和 2 相连，下面夹有永久磁铁 6。在磁铁内侧的转轴 5 上装有带指针的软钢转子 4。

3. 工作原理

电磁式电流表的工作原理如图 6-4 所示。当电流表没有电流流过时，由于软钢转子被永久磁铁磁化，且转子磁化后的极性与永久磁铁的极性相反，因此两者互相吸引，使指针偏转。

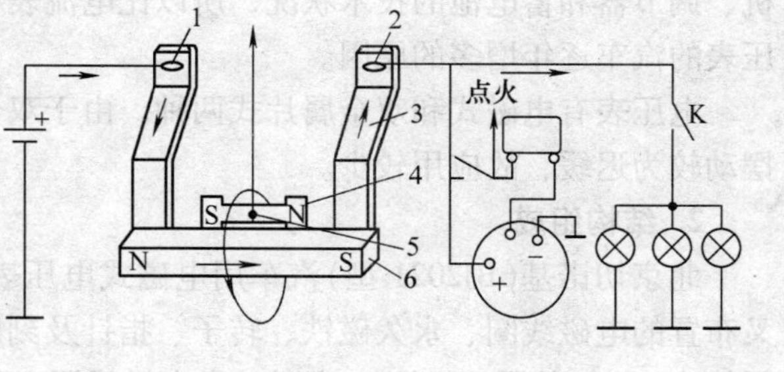

图 6-3　电磁式电流表的结构
1、2—接线端子　3—黄铜板条　4—软钢转子与指针　5—转轴　6—永久磁铁

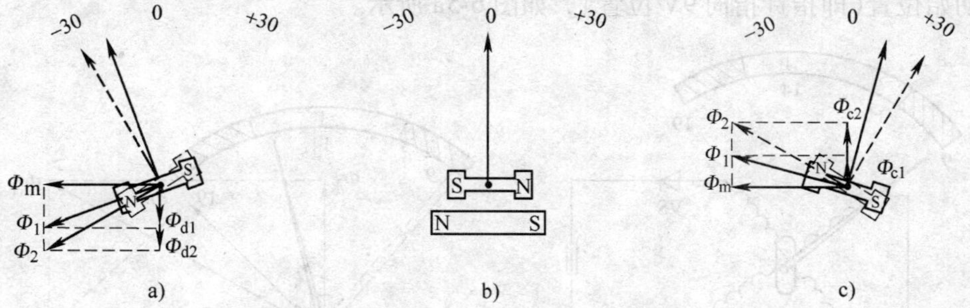

图 6-4　电磁式电流表的工作原理
a) $I<0$　b) $I=0$　c) $I>0$

当蓄电池的放电电流流过黄铜板条时，在其周围就会产生磁场，方向可用安培定则(即右手螺旋定则)判定，如图 6-3 所示。由图可见，放电电流的磁场方向与永久磁铁的磁场方向垂直。因此，放电电流的磁场(磁通量用 Φ_{d1} 表示)与永久磁铁的磁场(磁通量用中 Φ_m 表示)就会产生一个合成磁场(磁通量用 Φ_1 表示)，如图 6-4a 所示，转子与指针在合成磁场的作用下，就会向刻度盘上的负值(－)方向偏转一个角度，指示充电系统处于放电状态。放电电流越大，电流的磁场就越强(磁通量用 Φ_{d2} 表示)，合成磁场也就越强(磁通量用 Φ_2 表示)，转子与指针偏转的角度也就越大，如图 6-4a 中虚线所示。

如果交流发电机向蓄电池充电，则电流及其磁场方向放电时恰好相反，如图 6-4c 所示。充电电流小时的磁通量用 Φ_{c1} 表示，合成磁场的磁通量用 Φ_1 表示，此时合成磁场使转子与指针向刻度盘正值(＋)方向偏转的角度小。充电电流大时的磁通量用 Φ_{c2} 表示，合成磁场的磁通量用 Φ_2 表示，此时合成磁场使转子与指针偏转的角度增大。

电磁式电流表的两个接线端子具有正负极之分，标有正极“＋”标记的端子应与交流发电机的输出端子“B”相连，标有负极“－”标记的端子应与蓄电池正极端子“BAT”相连。

二、电磁式电压表

1. 功用

电压表的功用是指示电源系统的工作情况。因为电压表能够指示电压的高低来反映发电机、调节器和蓄电池的技术状况，所以比电流表和充电指示灯更为直观实用。这正是装备电压表的汽车逐年增多的原因。

电压表有电磁式和双金属片式两种。由于双金属片式电压表在接通或断开电源时，指示摆动较为迟缓，故应用较少。

2. 结构组成

北京切诺基(BJ2021 型)汽车用电磁式电压表的结构原理如图 6-5 所示，由两只十字交叉布置的电磁线圈、永久磁铁、转子、指针及刻度盘组成。两只电磁线圈与稳压管 VS 以及阻值为 112Ω 的限流电阻 R 串联。在电磁线圈电路中串联稳压管的目的是：当电源电压达到一定数值时，电磁线圈才有电流流过，电压表电路才能接通。

3. 工作原理

当电压表尚未接通或电源电压低于稳压管的稳定电压时，永久磁铁将转子磁化，使指针保持在初始位置(即指针指向 9V 位置)，如图 6-5a 所示。

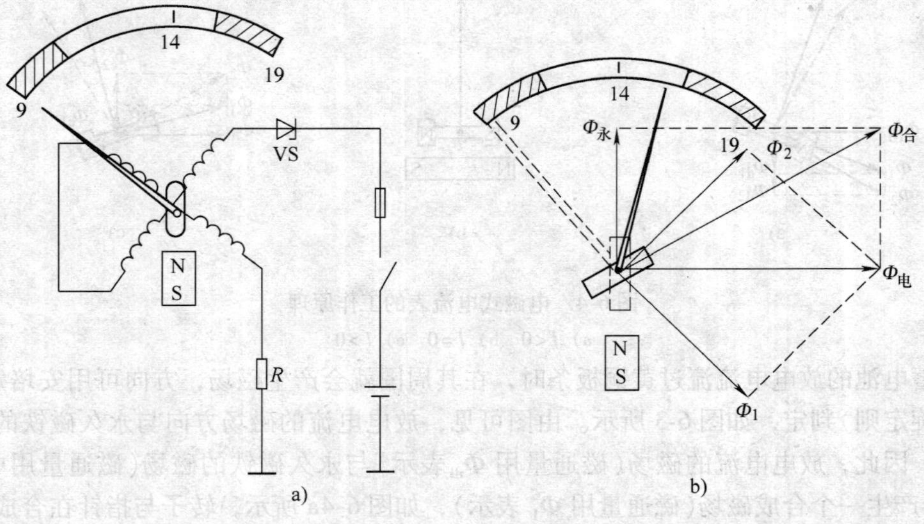

图 6-5　电磁式电压表结构及工作原理

a）无电流流过时　b）有电流流过时

当电压表电路接通、电源电压达到稳压管稳定电压时，电磁线圈通过电流 I_1 和 I_2，产生磁场(磁通量分别用 Φ_1 和 Φ_2 表示)将转子磁化，磁场的方向是 Φ_1 和 Φ_2 的合成磁场(用 $\Phi_电$ 表示)的方向，电流的合成磁场 $\Phi_电$ 与永久磁铁的磁场 $\Phi_永$ 合成磁场 $\Phi_合$，便使转子带动指针偏转，如图 6-5b 所示。

电源电压越高，通过电磁线圈的电流就越大，电流的合成磁场就越强，因此指针偏转的角度就越大。

4. 电压表的检查与调整

接通点火开关、但未起动发动机时，电压表指示的是蓄电池端电压，12V 电气系统一般为 11.5～12.6V。

在接通起动机瞬间，电压表指示读数有所降低，对于 12V 电气系统的电压会降低到约 9～10V。若电压表指示值过低，则表明蓄电池亏电或有故障。

发动机起动后正常运转时，电压表指针应指在额定电压区域内（13.5～14.5V）。若接通点火开关，发动机起动前后电压表指示读数不变，则表明发电机不发电；若起动后电压表指示值不在额定区域内，则表明充电系统故障。

三、电磁式冷却液温度表

1. 功用

冷却液温度表的功用是指示发动机冷却液的工作温度。冷却液温度表由安装在发动机冷却液道上的温度传感器和安装在仪表盘上的温度指示表两部分组成。汽车冷却液温度表按工作原理不同可分为电磁式和电热式（双金属片式）两种类型。

2. 结构组成

电磁式冷却液温度表由电磁式温度指示表和热敏电阻式传感器组成，结构及工作原理如图 6-6 所示。冷却液温度指示表中设有两个电磁线圈 W_1、W_2 和铁磁转子，电磁线圈 W_2 与传感器的热敏电阻并联连接。转子上固定指针，称为指针转子，指针转子套装在轴上，由电磁线圈产生的合成磁场驱动而摆动。

热敏电阻式传感器的阻值随冷却液温度变化而变化。当温度降低时，热敏电阻的阻值增大；反之，当温度升高时阻值减小。

3. 工作原理

当冷却液温度较低时，热敏电阻的阻值较大，电磁线圈 W_1 上的分压值较低，流过线圈 W_1 的电流相对较小，流过线圈 W_2 的电流相对较大，其合成磁场驱动指针转子向左偏转角度较大，从而指示冷却液温度较低。当冷却液温度升高时，热敏电阻的阻值减小，电磁线圈 W_1 上的分压值增大，流过线圈 W_1 的电流相对增大，流过线圈 W_2 的电流相对减小，其合成磁场驱动指针转子向右偏转角度增大，从而指示冷却液温度升高。发动机正常工作时，冷却液温度一般在 85℃左右。

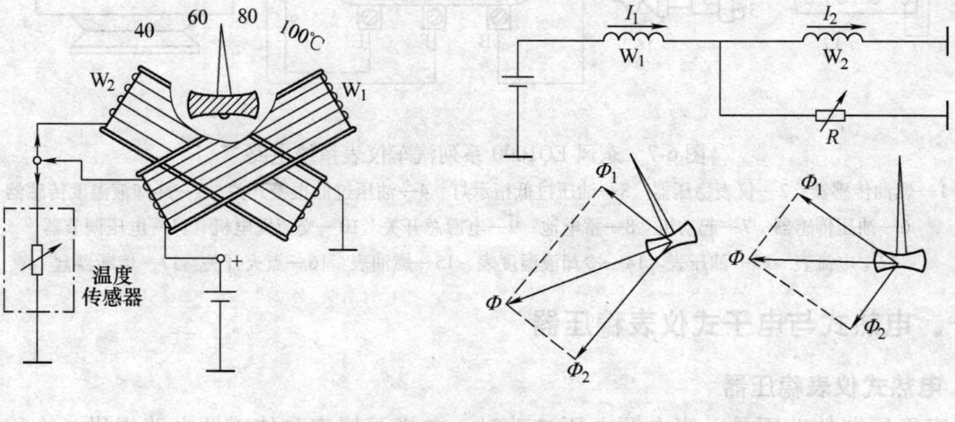

图 6-6　电磁式冷却液温度表的结构及工作原理

电磁式油压表和燃油表的工作原理与冷却液温度表相同，在此不再赘述。

第二节　电热驱动式仪表

电热驱动式仪表又称为双金属片式仪表。双金属片是由两种热膨胀系数不同的金属制成。当加热线圈通过电流时，产生的热量就会使双金属片产生弯曲变形。如果在双金属片的一端制作一对触点，并将其串联连接在电路中，那么当双金属片受热后产生变形时，触点就会断开，电路就被切断；当双金属片冷却收缩时，触点又会闭合，电路又将接通。

双金属片式指示仪表是依靠加热线圈通过电流产生热量对其进行加热而工作的。如果双金属片式指示表匹配使用的传感器不是双金属片式传感器，而是热敏电阻式传感器，那么当电源电压发生变化时，指示表加热线圈流过电流的大小和产生热量的多少都会发生变化，指示的数值就会发生偏差。因此，凡是双金属片式指示仪表与热敏电阻式传感器匹配使用的汽车仪表，在其电路中都串接一只仪表电源稳压器，简称仪表稳压器，从而避免电源电压变化给仪表指示精度带来影响。东风 EQ1090 系列汽车的冷却液温度表和燃油表都匹配了可变电阻式传感器，其仪表系统电路如图 6-7 所示。下面以双金属片式冷却液温度表为例进行介绍。

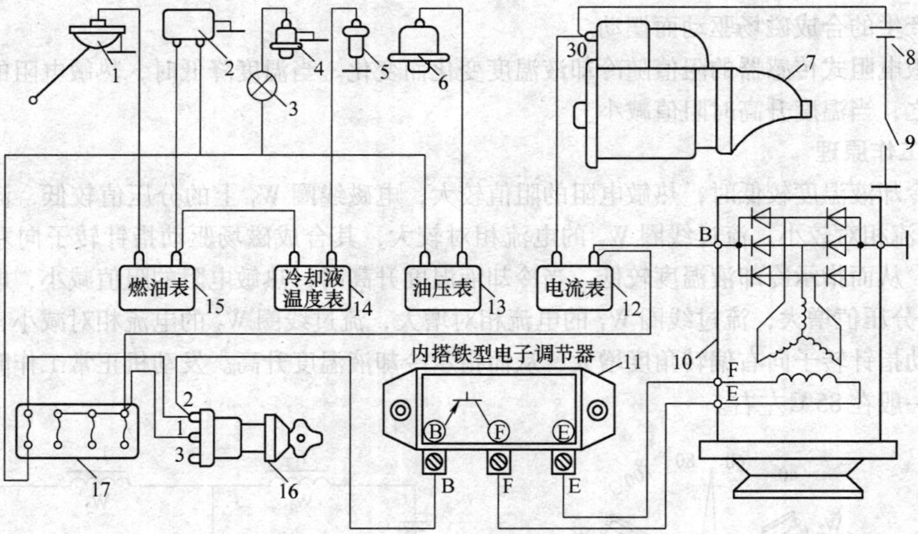

图 6-7　东风 EQ1090 系列汽车仪表系统电路

1—燃油传感器　2—仪表稳压器　3—油压过低指示灯　4—油压过低报警开关　5—冷却液温度传感器　6—油压传感器　7—起动机　8—蓄电池　9—电源总开关　10—交流发电机　11—电压调节器　12—电流表　13—油压表　14—冷却液温度表　15—燃油表　16—点火开关　17—熔断器盒

一、电热式与电子式仪表稳压器

1. 电热式仪表稳压器

仪表稳压器的功用是：当电源电压波动时，向指示仪表和传感器电路提供一个稳定的电压，保证指示仪表指示的读数准确。

常用仪表稳压器分为双金属片式和电子式两种。桑塔纳等小轿车采用了电子式；东风、解放等载货汽车采用了双金属片式。仪表稳压器主要由双金属片、加热线圈和一对常闭触点组成。双金属片制成“Ⅱ”形，如图6-8所示，加热线圈绕制在双金属片上，加热线圈一端搭铁，另一端焊接在双金属片上。双金属片一端固定，另一端铆有活动触点，固定触点与电源端子“+”连接。仪表稳压器的工作原理如图6-9所示。

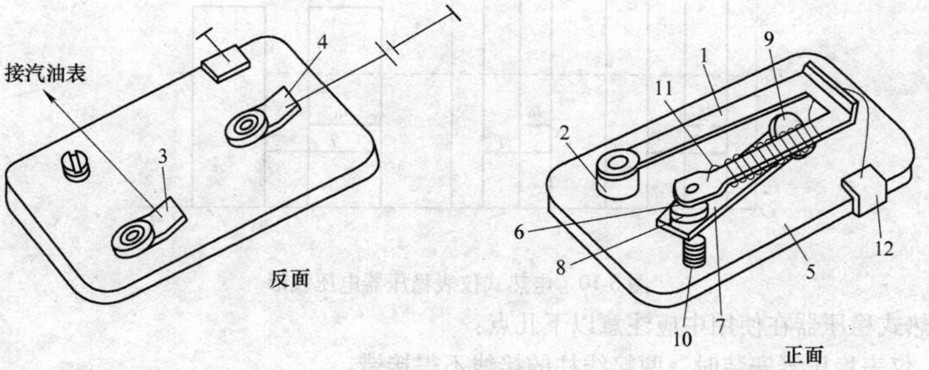

图6-8　稳压器

1—双金属片　2、3—输出端　4、9—输入端　5—稳压器底板　6—活动触点　7—固定触点臂　8—固定触点　10—调整螺钉　11—加热线圈　12—搭铁

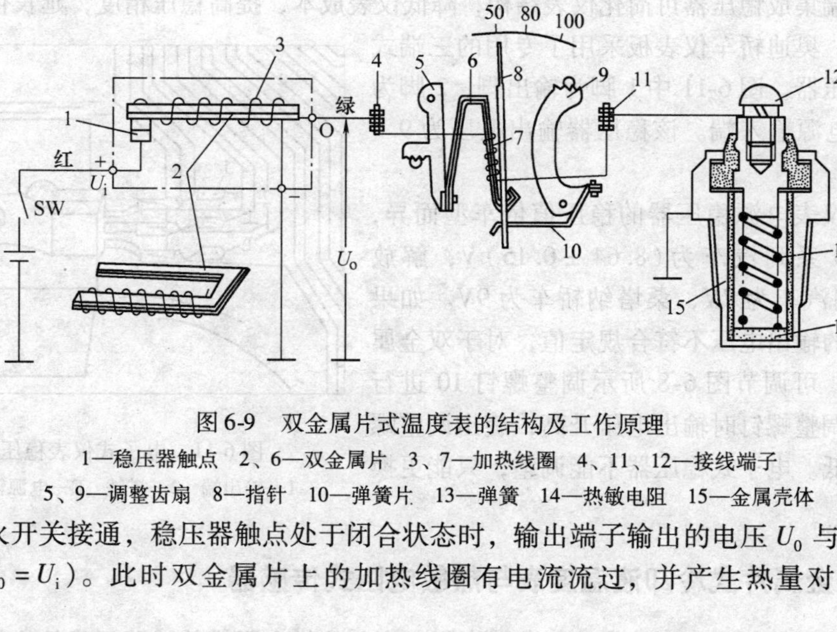

图6-9　双金属片式温度表的结构及工作原理

1—稳压器触点　2、6—双金属片　3、7—加热线圈　4、11、12—接线端子　5、9—调整齿扇　8—指针　10—弹簧片　13—弹簧　14—热敏电阻　15—金属壳体

当点火开关接通，稳压器触点处于闭合状态时，输出端子输出的电压 U_0 与输入电压 U_i 相等(即 $U_0=U_i$)。此时双金属片上的加热线圈有电流流过，并产生热量对双金属片进行加热。

当双金属片受热时就会向上弯曲，使触点断开。当触点断开时，输出电压 $U_0=0$。此时加热线圈电流切断，双金属片逐渐冷却复位，触点将重又闭合。触点如此循环断开与闭合，稳压器不断输出脉冲信号电压，并使输出电压保持在某一平均值。

当汽车电源电压升高时，由于稳压器的输入电压升高，流过加热线圈的电流增大，产生热量多，因此双金属片只需加热较短时间即可使触点断开。触点断开后，待双金属片逐渐冷却复位时，触点就会再次闭合。由此可见，虽然电源电压升高时会使输入稳压器的电压 U_i 有所升高，但是触点闭合时间缩短使得稳压器输出电压的平均值将基本保持不变。同理，当汽车电源电压降低，稳压器的输入电压降低时，由于触点闭合时间增长，因此输出电压的平均值将基本保持稳定。仪表稳压器工作时的电压波形如图6-10所示。

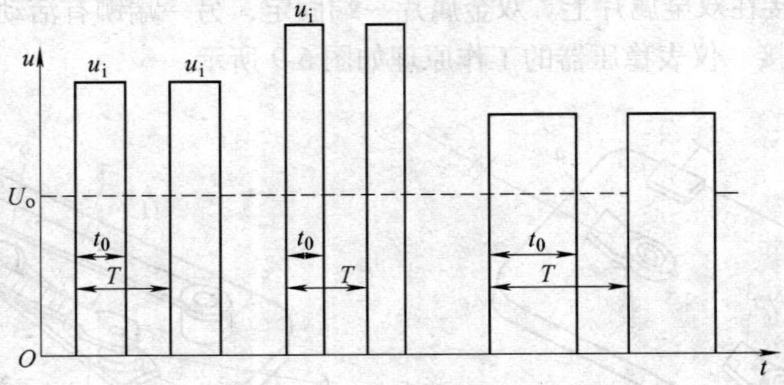

图6-10　电热式仪表稳压器电压波形

电热式稳压器在使用中应注意以下几点：

1）仪表稳压器安装时，两接线柱的接线不得接错。

2）凡使用仪表稳压器的燃油表及冷却液温度表，不允许直接与电源相接，否则会烧毁仪表。

2. 电子式仪表稳压器

采用三端集成稳压器可简化仪表结构，降低仪表成本，提高稳压精度，延长仪表寿命。

桑塔纳、奥迪轿车仪表板采用了专用的三端式电子仪表稳压器。图6-11中1脚为输出脚，2脚为搭铁，E为电源输入端。该稳压器输出电压为9.5~10.5V。

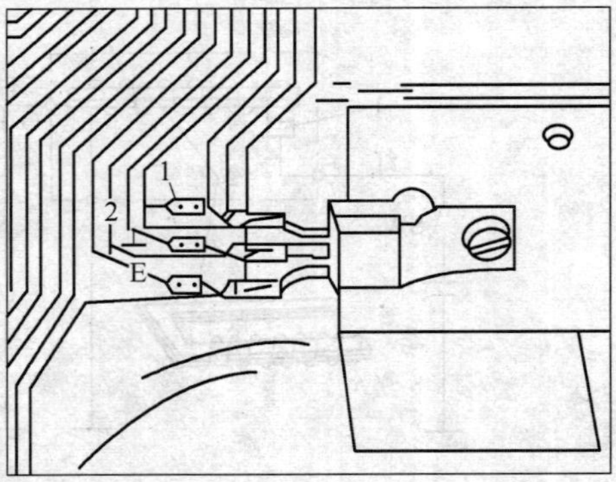

图6-11　电子式仪表稳压器

1—输出端　2—搭铁　E—电源输入端

汽车用仪表电源稳压器的稳压值依车型而异，东风EQ1090系列汽车为(8.64±0.15)V，解放CA1091系列汽车为7V，桑塔纳轿车为9V。如果仪表稳压器的输出电压不符合规定值，对于双金属片式稳压器，可调节图6-8所示调整螺钉10进行调整，旋入调整螺钉时输出电压升高，旋出调整螺钉时电压降低。电子式稳压器不能调整，只能更换新品。

二、双金属片式冷却液温度表与热敏电阻式传感器

由仪表稳压器、双金属片式冷却液温度指示表与热敏电阻式传感器组成的冷却液温度表的工作原理如图6-9所示，当点火开关SW接通时，仪表稳压器电路接通，其加热线圈和双金属片工作，并向冷却液温度指示表和热敏电阻式传感器提供一个稳定的平均电压。冷却液温度指示表和热敏电阻式传感器电路为稳压器输出端子“O”→指示表加正极端子4→指示表加热线圈7→指示表负极端子11→传感器接线端子12→传感器弹簧13→热敏电阻14→壳体15搭铁→蓄电池负极。

当发动机冷却液温度较低时，传感器的热敏电阻阻值较大，指示表加热线圈流过的电流

值较小，指示表双金属片受热弯曲变形小，指针向右偏摆角度较小，从而指示冷却液温度升高较低。

当发动机冷却液温度升高时，传感器的热敏电阻阻值减小，指示表加热线圈流过的电流增大，双金属片受热产生的变形量增大，指针向右偏摆角度增大，从而指示冷却液温度升高。

三、双金属片式冷却液温度表与传感器

当冷却液温度表的温度指示表和传感器均为双金属片式时，电路中可以不采用仪表稳压器。双金属片式指示表与传感器的结构及工作原理如图 6-12 所示。

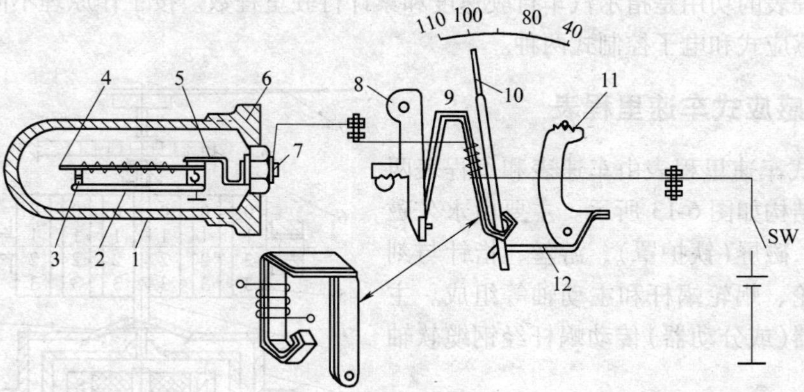

图 6-12　不带稳压器的双金属片式温度指示表与传感器结构及工作原理

1—冷却液温度传感器壳体　2—触点臂　3—固定触点　4、9—双金属片　5—导电接触片

6—接线座　7—传感器接线端子　8、11—调整齿扇　10—指针　12—弹簧片

双金属片式冷却液温度指示表的结构与双金属片式油压指示表完全相同，唯一不同的是仪表板刻度不同。

双金属片式冷却液温度传感器是一个密封的铜质壳体，内装“Ⅱ”形双金属片，双金属片上绕有加热线圈。加热线圈一端焊接在双金属片的触点上，另一端与导电接触片 5 相连。固定触点用螺钉固定在触点臂上，触点臂另一端与铜质壳体连接而搭铁。

当点火开关接通时，冷却液温度表电路为：蓄电池正极→点火开关 SW→指示表双金属片 9 上的加热线圈→传感器接线端子→导电接触片→加热线圈→触点→触点臂→搭铁→蓄电池负极。双金属片 4 经加热线圈加热后，向上弯曲变形，使触点断开，切断电流通路。经过一段时间后，双金属片冷却复位，触点重又闭合，电路又被接通，如此循环，电路中形成一个平均电流。该平均电流的大小取决于冷却液温度的高低。

当冷却液温度较低时，由于传感器双金属片周围环境温度较低，因此只有当加热线圈通过较大电流使双金属片产生较大变形时，才能使触点断开。与此同时，因为传感器双金属片周围环境温度较低、散热容易，所以触点断开后双金属片在较短时间内就会冷却复位使触点再次闭合。因此当冷却液温度较低时，触点闭合时间较长、断开时间较短，流过指示表加热线圈的平均电流较大，使指示表双金属片受热变形较大，带动指针偏转角度较大，从而指向低温。

当冷却液温度升高时，传感器双金属片周围环境温度较高且散热困难，传感器加热线圈通过较小电流就能使触点张开，且在触点断开后双金属片需要经过较长时间散热才能使触点

再次闭合，因此当冷却液温度升高时，触点闭合时间缩短、断开时间增长，流过指示表加热线圈的平均电流减小，使指示表双金属片受热变形减小，带动指针偏转角度减小，从而指示温度升高。

双金属片式油压表与燃油表的结构及工作原理与双金属片式冷却液温度表结构及工作原理相似，在此不再赘述。

第三节　车速里程表

车速里程表的功用是指示汽车行驶速度和累计行驶里程数。按工作原理不同，车速里程表可分为磁感应式和电子控制式两种。

一、磁感应式车速里程表

磁感应式车速里程表由车速表和里程表两部分组成，结构如图 6-13 所示。主要由永久磁铁、感应罩、磁屏（铁护罩）、游丝、指针与刻度盘、计数轮、蜗轮蜗杆和主动轴等组成。主动轴由变速器（或分动器）传动蜗杆经钢缆软轴驱动。

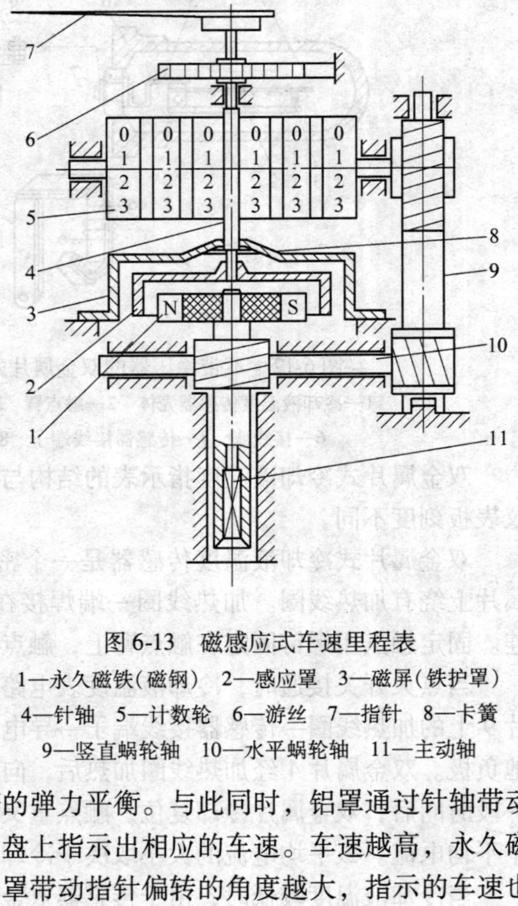

图 6-13　磁感应式车速里程表

1—永久磁铁（磁钢）　2—感应罩　3—磁屏（铁护罩）　4—针轴　5—计数轮　6—游丝　7—指针　8—卡簧　9—竖直蜗轮轴　10—水平蜗轮轴　11—主动轴

1. 车速表的结构及工作原理

车速表由与主动轴紧固在一起的永久磁铁 1、带有针轴和指针 7 的感应罩 2、磁屏（铁护罩）3 和紧固在车速里程表外壳上的刻度盘等组成。

汽车停驶时，铝罩在盘形游丝弹簧的弹力作用下，使指针指向刻度盘的“0”位置。当汽车行驶时，主动轴带动永久磁铁旋转，磁力线在铝罩上就会产生涡流，涡流产生的磁场与永久磁铁的旋转磁场相互作用就会产生转矩，这个转矩克服游丝弹簧的力矩就会使铝罩沿着永久磁铁转动的方向转动一定的角度与游丝弹簧的弹力平衡。与此同时，铝罩通过针轴带动指针转过一个与车速成正比的角度，从而在刻度盘上指示出相应的车速。车速越高，永久磁铁旋转越快，铝罩上的涡流越强，转矩越大，铝罩带动指针偏转的角度越大，指示的车速也就越高。

2. 里程表的结构及工作原理

里程表由蜗轮蜗杆机构和十进制数字轮组成。数字轮上制作有传动齿轮和进位齿轮。蜗轮蜗杆具有一定的传动比，汽车行驶时，钢缆软轴带动主动轴转动，并经三对蜗轮蜗杆驱动里程表右边的第一数字轮转动。第一数字轮上所刻的数字为 1/10km。在两个相邻的数字轮之间，既通过自身的内齿进行齿轮传动，又通过进位数字轮进行进位传动，从而形成 1∶10 的传动比。即在右侧数字轮转动一周，数字由“9”翻转到“0”的同时，其进位数字轮便使左侧相邻的数字轮转动 1/10 周，形成十进位递增关系。当汽车行驶时，就可累计出行驶里程数。

二、电子式车速里程表

电子式车速里程表是用设在变速器上的传感器获取车速信号，并通过导线传输信号，能够克服磁感应式车速里程表用钢缆软轴传输转矩带来的磨损等缺点。电子式车速里程表还具有精度高、指示平稳和寿命长等优点。因此，现代汽车特别是小轿车普遍采用，国产桑塔纳 2000 型、奥迪 100 型轿车都采用了电子式车速里程表。

电子式车速里程表的结构如图 6-14 所示，主要由车速传感器、电子电路、车速表和里程表四部分组成，既能指示汽车行驶速度，又能记录行驶里程（包括累计里程和单程里程），并具有复零功能。

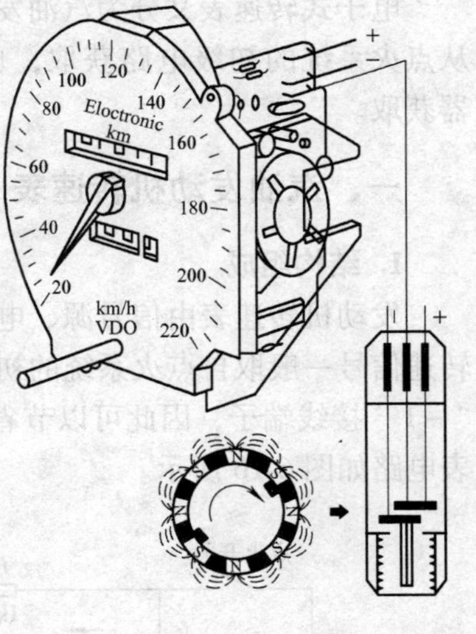

图 6-14　电子式车速里程表的结构

车速传感器一般采用舌簧开关式或磁感应式传感器，由变速器驱动，能够产生与汽车行驶速度成正比的电信号。桑塔纳 2000 型、奥迪 100 型轿车采用舌簧开关式传感器，由一个舌簧开关和一个具有 4 对磁极的转子组成。转子每转一周，舌簧开关中的触点闭合 8 次，产生 8 个脉冲信号，汽车每行驶 1km，车速传感器将输出 4127 个脉冲信号。电子电路的作用是将车速传感器输入的与车速成正比的频率信号，经过整形、触发，输出一个与车速成正比的电流信号。电子电路主要包括稳压电路、单稳态触发电路、恒流源驱动电路、64 分频电路和功率放大电路，如图 6-15 所示。车速表的指示精度由电阻 R_1 调节，初始工作电流由电阻 R_2 调节，电阻 R_3 和电容 C_3 用于电源滤波。

车速表实际上是一个磁电式电流表，当汽车以不同车速行驶时，从电子电路接线端子输入与车速成正比的电流信号便驱动车速表指针偏转，从而指示相应的车速。在车速表刻度盘上 50～130km/h 的区域标有红色标记，表示经济车速区域。

里程表是由一个步进电动机及六位数字的十进位齿轮计数器组成。步进电动机是一种利用电磁铁的作用原理将脉冲信号转换为线位移或角位移的微型电动机。车速传感器输出的频率信号经过 64 分频后，再经功率放大器放大到具有足够的功率去驱动步进电动机，带动六位数字的十进位齿轮计数器工作，从而记录累计里程和单程里程。

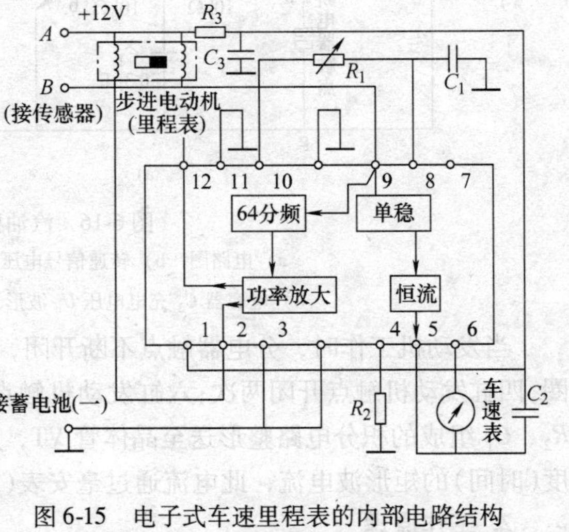

图 6-15　电子式车速里程表的内部电路结构

累计里程和单程里程的任何一位数字轮转动一圈，进位齿轮就会使其左边的相邻计数轮转动 1/10 圈。车速里程表上设有一个单程里程计复位杆，当需要清除单程里程时，只需按一下复位杆，单程里程计的4个数字轮就会全部复位为零。

第四节　发动机转速表

为了检查调整和监视发动机的工作状况，更好地掌握换挡时机，利用经济车速行驶等，在汽车仪表盘上还装有发动机转速表。

发动机转速表分为机械式和电子式两种。机械式转速表的结构及工作原理与上述磁感应式车速表基本相同。电子式转速表指示平稳、结构简单、安装方便，因此小轿车广泛采用。

电子式转速表又分为汽油发动机转速表和柴油发动机转速表两种。前者的转速信号既可从点火系统的初级电路获取，也可从转速传感器获取；后者的转速信号只能从转速传感器获取。

一、汽油发动机转速表

1. 结构组成

发动机转速表由信号源、电子电路和指示表三部分组成。汽油发动机用电子式转速表的转速信号一般取自点火系统的初级电路，如分电器中断电器触点或电子点火系统的点火线圈“-1”接线端子，因此可以节省一只转速传感器。转速信号取自点火系统初级电路的转速表电路如图6-16所示。

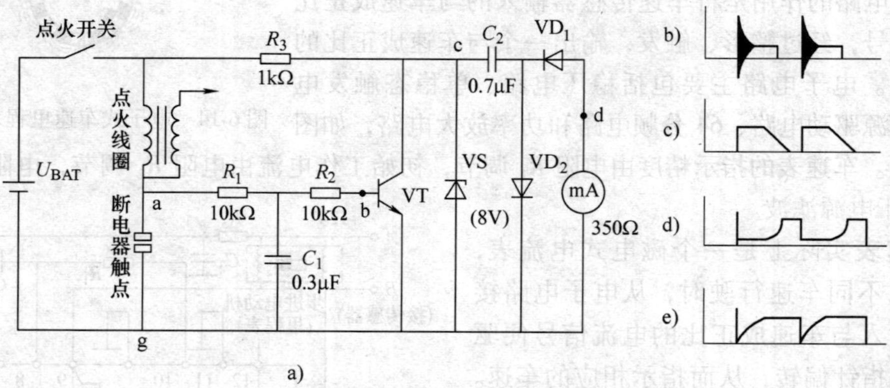

图6-16　汽油机用电子转速表

a）电路图　b）转速信号电压 U_a 波形　c）基极电压 U_b 波形

d）电容器 C_2 充电电压 U_c 波形　e）电容器 C_2 放电电压 U_d 波形

当发动机工作时，分电器触点不断开闭，其开闭次数与发动机转速成正比（曲轴每转一圈，四缸发动机触点开闭两次；六缸发动机触点开闭三次）。触点开闭产生断续电流，经 R_1、R_2、C_1 组成的积分电路整形送至晶体管VT，从而取得一个具有固定幅值（电流值）和脉冲宽度（时间）的矩形波电流，此电流通过毫安表（mA）。

2. 工作原理

当触点闭合时，晶体管VT无偏压而处于截止状态，电容器 C_2 被充电，其充电电路为：蓄电池正极→电阻 R_3→电容器 C_2→二极管 VD_2→蓄电池负极。

当触点分开时，晶体管VT的基极电位接近电源正极，VT由截止转为导通状态。此时

电容器 C_2 所充满的电荷经毫安表放电。其放电电路为：电容器 C_2 正极→晶体管 VT(c－e)→毫安表 mA→二极管 VD_1，回到电容器 C_2 负极。触点循环开闭，电路重复上述工作过程。二极管 VD_2 为电容器 C_2 提供充电回路，二极管 VD_1 为电容器 C_2 提供放电回路，C_2 的放电电流通过毫安表。因为电容器 C_2 每次充、放电电量 Q 与其电容量 C 和电容器两端电压 U 成正比，即

$$Q = CU$$

所以每个周期 T 内平均放电电流为：

$$I = \frac{Q}{T} = \frac{CU}{T} = CUf$$

在电源电压稳定，充电时间常数 $\tau = R_3C_2$ 不变的情况下，C 和 U 是固定值，则通过毫安表的电流平均值 I 只与触点的开闭频率 f 成正比，因此毫安表的读数即可直接反映发动机的转速。

二、磁感应式发动机转速表

磁感应式发动机转速表是指采用磁感应式传感器检测发动机转速信号的电子式转速表。这种转速比既可用于测量汽油发动机转速，也可用于测量柴油发动机转速。因为从点火系统初级电路获取转速信号时，点火线圈初级绕组具有 250～350V 的自感电动势，电子电路不便处理，所以采用传感器获取转速信号的转速表的汽油发动机汽车越来越多。

磁感应式转速表由磁感应式传感器、电子电路和毫安表组成，如图 6-17 所示。转速信号一般取自发动机曲轴信号，因此传感器一般都安装在飞轮壳上。

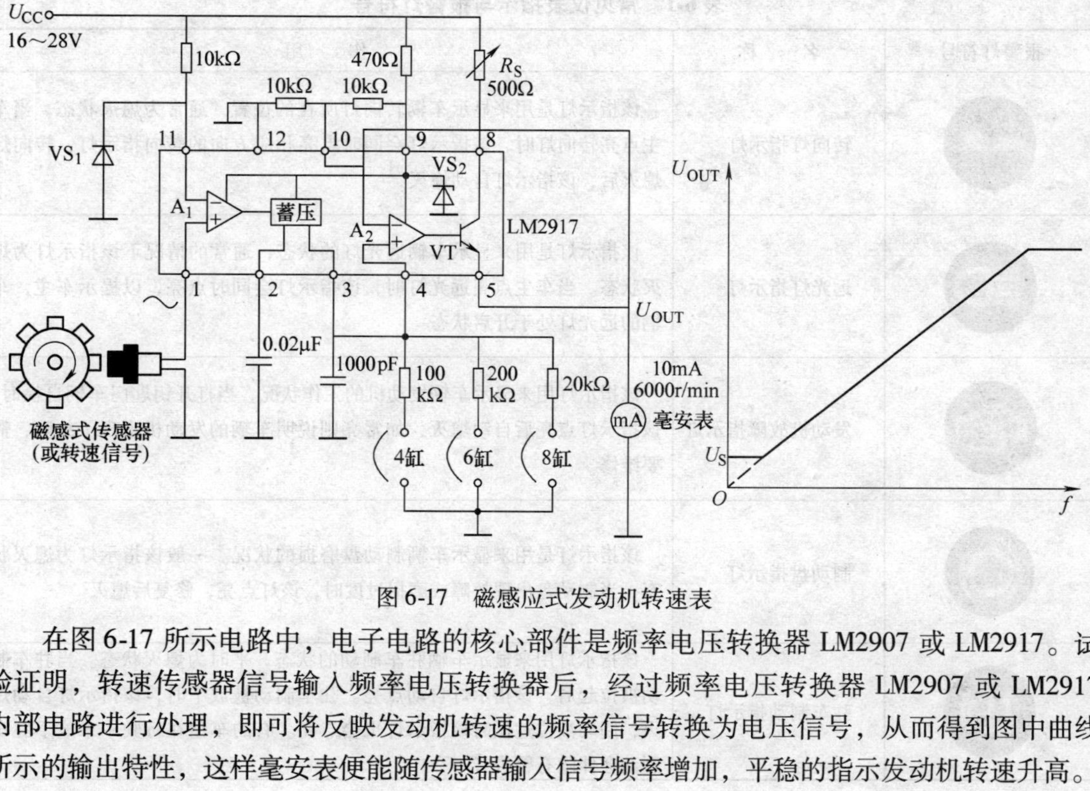

图 6-17　磁感应式发动机转速表

在图 6-17 所示电路中，电子电路的核心部件是频率电压转换器 LM2907 或 LM2917。试验证明，转速传感器信号输入频率电压转换器后，经过频率电压转换器 LM2907 或 LM2917 内部电路进行处理，即可将反映发动机转速的频率信号转换为电压信号，从而得到图中曲线所示的输出特性，这样毫安表便能随传感器输入信号频率增加，平稳的指示发动机转速升高。

电压 U_S 称为最小输出电压，在频率较低(发动机转速在 0～100r/min 范围内)时，保持最小输出电压稳定的目的是克服毫安表的机械惯性和磁滞性，使转速表在低速时就能准确指示发动机转速。调节电阻 R_S 的阻值，即可调节最小输出电压的大小，从而使毫安表在某一转速开始比较准确的指示发动机转速。

上述电路可适用于四缸、六缸、八缸发动机。制作转速表，只需根据图中所示电路连接相应阻值的电阻并将该电阻与负极连接即可。

第五节　汽车报警信息系统

汽车仪表除了指示基本的车辆行驶工况信息外，还对其他的一些工况进行监控并向驾驶员发出指示或警告信息，这些信息通常以指示灯的形式显示在仪表板上或者以文字信息的形式显示在液晶显示器上，有的还伴随蜂鸣声，引起驾驶员的注意或重视。对于运用多路传输系统的汽车，它的仪表当然也包括信息指示和警告灯系统，不过这些系统都是经由 PCM 或 BCM 控制的，它们通常是多路传输系统的一部分。

一、报警指示灯

汽车仪表上的指示灯系统一般由光源、刻有符号图案的透光塑料板和外电路组成。指示灯的光源以前大多采用小的白炽灯泡，损坏后可以更换；而目前电子仪表上越来越多的采用体积小、亮度高、易于集成的彩色 LED 作为光源，但其损坏不易更换。仪表指示灯一般都使用国际标准化组织(ISO)规定的通用符号，其常见符号见表 6-1、表 6-2。

表 6-1　常见仪表指示与报警灯符号

报警灯符号	名　称	作　用
	转向灯指示灯	该指示灯是用来显示车辆转向灯所在的位置，通常为熄灭状态。当车主点亮转向灯时，该指示灯会同时点亮相应方向的转向指示灯，转向灯熄灭后，该指示灯自动熄灭
	远光灯指示灯	该指示灯是用来显示车辆远光灯的状态，通常的情况下该指示灯为熄灭状态。当车主点亮远光灯时，该指示灯会同时点亮，以提示车主，车辆的远光灯处于开启状态
	发动机故障指示灯	该指示灯用来显示车辆发动机的工作状况，当打开钥匙门车辆自检时，该指示灯点亮后自动熄灭，如常亮则说明车辆的发动机出现了故障，需要维修
	制动盘指示灯	该指示灯是用来显示车辆制动盘磨损的状况。一般该指示灯为熄灭状态，当制动盘出现故障或磨损过度时，该灯点亮，修复后熄灭
	驻车制动指示灯	该指示灯用来显示车辆驻车制动的状态，平时为熄灭状态。当驻车制动被拉起后，该指示灯自动点亮。驻车制动被放下时，该指示灯自动熄灭，制动液位过低时该指示灯也会点亮。有的车型在行驶中未放下驻车制动会伴随有警告音

（续）

报警灯符号	名　称	作　用
	冷却液温度指示灯	该指示灯用来显示发动机内冷却液的温度，钥匙门打开，车辆自检时，会点亮数秒后熄灭。冷却液温度指示灯常亮，说明冷却液温度超过规定值，需立刻暂停行驶。冷却液温度正常后熄灭
	充电指示灯	该指示灯用来显示充电系统状态。打开钥匙门车辆开始自检时，该指示灯点亮。起动后自动熄灭。如果起动后充电指示灯点亮，说明充电系统出现了使用问题，需要维修
	安全带指示灯	该指示灯用来显示安全带是否处于锁止状态，当该灯点亮时，说明安全带没有及时的扣紧。有些车型会有相应的提示音。当安全带被及时扣紧后，该指示灯自动熄灭
	电子节气门指示灯	EPC 指示灯在大众品牌车型中比较常见。打开钥匙门后，车辆开始自检，EPC 指示灯会点亮数秒，随后熄灭。如车辆起动后仍不熄灭，说明车辆机械与电子系统出现故障
	ABS 指示灯	ABS 指示灯是用来显示车辆的 ABS 工作状况。当打开钥匙门后，车辆自检开始时，ABS 指示灯会点亮数秒，随后自动熄灭。如果 ABS 指示灯未闪亮或者车辆起动后仍不熄灭，表明该车 ABS 出现故障
	玻璃清洗液指示灯	该指示灯是用来显示车辆所装玻璃清洗液的多少，平时为熄灭状态，该指示灯点亮时，说明车辆所装载玻璃清洗液已不足，需添加玻璃清洗液。添加玻璃清洗液后，指示灯熄灭
	VSC 指示灯	该指示灯是用来显示车辆 VSC（电子车身稳定系统）的工作状态，多出现在日系车上。当该指示灯点亮时，说明 VSC 系统已被关闭
	TCS 指示灯	该指示灯是用来显示车辆 TCS（TCS：Traction Control System 牵引力控制系统）的工作状态，多出现在日系车上。当该指示灯点亮时，说明 TCS 系统已被关闭
	示宽指示灯	该指示灯是用来显示车辆示宽灯的工作状态，平时为熄灭状态，当示宽灯打开时，该指示灯随即点亮。当示宽灯关闭时，该指示灯自动熄灭
	雾灯指示灯	该指示灯是用来显示前后雾灯的工作状况，当前后雾灯点亮时，该指示灯相应的标志就会点亮。关闭雾灯后，相应的指示灯熄灭
	油量指示灯	该指示灯用来显示车辆内储油量的多少，当钥匙门打开，车辆进行自检时，该油量指示灯会短时间点亮，随后熄灭。如起动后该指示灯点亮，则说明车内油量已不足
	O/D 挡指示灯	O/D 挡指示灯用来显示自动挡的超速挡（O/D：Over-Drive）的工作状态，当 O/D 挡指示灯闪亮，说明 O/D 挡已锁止。此时加速能力获得提升，但会增加油耗
	机油压力过低报警灯	该指示灯用来显示发动机内机油的压力状况。打开钥匙门，车辆开始自检时，指示灯点亮，起动后熄灭。该指示灯常亮，说明该车发动机机油压力低于规定标准，需要维修

（续）

报警灯符号	名　称	作　用
	安全气囊指示灯	该指示灯用来显示安全气囊的工作状态，当打开钥匙门，车辆开始自检时，该指示灯自动点亮数秒后熄灭，如果常亮，则安全气囊出现故障
	车门指示灯	该指示灯用来显示车辆各车门状况，任意车门未关上，或者未关好，该指示灯都点亮相应的车门指示灯，提示车主车门未关好，当车门关闭或关好时，相应车门指示灯熄灭

表 6-2　常见的控制键符号

控制键符号	名　称	作　用
	电子稳定装置	该按键是用来打开或关闭车辆的 ESP(Electronic Stablity Program)。车辆的 ESP 系统默认为工作状态,为了享受更直接的驾驶感受,车主可以按下该按键关闭 ESP 系统
	内循环指示灯	该指示灯是用来显示车辆空调系统的工作状态,平时为熄灭状态。当点亮内循环按钮,车辆关闭外循环,空调系统进入内循环状态时,该指示灯自动点亮。内循环关闭时指示灯熄灭
	倒车雷达键	该按键是用来根据车主需要打开或关闭车上的倒车雷达系统。驾驶员可以按下该按键手动控制倒车雷达的工作。在倒车时手动关闭倒车雷达,或手动开启倒车雷达
	中控锁键	该按键是车辆中控门锁的控制按键。车主可以通过按下该按键,同时打开或关闭各车门的门锁。也可以单独关闭某一个开启的车门。有效的保证了车内人员的安全
	前照灯清洗键	该按键是用来控制前照灯的自动清洗功能。在装有前照灯清洗的车辆上,车主可以通过按下这一按键开启前照灯清洗装置,对车辆的前照灯进行喷水清洗
	后遮阳帘键	该按键是用来控制车内电动后遮阳帘的打开与关闭。在装有电动后遮阳帘的车内,车主可以通过按下这一按键打开或关闭后窗的电动遮阳帘

目前汽车仪表上的指示灯比较多,一般来说,指示灯可分为三种类型:第一种是状态指示灯,如转向指示灯、远近光指示灯、雾灯指示灯等,指示车辆处在什么工作状态,一般灯光颜色为蓝色或绿色;第二种是故障指示灯,如制动片磨损、燃油不足、清洗液不足等,这类灯光一般为黄色,告诉驾驶员车辆某个系统的功能失常,要尽快进行处理,一般不影响行驶;第三种是警告灯,如机油压力、冷却液温度、充电指示灯等,一般采用红色,主要是在车辆出现故障或异常情况时进行警示,此类灯亮时应引起驾驶员高度重视,警告灯如果点亮而对它置之不理,要么会对行车安全造成巨大影响,要么对车辆本身造成很大损害,如果还要继续行驶,则有可能造成严重事故,所以是必须进行处理的。

驾驶员在驾驶汽车的时候,一定要养成及时关注仪表指示灯状态的好习惯,并能够根据各指示灯对应的含义和点亮或闪亮的状态采取应对措施,以做到正确使用、积极维护和安全驾驶。

汽车的信息指示和报警装置的组成和工作原理因车型不同而各有差异，在此对最常见、最重要的指示灯和警告灯做一介绍。

1. 状态和故障指示灯

状态指示灯最常用于灯光信号，如前照灯的远/近光指示灯、前/后雾灯指示灯、转向信号指示灯、示宽指示灯、危急报警指示灯等。灯光信号指示灯的点亮有的是受外电路的灯光控制开关直接控制的，有的要经过继电器控制。

故障指示灯常用于与行车安全相关系统的警告指示，如轮胎气压低、安全气囊、制动液不足、清洗液不足等。

轮胎气压报警灯在轮胎充气不足或者爆胎时点亮。有些系统设有红光和黄光报警灯，红色报警灯在轮胎压力过低或者爆胎时点亮，黄色报警灯则在轮胎压力较低时点亮，有些系统还会发出声音告知驾驶员。轮胎气压压力的检测有的是通过检测车辆直行时不同车轮轮速差异得出的，有的则直接通过接收安装在轮胎气门芯内的无线压力传感器发射的信号判断压力异常。

2. 警告指示灯

（1）冷却系统　冷却系统报警信息一般指冷却液不足液位过低报警和冷却液温度高报警。冷却液温度高报警灯的作用是当发动机冷却液温度升高到一定程度时，警告灯自动点亮，以示警报。冷却液温度高报警灯的通断通常由双金属片温度开关控制。当冷却液温度低于95℃时，双金属片上的触点与固定触点保持分离状态，警告灯不亮；当冷却液温度高于98℃时，双金属片受热变形向下弯曲程度变大，使其上触点和固定触点接触，将警告灯电路接通，警告灯点亮，提醒驾驶员注意。

（2）润滑系统　润滑系统的信息和报警一般针对机油压力、机油温度、机油液面和机油质量等工况进行监控。机油压力报警灯用于提醒驾驶员注意发动机的机油压力，指示机油泵是否以正常压力供给发动机的各部件，多数车辆上只有机油压力报警灯。该灯由位于发动机润滑系统中的机油压力开关控制，机油压力警报装置的报警开关一般装在主油道上，图6-18所示为弹簧管式机油压力报警电路。有些汽车的指示灯通过发出黄光或红光提示驾驶员应采取的措施，红光表示发动机存在机油压力问题，应关闭发动机，黄光表示机油的油位过低，应尽快加注。

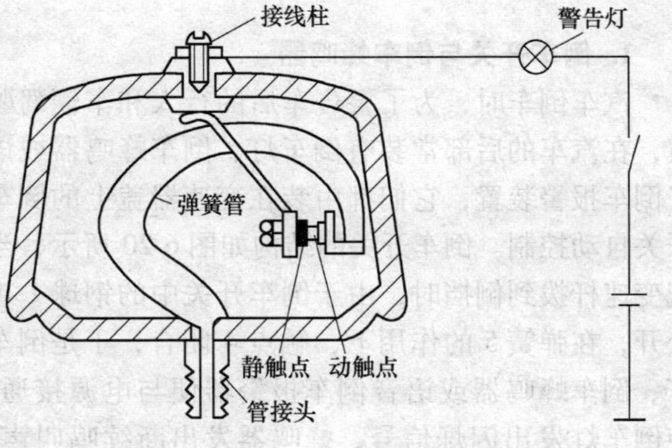

图6-18　弹簧管式机油压力报警电路

弹簧管式机油压力报警开关为盒式，内有一管形弹簧，一端与接头相连，另一端与动触点相连，静触点与接线柱经接触片与接线柱相连，当机油压力低于0.05MPa时，管形弹簧变形很小，动触点和静触点闭合，电路接通，警告灯点亮；当机油压力高于0.05MPa时，弹簧变形较大，动触点和静触点分开，电路断开，警告灯熄灭。

(3) 充电系统　充电指示灯指示充电系统的状况，如果充电系统存在故障，在发动机运转时该灯会点亮。当发电机的电压达到正常充电电压时，该警告灯熄灭。如果在正常行驶时，该警告灯亮，说明充电系统有功能故障。

(4) 燃油供给系统　燃油量报警灯用于监视燃油箱中的燃油量，当燃油油位降至低于规定值时，模块中的油位报警开关闭合，向燃油量报警灯供电，使报警灯点亮，表明燃油剩余量不足。常见的燃油油位报警灯电路如图6-19所示。该装置是由负温度系数的热敏电阻式燃油油量报警传感器和警告灯组成的。当油箱内油量较多时，热敏电阻元件浸没在燃油中，散热快，温度较低，电阻值较大，因此电路中电流很小，警告灯不亮；当燃油减少到规定值以下时，热敏电阻元件露出油面，散热慢，温度较高，电阻值较小，因此电路中电流增大，警告灯亮。

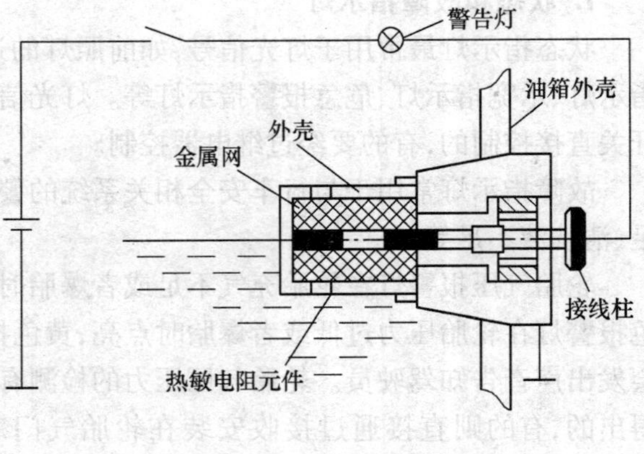

图6-19　燃油油位报警灯电路

(5) 发动机电控系统　发动机电控系统有自检功能，一旦检测到发动机电控系统有故障，仪表上的“Check Engine(发动机故障)”指示灯就会点亮，提示驾驶员及时进站维修，并在发动机电脑中存储故障码。发动机控制计算机监视着发动机的多个系统，并在发现故障时将报警灯点亮。

二、声音报警

1. 倒车开关与倒车蜂鸣器

汽车倒车时，为了警告车后的行人和车辆驾驶员，在汽车的后部常装有倒车灯、倒车蜂鸣器或语音倒车报警装置，它们都由装在变速器盖上的倒车开关自动控制。倒车开关的结构如图6-20所示，当把变速杆拨到倒挡时，由于倒车开关中的钢球1被松开，在弹簧5的作用下，触点4闭合，于是倒车灯、倒车蜂鸣器或语音倒车报警器便与电源接通，使倒车灯发出闪烁信号，蜂鸣器发出断续鸣叫声，语音倒车报警器发出“倒车，请注意”的提示音。倒车蜂鸣器是一种间歇发声的音响装置，其发声部分装用的是一只功率较小的电喇叭，控制电路是一个由无稳态电路和反相器组成的开关电路。

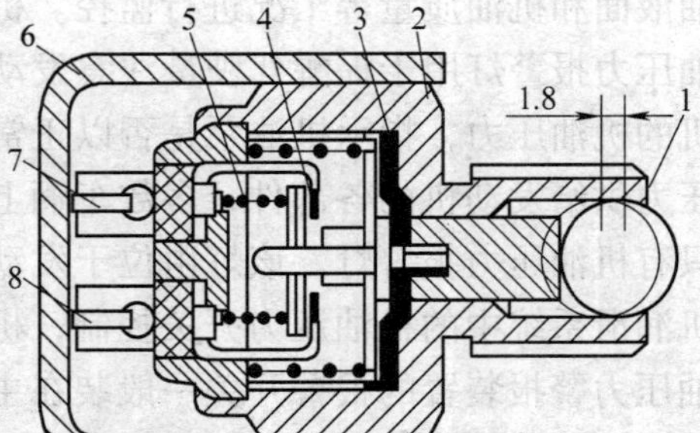

图6-20　倒车开关

1—钢球　2—壳体　3—膜片　4—触点　5—弹簧　6—保护罩　7、8—导线

2. 座椅安全带报警系统(美国车系)

当接通点火开关而没有扣紧座椅安全带时，座椅安全带报警系统蜂鸣器发出报警声响并点亮报警灯约8s。座椅安全带扣环开关是一端搭铁的常闭式开关，如图6-21所示。当座椅安全带被扣紧时，开关才张开，蓄电池电压随点火钥匙置于点火位时加至定时器，如果此时

安全带未扣好，电路便通过常闭开关搭铁，接通蜂鸣器及报警灯电路。如果在安全带扣好的状态下接通点火开关，来自蓄电池的电流便通过加热器使得双金属片发热，达到一定程度后，使触点张开从而切断电路。

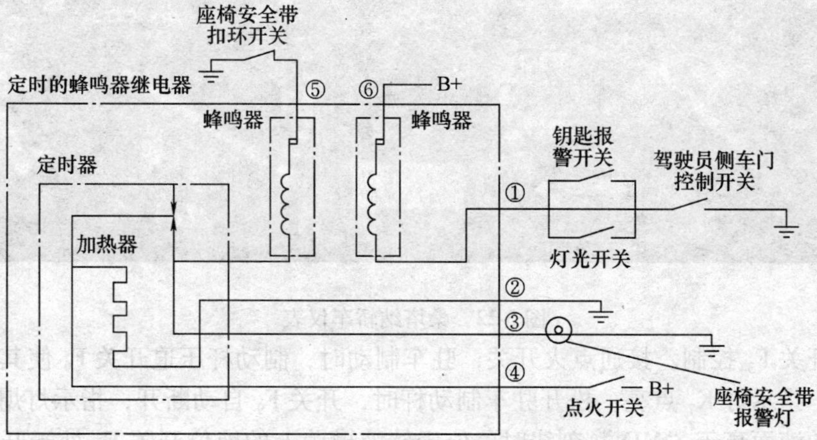

图 6-21　座椅安全带报警、前照灯未关及点火钥匙未拔报警系统

3. 前照灯未关及点火钥匙未拔报警系统

如果驾驶员在离开车辆打开车门时没有关闭前照灯，蜂鸣器或发音器便发出鸣叫提示。驾驶员侧车门控制开关为常闭式、一端搭铁的开关，只有车门关闭时，该开关才断开。如果前照灯开关在前照灯或停车挡，蓄电池电压经蜂鸣器和灯光开关加至驾驶员侧车门控制开关。如果此时驾驶员打开车门，蜂鸣器电路即被接通，于是发出鸣叫提示，直到前照灯关闭或驾驶员侧车门关闭才停止，如图 6-21 所示。

4. 防撞系统报警

为了提高行车安全，保护车辆及乘员，现代汽车装备了防撞系统。按照距离识别元件的不同，有红外线防撞系统、超声波防撞系统、激光防撞系统等。它们均采用单片机控制技术，能够自动检测并跟踪被测车辆与障碍物的距离，一旦该距离达到安全设置的极限距离，便通过单片机控制发出报警声音信号，并自动制动，使车辆减速行驶乃至停车。

第六节　典型汽车仪表电路

一、上海桑塔纳 LX 轿车报警信号装置的电路

汽车报警信号装置一般由点火开关(及钥匙报警开关)控制，点火开关接通后，所有报警信号装置及报警开关进入正常工作状态。上海桑塔纳轿车报警信号装置主要包括：充电指示灯、机油压力过低报警灯、冷却液液面和温度报警灯、燃油液面报警灯、制动液液面和驻车制动指示灯等(见图 6-22)。

1. 驻车制动与制动液位指示灯电路

驻车制动与制动液位指示灯电路参考第五章图 5-34。驻车制动与制动液位指示灯 K_7 位于仪表板的左端，通过熔断器 S_{18} 与 15 路电源相连，并由相互并联的驻车制动指示灯开关 F_9

图 6-22　桑塔纳轿车仪表

和制动液位开关 F_{34} 控制。接通点火开关，驻车制动时，制动杆压迫开关 F_9 使其闭合，接通指示灯电路，指示灯 K_7 点亮；松开驻车制动杆时，开关 F_9 自动断开，指示灯熄灭。当制动液储液罐内的液面高于“MIN”刻线时，位于储液罐盖上的液位开关 F_{34} 处于开启状态，指示灯不亮；当液面下降至极限值以下时，开关闭合，指示灯闪亮，示意驾驶员补充制动液。

2. 冷却液温度和液面报警灯电路

如图 6-23 所示，冷却液温度和液面报警灯 K_{28} 通过稳压器 J_6 与 15 路电源相连，其冷却液温度信号取自位于发动机左侧出水管下端的冷却液温度传感器 G_2。该传感器为负温度系数的热敏电阻，当发动机冷却液温度较低时，热敏电阻值较大；当发动机冷却液温度上升后，热敏电阻值减小。当发动机冷却液温度达到 115℃ 左右时，报警灯 K_{28} 闪光报警。当膨胀箱内冷却液液位降低至极限时，液位指示器开关 F_{66} 断开，向控制器 J_{120} 传送液位偏低信号，控制器接通报警灯 K_{28} 电路，报警灯闪亮。桑塔纳 2000 型轿车报警电路在图 6-23 基础上作了部分改动，相应电路如图 6-24 所示。增加了燃油不足指示灯 K_{51}、冷却液液位指示灯 K_{50}，K_{28} 只起冷却液温度报警作用，其他符号含义参见图 6-23。

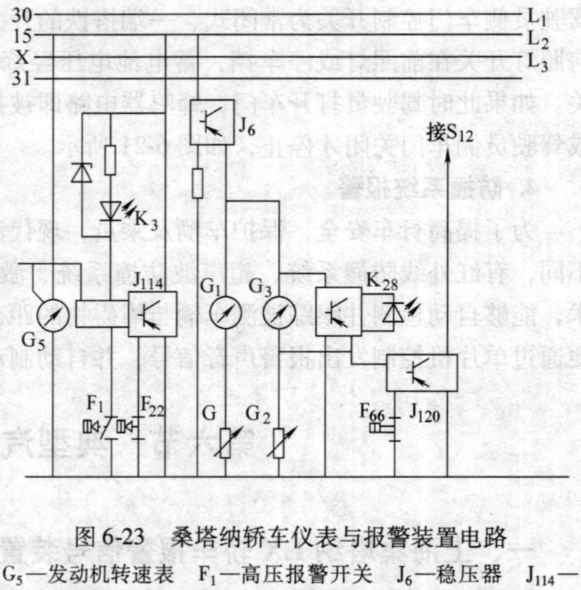

图 6-23　桑塔纳轿车仪表与报警装置电路

G_5—发动机转速表　F_1—高压报警开关　J_6—稳压器　J_{114}—油压检测控制器　J_{120}—液位控制器　K_{28}—冷却液温度和液面报警灯　F_{66}—冷却液液面传感器　K_3—油压指示灯　F_{22}—低压报警开关　G_1—燃油表　G_3—冷却液温度表　G_2—冷却液温度传感器　G—燃油表传感器

接通点火开关后，作为性能检查，即使燃油充足、冷却液温度正常，电子控制器 J 仍控制燃油不足指示灯 K_{51}、冷却液温度报警灯 K_{28} 闪亮数秒后熄灭。在发动机运转过程中，当冷却液温度大于 110℃，冷却液温度传感器的电阻值小于规定值时，电子控制器 J 控制冷却液温度报警灯 K_{28} 闪亮；当燃油箱内燃油量少于 10L，燃油表传感器的电阻值大于规定值时，电子控制器 J 控制燃油不足，指示灯 K_{51} 闪亮；当膨胀箱上的液位开关动作时，电子控制器 J_{120} 与同冷却液液位指示灯 K_{50} 串联的另一个电子继电器共同控制 K_{50}，点亮并闪烁。

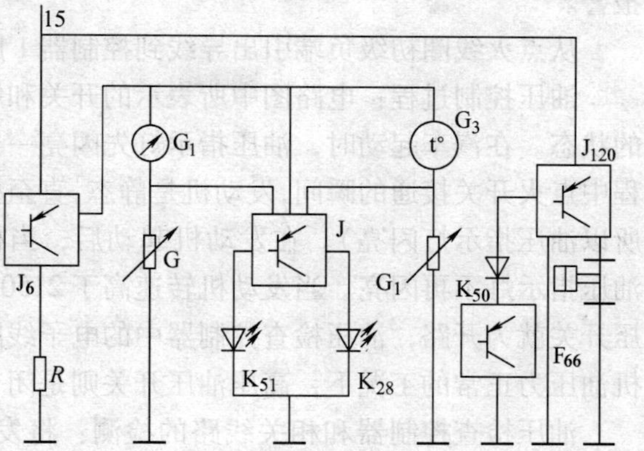

图 6-24　桑塔纳 2000 型轿车冷却液液位、温度和燃油液面报警电路

3. 桑塔纳 2000 型的机油压力报警系统电路

桑塔纳 2000 型的机油压力报警系统是用来监视和指示发动机润滑系统工作状况的。它由油压检查控制器 J_{114}，油压指示灯 K_3 和高低压开关 F_1、F_{22} 等元件组成，图 6-25 所示为系统的电路接线图。

油压指示灯安置在仪表面板上，两端并联了一个稳压二极管。油压指示灯采用红色发光二极管，其正端串接的附加电阻为 330 ~ 500Ω，当正向电压大于 2V 时便能导通点亮，它会根据油压检查控制器的指令信号闪亮而发出报警指示。

油压检查控制器固装在里程表框架上，内置集成电路和报警蜂鸣器。J_{114} 为系统的控制中枢。它根据低压油压开关和高压油压开关监测到的信号，发出油压指示灯是否闪亮和油压报警蜂鸣器是否鸣叫的指令信号。图 6-25 所示为 J_{114} 的实物接脚图。J_{114} 是 8 脚集成电路，其中 4 脚接电源正极，2 脚搭铁接电源负极，1 脚接转速信号，5 脚接高压开关 F_1，6 脚接低压开关 F_{22}，3 脚接油压指示灯 K_3 负端，7、8 脚为油压指示灯的两个电路焊接点，因 7、8 脚无电路引出，故在图中体现不出来。

低压开关 F_{22} 安装在气缸盖上主油道的后端，绝缘体为褐色，上标有“(0.3 ± 0.15) bar”字样（注：1bar = 100kPa）用以感受缸盖油道的油压。F_{22} 为常闭型开关，当感受的机油压力高于(30 ± 15) kPa 时，开关断开。低压开关利用外壳直接搭铁，向 J_{114} 输送低油压信号。在发动机工作中，如果低压油压开关的触点接通，油压指示灯就会闪亮。所以这种报警为闭路报警和灯光报警。

高压开关 F_1 安装在机油滤清器支座上，其绝缘体为白色，上标有“1.8 ± 0.2bar”字样，接线颜色为蓝/黑色，用以感受缸体主油道的油压。F_1 为常开型开关，当感受的油压高于(180 ± 20) kPa 时，开关闭合，高压开关也是外壳搭铁，向 J_{114} 输送高油压信号。在发动机工作中，如果高压油压开关中的触点断开，油压指示灯报警闪亮，油压蜂鸣器也同时发出声响。所以，这种高压报警为开路报警和声光

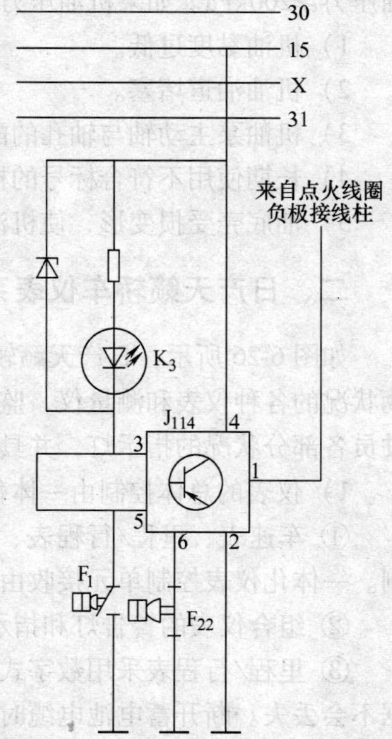

图 6-25　桑塔纳机油压力报警系统的控制线路

F_{22}—低压油压开关　F_1—高压油压开关

K_3—油压指示灯　J_{114}—油压检查控制器

报警。

从点火线圈初级负端引出导线到控制器 1 脚，向 J_{114} 输送发动机转速信号。

油压控制过程：电路图中所表示的开关和触点所处的状态是发动机静止时各开关与触点的状态。在汽车起动时，油压指示灯先闪亮一会儿，发动机起动后马上熄灭(发动机起动过程中点火开关接通的瞬间,发动机是静态,直至机油压力建立之前,低压油压开关都是导通的,所以油压指示灯闪亮)。在发动机起动后，当机油压力达到 30kPa 时，低压油压开关断开，油压指示灯不再闪亮。当发动机转速高于 2150r/min 时，只要机油压力小于 180kPa，高压油压开关就为开路，油压检查控制器中的电子线路被触发，油压指示灯闪亮并伴有蜂鸣声。在机油压力正常的工况下，高压油压开关则是闭合的。

油压检查控制器和相关线路的检测：将发动机熄火，接通点火开关，油压指示灯应闪亮，此时蜂鸣器不可鸣响；发动机转速低于 2150r/min，拔下低压油压开关的电线接头，并在车体或发动机上搭铁(相当于低压油压开关触点闭合)，此时，油压指示灯应闪亮，蜂鸣器不可鸣响；发动机转速高于 2150r/min，拔下高压油压开关的电线接头，但不要接到车体上(相当于让高压油压开关开路)，此时油压指示灯应闪亮，蜂鸣器应鸣响。如果达到以上要求，说明油压检查控制器与相关线路是正常的。

测定润滑系统的机油压力：可采用在机油压力开关(低压油压开关和高压油压开关的统称)处串接机油压力表的方法来检查润滑系统机油压力是否正常。在机油温度 80℃时，正常的油压是：发动机转速为 800r/min 时，机油压力≥30kPa；发动机转速为 2150r/min 时，机油压力≥200kPa。如果机油压力小于正常值，其原因除机油油面低以外，还可能有：

1）机油黏度过低。

2）机油油道堵塞。

3）机油泵主动轴与轴孔的配合间隙或主、从动齿轮的啮合间隙不符合要求。

4）长期使用不符合标号的机油和汽油，造成机油集滤器堵塞。

5）油底壳受损变形，使机油泵通过集滤器吸取机油不能满足机油泵供油量的需要。

二、日产天籁轿车仪表系统

如图 6-26 所示，日产天籁轿车采用的是指针、数字组合式仪表，组合仪表包括表示车辆状况的各种仪表和测量仪，监视车辆出现不正常情况并告知驾驶员的各种警告灯，告知驾驶员各部分状况的指示灯，并具有仪表照明功能，下面分别叙述其功能。

1）仪表的总体控制由一体化仪表控制单元来完成，功能为：

① 车速表、里程/行程表、转速表和燃油表都由组合仪表内的一体化仪表控制单元控制。一体化仪表控制单元接收由一体化仪表和 A/C 放大器发出的信号。

② 组合仪表的警告灯和指示灯受一体化仪表和 A/C 放大器发送的信号控制。

③ 里程/行程表采用数字式仪表。即使在蓄电池电缆断开的情况下，里程表中记录的数据不会丢失。断开蓄电池电缆时，行程表记录的数据将被消除。

④ 里程/行程表和 A/T 指示灯显示字段可以在诊断模式中进行检查。

⑤ 仪表/计量器可以在诊断模式中进行检查。

2）车速表。ABS 执行器和电气单元(控制单元)通过 CAN 通信线路向一体化仪表和 A/C 放大器提供一个车辆速度信号。一体化仪表和 A/C 放大器接收到车辆速度信号之后，

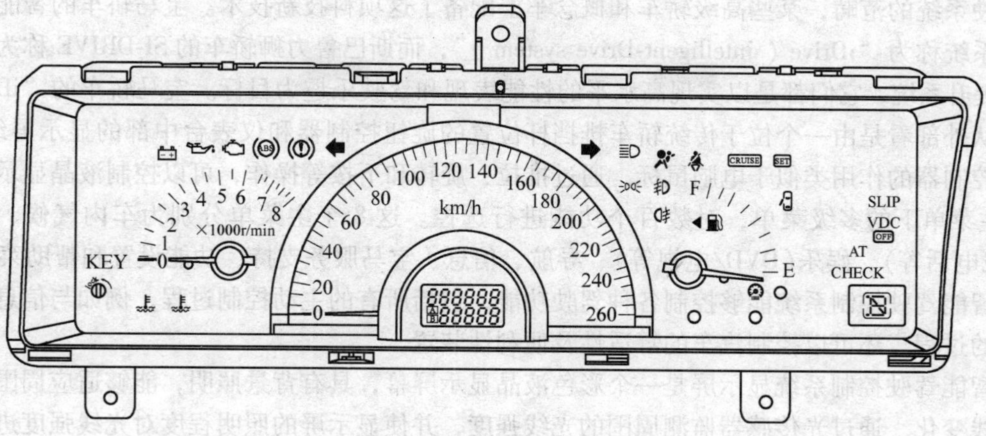

图 6-26　日产天籁轿车仪表电路

它将此信号转变为一个 8 脉冲信号，并将这个 8 脉冲信号提供给组合仪表的车速表。

3）转速表。显示发动机每分钟的转速（r/min）。ECM 通过 CAN 通信线路向一体化仪表和A/C 放大器提供一个发动机转速信号。一体化仪表和 A/C 放大器通过一体化仪表与 A/C 放大器和组合仪表之间的通信线路，向组合仪表转速表提供发动机转速信号。

4）冷却液温度过低指示灯，冷却液温度过高警告灯。ECM 将冷却液温度传感器传送的冷却液温度信号转换为数据，并将它通过 CAN 通信线路传送给一体化仪表和 A/C 放大器。一体化仪表和 A/C 放大器通过一体化仪表与 A/C 放大器和组合仪表之间的通信线路，向组合仪表传送冷却液温度信号。组合仪表通过收到的冷却液温度信号，打开/关闭冷却液温度过低指示灯或冷却液温度过高警告灯。

5）燃油表。显示燃油箱中的大致燃油液位。燃油表通过可变接地信号进行调整。一体化仪表和 A/C 放大器通过一体化仪表与 A/C 放大器和组合仪表之间的通信线路，向组合仪表燃油表提供燃油液位信号。

三、汽车仪表系统的新发展

1. 驾驶员信息中心

可以将各种仪表、报警装置和舒适性控制装置等组合成驾驶员信息中心或仪表台。信息中心可以很简单，也可以是一个无所不包的信息台，其作用都是为驾驶员提供系统信息，信息类型和内容随系统不同也有所变化。

除了标准的报警信号外，信息中心还可以提供许多重要数据，如剩余燃油可用里程、平均或瞬时燃油消耗率、重置后的燃油消耗量、时间、日期、估计到达时间、至目的地的距离、已经行驶时间、平均车速、机油剩余寿命时间百分比和发动机的各种运转参数。在现代汽车上还可以见到其他的电子显示装置和控制装置。

2. 转向盘触摸控制装置

许多汽车上，转向盘触摸控制装置是标准配置，布置在转向盘上是便于操纵的大按键，可以对频繁使用的收音机和巡航控制功能等进行控制，使驾驶员可以通过指尖进行控制。

3. 智能驾驶控制系统

智能驾驶控制系统是一种全新的、简单、安全和方便的未来驾驶概念，属于自动化信息化驾驶系统的范畴，某些高级轿车和概念车上配备了这项科技新技术。宝马轿车的智能驾驶控制系统称为“iDrive（intelligent-Drive system）”，而斯巴鲁力狮轿车的SI-DRIVE称为智能驾驶提升系统，它们都是以实现高水平的性能表现和驾驶乐趣为目标。宝马轿车的“iDrive”系统从外部看是由一个位于传统轿车排挡杆位置的旋钮控制器和仪表台中部的显示屏组成。旋钮控制器的作用类似于电脑鼠标，通过推拉、旋转和下按等操作，可以控制液晶显示屏上8个主菜单下的多级菜单，对数百个功能进行选控。这8个主菜单分别为车内气候、通信（车载电话等）、娱乐（DVD/电视等）、导航、信息、宝马服务支持、功能设置和帮助菜单。

智能驾驶控制系统能够控制各种驾驶功能，包括所有的主动控制过程，例如与信息显示相关的过程，还可以控制汽车的舒适性及便利性装置。

智能驾驶控制系统显示屏是一个彩色液晶显示屏幕，具有背景照明，能够适应周围环境的光线变化。通过光传感器监测周围的光线强度，并使显示屏的照明程度对光线强度进行响应。有的液晶显示屏还支持触摸和手写输入。

第七章 汽车空调系统

第一节 汽车空气调节的内容

一、汽车空调的功能

所谓空气调节(简称为空调)，是指根据人的舒适性方面的要求，对空气的温度、湿度、洁净度及流动速度等进行必要的调节，使之符合人的需要。汽车空气调节的内容主要包括以下几个方面：

1. 温度

对空气温度的调节包括冬季加热和夏季降温两种情况。加热一般是利用冷却液或排气管的余热来进行的；降温则必须用专门的制冷设备，即汽车空调制冷系统来进行。在实际中，当气温在25℃时，人感到最舒适。当使用汽车空调系统制冷时，设定的制冷温度比环境温度低5~10℃即可，过大的车内、外温差，不但使乘员易患感冒，而且压缩机工作时间过长，不但导致压缩机故障增多、寿命缩短，而且耗费过多的功率。推荐使用的调节温度为：冬季18~20℃，夏季25~27℃。

2. 湿度

空气的湿度是指空气中水蒸气的含量百分数。对湿度的调节一般都是降低湿度，即除湿，特别是在夏季尤其如此。在同样的温度下，湿度越大，人感到越热。因此，在降低温度的同时降低湿度能使人感到更凉爽、更舒适。湿度的降低是通过车内空气中的水蒸气在蒸发器表面凝结成水，然后流出车外完成的。

3. 空气洁净度

汽车门窗长时间关闭，车内充满了人呼出的二氧化碳和排出的汗味等各种影响空气洁净的气味，因此必须将这些难闻气味除去。可采用引入外界新鲜空气(经过滤)、采用活性炭吸附剂、安装负离子发生器等方法来解决。

4. 空气流动速度

汽车空调系统的空气流动速度包含两个方面的含义：一为车内、外空气的交换速度，即引入外界新鲜空气的比例，外界新鲜空气进入量的多少由新鲜空气阀门开度的大小来控制。二为内部空气的流动速度，主要解决车厢内温度不均现象。这种情况主要由出风口的位置、出风方向、鼓风机挡位等来决定。

5. 热辐射调节

太阳的辐射会对车内产生一股热浪，容易灼伤人的眼睛和皮肤，对人体的舒适性影响很大，选用太阳膜和阳光传感器能立即对车内温度做出必要的校正。

二、汽车空调的组成

汽车空调系统是由制冷系统、采暖系统、通风系统和控制系统等四个子系统组成。各型汽车空调系统的组成大同小异，图 7-1 所示为桑塔纳 2000GSi 型轿车暖风与空调系统的组成及零部件的安装位置。

空调系统是空气调节系统的简称。在现代汽车上，采暖与空气调节系统已具有新鲜空气的通风功能，在英文中也常用缩写字母 HVAC（Heating Ventilating Air Conditioner）来表示，因此又称为采暖通风与空气调节系统。

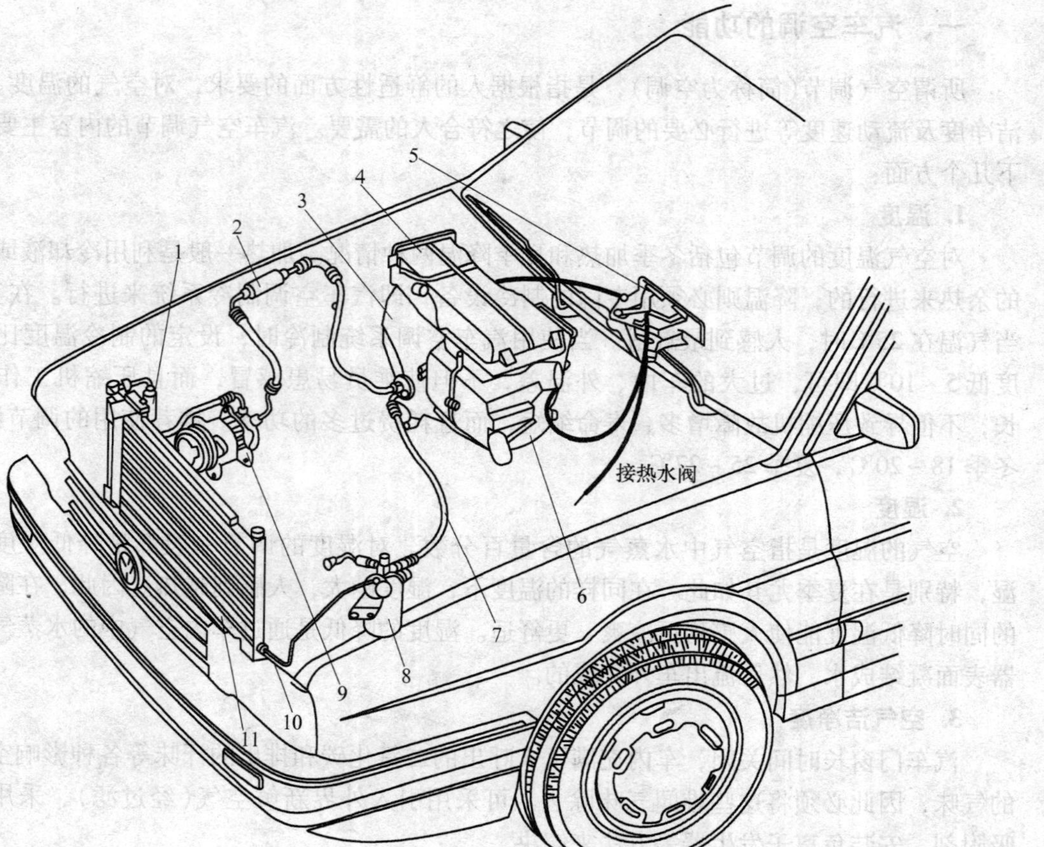

图 7-1　桑塔纳 2000GSi 型轿车暖风与空调系统的组成及零部件的安装位置
1—"D"管　2—"S"管　3—蒸发器　4—进风罩　5—暖风与空调控制装置
6—热交换器　7—"L"管　8—储液干燥器　9—空调压缩机　10—"C"管　11—冷凝器

（1）制冷系统　制冷系统是汽车空调系统最重要的子系统，主要功用是夏季为车内提供冷气。因为作为冷源的蒸发器的温度低于空气的露点温度，所以制冷系统还具有除湿和净化空气的作用。

（2）采暖系统　又称为暖风系统，主要功用是在冬季为车内提供暖气以及为风窗玻璃除霜除雾。根据获取热源的方法不同，汽车空调暖风系统可分为独立式和非独立式两种。

（3）通风系统　通风系统的功用是净化车内空气，保持车内空气新鲜舒适。汽车通风分为自然通风和强制通风两种形式。自然通风是利用汽车行驶时，在汽车内、外产生的风压来实现的换气通风。强制通风是利用鼓风机将车外空气强制送入车内来实现的换气通风。

（4）控制系统　控制系统的功用是控制空调系统工作，实现制冷、采暖和通风。控制系统主要由电器部件、真空管路、操纵机构和控制开关等组成。控制系统一方面要对制冷和采暖系统的温度、压力进行控制，另一方面要对车内空气的温度、风量、流向进行操纵控制，从而实现空调系统的各项功能。

第二节　空调制冷系统的组成及工作原理

一、制冷基本原理

制冷是指空调系统获得冷气而制造和维持必要的冷源的过程，冷源是指温度低于环境温度的物体或场所。人们在游完泳时，会有冷的感觉，在手臂上涂抹酒精也有凉爽的感觉，这都是因为液体的蒸发带走了热量，如图 7-2 所示。

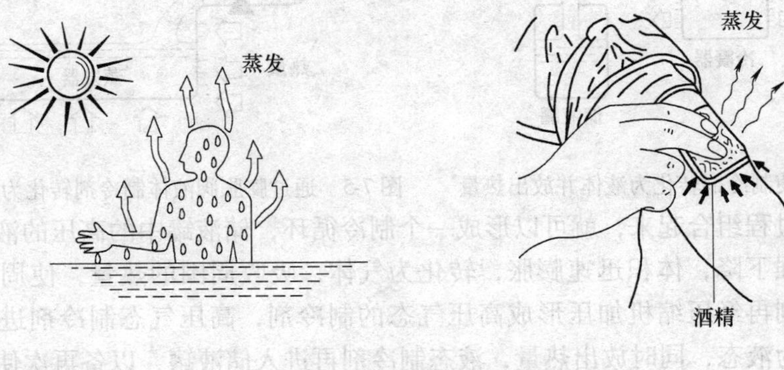

图 7-2　蒸发带走热量

这给我们一个启发，利用液体的蒸发可以吸收周围环境的热量。为此，我们制作一个如图 7-3 所示的装置，将一个带有开关的容器装在一个绝热良好的盒子内，容器中装有常温下容易挥发的液体，将开关打开时，容器内的易挥发液体便开始蒸发，同时吸收绝热盒子内的热量，吸收了热量的液体转化为气体，从开关排出，盒内的温度便会低于盒外的温度。如果容器内的易挥发液体能得到不断的补充，冷却的效果便会持续下去。从制冷装置的运作情况看，制冷过程中热量的转移是靠液体的状态变化实现的，我们将这种液体称为制冷剂。

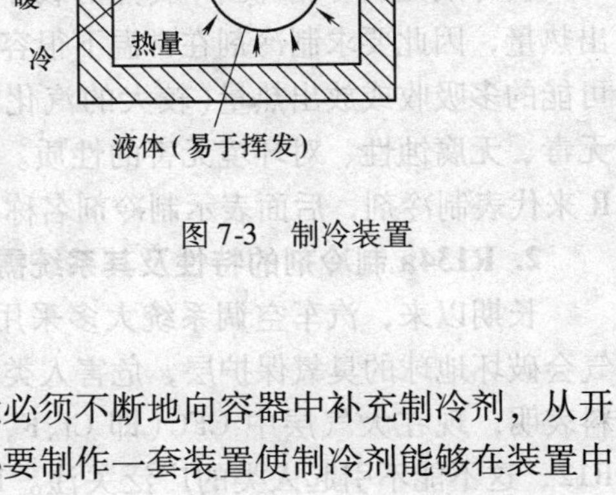

图 7-3　制冷装置

二、制冷循环

为了使前述的制冷装置的制冷过程持续下去，就必须不断地向容器中补充制冷剂，从开关放出的制冷剂也应回收加以反复利用。为此，有必要制作一套装置使制冷剂能够在装置中循环，不断地将热量带走。根据前述物质的沸点与压强的关系，降低压强可以使物质的沸点降低，使其更加容易蒸发而吸收热量；提高压强可以使物质的沸点升高，使其更加容易转化为液体而放出热量。为此，将前述装置从开关放出的气体制冷剂回收回来，使其进入一台压缩机，提高压强，再通过一个称为冷凝器的装置，经强制冷却放出热量变为液体，并将这种液体制冷剂暂时存放在一个储液罐中以备再次使用，如图 7-4 所示。

高压的液体通过一个小孔，可以使其迅速膨胀而压强降低，在这种情况下，液体由于压强的降低而非常容易汽化而吸热。因此，将储液罐中的制冷剂通过一个小孔(膨胀阀)放出，让其进入一个称为蒸发器的容器。由于制冷剂的压强下降，所以很快便会蒸发，吸收蒸发器周围的热量，使蒸发器周围得到冷却，如图 7-5 所示。

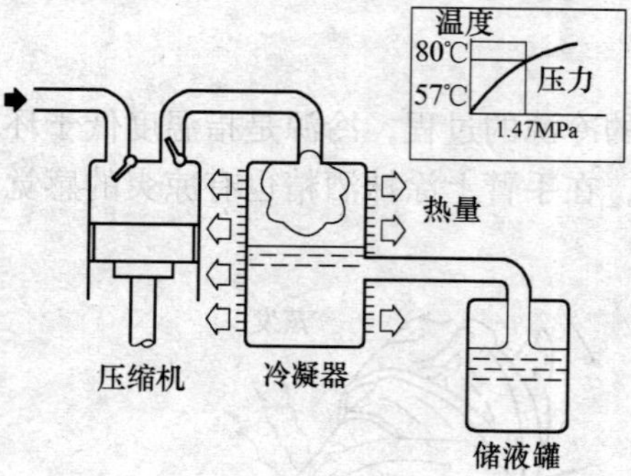

图 7-4　通过压缩使制冷剂转化为液体并放出热量

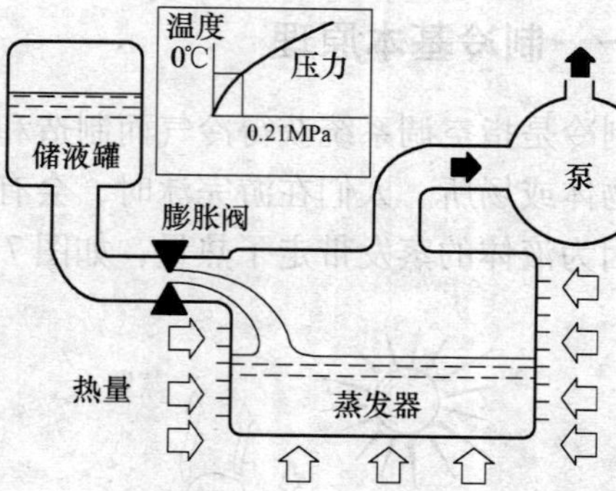

图 7-5　通过膨胀阀液体制冷剂转化为气体吸收热量

将上述两个过程组合起来，就可以形成一个制冷循环，储液罐中的高压的液态制冷剂从膨胀阀喷出，压强下降，体积迅速膨胀，转化为气体，吸收周围的热量，使周围的温度下降，气态的制冷剂再经压缩机加压形成高压气态的制冷剂，高压气态制冷剂进入冷凝器冷却，从气态转变为液态，同时放出热量，液态制冷剂再进入储液罐，以备再次使用，这就是一个完整的制冷循环。从制冷循环可以看出，所谓制冷就是通过制冷剂的状态变化将一个地方(蒸发器周围)的热量带到另一个地方(冷凝器周围)。制冷循环中的各种装置都是围绕这种热量的转移而设置的。

三、制冷剂

1. 制冷剂的性质

制冷剂是制冷循环当中传热的载体，俗称“冷媒”或“雪种”。通过状态变化吸收和放出热量，因此要求制冷剂在常温下很容易汽化，加压后很容易液化，同时在状态变化时要尽可能的多吸收或放出热量(较大的汽化或液化潜热)。同时，制冷剂还应具备不易燃易爆、无毒、无腐蚀性、对环境无害的性质。制冷剂的英文名称为 refrigerant，常用其头一个字母 R 来代表制冷剂，后面表示制冷剂名称，如 R12、R22、R134a 等。

2. R134a 制冷剂的特性及其系统需进行的改变

长期以来，汽车空调系统大多采用 R12 作为制冷剂。众所周知，R12 因泄漏而进入大气会破坏地球的臭氧保护层，危害人类的健康和生存环境，引起地球的温室效应。据统计资料表明，现在大气层中 CFC(即 Cl、F、C 三种元素)物质的 75% 来自汽车空调系统泄漏的 R12，这不能不引起人类的广泛关注。1987 年国际上制定了控制破坏大气层的蒙特利尔协议。我国于1991年加入该协议，并决定从1996年起，汽车空调的制冷剂开始使用R134a，到2000年全部使用R134a。

目前汽车上广泛采用R12的替代品是R134a。R134a是环保制冷剂，虽然不破坏大气层，但却有使全球变暖的可能。R134a在大气压力下的沸腾点为-26.9℃，在98kPa的压力下沸腾点为-10.6℃。在常温常压的情况下，如果将其释放，R134a便会立即吸收热量开始沸腾并转化为气体，对R134a加压后，它也很容易转化为液体。R134a的特性曲线如图7-6所示，该曲线上方为气态，下方为液态，如果要使R134a从气态转变为液态，可以降低温度，也可以提高压力，反之亦然。

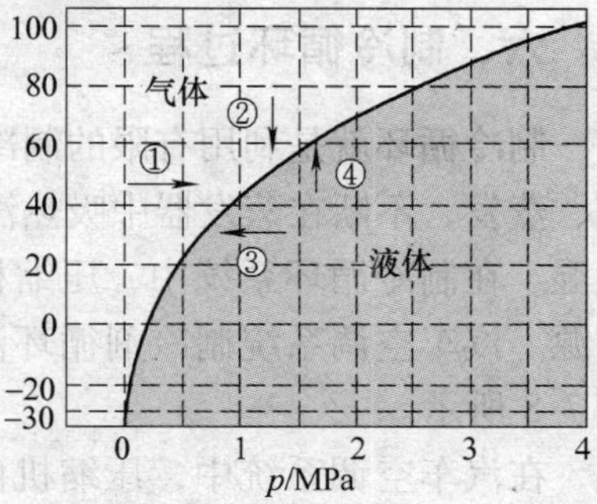

图7-6　R134a蒸气—压力曲线

四、冷冻润滑油

在空调制冷系统中，相对运动的部件需要润滑。由于制冷系统中的工作条件比较特殊，所以需要专门的润滑油——冷冻润滑油。冷冻润滑油还可以起到冷却、密封和降低机械噪声的作用。还有一个特殊的要求，就是要与制冷剂相容，并且随着制冷剂一起循环。因此，在冷冻润滑油的选用上，一定要注意正确选用冷冻润滑油的型号，切不可乱用，否则将造成严重后果。

五、制冷系统的组成

同家用空调和其他空调系统一样，汽车空调制冷系统也是由压缩机、冷凝器、储液干燥

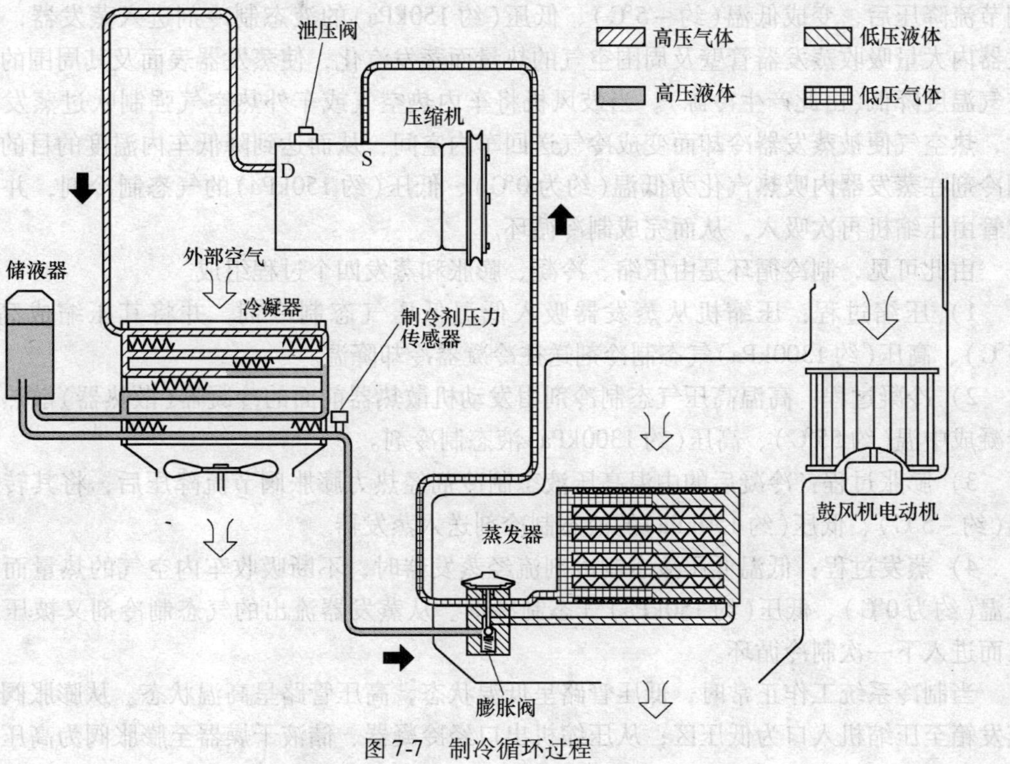

图7-7　制冷循环过程

器、热力膨胀阀（或节流孔管）、蒸发器等制冷部件组成，各制冷部件之间用耐压的铜管或铝管以及耐压耐氟的橡胶管连接成一个密闭的循环系统，如图 7-7 所示。

六、制冷循环过程

制冷循环就是利用有限的制冷剂在封闭的制冷系统中，反复地将制冷剂压缩、冷凝、膨胀、蒸发，不断在蒸发器中吸热汽化，使蒸发器始终保持很低的温度而用于车内空气的降温除湿。在制冷循环系统中，压缩机是动力源。汽车空调系统制冷剂循环流程如图 7-8 所示。

在汽车空调系统中，压缩机由发动机曲轴上的驱动带驱动旋转，并将蒸发器中因吸收车内热量而汽化的低温低压气态制冷剂 R134a，经低压软管和低压阀吸入压缩机。低温低压气态制冷剂经压缩机压缩后，变成高温（约 65℃）、高压（约 1300kPa）的气态制冷剂，经高压阀和高压软管送入发动机散热器前面的冷凝器。制冷剂在冷凝器中由车外空气冷却成为中温（约 55℃）、高压（约 1300kPa）的液态制冷剂，并从冷凝器底部流向储液干燥器。经储液干燥器过滤、脱水后，由高压软管送入热力膨胀阀。经热力膨胀阀节流降压后，变成低温（约 -5℃）、低压（约 150kPa）的液态制冷剂进入蒸发器，并在蒸发器内大量吸收蒸发器管壁及周围空气的热量而蒸发汽化，使蒸发器表面及其周围的车内热空气温度降低（由此产生冷源）。当鼓风机将车内热空气或车外热空气强制吹过蒸发器表面时，热空气便被蒸发器冷却而变成冷气送回车内空间，从而达到降低车内温度的目的。液态制冷剂在蒸发器内吸热汽化为低温（约为 0℃）、低压（约 150kPa）的气态制冷剂，并经低压软管由压缩机再次吸入，从而完成制冷循环。

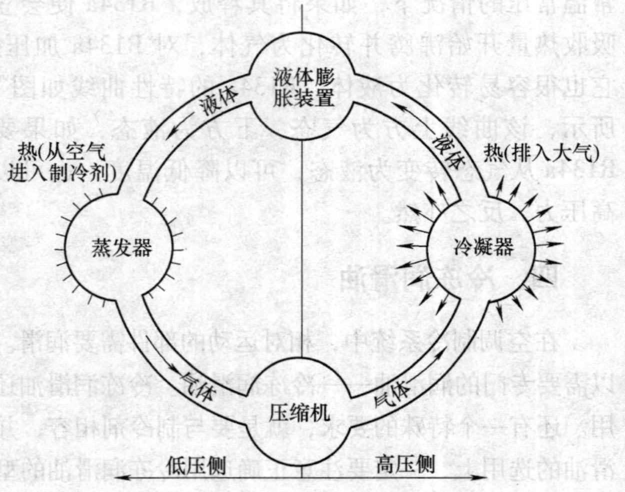

图 7-8　制冷循环流程

由此可见，制冷循环是由压缩、冷凝、膨胀和蒸发四个过程组成。

1）压缩过程：压缩机从蒸发器吸入低温低压气态制冷剂，并将其压缩成高温（约 65℃）、高压（约 1300kPa）气态制冷剂送往冷凝器冷却降温。

2）冷凝过程：高温高压气态制冷剂由发动机散热器前面的冷凝器（散热器）散热，将其冷凝成中温（约 55℃）、高压（约 1300kPa）液态制冷剂。

3）膨胀过程：冷凝后的中温高压液态制冷剂经热力膨胀阀节流降压后，将其转变成低温（约 -5℃）、低压（约 150kPa）的液态制冷剂送入蒸发器。

4）蒸发过程：低温低压液态制冷剂流经蒸发器时，不断吸收车内空气的热量而汽化成低温（约为 0℃）、低压（约 150kPa）气态制冷剂。从蒸发器流出的气态制冷剂又被压缩机吸入而进入下一次制冷循环。

当制冷系统工作正常时，低压管路呈低温状态，高压管路呈高温状态。从膨胀阀出口经蒸发箱至压缩机入口为低压区；从压缩机出口经冷凝器、储液干燥器至膨胀阀为高压区。检查低压区时，由膨胀阀出口经蒸发箱至压缩机入口应当是由凉变冷，但无霜冻。检查高压区时，由压缩机出口经冷凝器、储液干燥器至膨胀阀入口应当是由暖变热(检查时,注意手与被检查部位之间应保持一定的距离,避免烫伤)。如压缩机入口与出口之间无明显的温差,说明制冷剂泄漏或无制冷剂。如储液干燥器特别凉或其入口与出口之间温差明显，说明储液干燥器堵塞。

第三节 制冷系统的结构及工作原理

汽车空调制冷系统采用的制冷部件主要有压缩机、冷凝器、储液干燥器、热力膨胀阀(或节流孔管)、蒸发器等，下面分别介绍其结构及工作原理。

一、压缩机

汽车空调系统的压缩机安装在发动机前部，由发动机曲轴上的驱动轮经驱动带驱动旋转。压缩机是制冷循环系统的动力源，其功用是驱动制冷剂循环流动，将低温(约0℃)低压(约150kPa)的气态制冷剂压缩成高温(约65℃)高压(约1300kPa)的气态制冷剂。

目前应用于汽车制冷系统的压缩机主要采用容积型制冷压缩机。其中小轿车普遍采用斜盘式压缩机，桑塔纳轿车1988年开始装备的SD-508型压缩机(制冷剂用R12)以及2000年开始装备的SE5H-14型(制冷剂用R134a)压缩机均为斜盘式压缩机，下面以斜盘式压缩机为例介绍压缩机的结构及工作原理。

1. 斜盘式压缩机的结构及工作原理

斜盘式压缩机又称为翘板式压缩机。各型斜盘式压缩机的结构大同小异，桑塔纳2000GSi型轿车空调系统用SE5H-14型斜盘式压缩机的结构如图7-9所示，主要由电磁离合器、传动斜盘、带圆锥齿轮的行星盘、气缸与活塞、吸气阀片与排气阀片以及缸体(壳体)等组成，技术参数见表7-1。

表7-1 SE5H-14型斜盘式压缩机的技术参数

项目名称	技术参数	项目名称	技术参数
气缸数	5个	制热量	7000～8000W
气缸直径	35mm	风量(干)	$420m^3/h$
活塞行程	22.6mm	消耗功率	2.5kW
每转排量	$138cm^3$	润滑油牌号	PAG/POE或SW-100
制冷剂	R134a	润滑油容量	135mL
额定制冷量	3998W	最高允许转速	7000r/min

斜盘又称为传动板，与压缩机轴压装成一体，并随压缩机轴一同旋转。带有锥齿轮的行星盘又称为翘板，行星盘与斜盘之间通过推力轴承传递动力。由于斜盘制作成楔形形状，因此当压缩机轴旋转时，斜盘就会驱动行星盘摆动，即行星盘的一边向后移动时，相对的另一边就会向前移动，并通过球形万向节驱动活塞前后往复运动。因为行星盘摆动时，就像小朋友玩的翘板一样，一边升高则另一边降低，所以斜盘式压缩机又称为翘板式压缩机。

在压缩机后端盖一端设有吸气阀片、排气阀片和阀板，以便制冷剂进入或排出压缩机。

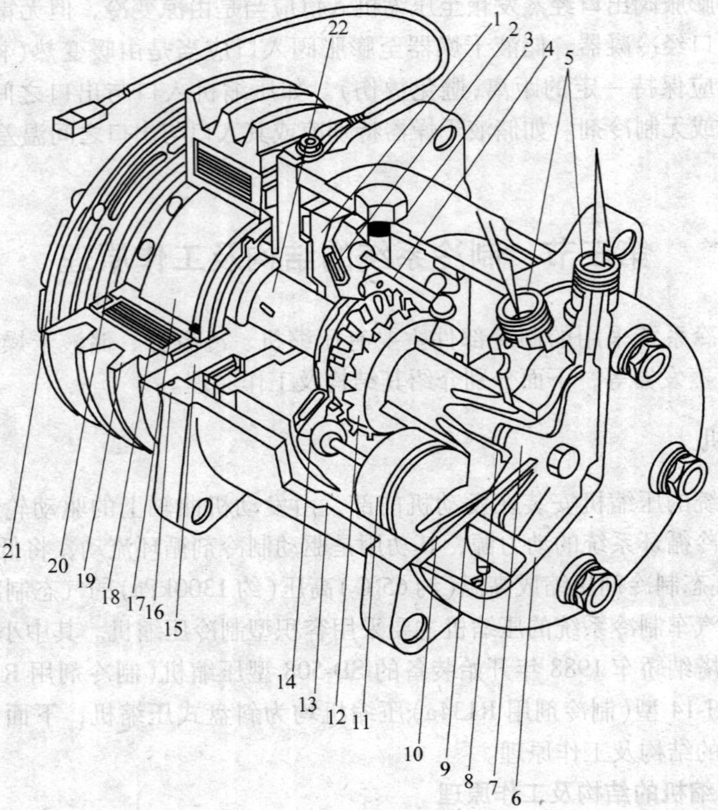

图 7-9　桑塔纳 2000GSi 型轿车空调系统用 SE5H-14 型斜盘式压缩机的结构

1—旋转斜盘　2—推力轴承　3—注油塞　4—连杆　5—进出接口　6—头盖　7—限位板　8—排气阀片　9—阀板　10—吸气阀片　11—活塞　12—固定锥齿轮　13—缸体　14—装有锥齿轮的行星盘（摇盘）　15—前盖　16—密封圈　17—轴承　18—线圈　19—V 带轮　20—电磁离合器　21—吸盘　22—主轴

阀板夹在吸气阀片与排气阀片之间，吸气阀片靠近活塞一侧，以便吸制冷剂，排气阀片靠近后端盖一侧，以便排出制冷剂。每个气缸都设有一个吸气孔和一个排气孔，各个气缸的吸气孔均与吸气腔和制冷剂进口接头相连，各个气缸的排气孔均与排气腔和制冷剂出口接头相连。

2. 电磁离合器的结构及工作原理

电磁离合器的功用是根据需要接通或切断发动机与压缩机之间的动力传递。电磁离合器装在压缩机主轴前端，压缩机是工作还是停止，是靠电磁离合器的吸合或分离来决定的。电磁离合器一般受温度开关、压力开关、电源开关及车速继电器等的控制。主要由电磁线圈、驱动带轮、压盘、轴承等零部件组成，结构如图 7-10 所示。

电磁离合器组成：通过轴承装在压缩机主轴上的转子部分（带轮）；固装在主轴上的由固定盘、压板及片状弹簧组成的驱动盘；固装在压缩机壳上的定子部分（电磁线圈）。

驱动带轮由发动机曲轴前端的驱动带轮通过一根 V 带或多槽驱动带驱动旋转。压盘一般用三只片簧与压盘轮毂相连接，压盘轮毂用一只平键与压缩机前端伸出的轴相连接，电磁线圈固定在驱动带轮内的压缩机驱动端盖上。当电磁线圈电路尚未接通时，压盘与驱动带轮之间在三只片簧的弹力作用下保持分离状态，此时压盘与驱动带轮外端面之间保持有一定的间隙（约 0.4 ~ 1.0mm），因此驱动带轮在曲轴的带动下空转，压缩机不工作。当电磁线圈电路通电时，在驱动带轮外端面产生很强的电磁吸力，将压盘紧紧地吸合在驱动带轮端面上（故压盘又称为吸盘），驱动带轮便通过压盘带动压缩机轴一起转动，从而使压缩机进入工作状态。

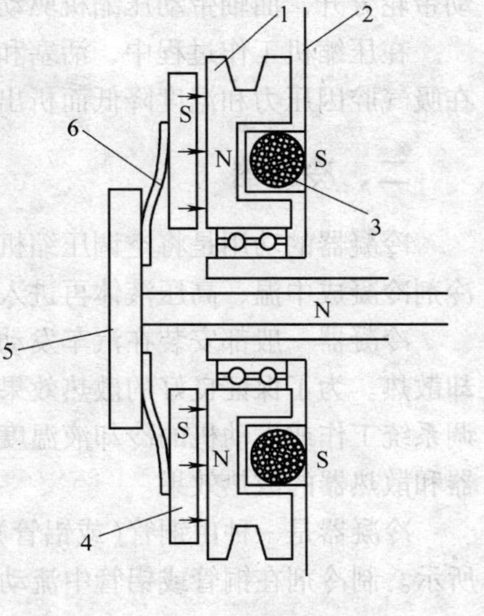

图 7-10　电磁离合器的工作原理

1—带轮　2—压缩机壳体　3—电磁线圈　4—摩擦板　5—压盘　6—弹簧爪

3. 空调压缩机的工作过程

汽车空调压缩机与发动机之间的动力联系均采用电磁式离合器进行控制。压缩机与电磁离合器的工作情况如图 7-11 所示。

空调电磁离合器受空调 A/C 开关、温度控制器和压力开关等部件的控制。当电磁离合器线圈电路未接通时，发动机曲轴通过驱动带驱动压缩机驱动带轮空转。当电磁离合器线圈电路接通时，就会产生强大的电磁吸力将压盘紧紧地吸合在驱动带轮端面上，使压盘及其轮毂、压缩机轴、斜盘与驱动带轮结合成一体随发动机曲轴旋转。

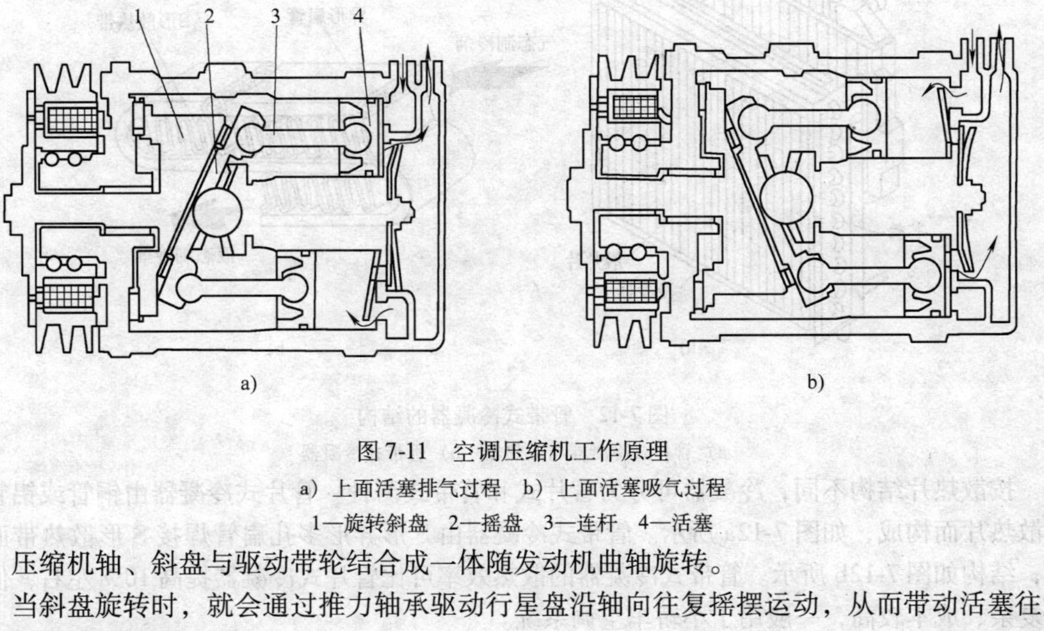

图 7-11　空调压缩机工作原理

a）上面活塞排气过程　b）上面活塞吸气过程

1—旋转斜盘　2—摇盘　3—连杆　4—活塞

当斜盘旋转时，就会通过推力轴承驱动行星盘沿轴向往复摇摆运动，从而带动活塞往复运动使制冷剂循环流动。

当活塞左移使气缸内的压力低于吸气腔的压力时，如图 7-11a 中下面的活塞和图 7-11b 中上面的活塞所示，该气缸的吸气阀片被吸开，吸气腔内的低温低压气态制冷剂由吸气孔进入该气缸。当斜盘转过一定角度，活塞右移使气缸内的压力高于排气腔的压力时，如图 7-11a 中上面活塞和图 7-11b 中下面活塞所示，该气缸的排气阀片被压开，活塞将气缸内的气态制冷剂压缩成高温高压气态制冷剂从排气孔排入排气腔，并经高压管路送往冷凝器冷却。

当电磁离合器线圈电路切断时，线圈电流和电磁吸力消失，压盘在片簧弹力作用下与驱动带轮分开，曲轴带动压缩机驱动带轮空转，压缩机停止工作，制冷循环停止。

在压缩机工作过程中，活塞和气缸壁等运动部件的润滑主要依靠随制冷剂一起循环，并在吸气腔因压力和温度降低而析出的润滑油（又称为冷冻油）进行润滑。

二、冷凝器

冷凝器的功用是将空调压缩机送来的高温、高压气态制冷剂中的热量散发到车外，使制冷剂冷凝成中温、高压液体再进入储液干燥器。

冷凝器一般都安装在汽车发动机冷却液散热器的后面，以利于车辆行驶中的迎面来风冷却散热。为了保证良好的散热效果和提高制冷能力，在冷凝器前面还安装有电控风扇。当空调系统工作或发动机的冷却液温度上升到一定值时，温控开关自动接通风扇电路，增强冷凝器和散热器的散热效果。

冷凝器是一种由铜管（或铝管）与散热片（铝片或铁片）组成的热交换器，结构如图 7-12 所示。制冷剂在铜管或铝管中流动，散热片套装或焊接在管的周围以便散热。

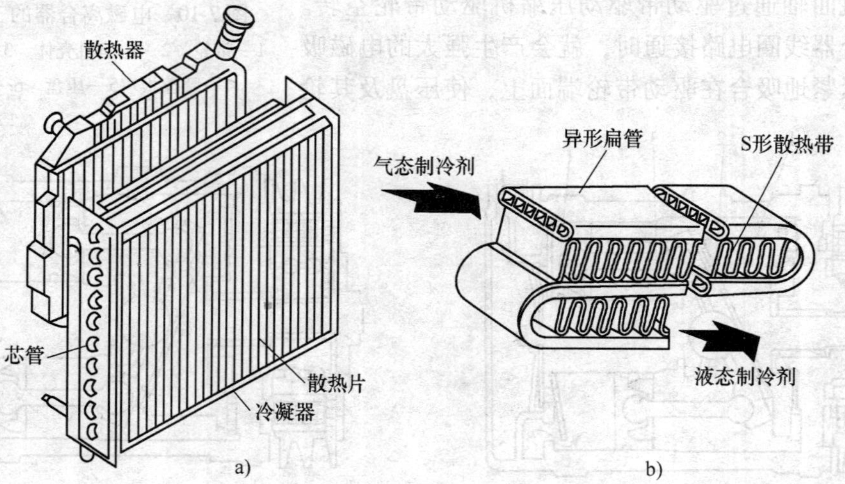

图 7-12 管带式冷凝器的结构

a）管片式冷凝器与散热器 b）管带式冷凝器

按散热片结构不同，冷凝器可分为管片式和管带式两种。管片式冷凝器由铜管或铝管套装散热片而构成，如图 7-12a 所示。管带式冷凝器由 S 形异形多孔扁管焊接 S 形散热带而构成，结构如图 7-12b 所示。管带式冷凝器的散热效率可比管片式冷凝器提高 10% 左右，但工艺复杂、成本较高，一般用于小轿车空调系统。

三、储液干燥器

储液干燥器又称为储液器，安装在冷凝器与膨胀阀之间，其功用一是临时储存制冷剂，保证制冷循环连续稳定地进行；二是吸收制冷剂中的水分，防止制冷系统发生冰塞。所谓冰塞是指温度过低导致水分结冰而发生堵塞。

储液干燥器由罐体、干燥剂、输液管、滤网、制冷剂充注阀、观察孔、制冷剂进口与出口接头等组成，图 7-13 所示为桑塔纳 2000 系列轿车空调系统用储液干燥器的结构，在储液干燥器上，还安装有高低压力开关和易熔塞等安全保护装置。

储液罐用于临时性地储存一些制冷剂。当蒸发器制冷负荷变化或制冷系统有微量泄漏时，及时向制冷系统补充制冷剂，保证制冷循环连续稳定地进行，同时还可起到气液分离作用。

干燥剂是一种能从气体或液体中去掉潮气的固体物质。用以吸收制冷剂中的水分，防止制冷系统发生冰堵。

观察孔设在储液器顶部，用以观察制冷循环系统是否具有足够的制冷剂或制冷剂中是否含有水分。

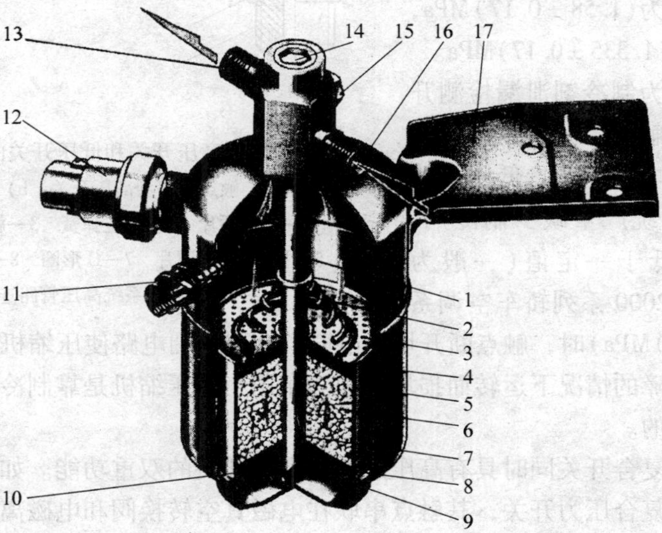

图 7-13　桑塔纳 2000 系列轿车储液干燥器的结构

1—输液管　2—锥形弹簧　3—多孔盖板　4—储液器罐体　5—底部多孔杯壳　6—干燥剂　7—连接管　8—过滤布　9—橡胶垫圈　10—滤网　11—制冷剂充注阀　12—高低压力开关　13—制冷剂出口接头（通往膨胀阀）　14—观察孔　15—易熔塞　16—制冷剂进口接头（来自冷凝器）　17—安装支架

四、安全保护装置

1. 压力开关

压力开关又称为制冷系统的压力继电器，安装在制冷系统的高压管路上（一般安装在储液干燥器上），其功用是当制冷系统工作压力异常（过高或过低）时，自动切断电磁离合器线圈电路，使压缩机停止运转或接通冷凝风扇高速挡使冷凝风扇高速运转，从而防止制冷系统压力过高或过低而损坏压缩机和制冷部件。

压力开关分为高压开关、低压开关和高、低压双向复合开关三种。高压开关又分为触点常闭型和触点常开型两种。高、低压开关的结构与外形大同小异，如图 7-14 所示。

触点常闭型压力开关的结构如图 7-14a 所示，其常闭触点串联在空调压缩机电磁离合器线圈电路中，当制冷系统压力升高到一定值时，作用在膜片上的制冷剂压力推动推杆使触点断开，切断电磁离合器线圈电路，从而使压缩机停止运转，避免制冷剂压力进一步升高而损坏压缩机或制冷部件。当高压管路的压力恢复正常值时，触点在复位弹簧作用下恢复闭合状态，压缩机又可正常工作。触点常闭型压力开关触点的断开压力和（恢复)闭合压力依车而异，断开压力一般为2.1~3.5MPa，(恢复)闭合压力一般为1.6~1.9MPa。

触点常开型压力开关的功用是当制冷系统压力升高到一定值时，接通冷凝风扇高速挡电路高速运转，增强冷凝器的散热效果，降低制冷剂温度与压力。如奥迪100型轿车用触点常开型高压开关的触点闭合压力为(1.58±0.17)MPa，(恢复)断开压力为(1.335±0.17)MPa。

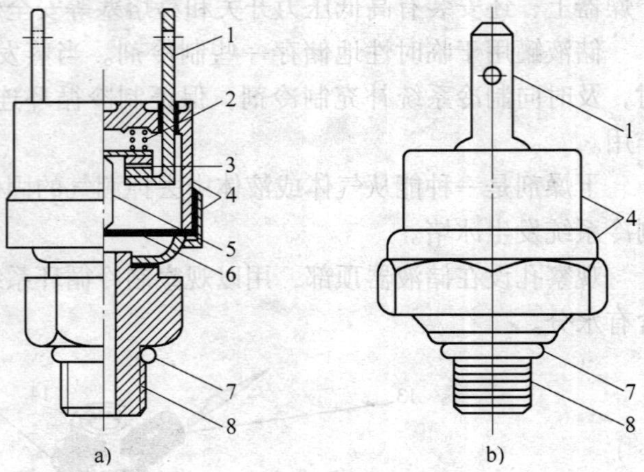

图7-14 高压开关和低压开关的结构及外形
a) 触点常闭型高压开关 b) 低压开关
1—接线插片 2—复位弹簧 3—触点 4—壳体
5—推杆 6—膜片 7—O形圈 8—螺纹安装接头
(与制冷系统高压管路连接)

低压开关又称为制冷剂泄漏检测开关，其触点为常闭触点，并与空调压缩机电磁离合器线圈电路串联。低压开关的功用是在制冷系统严重缺少制冷剂，导致高压侧压力低于一定值(一般为0.2MPa,如桑塔纳2000系列轿车空调系统为(0.196±0.01)MPa)时，触点断开切断电磁离合器线圈电路使压缩机无法运转，防止压缩机在没有润滑保障的情况下运转而损坏。因为车用小型压缩机是靠制冷剂将润滑油带入各润滑部位进行润滑的。

高、低压双向复合开关同时具有高压开关和低压开关的双重功能。如天津夏利轿车空调系统就采用了双向复合压力开关，其触点串联在电磁真空转换阀和电磁离合器线圈的供电回路中，当制冷系统压力过高(高于2.3MPa)或过低(低于0.2MPa)时，压力开关触点断开，用以保护压缩机和制冷部件。

2. 易熔塞

易熔塞是一个设有轴向通孔的螺塞，孔内填充有易熔材料，并借螺塞的螺纹安装在储液干燥器上。

易熔塞的功用是当储液干燥器内部制冷剂温度达到一定值(一般为105℃左右,如桑塔纳2000系列轿车空调系统为103~110.5℃)时，易熔塞中的易熔材料熔化，将制冷剂通过易熔塞散发到大气中，避免高温、高压导致制冷部件损坏。

当冷凝器通风不良或冷气负荷过大使冷凝器散热不足时，就会导致冷凝器和储液干燥器内部制冷剂压力和温度异常升高。当制冷剂压力达到3MPa以上、温度达到易熔材料的熔点(约105℃)时，易熔材料就会熔化，将高温、高压制冷剂排到大气中，避免制冷部件损坏。

五、膨胀阀

膨胀阀又称为节流阀，汽车空调系统使用的膨胀阀为温度控制式膨胀阀，故又称为热力膨胀阀。热力膨胀阀是空调系统的重要制冷部件之一，安装在蒸发器入口处，图7-15所示为桑塔纳2000系列轿车空调系统膨胀阀、蒸发器、鼓风机和暖风加热器芯的安装位置。

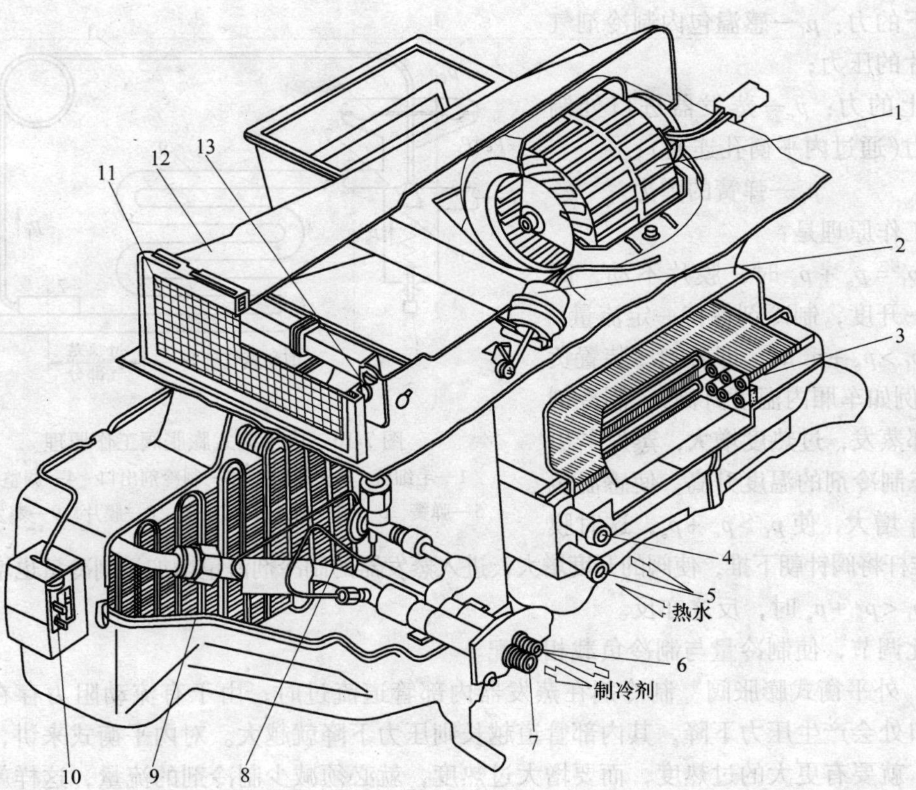

图 7-15　桑塔纳 2000 系列轿车膨胀阀、蒸发器、鼓风机和暖风加热器芯的安装位置

1—鼓风机　2—真空阀　3—加热器芯　4—出水口　5—进水口　6—制冷剂进口(来自储液器)　7—制冷剂出口(通往压缩机)　8—膨胀阀　9—蒸发器芯　10—温控器　11—进风罩滤网　12—进风罩　13—车厢温度开关

1. 热力膨胀阀的功用

热力膨胀阀具有两项功能：一是节流降压，即将来自储液干燥器的高温高压液态制冷剂通过节流变成低温低压液态制冷剂，保证制冷剂在蒸发器内蒸发汽化吸热，以便降低车内空气温度；二是自动调节流量，即调节制冷剂流入蒸发器的流量，使制冷剂流量适应制冷负荷变化的需求，避免压缩机发生液击现象和蒸发器蒸发不足而出现冷气不足现象。

所谓液击现象是指流入蒸发器的液态制冷剂过多，未蒸发的液态制冷剂进入压缩机后，由于压缩压力升高而导致压缩机阀片损坏的现象。过多的液态制冷剂流入蒸发器不仅会导致液击现象，而且还会导致蒸发器表面结霜或结冰，从而阻碍空气在蒸发器芯内流通而降低空调系统的制冷能力。

如果流入蒸发器的液态制冷剂过少，就没有足够的制冷剂供蒸发器蒸发吸热，因此会导致制冷系统(即车厢内)出现冷气不足现象。

2. 热力膨胀阀的结构及工作原理

汽车空调制冷系统常用的热力膨胀阀有内平衡式膨胀阀、外平衡式膨胀阀和 H 形膨胀阀三种。H 形膨胀阀结构紧凑、工作可靠，因此现代汽车(如桑塔纳 2000、北京切诺基、神龙富康等)普遍采用。

(1) 内平衡式膨胀阀　如图 7-16 所示，膨胀阀膜片承受三个力的作用。

向下的力：p_f—感温包内制冷剂气体对膜片的压力；

向上的力：p_e—蒸发器进口处制冷剂压力（通过内平衡孔连通）；

p_s—弹簧的弹力。

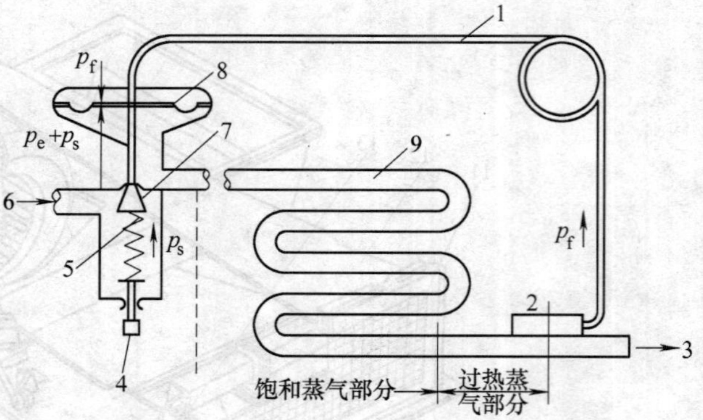

图 7-16　内平衡式膨胀阀工作原理

1—毛细管　2—感温包　3—制冷剂出口　4—调整螺钉　5—弹簧　6—制冷剂入口　7—阀　8—膜片　9—蒸发器

其工作原理是：

当 $p_f = p_e + p_s$ 时，膜片不动，阀处于某一开度，制冷剂保持一定流量。

当 $p_f > p_e + p_s$ 时，即若制冷装置负载增大（例如车厢内温度升高），制冷剂提前全部蒸发，过热度增大，蒸发器出口处气态制冷剂的温度升高，使感温包内压力 p_f 增大，使 $p_f > p_e + p_s$，这时膜片通过推杆将阀针朝下推，使阀的开度增大，进入蒸发器的制冷剂流量增加，制冷量也增加。

当 $p_f < p_e + p_s$ 时，反之亦反。

如此调节，使制冷量与制冷负载相匹配。

（2）外平衡式膨胀阀　制冷剂在蒸发器内部管道流过时，由于有流动阻力存在，在蒸发器出口处会产生压力下降，其内部管道越长则压力下降就越大。对内平衡式来讲，为了打开阀门，就要有更大的过热度，而要增大过热度，就必须减少制冷剂的流量，这样就使制冷量下降，故内平衡式只适用于对制冷量要求不大的轿车及货车驾驶室空调，而对大客车空调则要用外平衡式，如图 7-17 所示。

在内平衡式的基础上，堵住内平衡孔，在膜片下方至蒸发器出口处加一外平衡管，即变成了外平衡式膨胀阀。此时 p_e 变成了 p_e'（蒸发器出口处的压力）。显然 $p_e' < p_e$，即要达到同样的阀开度，外平衡式所需的过热度小一些，故蒸发器的容积效率可以提高。

（3）H 形膨胀阀　H 形膨胀阀的结构如图 7-18 所示，主要由阀体、感温元件、球阀、调节螺栓和预紧弹簧组成。因为其内部结构与字母“H”相似，所以称为 H 形膨胀阀，又称为整体式膨胀阀。

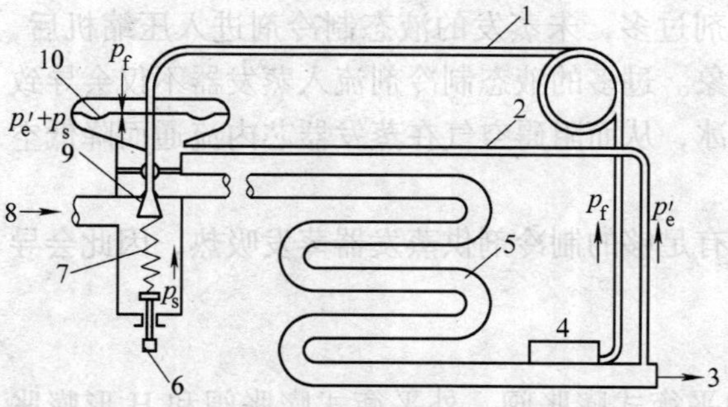

图 7-17　外平衡式膨胀阀工作原理

1—毛细管　2—外平衡管　3—制冷剂出口　4—感温包　5—蒸发器　6—调整螺钉　7—弹簧　8—制冷剂入口　9—阀　10—膜片

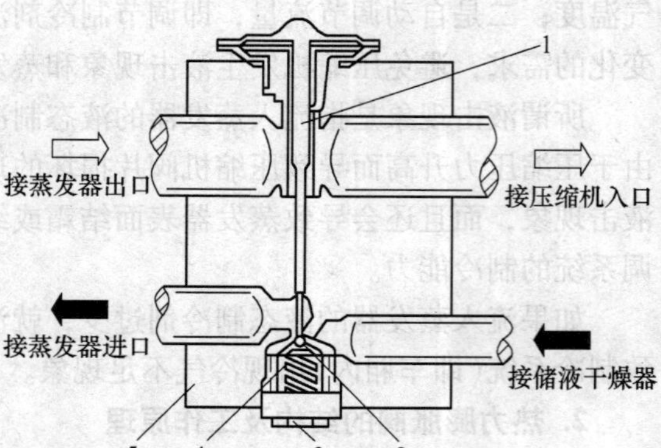

图 7-18　H 形膨胀阀的结构示意

1—感温元件　2—球阀　3—调节螺栓　4—预紧弹簧　5—阀体

在H形膨胀阀上，设有低压与高压两个通道和四个管路接头，分别与制冷系统的低压管路和高压管路连接。在图7-18所示的结构示意中，上面一个通道为低压通道，下面一个通道为高压通道。低压通道的入口接头经制冷管路与蒸发器出口连接、出口接头经制冷管路与空调压缩机入口连接；高压通道的入口接头经制冷管路与储液干燥器连接、出口接头经制冷管路与蒸发器入口连接。

在高压液体进口和出口之间，设有一个由球阀组成的节流阀，节流阀开度的大小由感温元件和预紧弹簧控制。感温元件内部充注有制冷剂，安放在低压通道上直接感受蒸发器出口蒸气的温度。转动调节螺栓即可调节弹簧的预紧力，从而便可调节节流阀的开度和流入蒸发器的制冷剂流量来调节车内空气的温度。

当蒸发器出口蒸气温度升高时，感温元件内部制冷剂吸热膨胀压力升高，迫使球阀压缩预紧弹簧使节流阀开度增大，进入蒸发器的制冷剂流量增大，蒸发器制冷量增大，车内空气温度降低。反之，当蒸发器出口蒸气温度降低时，节流阀开度减小，制冷剂流量减小，蒸发器制冷量减少，车内空气温度将升高。

(4) 膨胀节流管(孔管)　膨胀节流管是用于许多轿车制冷系统的一种固定孔口的节流装置，有人称它为孔管、固定孔管。膨胀节流管直接安装在冷凝器出口和蒸发器进口之间，用于将液态制冷剂节流降压。由于不能调节流量，液体制冷剂很可能流出蒸发器而进入压缩机，造成压缩机液击。所以装有膨胀节流管的系统，必须同时在蒸发器出口和压缩机进口之间安装一个集液器，实行气、液分离，避免压缩机发生液击。

膨胀节流管的结构如图7-19所示。它是一根装在塑料套管内的细铜管，在塑料套管外环形槽内装有密封圈。有的有两个外环形槽，每槽各装一个密封圈。把塑料套管连同膨胀节流管都插入蒸发器进口管中，密封圈就是密封塑料套管外径和蒸发器进口管内径间的配合间隙用的。膨胀节流管两端都装有滤网，以防止系统堵塞。安装使用后，系统内的污染物集聚在密封圈后面，使堵塞情况更加恶化，就是这种系统内的污染物堵塞了孔管及其滤网。膨胀节流管不能维修，坏了只能更换。

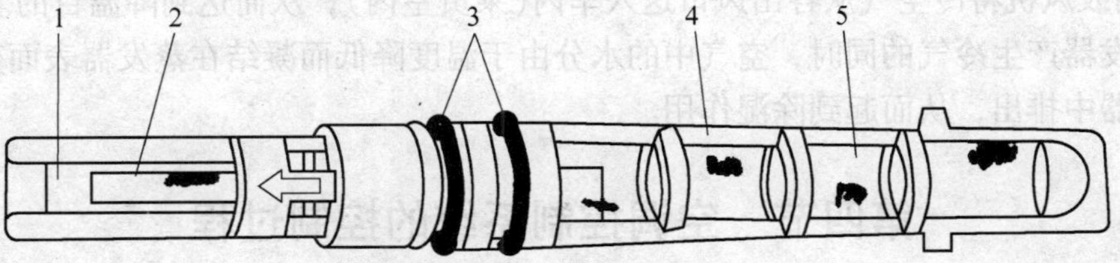

图7-19　膨胀节流管

1—出口滤网　2—节流孔　3—密封圈　4—管外壳　5—进口滤网

由于膨胀节流管没有运动部件，结构简单，可靠性高，同时节省能耗，很多高级轿车都采用这种方式。其缺点是制冷剂流量不能根据工况变化进行调节。

六、集液器

集液器是膨胀节流管空调系统的重要部件。用膨胀节流管代替膨胀阀时，汽车空调制冷系统要在低压侧安装集液器。集液器是一种特殊形式的储液干燥器，其结构如图7-20所示。在一定条件下，膨胀节流管会将较多的液态制冷剂节流入蒸发器用以蒸发，而留在蒸发器中的多余液态制冷剂则会进入压缩机造成损害。为防止这一问题，应使所有留在蒸发器中的液态、蒸气制冷剂和冷冻油进入集液器，集液器允许制冷剂蒸气进入压缩机，而留下液态制冷剂和冷冻油。在集液器出口处有一毛细孔，通常称其为过油孔，目的是仅允许少量液态制冷剂和冷冻油在给定时间随制冷剂蒸气返回压缩机，它也允许少量制冷剂进入。

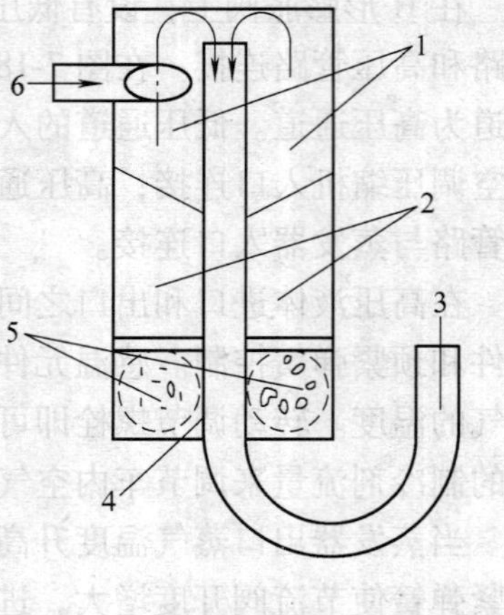

图 7-20 集液器

1—蒸气 2—液体 3—至压缩机 4—过油孔 5—干燥剂 6—来自蒸发器

集液器还装有化学干燥剂，可吸附、吸收并滞留因不当操作而进入系统的湿气。干燥剂不能维修，若有迹象表明需更换制冷剂时，集液器必须整体更换。

七、蒸发器

蒸发器安装在热力膨胀阀高压通道出口与低压通道入口之间，参见图 7-15。其功用是产生冷气、降温除湿。

蒸发器的结构与冷凝器相似，也是由铜管(或铝管)与铝片(或铁片)组成的一种热交换器。有所不同的是冷凝器是通过散热片散热使制冷剂冷凝成高温、高压液体，而蒸发器则是通过铝片(或铁片)吸收其周围的热量使空气冷却降温变成冷气，故又称为冷却器。由于蒸发器的芯管管径较大、管壁较薄，因此不能与冷凝器互换使用。

蒸发器也分为管片式和管带式两种。为了提高蒸发效率，目前小轿车空调系统普遍采用全铝管带式蒸发器，桑塔纳 2000 系列轿车空调系统采用的管带式蒸发器的结构如图 7-15 所示。

当热力膨胀阀节流降压后的低温、低压制冷剂在蒸发器内流动时，由于制冷剂蒸发汽化吸热，并通过管壁和吸热片吸收风道中空气的热量，因此空气冷却降温变成冷气(即产生冷源)，再用鼓风机将冷空气从各出风口送入车内(乘员室内)，从而达到降温目的。

在蒸发器产生冷气的同时，空气中的水分由于温度降低而凝结在蒸发器表面变成水滴滴落到收集器中排出，从而起到除湿作用。

第四节 空调控制系统的控制过程

为了保证汽车空调系统安全可靠的工作，需要对系统的工作状况进行必要的调节和控制，以便达到车内乘员要求的温度与湿度。空调控制系统主要由蒸发器温度控制器、鼓风机、电磁离合器、各种控制开关(空调开关 A/C、鼓风机风量开关、高压保护开关、低压保护开关、通风方向控制开关、温度调节控制开关、除霜风门控制开关等)、各种控制阀和继电器等组成。

一、汽车空调中的车速控制

对于非独立式汽车空调来讲，其压缩机的动力来自汽车发动机，为了保证发动机的正常运转，防止发动机出现熄火、过热等异常现象，因而要对发动机转速实施控制。一些高级轿车为保证在高速超车时汽车有足够的动力，设有加速切断器，在汽车加速时暂时切断压缩机的动力。现代汽车中空调的车速控制多采用发动机电脑直接控制。

二、蒸发器温度控制器

蒸发器温度控制器简称温控器，又称为恒温器。为了充分发挥蒸发器的最大冷却能力，同时又不致造成蒸发器表面的冷凝水（即除湿水）结冰、结霜而堵塞蒸发器吸热片之间的空气通道，蒸发器表面的温度应当控制在 1 ~4℃范围内。温控器的作用就是根据蒸发器表面温度的高低，接通和切断空调压缩机电磁离合器线圈电路，使蒸发器表面温度保持在规定的范围内。

常用的温控器有波纹管式（如桑塔纳轿车和奥迪 100 型轿车空调系统采用的温控器）和热敏电阻式（如天津夏利和长安奥托微型轿车空调系统采用的温控器）两种。

1. 波纹管式温度控制器

波纹管式温控器又称为压力式温控器，结构如图 7-21 所示，主要由感温管、波纹管、温度调节凸轮、弹簧、触点等组成。在感温管内充有制冷剂饱和液体，一端与温控器内的波纹伸缩管相连通，另一端插入蒸发器吸热片内 20 ~25cm 左右。

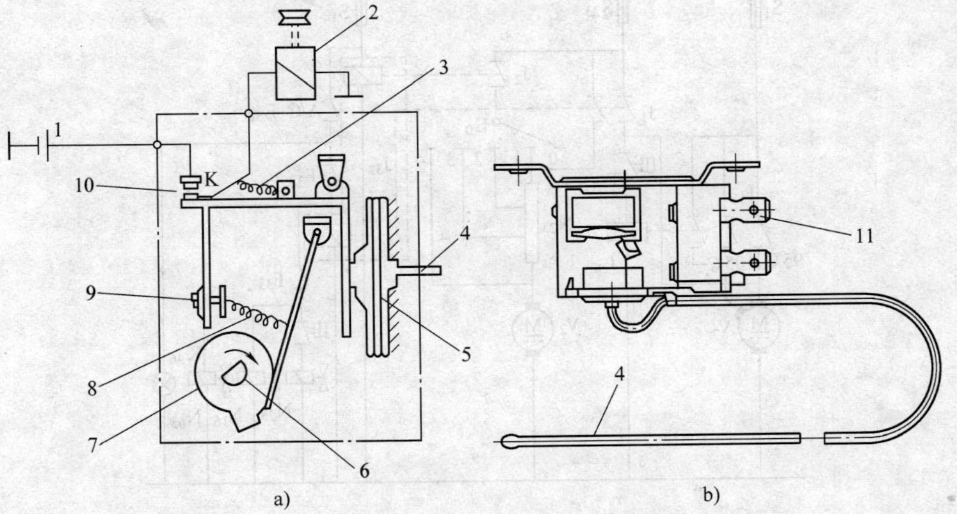

图 7-21 机械波纹管式温度控制器

a）原理图 b）外形图

1—蓄电池 2—空调电磁离合器线圈 3、8—弹簧 4—感温管 5—波纹伸缩管

6—凸轮轴 7—温度调节凸轮 9—调整螺钉 10—触点 K 11—接线插头

当蒸发器温度较高时，插在其吸热片内的感温管的温度相应也较高，因此感温管内部制冷剂液体膨胀，压力相应较高而使波纹伸缩管伸长，推动传动杠杆放大机构使触点 K 闭合，接通电磁离合器线圈电路使压缩机运转制冷，蒸发器温度开始下降，感温管温度随之下降，其内部制冷剂压力下降而使波纹伸缩管逐渐收缩。

当蒸发器温度下降到某一设定值（一般为 1℃）时，波纹伸缩管的收缩量通过传动杠杆放大机构使触点 K 断开，电磁离合器线圈切断，压缩机停止运转，制冷系统停止制冷，因此蒸发器温度开始上升。

当蒸发器温度升高到设定温度的上限值(一般为4℃)时，温控器触点K再次闭合，压缩机重新运转制冷，蒸发器温度重又降低。温控器和制冷系统如此循环工作，使蒸发器温度控制在设定的温度范围内。

在使用过程中，转动温度调节凸轮可以改变弹簧的预紧力，从而便可改变蒸发器的温度调节范围。

2. 热敏电阻式温度控制器

热敏电阻式温控器又称为电子控制式温控器，由热敏电阻式蒸发器温度传感器、电子放大电路、电磁离合器继电器等组成。这种温控器具有反应迅速、控制精度高等优点。

三、空调系统控制电路

以桑塔纳轿车空调系统为例进行分析说明。桑塔纳轿车空调系统控制电路由电源电路、电磁离合器控制电路、鼓风机控制电路和冷凝器风扇电动机控制电路组成，如图7-22所示，控制过程如下：

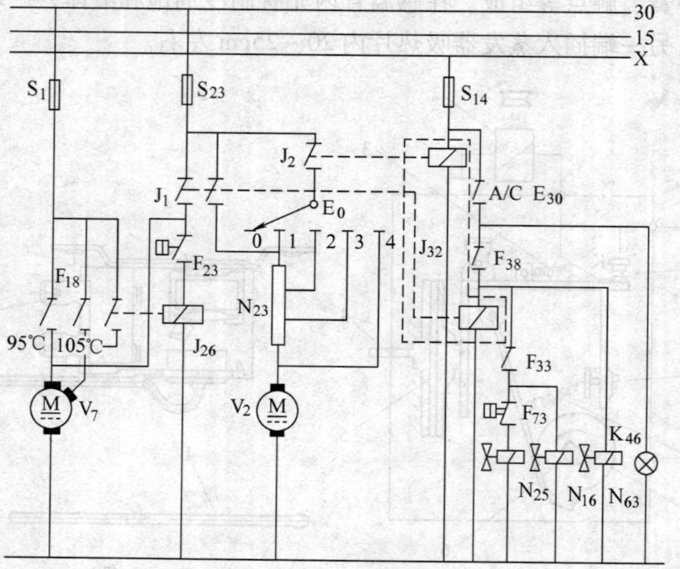

图7-22 上海桑塔纳轿车空调系统控制电路

S_1—冷却风扇熔断器 S_{14}—空调熔断器 S_{23}—鼓风机熔断器 K_{46}—空调指示灯 J_{32}—空调继电器 J_{26}—冷凝器风扇继电器 E_{30}—空调制冷开关 E_0—鼓风机开关 F_{73}—低压保护开关 F_{23}—高压保护开关 F_{18}—冷却风扇电动机温控开关 F_{33}—蒸发器温控开关 F_{38}—环境温控开关 V_7—冷却风扇电动机 V_2—鼓风机 N_{25}—空调电磁离合器 N_{16}—怠速提升电磁阀 N_{63}—新鲜空气翻板电磁阀 N_{23}—调速电阻

点火开关处于起动(置ST)位置时，卸荷继电器X电路切断，触点断开，中断空调系统的工作，保证发动机起动时，蓄电池具有足够的电能来起动发动机。

点火开关处于接通(置ON)位置时，卸荷继电器线圈X电路接通，触点闭合，空调继电器J_{32}中的线圈J_2通电，接通鼓风机电路，此时可由鼓风机开关E_0进行调速，使鼓风机按要求的转速运转，进行强制通风、换气或送出暖风。

当外界气温高于10℃时，环境温度开关F_{38}才能接通，空调才能使用。当需要制冷系统工作时，接通空调开关E_{30}，空调A/C开关的指示灯K_{46}点亮，表示空调开关已经接通。此时电源经空调开关K_{46}、环境温度开关F_{38}接通以下电路：

1）新鲜空气翻板电磁阀N_{63}电路接通，该电磁阀动作后接通新鲜空气翻板真空促动器的真空通路，从而可使新鲜空气进口关闭，鼓风机才能强制通过蒸发器总成的空气通道进风，使制冷系统进入车内空气内循环。

2）经蒸发器温控开关F_{33}、低压保护开关F_{73}对电磁离合器N_{25}线圈供电，同时电源还经蒸发器温控开关接通化油器的怠速提升电磁阀N_{16}，提高发动机的转速，以满足空调所需动力的要求，防止发动机转速降低而熄火。

3）对空调继电器中的线圈J_1供电，使两对触点同时闭合，其中一对触点接通冷凝器冷却风扇继电器J_{26}的线圈电路；另一对触点接通鼓风机V_2的电路。

低压保护开关F_{73}串联在蒸发器温控开关F_{33}和电磁离合器N_{25}之间，当制冷系统缺少制冷剂使制冷系统压力过低时，低压保护开关断开使压缩机停止工作。

高压保护开关F_{23}串联在冷却风扇继电器和空调继电器J_1的触点之间，当制冷剂压力正常时，高压保护开关触点断开，电阻R串入冷却风扇电动机电路中，使风扇电动机低速运转。当制冷剂压力超过规定值(1.448 ± 0.06895)MPa时，高压保护开关触点闭合，接通冷却风扇继电器线圈电路，冷却风扇继电器的触点闭合，电阻R被短路，风扇电动机将高速运转，增强冷凝器的冷却能力。

冷却风扇电动机由空调冷凝器与发动机散热器公用，因此还直接受发动机冷却风扇电动机温控开关F_{18}的控制，当空调A/C开关E_{30}尚未接通时，若发动机冷却液温度低于95℃，则风扇电动机电路不通，风扇电动机不会转动；当发动机冷却液温度高于95℃时，冷却风扇电动机V_7低速转动，防止发动机过热；当冷却液温度达到105℃时，则冷却风扇电动机温控开关F_{18}的高温(105℃)触点闭合，电阻R被短路，冷却风扇电动机将高速运转，增强发动机散热器的散热能力。

当空调A/C开关一旦接通时，空调继电器J_1的右边一个触点就会闭合，鼓风机V_2就会以低速运转来防止蒸发器表面温度过低而结冰或冻坏蒸发器，同时，空调A/C开关一旦接通，冷凝器风扇低速挡开始运转。因此使用空调时，应在接通空调A/C开关之前，首先接通鼓风机开关，使较多空气流通。

第五节　空调系统的使用与维修

各型汽车空调系统空气的调节与控制过程大同小异，下面以桑塔纳轿车冷暖一体化空调系统为例说明。桑塔纳2000GSi型轿车空调系统控制面板、空气通道及风门分布如图7-23所示。

1. 控制开关的功用

通风方向控制键14控制空气的分布，故又称为空气分布控制键。控制键14向左拨动时，足部出风风门10打开，出风口E送风，各出风口的位置如图7-24所示。

除霜风门控制键16向右拨动时，除霜风门17打开，出风口A、B送风。通风方向控制键14和除霜风门控制键16向中间靠拢时，足部出风风门10和除霜风门17均关闭，出风口

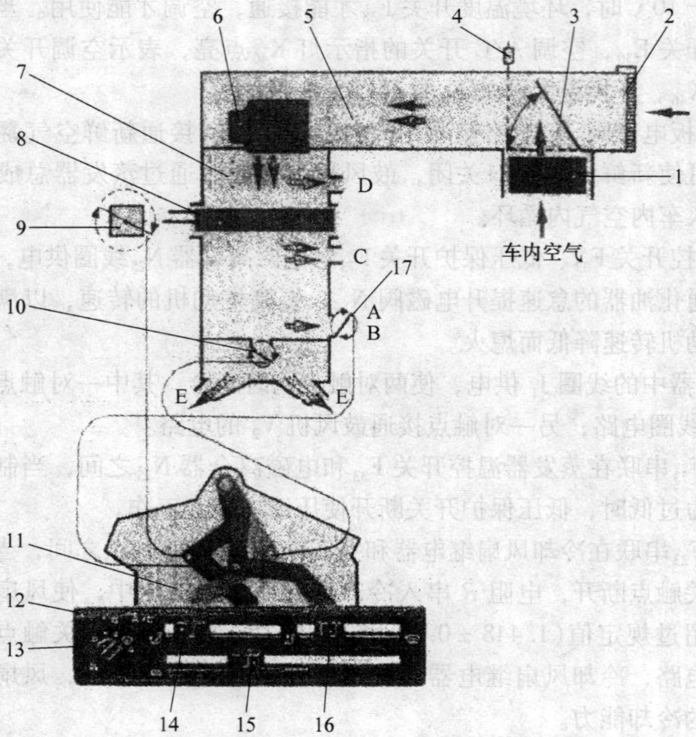

图 7-23 桑塔纳 2000GSi 型轿车空调系统控制面板、空气通道及风门分布

1—蒸发器 2—进风罩滤网 3—进风口转换风门 4—真空阀 5—进风罩 6—鼓风机 7—空气分布箱 8—暖风加热器芯 9—暖风阀 10—足部出风风门 11—操纵机构 12—空调开关 13—鼓风机风量旋钮开关 14—通风方向（空气分布）控制键 15—温度调节控制键 16—除霜风门控制键 17—除霜风门 A、B、C、D、E—出风口

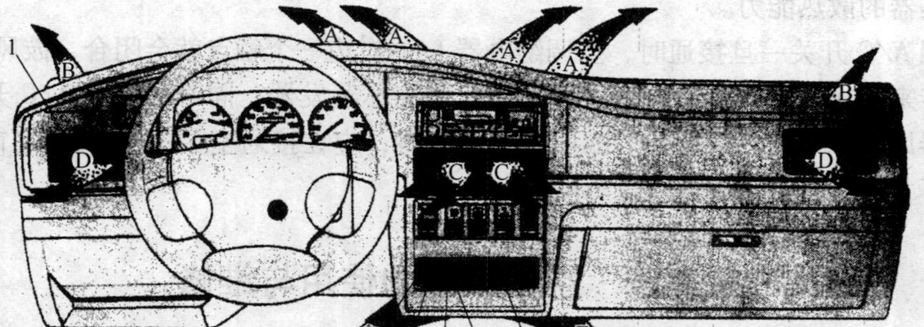

图 7-24 桑塔纳 2000GSi 型轿车空调系统出风口位置的分布

1—仪表盘出风口 2—空调开关 A/C 3—鼓风机风量旋钮开关 4—通风方向控制键 5—温度调节控制键 6—除霜风门控制键 A、B、C、D、E—出风口

A、B、E 停止送风，此时出风口 C、D 送风量将增大。

温度调节控制键 15 用于调节暖风阀开度的大小，从而调节空气温度的高低，温控键 15 向右拨动时温度升高，向左拨动时温度降低，如此时空调开关接通，则冷气量将增大。

鼓风机风量旋钮开关 13 设有五个挡位，当开关旋钮转到“0”挡位时，如空调开关

A/C 接通，鼓风机只能以低速运转来防止蒸发器表面温度过低而结冰或冻坏蒸发器。

空调 A/C 开关接通时，开关内部的指示灯将发亮，指示空调 A/C 开关已经接通。提醒驾驶员及时接通鼓风机开关使鼓风机运转送风，防止空气流量过小导致蒸发器表面温度过低而结冰或冻坏蒸发器。

未经加热的新鲜空气和经过制冷系统制冷后的冷气均可从各个出风口 A、B、C、D、E 送入车厢内，其中，出风口 A、B、C、E 还可送出暖风。从后座出风口送出的空气与出风口 E 送出的空气均通过操作通风方向控制键 14 进行调节。出风口 C 和 D 旁边和中间还设有调节送出空气气流大小和方向的滚花盘调节旋钮，可以单独调节送出空气气流的大小和方向。转动出风口 C 和 D 旁边的纵向滚花盘旋钮时，可以调节送出空气气流的大小，但在出风口 C 和 D 输送冷气时，其中必须有一个保持打开，以免造成制冷系统结冰而损坏制冷部件。转动出风口 C 和 D 中间的横向滚花盘旋钮时，可以调节出风叶片的偏转角度来改变送出空气气流的方向。

2. 空气的调节与控制

（1）冷气的调节　在夏季炎热天气行车时，可用空调系统为车内提供冷气降温。使用空调时，首先转动鼓风机风量旋钮开关使鼓风机运转，然后单击空调 A/C 开关，使空调电磁离合器线圈电路接通，发动机便带动压缩机运转，制冷系统开始循环工作提供冷气，与此同时，空调 A/C 开关内的指示灯发亮，提醒驾驶员空调已经接通。

接通空调 A/C 开关、制冷系统提供冷气后，便可根据车内乘员对冷气温度的要求调节温度调节控制键，同时转动鼓风机风量旋钮开关所处挡位调节鼓风机转速，即冷气气流的大小。

如果前排乘员对冷气气流大小或方向感觉不够满意，则可转动图 7-24 所示出风口 C 和 D 旁边或中间的滚花盘旋钮进行调节，并保证出风口 C 和 D 中有一个保持打开状态，以免造成制冷系统结冰而损坏制冷部件。

（2）最大冷气量的调节　在炎热的夏季或车内温度较高、需要供给较大冷气量来降温时，首先起动发动机运转，然后单击空调 A/C 开关，使压缩机运转制冷提供冷气，再关闭所有车门，并将温度调节控制键拨到最左端（温度最低一端），鼓风机风量旋钮开关旋转到“4”挡（最高挡），通风方向控制键向右移到最右端，除霜风门控制键向左移到最左端，前排乘员需要的冷气气流大小和方向还可调节出风口 C 和 D 旁边或中间的滚花盘旋钮进行调节。

（3）车内取暖　汽车冷暖一体化空调系统普遍采用了利用发动机冷却液的余热来提高车内空气温度的非独立式采暖系统，其采暖方法是先将发动机冷却液引入暖风加热器芯中，然后利用鼓风机将已被加热的空气送入车厢内，使车厢内空气温度升高来满足车内乘员取暖要求。因此其暖风系统一般都是在发动机冷却系统的基础上，增设鼓风机（与制冷系统共用）、暖风加热器芯和暖风阀等部件组成。

桑塔纳 2000GSi 型轿车冷暖一体化空调系统用鼓风机和暖风加热器芯在空调箱中的安装位置如前述图 7-15 所示，暖风加热器芯通过进水口和出水口与发动机冷却液管路连接。提供冷气的蒸发器和提供暖气的暖风加热器芯安放在同一个送风通道内，控制加热器芯进水量的暖风阀由控制面板上的温度调节控制键控制。当发动机正常工作、冷却液温度达到正常工作温度（95℃）后，即可接通空调鼓风机取暖。

在冬季环境温度较低、车内乘员需要取暖时，先将通风方向控制键拨到左端，使足部出风门打开，以便出风口 E 输送暖风；将除霜风门控制键拨到右端，使除霜风门打开，以便出风口 A、B 输送暖风；调节出风口 C、D 旁边的纵向滚花盘旋钮，使出风口 C 打开、D 关闭。然后根据取暖温度需要，将鼓风机风量旋钮开关旋转到“2”挡位置即可得到暖风取暖。

当车内温度达到所需温度后，通风方向控制键保持在左端，将除霜风门控制键向右拨到全行程的 2/3 位置，温度调节控制键向右拨到空气温度适宜位置，鼓风机风量旋钮开关旋转到“1”挡位置，调节出风口 D 旁边的滚花盘旋钮，使出风口 D 打开输送新鲜空气，这样可以得到新鲜舒适的暖风。

（4）车内通风　在春秋两季期间行车时，可用空调系统对车内进行强制通风换气。将温度调节控制键拨到最左端，以便关闭暖风阀。然后接通鼓风机风量开关，各出风口均可供给新鲜空气。当通风方向控制键和除霜风门控制键都拨到中间位置时，出风口 C、D 的出风量最大。

（5）风窗及侧窗除霜　当风窗及侧窗需要除霜时，将所有控制键拨到右端，鼓风机风量开关转到“2”挡位置，关闭出风口 C、D，即可达到除霜的目的。

当空气潮湿、风窗及侧窗玻璃上结雾需要除去时，将温度调节控制键和除霜风门控制键拨到右端，鼓风机风量旋钮开关转到“2”或“3”挡位置，温度调节控制键向右拨到暖风区域，关闭出风口 C、D，即可达到除雾的目的。

第六节　汽车空调系统的检测与维修基础

一、汽车空调系统维修常用的专用仪器及设备

汽车空调系统维修常用的专用仪器及设备有歧管压力计、检漏设备、专用成套维修工具、真空泵、制冷剂注入阀以及其他专用维修工具。由于制冷剂 R134a 释放到空气中，会造成温室效应，因此需要对维修中排出的制冷剂进行回收利用，要有回收设备。

1. 歧管压力计

歧管压力计也称压力表组，与制冷系统相接可进行抽真空、加注制冷剂及检查和判断制冷系统的工作状态和故障情况等。

歧管压力计由高压表、低压表、低压手动阀、阀体以及高压接头、低压接头、制冷剂抽真空接头等组成，如图 7-25 所示。工作时高、低压接头分别通过软管与压缩机高、低压阀相接，中间接头与真空泵或制冷剂钢瓶相接。只能用手拧紧软管与歧管压力计的接头，不可用扳手，否则会拧坏接头螺纹。

使用时必须排尽软管内空气，其具体操作步骤如下：

当低压手动阀开启、高压手动阀关闭时，低

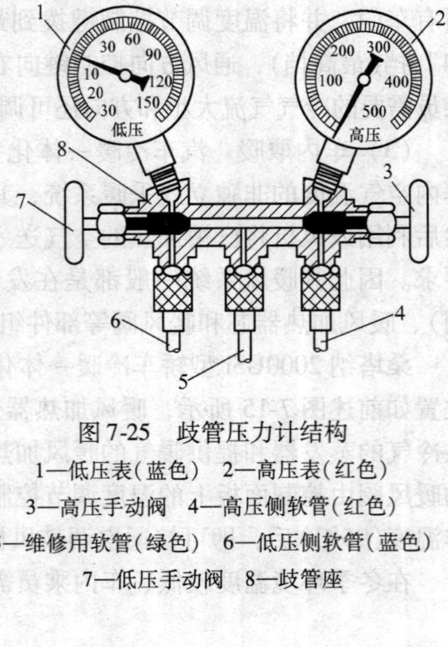

图 7-25　歧管压力计结构
1—低压表（蓝色）　2—高压表（红色）
3—高压手动阀　4—高压侧软管（红色）
5—维修用软管（绿色）　6—低压侧软管（蓝色）
7—低压手动阀　8—歧管座

压管路与中间管路、低压表相通，此时可从低压侧加注制冷剂或排放制冷剂，并同时检测高、低压侧的压力。

当低压手动阀关闭、高压手动阀开启时，高压管路与中间管路、高压表相通，此时可从高压侧加注制冷剂，并同时检测高、低压侧的压力。

当高、低压手动阀均关闭时，可检测高、低压侧的压力。

当高、低压手动阀都开启时，可进行加注制冷剂、抽真空，并检测高、低压侧压力。

2. 检漏设备——卤素检漏灯

检修或拆装汽车空调制冷系统管道、更换零部件之后，需在检修及拆装部位进行制冷剂的泄漏检查，目前主要有卤素检漏灯和电子检漏仪两种，其中电子检漏仪最为常用。

卤素检漏灯是一种丙烷(或酒精)燃烧喷灯，利用制冷剂气体进入安装在喷灯的吸气管内会使喷灯的火焰颜色改变这一特性来判断系统的泄漏部位和泄漏程度，其结构如图7-26所示。当喷灯的吸气管从系统泄漏处吸入制冷剂时，火焰颜色会发生变化：泄漏量少时，火焰呈浅绿色；泄漏量较多时，火焰呈浅蓝色；泄漏量很多时，火焰呈紫色。

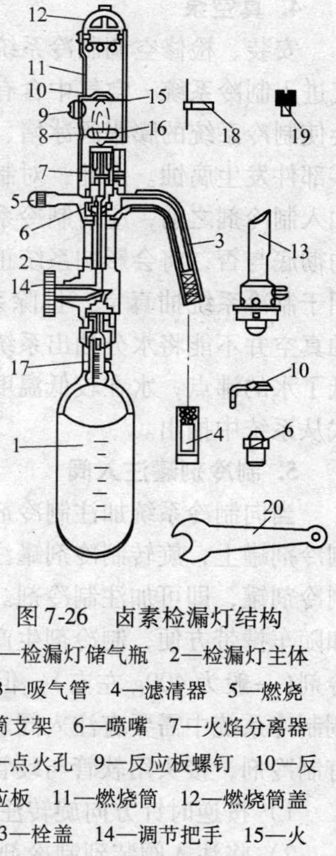

图7-26 卤素检漏灯结构

1—检漏灯储气瓶 2—检漏灯主体 3—吸气管 4—滤清器 5—燃烧筒支架 6—喷嘴 7—火焰分离器 8—点火孔 9—反应板螺钉 10—反应板 11—燃烧筒 12—燃烧筒盖 13—栓盖 14—调节把手 15—火焰长度(上限) 16—火焰长度(下限) 17—喷嘴 18—喷嘴清洁器 19—调节扳手 20—扳手

卤素检漏灯的操作如下：

1）向检漏灯主体和检漏灯上加液态丙烷或无水酒精。

2）将点燃的火柴插入检漏灯点火孔内，再按逆时针方向慢慢旋转调节把手，让丙烷气体溢出，遇火就能点燃。

3）将燃烧的火焰调节到尽量小，火焰越小，对制冷剂泄漏反应越灵敏。

4）把吸气管末端靠近各个有可能泄漏的部位。

5）细心观察火焰的颜色。判断出制冷系统泄漏的部位和泄漏程度。

若没有泄漏发生，空气中不存在制冷剂蒸气时，火焰为无色。当出现极轻微的泄漏时，吸气管将泄漏的制冷剂蒸气吸入到丙烷灯燃烧室内，并在600~700℃的燃烧区发生制冷剂分解，产生的气体在接触到烧红的铜时，会把火焰变成绿色并增加火焰高度。因此，可根据卤素检漏灯火焰颜色来判断制冷剂泄漏量，见表7-2。

表7-2 卤素检漏灯故障诊断表

燃烧物质	火焰颜色	故障诊断
酒精	变成浅绿色	制冷剂有少量泄漏
	变成深绿色	制冷剂有大量泄漏
丙烷	变成浅蓝色	制冷剂有较少泄漏
	变成蓝色	制冷剂有较多泄漏
	变成紫色	制冷剂有大量泄漏

3. 专用成套维修工具

成套维修工具是把汽车制冷系统维修时需要的专用工具组装在一个工具箱内，如图 7-27 所示，汽车空调专用成套维修工具由歧管压力计、漏气检测仪、制冷剂管固定架、制冷剂管割刀、备用储气瓶、扩口工具、检修阀扳手、注入软管衬垫、检修阀衬垫等构成。

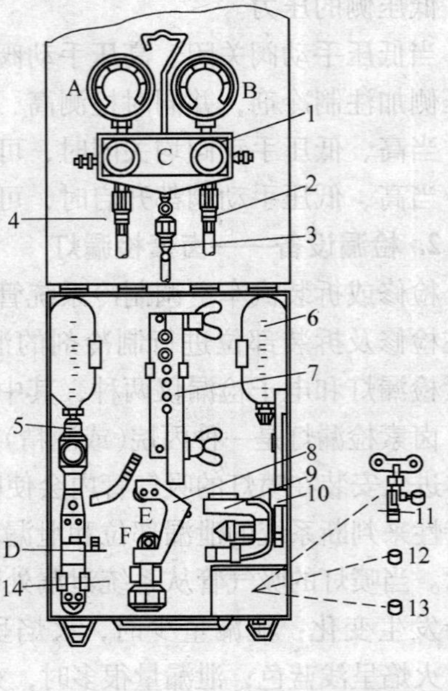

图 7-27　汽车空调专用成套维修工具

1—歧管压力计　2—红色注入软管　3—绿色注入软管　4—蓝色注入软管　5—漏气检测仪　6—备用储气瓶　7—制冷剂管固定架　8—制冷剂管割刀　9—扩口工具　10—检修阀扳手　11—制冷剂罐注入阀　12—注入软管衬垫　13—检修阀衬垫　14—工具箱　A—低压表　B—高压表　C—压力表座　D—反应板　E—铰刀　F—刀片

4. 真空泵

安装、检修空调制冷系统时，会有一定量的空气进入制冷系统，空气中含有一定量的水蒸气，这会使制冷系统的膨胀阀冰堵、冷凝压力升高、系统零部件发生腐蚀。因此，对制冷系统检查后，在未加入制冷剂之前，应对制冷系统抽真空。而抽真空的彻底与否，将会影响系统正常运转效果。真空泵用于制冷系统抽真空，排除系统内的空气、水分。抽真空并不能将水分抽出系统，而是产生真空后降低了水的沸点，水在较低温度下沸腾，以蒸汽的形式从系统中抽出。

5. 制冷剂罐注入阀

当向制冷系统加注制冷剂时，可将注入阀装在制冷剂罐上，旋转制冷剂罐注入阀手柄，阀针刺穿制冷剂罐，即可加注制冷剂。为便于维修汽车空调和随车携带方便，制冷剂生产厂制造了一种小罐制冷剂(一般为 400g 左右)，但要将它注入到汽车空调制冷系统中需要有注入阀才能配套开罐。图 7-28 所示为制冷剂罐注入阀，制冷剂罐内装有制冷剂，接头用软管与歧管压力计的中间接头相连，其具体使用方法如下：

1）按逆时针方向旋转注入阀手柄，直到阀针退回为止。

2）将注入阀装到制冷剂罐上，逆时针方向旋转板状螺母直到最高位置，然后将制冷剂注入阀顺时针拧动，直到注入阀嵌入制冷剂密封塞。

3）将板状螺母按顺时针方向旋转到底，再将歧管压力计上的中间软管固定到注入阀的接头上。

4）拧紧板状螺母。

5）按顺时针方向旋转手柄，使阀针刺穿密封塞。

6）若要加注制冷剂，则逆时针方向旋转手柄，使阀针抬起，同时打开歧管压力计上的手动阀。

7）若要停止加注制冷剂，则顺时针方向旋转手柄，使阀针再次进入密封塞，起到密封作用，并同时关闭歧管压力计上的手动阀。

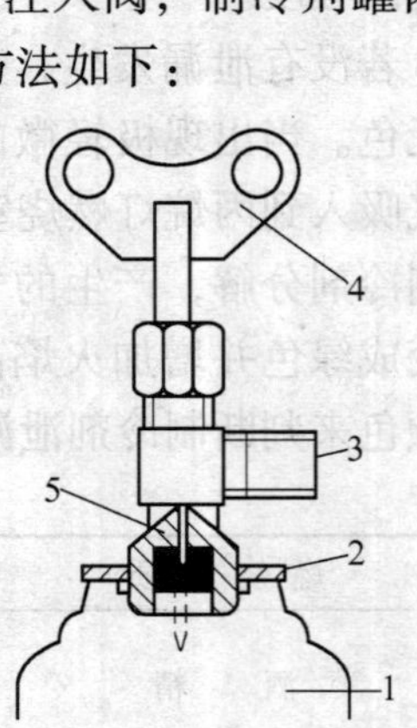

图 7-28　制冷剂罐注入阀

1—制冷剂罐　2—板状螺母　3—注入阀接头　4—制冷剂罐注入阀手柄　5—阀针

二、制冷系统的抽真空及制冷剂的加注

1. 制冷系统抽真空

抽真空是为了排除制冷系统内的空气和水气，是空调维修中一项极为重要的程序。因为对制冷系统进行维修或更换元件时，空气会进入系统，且空气中含有一定量的水蒸气(湿空气)。抽真空并不能直接把水分抽出制冷系统，而是产生真空后降低了水的沸点，水气化成蒸汽后被抽出制冷系统。因此，系统抽真空时，时间越长，系统内残余的水分就越少。为最大限度地将系统内的空气及湿气抽出，必须采用重复抽真空法，即第一次抽真空完毕后，再连续抽 30min 以上。图 7-29 所示为抽真空管路连接方法，具体操作过程如下：

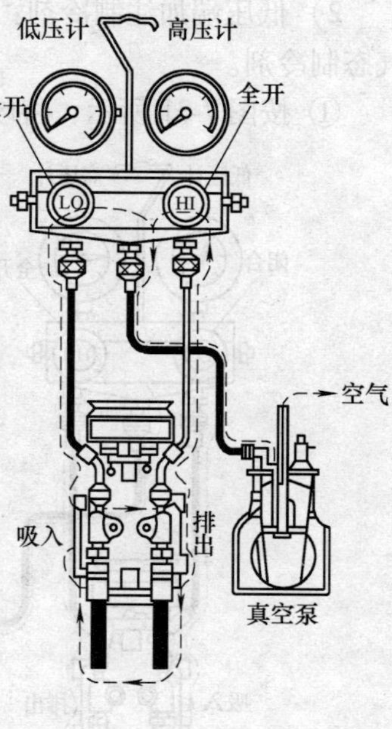

图 7-29　抽真空管路连接方法

1）将歧管压力计上的两根高、低压软管分别与压缩机上的高、低接口相连；将歧管压力计上的中间软管与真空泵相连。

2）打开歧管压力计上的高、低压手动阀，起动真空泵，并注视两个压力表，将系统抽真空至 98.70 ~ 99.99kPa 。

3）关闭歧管压力计上的高、低压手动阀，观察压力表指示压力是否回升。若回升，则表示系统泄漏，此时应进行检漏和修补。若压力表针保持不动，则打开高、低压手动阀，起动真空泵继续抽真空 15 ~ 30min ，使其真空压力表指针稳定。

4）关闭歧管压力计上的高、低压手动阀。

5）关闭真空泵。先关闭高、低压手动阀，然后关闭真空泵，可以防止空气进入制冷系统。

2. 制冷剂的加注

当制冷系统抽真空达到要求，且经检漏确定制冷系统不存在泄漏部位后，即可向制冷系统加注制冷剂。加注前，先确定注入制冷剂的数量。加注量过多或过少，都会影响空调制冷效果。压缩机的铭牌上一般都标有所用的制冷剂的种类及其加注量。加注制冷剂的方法有两种，一种是从压缩机排气阀(高压阀)的旁通孔(多用通道)加注，称为高压端加注，加入的是制冷剂液体。其特点是安全、快速，适用于制冷系统的第一次加注，即经检漏、抽真空后的系统加注。但用该方法时必须注意，加注时不可起动压缩机(发动机停转)，且制冷剂罐要求倒立。另一种是从压缩机吸气阀(低压阀)的旁通孔(多用通道)加注，称为低压端加注，充入的是制冷剂气体，其特点是加注速度慢，可在系统补充制冷剂的情况下使用。

1）高压端加注制冷剂操作步骤如下：

① 当系统抽真空后，关闭歧管压力计上的高、低压手动阀。

② 将中间软管的一端与制冷剂罐注入阀的接头连接，如图 7-30 所示。打开制冷剂罐注入阀，再拧开歧管压力计软管一端的螺母，让气体溢出几分钟，然后拧紧螺母。

③ 拧开高压侧手动阀至全开位置，将制冷剂罐倒立。

④ 从高压侧注入规定量的液态制冷剂。关闭制冷剂罐注入阀及歧管压力计上的高压手动阀，然后将仪表卸下。从高压侧向系统加注制冷剂时，压缩机处于不起动状态（发动机停转），不要拧开歧管压力计上的低压手动阀，以防产生液压冲击。

2）低压端加注制冷剂：通过歧管压力计上的低压手动阀，可向制冷系统的低压侧加注气态制冷剂。

① 按图 7-31 所示，将歧管压力计与压缩机和制冷罐连接好。

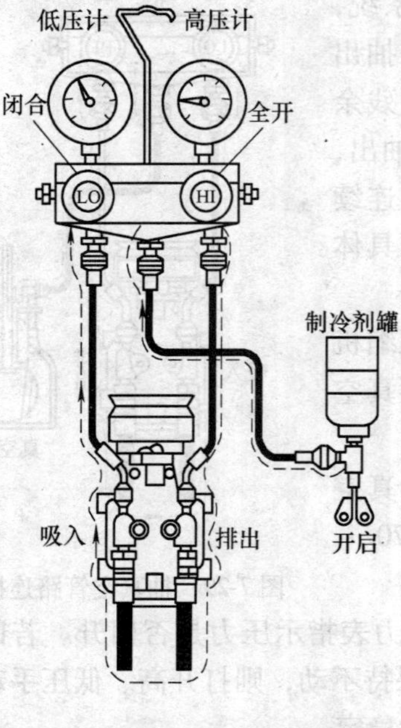

图 7-30　高压端加注液态制冷剂

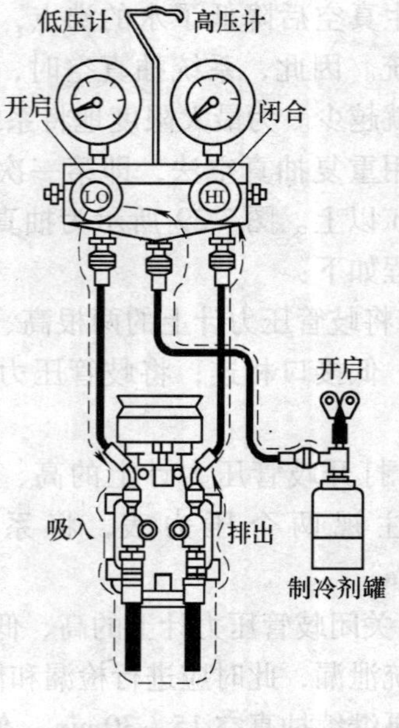

图 7-31　低压端加注气态制冷剂

② 打开制冷剂罐，拧松中间注入软管在歧管压力计上的螺母，直到听见有制冷剂蒸气流动声，然后拧紧螺母。从而排出注入软管中的空气。

③ 打开低压手动阀，让制冷剂进入制冷系统。当系统的压力值达到 0.4MPa 时，关闭低压手动阀。

④ 起动发动机，将空调开关接通，并将鼓风机开关和温控开关都调至最大。

⑤ 再打开歧管压力计上的手动阀，让制冷剂继续进入制冷系统，直至加注量达到规定值。

⑥ 在向系统中加注规定量制冷剂之后，从视液窗处观察，确认系统内无气泡、无过量制冷剂。随后将发动机转速调至 2000r/min，并将鼓风机风量开到最高挡，若气温为 30 ~ 35℃，则系统内低压侧压力应为 0.147 ~ 0.192MPa，高压侧压力应为 1.37 ~ 1.67MPa。

⑦ 加注完毕后，关闭歧管压力计上的低压手动阀，关闭装在制冷剂罐上的注入阀，使发动机停止运转，将歧管压力计从压缩机上卸下，卸下时动作要迅速，以免过多制冷剂泄出。

三、制冷系统润滑油的加注

通常汽车空调制冷系统的冷冻润滑油消耗很少，可每两年更换一次，每次应按规定数量加注(一般压缩机的铭牌上标注润滑油的型号和数量)。加注时一定要使用同一牌号的冷冻润滑油，不同牌号的冷冻润滑油混用会生成沉淀物。

制冷系统内制冷剂若泄漏很慢，对冷冻润滑油泄漏影响不大。若系统内制冷剂泄漏很快，冷冻润滑油也会很快泄漏。

汽车空调压缩机是高速运转装置，其工作是否正常，取决于润滑是否充分，但过多的润滑油也影响制冷效果。当更换压缩机和制冷系统某一部件时，须检查压缩机内的油量。

冷冻润滑油加注方法有两种：

1）利用压缩机本身抽吸作用，将冷冻润滑油从低压阀处吸入，此时发动机一定要保持低速运转。

2）利用抽真空加注冷冻润滑油。

① 对制冷系统抽真空。

② 选用一个有刻度的量筒，盛入比要加注的冷冻润滑油还要多的冷冻润滑油。

③ 将连接在压缩机上的低压软管从歧管压力计上拧下来，并将其插入盛有冷冻润滑油的量筒内，如图 7-32 所示。

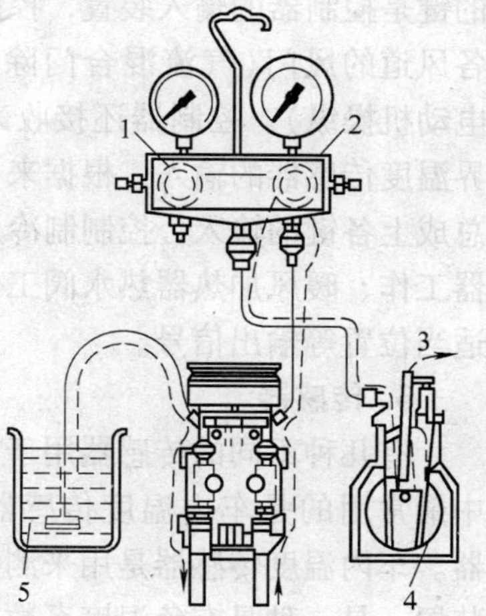

图 7-32 抽真空法加注冷冻润滑油

1—低压手动阀关闭 2—高压手动阀开启 3—排出空气 4—真空泵 5—冷冻润滑油

④ 起动真空泵，打开歧管压力计上的高压手动阀，加注的润滑油就从压缩机的低压侧进入压缩机中。当冷冻润滑油量达到规定量时，停止真空泵的抽吸，并关闭高压手动阀。

⑤ 按抽真空法加注冷冻润滑油后，还应继续对制冷系统抽真空、加注制冷剂。

第七节 自动空调系统概述

自动空调系统已越来越广泛地为人们所使用。这是因为只要驾驶员将温度控制手柄调到所需的温度挡，并把功能控制手柄调到自动挡。不管气候如何变化，它都能为车室内提供并保持良好的舒适性，而驾驶员无需或很少去变换控制板上控制开关的位置。

自动空调系统在普通(手动)空调系统的基础上，采用各种传感器、程序装置、伺服电动机和(或)控制模块等带动执行机构。自动空调系统 ECU 能根据各种传感器的输入信号和设定温度，通过空气混合风门改变冷热风的比例，进而控制空气流的温度；当车内温度达到设定温度时，ECU 停止驱动伺服电动机，并把此位置存入记忆；ECU 还通过方式风门控制气流流向；通过进气风门控制进气来自车内还是车外。另外，自动空调系统还具有故障自诊断功能，在压缩机转速未锁定和系统压力过低、过高时将使压缩机停止工作，并由显示器闪亮显示故障。

1. 控制面板

控制面板是驾驶员向空调系统的微处理器输入的设备。自动空调系统使用的控制面板与手动空调系统使用的相似。主要的不同是自动空调系统的控制面板上有温度刻度或温度值，如图 7-33 所示。控制面板安装在仪表板上，驾驶员通过它给空调系统输入，温度滑键带动滑线电阻，用它设置阻值(目标车内温度)。驾驶员操作控制面板上相应的键，选择工作模式(冷气、暖气、除霜和通风)和鼓风电动机转速。

2. 空调控制器

空调控制器，俗称空调电脑。控制器总成上的键是控制器的输入装置，控制器支配空气流至各风道的风门(气流混合门除外，它一般由伺服电动机操纵)。控制器还接收来自车内温度和外界温度传感器的输入，根据来自传感器和控制器总成上各键的输入，控制制冷压缩机的电磁离合器工作、暖风加热器热水阀工作、将模式门放到适当位置等输出信号。

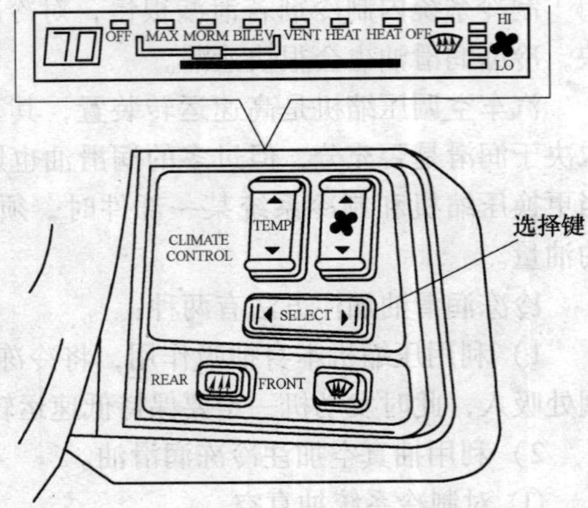

图 7-33　自动空调系统控制面板

3. 传感器

有几种不同的传感器用于自动空调系统，其中最常用的是车内温度传感器和车外温度传感器。车内温度传感器是用来测量车内平均气温的装置，是一种具有负温度系数的热敏电阻，一般装在吸气装置内。

车外温度传感器是用来测量车外环境温度的装置，也是一只具有负温度系数的热敏电阻，车外温度传感器通常装在保险杠后面。由于它所处的位置有可能受发动机温度影响，因此电脑内部有若干防止假输入的记忆器件。

有些系统采用阳光传感器，是一只光敏二极管。此传感器装在前窗台板上。由于它接受透过风窗玻璃的阳光照射，因而发出的信号与额外的热源有关。阳光传感器信号送至程序装置。

4. 执行器

自动空调系统的执行器主要有鼓风机、气流混合门、真空执行机构等。不是所有的自动空调系统都有这里提及的部件，但大多数系统是由若干部件组合而成的。

自动空调系统可分半自动空调系统和全自动空调系统两类，两者的主要差别在于是否有自诊断功能，半自动空调系统没有提供故障码存储器，全自动空调系统具有监控系统，监控系统的随机存取器(RAM)存储诊断码，其次的差别是所用的执行机构形式和传感器数量。

两类系统的工作方式虽有不同，但它们都设计成按预先设置的舒适程度控制车室内的温度、湿度、流速和清洁度，使车室内保持的温度、湿度与车室外的气候条件无关。车室内的湿度保持在45%~55%。

全自动与半自动空调系统的主要区别是全自动空调系统有自我诊断功能，即车身计算机模块(BCM)(或空调电脑)会设置维修人员能访问的故障码。此外，全自动空调系统能不断地提供变化的鼓风机转速信号并以此调整车内温度。

除了用半自动空调系统中所用的传感器之外。全自动空调系统还利用发动机冷却液温度、车速和节气门位置等传感器信号。有的全自动空调系统具有鼓风机滞后控制功能。

鼓风机滞后控制功能的作用：如果进入驾驶室的气流温度未达到规定值，鼓风机不能起动。只有当温度达到规定值时，才发信号给 BCM 或空调电脑，起动鼓风机。

全自动空调系统分两类，由 BCM 控制的系统和单独计算机控制的系统。

总之，手动空调与自动空调的根本区别在于自动空调具有恒温的功能（车内温度不会变化），也就是说若环境温度、阳光强度、乘客人数发生变化，空调电脑都能识别出来，并通过调节鼓风机的转速，混合门的位置，甚至进气门的位置，使车内温度维持在设定温度不变。

半自动空调与全自动空调的区别在于：

1）全自动空调具有自我诊断功能。

2）全自动空调控制精度更高，控制范围更广，更加智能化。

第八章　汽车辅助电气设备

第一节　汽车刮水及洗涤系统

一、刮水器的构造及工作原理

为了保证汽车在雨天或雪天时驾驶员有良好的视线，确保其行驶安全，在汽车的风窗玻璃上装有刮水器。一般汽车的前风窗玻璃上都装有两个刮水片，部分汽车在后风窗玻璃上也装有一个刮水片，一些豪华轿车还装有与风窗刮水器一起开动的前照灯刮水器。

1. 电动风窗刮水器的组成

电动风窗刮水器的组成如图 8-1 所示。蜗轮箱 2 与电动机合装在一起，并固定在底板 3 上，蜗轮的旋转运动通过曲柄 4 和 6、连杆 5 和 7、摆杆 8 和 10 等转变成为摆臂 9 和 11 的左右往复摆动，刮水片安装在两摆臂上。电动风窗刮水器的动力源是一微型直流电动机。通过传动机构，使刮水片在风窗玻璃外表面上往复摆动，以清除风窗玻璃上的雨水、积雪或灰尘。

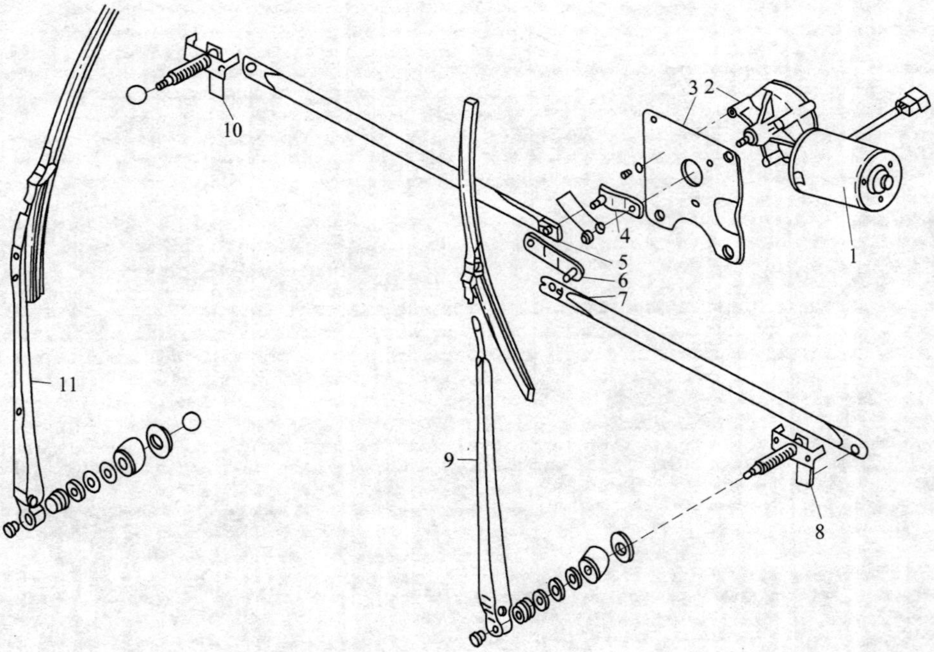

图 8-1　电动风窗刮水器的组成

1—直流电动机　2—蜗轮箱　3—底板　4、6—曲柄

5、7—连杆　8、10—摆杆　9、11—摆臂

2. 刮水器电动机的变速及复位原理

刮水器电动机按其磁场结构不同分为绕线式和永磁式两种。永磁式刮水器电动机具有体积小、质量轻、噪声小、结构简单、可靠性强等优点，在国内外汽车上得到了广泛应用。永磁式刮水器电动机总成的结构如图 8-2 所示。

两种刮水器电动机总成在结构上的不同，主要表现在绕线式刮水器电动机的磁极上绕有串励和并励两个励磁绕组，其他部件的结构基本相同。刮水器在使用中应能根据雨雪的大小来调整刮水片的刮水速度，在雨小时使用低速刮水，雨大时使用高速刮水，因此需要电动机能够改变速度，以调整刮水片的刮水速度。

（1）永磁直流电动机的变速　目前刮水器电动机多采用永磁直流电动机，它的磁极为铁氧体永久磁铁，因为其磁场强弱是不能改变的，为了改变工作速度可采用三刷式电动机。图 8-3 所示为三刷式电动机的示意图。

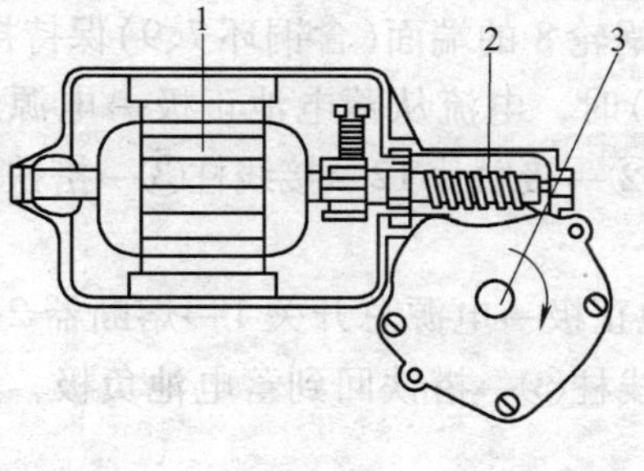

图 8-2　永磁刮水器电动机

1—永磁直流电动机　2—蜗轮、蜗杆减速器

3—输出轴（驱动刮水器）

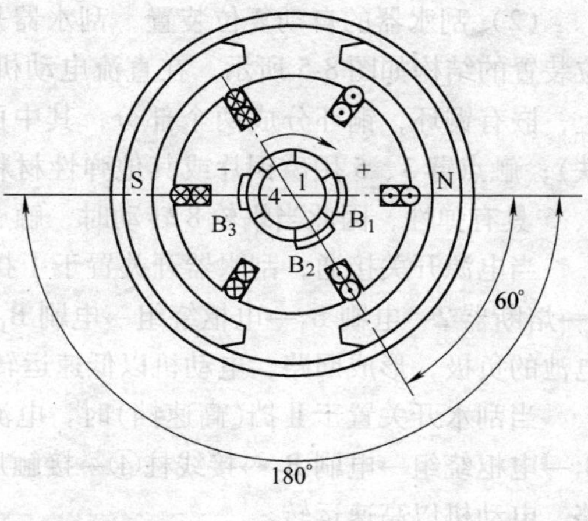

图 8-3　三刷式电动机

N、S—磁铁的北极与南极

B_1、B_2、B_3—电刷

电刷 B_3 为高、低速公用，电刷 B_1 用于低速，与电刷 B_1 位置相差 60°处有一个用于高速的电刷 B_2。电枢绕组采用对称叠绕式。

三刷电动机是利用三个电刷改变正负电刷之间串联的线圈数实现变速的。即在电动机外加电压 U 不变的情况下，改变电动机产生反电动势的大小，达到改变电动机转速的目的。其工作原理是，直流电动机工作时，在电枢内同时产生反电动势 e，其方向与电枢电流的方向相反，要使电枢旋转，U 必须大于 e（即 $U>e$）。当电枢转速 n 上升时，反电动势也相应上升，只有当外加电压 U 几乎等于反电动势 e（忽略电枢绕组的内部电压降）时，电动机的转速才趋于稳定。

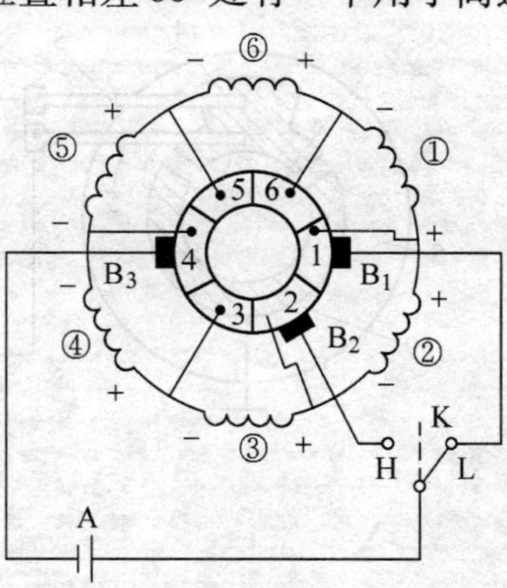

图 8-4　三刷式电动机变速原理

1～6—换向片编号　①～⑥—线圈组编号

K—开关　H—高速挡　L—低速挡

A—蓄电池

三刷电动机旋转时，电枢绕组所产生的反电动势方向如图 8-4 所示。图上所标的“+”、“−”代表该线圈产生的反电动势 e 的方向。当开关 K 拨向 L 时，电源电压 U 加在 B_1 和 B_3 之间，在电刷 B_1 和 B_3 之间有两条并联支路，一条

支路由线圈①、⑥、⑤串联，另一条支路由线圈②、③、④串联。这两路线圈产生的全部反电动势与电源电压平衡后，电动机便稳定旋转，此时转速较低。当开关 K 拨向 H 时，电源电压加在电刷 B_2 和 B_3 之间，由图可见，电枢绕组一条支路由 4 个线圈②、①、⑥、⑤串联，另一条支路由两个线圈③、④串联。从各线圈产生的反电动势方向上可看出，线圈②与线圈①、⑥、⑤的反电动势方向相反，互相抵消后，每个支路均有两个线圈的反电动势与电源电压平衡，因而转速升高。可见两电刷间(能产生反电动势)的导体数减小，就会使电动机转速升高，因此改变导入电流的电刷就改变了电刷间有效导体的数目，从而达到电动机变速的目的。

另一种高低速的判定方法可以假设每个线圈的电阻为 R，当开关分别打到高低速挡时计算连接在蓄电池两端的总电阻的大小，从而判定消耗功率的大小，以此来推断出刮水器电动机的高低速，这是一个比较简便的方法。

(2) 刮水器的自动复位装置　刮水器是通过驱动齿轮的复位而被带动复位的。自动复位装置的结构如图 8-5 所示。在直流电动机减速器的蜗轮 8(由尼龙制成,其轴驱动刮水器)上，嵌有铜环，铜环分成两个部分，其中面积较大的一片 9 与电动机的外壳相连接(即搭铁)；触点臂 3、5 用磷铜片或其他弹性材料制成，其端部分别铆有触点 4、6。由于触点臂 3、5 具有弹性，因此当蜗轮 8 转动时，触点 4、6 与蜗轮 8 的端面(含铜环 7、9)保持接触。

当电源开关接通，刮水器开关置于Ⅰ挡(低速挡)时，电流从蓄电池正极→电源总开关 1→熔断器 2→电刷 B_3→电枢绕组→电刷 B_1→接线柱②→接触片 12→接线柱③→搭铁回到蓄电池的负极，形成回路，电动机以低速运转。

当刮水开关置于Ⅱ挡(高速挡)时，电流从蓄电池正极→电源总开关 1→熔断器 2→电刷 B_3→电枢绕组→电刷 B_2→接线柱④→接触片 12→接线柱③→搭铁回到蓄电池负极，形成回路，电动机以高速运转。

当刮水器开关推到 0 挡(关闭)时，如刮水器的刮水片没有停到规定的位置，由于触点 6 与铜环 9 接通，如图 8-5b 所示，电流将继续流入电枢。此时电流从蓄电池正极→电源总开关 1→熔断器 2→电刷 B_3→电枢→电刷 B_1→接线柱②→接触片 12→接线柱①→触点臂 5→触

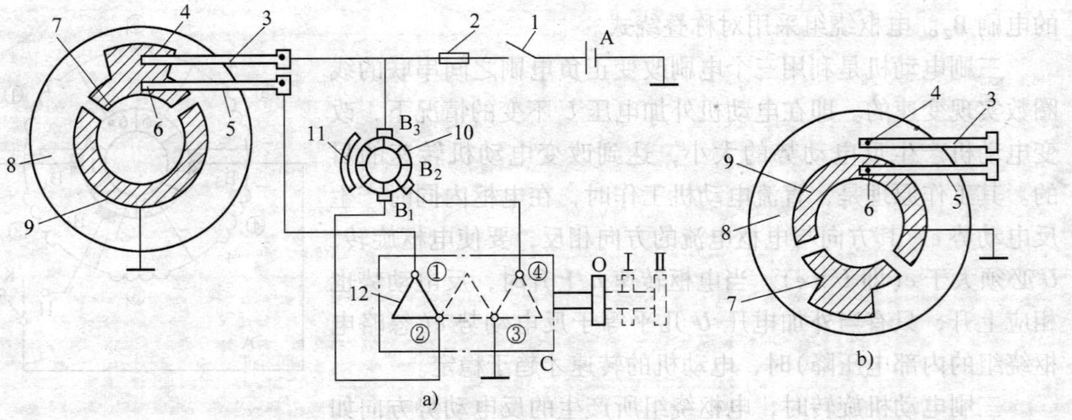

图 8-5　三刷电动机自动复位装置

1—电源总开关　2—熔断器　3、5—触点臂　4、6—触点　7、9—铜环　8—蜗轮　10—电枢　11—永久磁铁　12—接触片　A—蓄电池　B_1、B_2、B_3—电刷　C—刮水器开关　①～④—接线柱

点 6→铜环 9→搭铁回到蓄电池负极、形成电路，电动机以低速运转直至蜗轮旋转到如图 8-5a 所示的规定位置，触点 4 和触点 6 通过铜环 7 接通，由于电枢转动时的惯性，电动机不能立即停下来，因而电动机以发电机运行而发电。因为电枢绕组产生的反电动势方向与外加电压方向相反，所以电流从电刷 B_3→触点臂 3→触点 4→铜环 7→触点 6→触点臂 5→接线柱①→接触片 12→接线柱②→电刷 B_1，形成回路，产生制动力矩，电动机迅速停止转动，使刮水片复位到风窗玻璃的下部。

另一种类型刮水器电动机的自动停位机构如图 8-6 所示，在连接刮水器摆杆的蜗轮 1 上装有铜环 2。当把电动机电源开关推至关闭位置Ⅲ时，若蜗轮带动的刮水器摆杆不在风窗下缘位置时，铜环 2 的缺口便不在右边(见图 8-6b)，电枢线圈实际上并未断电，而由铜环 2 通过触点 6、7 维持其接通在低速状态(即接通 B_1、B_2 电刷)下工作。直到转至图 8-6a 所示位置时，电枢线圈才真正被断开，电动机只有在此位置上停位。此时，刮水器正处在风窗下缘。

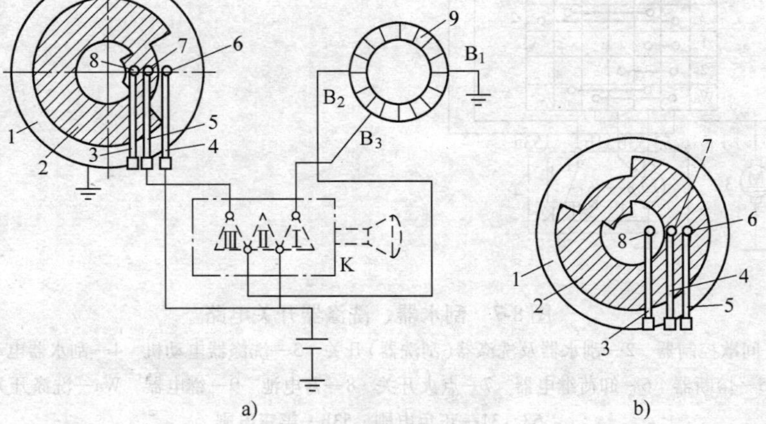

图 8-6　自动停位机构

a）停位位置　b）任一位置

1—蜗轮　2—铜环　3、4、5—触点臂　6、7、8—触点　9—换向器

二、前风窗清洁装置开关电路

国产桑塔纳、捷达、奥迪、红旗轿车的前风窗清洁装置电路基本相同，由蓄电池、点火开关、卸荷继电器、刮水器电动机、洗涤器电动机、组合开关中的刮水器开关与洗涤器开关(简称刮洗器开关)、间歇控制器等组成，间歇控制器由小型继电器和电子元件组成。刮水器、洗涤器开关的电路工作原理如图 8-7 所示。刮水器、洗涤器的工作过程如下：首先将点火开关 7 转到 run 位置，使卸荷继电器 6 的线圈工作，其触点闭合，为前风窗清洁装置工作提供电源。

1. 刮水器慢速工作电路

将刮水器操纵手柄推动至 1 挡，刮水器开关内部将 53a 与 53 连接上，其电路为：蓄电池正极→卸荷继电器 6 触点→熔断器5→刮洗器开关 2(内部 53a→53)→刮水器电动机 53 电刷→电枢绕组→31 电刷→蓄电池负极，因正、负电刷之间串联的线圈数最多，所以刮水器以慢速工作。操纵手柄需手动复位。

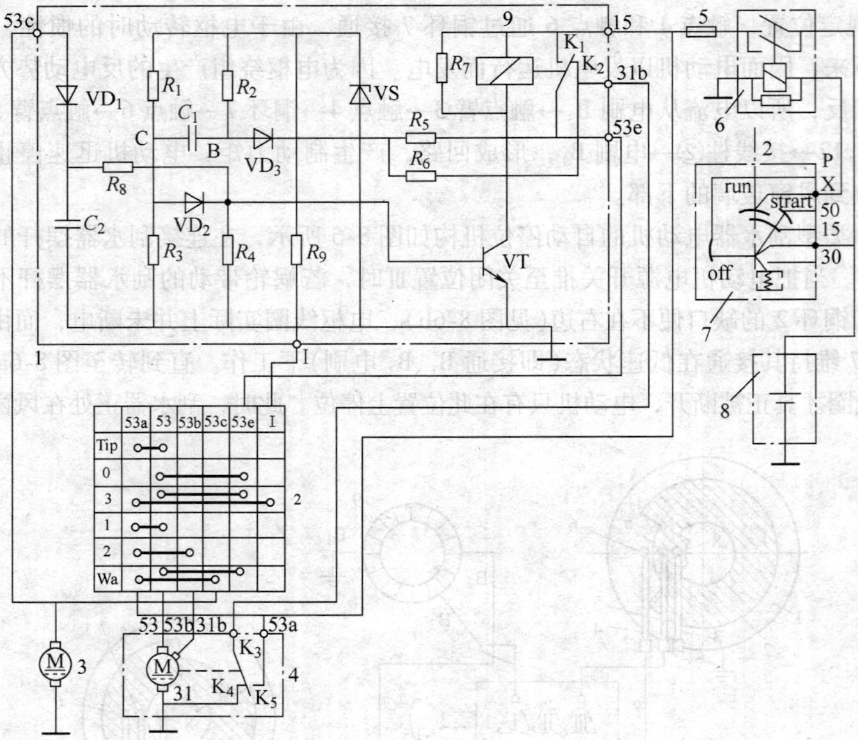

图 8-7　刮水器、洗涤器开关电路

1—间歇控制器　2—刮水器及洗涤器(刮洗器)开关　3—洗涤器电动机　4—刮水器电动机

5—熔断器　6—卸荷继电器　7—点火开关　8—蓄电池　9—继电器　Wa—洗涤开关

53、31—正负电刷　53b—第三电刷

2. 刮水器快速工作电路

将刮水器操纵手柄推动至 2 挡，刮洗器开关内部将 53a 与 53b 连接上，其电路为：蓄电池正极→卸荷继电器 6 的触点→熔断器 5→刮洗器开关 2(内部 53a→53b)→刮水器电动机 53b 电刷→电枢绕组→31 电刷→蓄电池负极。因正、负电刷之间串联的线圈数较最多时少，所以刮水器以快速工作。操纵手柄仍需手动复位。

3. 刮水器间歇工作电路

将刮水器操纵手柄往回移至 3 挡，刮洗器开关内部 53 与 53e 连接，53a 与 I 点连接，刮水器进入间歇刮水方式。间歇刮水的功能需要由刮洗器开关 2、洗涤器电动机 3、刮水器电动机 4 和间歇控制器 1 共同工作才能完成。间歇控制器的工作原理是：当刮洗器开关放在 3 挡(间歇挡)，电源经熔断器 5→刮洗器开关 53a 端→刮洗器开关内部 3 挡→间歇控制器的“Ⅰ”端，C_1 被充电。C_1 充电电路是：蓄电池正极→熔断器 5→刮洗器开关(53a→Ⅰ)→间歇控制器“Ⅰ”端→R_9→R_2→C_1→VD_2→VT 的基极 b→发射极 e→搭铁→蓄电池的负极。通过电子零件的参数选择，使 C 点此时的电位是 1.6V，B 点的电位是 5.6V，C_1 两端有 4V 的电位差。C_1 充电时，其充电电流为晶体管提供偏流，使晶体管导通，接通继电器 9 线圈的电路，继电器的常开触点 K_1 闭合，K_2 打开，电源电流→K_1→53e→刮洗器开关的 3 挡(53e→53)→刮水器电动机的电枢→电刷 31→搭铁，使刮水器电动机慢速旋转，刮水器开始工作。

当刮水片往返一次又回到风窗玻璃最下位置时，刮水器电动机也旋转至自动复位时，K_3、K_4 接通，使 31b 端搭铁，为 C_1 的放电提供了通路。

C_1 放电回路主要有两条，一路是 $C_1 \rightarrow R_2 \rightarrow R_1$ 放电，另一条是 $C_1 \rightarrow VD_3 \rightarrow R_6 \rightarrow$31b→电动机自动复位触点 $K_3 \rightarrow K_4 \rightarrow$搭铁→稳压管 VS→$R_1$ 放电。放电瞬间 B 点电压突然降到 2.8V，由于 C_1 原有 4V 电位差，使 C 点电位降为 -1.2V，晶体管 VT 的基极电位翻转为低电压，于是晶体管 VT 截止，切断了继电器 9 线圈的电路，则其常开触点 K_1 又断开，常闭触点 K_2 又闭合，恢复到自然状态的 31b 与 53e 接通，将电阻 R_5、R_6 并联，加速 C_1 放电，为 C_1 的再充电做准备。

随着 C_1 放电时间的增加，C 点电位逐渐升高，当 C 点电位接近 2V 时，晶体管 VT 又导通，C_1 恢复为充电状态。

可见，只要刮洗器开关 2 置于间歇挡(3 挡)，电源便接入间隙控制器 1 的“Ⅰ”端，C_1 就会不间断地充、放电，晶体管 VT 就会导通、截止反复翻转，使继电器 9 反复接通与断开，刮水器电动机电路也反复接通与断开，如此形成了间歇刮水的工作状态，直到断开刮洗器开关 2。

4. 瞬时(点动)刮水方式

将刮水器操纵手柄推至 1 挡前的压力点，刮洗器开关内部 53a 与 53 连接，刮水器以慢速方式工作(见慢速刮水方式电路)，松开操纵手柄后，手柄自动回到初始位置，刮水器也自动复位。

5. 清洗装置工作电路

将刮水器操纵手柄朝转向盘方向拉动并保持在此位置，清洗工作将一直进行，同时刮水器也将以第 1 挡慢速方式工作，松开手柄，手柄就自动复位，清洗装置即刻停止工作。刮水器还将工作 4s 后便自动停止工作并复位。

将刮水器操纵手柄拉到 Wa 洗涤位置(见图 8-7)时，触点 53a 与 53c 闭合，这时两电路同时被接通：

1）蓄电池正极→卸荷继电器 6 触点→熔断器 5→刮洗器开关 Wa 挡(触点 53a→53c)→洗涤器电动机 3→蓄电池负极。于是，洗涤器电动机 3 工作，向前风窗玻璃喷水。

2）接通了刮水器慢速工作电路，其过程是先给电容器 C_2 充电，充电电路：蓄电池正极→卸荷继电器 6 触点→熔断器 5→刮洗器开关 Wa 挡(53a→53c)→间歇控制器 1 的接线端 53c→二极管 VD_1→电容器 C_2→蓄电池负极。

在电容器 C_2 充电的同时，电阻 R_8 与电阻 R_4 电路中电流由小变大，因此，在电阻 R_4 上产生的电压降也就由小变大，待其电压降升到 2V 时，晶体管 VT 导通，继电器 9 工作，K_1 触点闭合，刮水器电动机慢速工作电路被接通。其电路是蓄电池正极→卸荷继电器 6 触点→熔断器 5→间歇控制器 1 接线柱 15→K_1→接线柱 53e→刮洗器开关 2(53e→53)→刮水器电动机 53 电刷→31 电刷→蓄电池负极。也即在洗涤器先喷水后，再让刮水器电动机慢速工作，进行前风窗的洗刮。

当松开操纵手柄，刮水器开关自动回到 0 位置，洗涤器电动机 3 停止工作。这时间歇控制器中电容器 C_2 开始放电，电流由电容 C_2 正极→电阻 $R_8 \rightarrow R_4 \rightarrow$电容器 C_2 负极。待放电在电阻 R_4 上的电压降等于 -1.2V 时(时间约 4s)，晶体管 VT 截止，间歇控制器中的继电器触点 K_1 打开，刮水器电动机停止工作。

由上述分析可以看出：

1）使用洗涤器时，刮水器也工作，但是先喷水再刮水，防止前风窗玻璃上没有水而干刮，刮伤玻璃。

2）在停止洗涤器工作后，刮水器也停止工作，但洗涤器停止大约 4s 后再停刮水器，这样可以把前风窗玻璃上的水滴刮干。

三、雨滴感知型间歇刮水系统

电子控制间歇式刮水器虽然能实现刮水器的间歇动作，但不能随雨量的变化及时调整刮水器的工作频率而实施最佳控制。新型雨滴感知型间歇刮水器则能根据雨量的大小自动调节刮水器间歇动作的间隔时间，使驾驶员始终保持最佳视线。

雨滴感知型间歇式刮水器主要由雨滴传感器、间歇刮水放大器和刮水器电动机 3 部分组成，如图 8-8 所示。雨滴传感器的作用是将雨量的大小转变为与之相对应的变化电信号输入控制电路。根据其检测方法的不同，雨滴传感器可分为压电式、电阻式等。现在以压电式雨滴传感器及其控制电路为例，分析雨滴感知型间歇式刮水器工作过程。

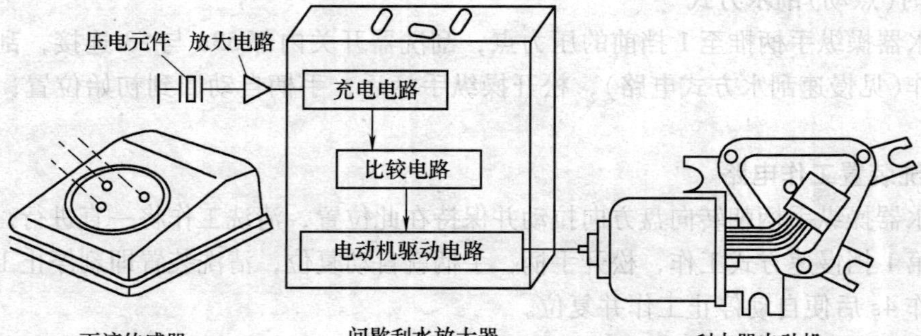

图 8-8　雨滴感知型间歇式刮水器

压电式雨滴传感器主要由振动板、压电元件、放大电路等组成，如图 8-9 所示。图 8-10 所示为压电式雨滴感知型间歇式刮水器控制系统工作原理。

工作时，振动板由于雨滴落下时的撞击而以其本身的固有频率振动。振动板将振动能量传给压电元件，压电元件受压而产生电压，电压值与撞击振动板的雨滴运动能量成正比。该电压信号经过放大后送入间歇刮水放大电路，对放大器的充电电路（电容器）进行 20s 的定时充电，电容器电压上升。该电压输入比较电路，比较电路将其与基准电压 U_0 进行比较，当电容器电压达到 U_0 时，比较电路向刮水器电动机发出信号，使其工作一次。当雨量大时，压电元件产生的电信号强，充电电路电压达到基准电压值 U_0 所需时间就短。刮水器间歇工作的时间就短；反之，雨量小时，压电元件产生的电压就小，

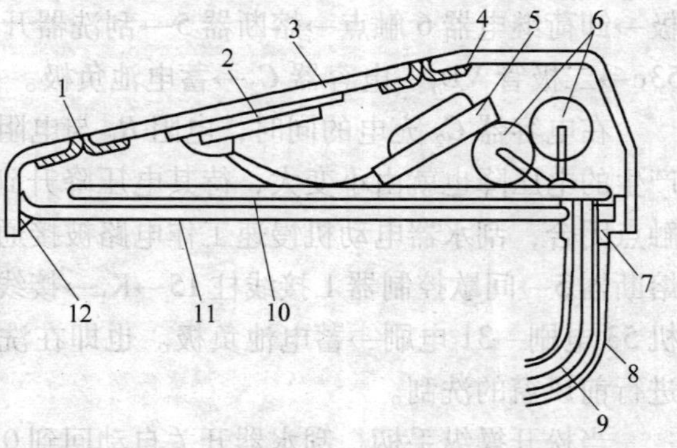

图 8-9　压电式雨滴传感器结构

1—阻尼橡胶　2—压电元件　3—振动板（不锈钢）　4—上盒（不锈钢）　5—混合 IC　6—电容器　7—衬垫　8—筒　9—线束　10—电路基板　11—下盒（不锈钢）　12—密封件

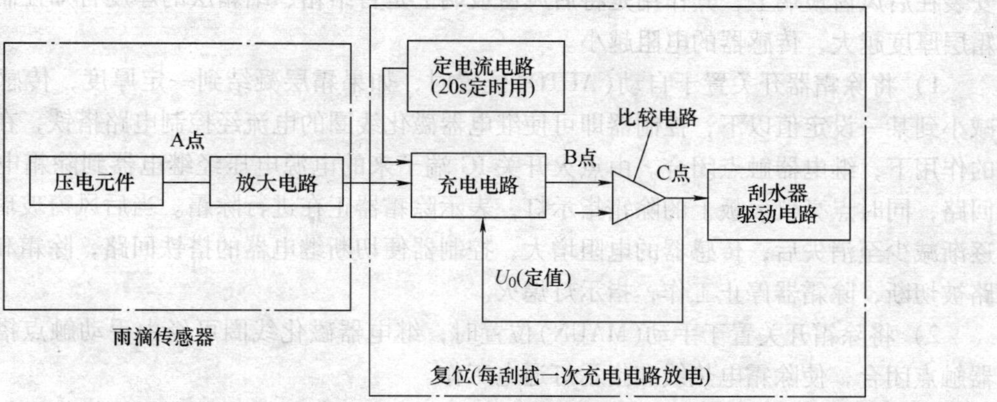

图 8-10　压电式雨滴感知型间歇式刮水器控制系统工作原理

充电电路电压达到基准电压所需时间就长，刮水器间歇工作的时间就长。当雨量很小，雨滴传感器没有电压输出时，只有定电流电路(20s 定时)对充电电路进行充电，20s 后充电电路的输出电压达到基准电压 U_0，刮水器动作一次。这样，雨滴感知型间歇式刮水器就把刮水器的间歇时间控制在 0 ~ 20s 范围内，以适应不同雨量的需要。

四、风窗除霜装置

1. 电子除霜器的工作原理

在雨雪天气，由于气温较低，风窗玻璃上易结霜，同时由于车厢内外温差较大，车厢内的水蒸气也易凝结于风窗玻璃上而结霜。霜层严重影响驾驶员的视线，因此须及时对其进行清除。前面、侧面风窗玻璃上的霜层通常是利用在汽车空调系统的风道中加设除霜器风门，空调系统中产生暖气(或流动的空气)，以此清除结霜。后风窗玻璃因为不易擦拭到，风也不易吹到，所以后风窗玻璃多使用除霜热线。后风窗玻璃除霜器一般是在玻璃成型的过程中，将很细的电阻丝烧结在玻璃表面上，它是由一组平行的含银陶瓷电阻丝组成，在玻璃两侧有汇流条，各焊有一个接线柱，其中一个用以供电，另一个是搭铁接线柱。这种除霜器的工作电流较大，因此电路中除设有开关外，有的还设有一个定时继电器。除霜器电阻丝的阻值随温度的变化而变化，具有正温度系数，温度低时，阻值减小，电流增大；温度高时，阻值增大，电流减小。因此，除霜器自身具有一定的调节功能。

除霜热线的电路控制方式分手动和自动两种。一般自动式的除霜器是由开关、自动除霜传感器、自动除霜控制器、除霜热线和连接线路等组成，如图 8-11 所示。自动除霜传感器

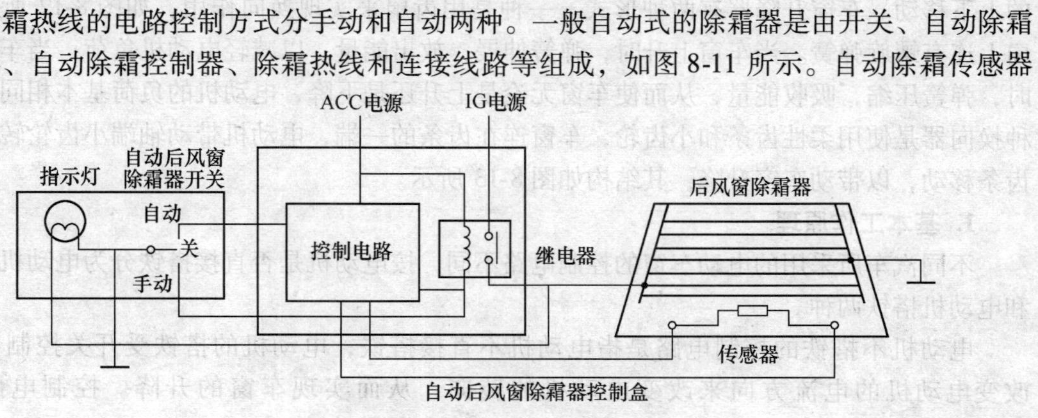

图 8-11　后风窗并联自动除霜器

安装在后风窗玻璃上，其作用是将后风窗玻璃上是否结霜、结霜层的厚度告知控制电路，结霜层厚度越大，传感器的电阻越小。

1）将除霜器开关置于自动(AUTO)位置时，如果霜层凝结到一定厚度，传感器电阻值减小到某一设定值以下，控制器即可使继电器磁化线圈的电流经控制电路搭铁，在电磁吸力的作用下，继电器触点闭合。由点火开关IG端子来的电源电压经继电器到除霜电热线构成回路，同时点亮仪表板上的除霜指示灯，表示除霜器正在进行除霜。当后风窗玻璃上的结霜逐渐减少至消失后，传感器的电阻增大，控制器便切断继电器的搭铁回路，除霜和指示灯电路被切断，除霜器停止工作，指示灯熄灭。

2）将除霜开关置于手动(MAUN)位置时，继电器磁化线圈可经由手动触点搭铁，继电器触点闭合，使除霜电热线和指示灯通电工作。

3）将除霜开关置于关(OFF)位置时，控制电路不能接通除霜电热线和指示灯电路。因此，除霜器和指示灯均不能工作。

2. 除霜器控制系统的故障检查

当除霜器不工作时，可用测试灯或电压表进行检测；如在后风窗上测不出电压，再在开关、继电器总成上检测。值得注意的是，若电栅搭铁不良，也能使除霜器不工作。由于大多数除霜器电路中装有继电器，有可能指示灯发亮而后风窗电栅实际不通电。要检测电栅导线情况，可将电压表负极引线和车身金属部分连接，将正极探针在电栅导线上由供电一侧向搭铁一侧移动，此过程中电压值应降低。

在后风窗无霜的情况下，要检测电栅全部导线的情况比较困难。此时可以用呵气的办法使后风窗蒙上霜，然后再接通除霜器，通过这种办法可较快地了解所有导线的工作情况。

第二节　电动车窗

为了方便驾驶员和乘客，减轻他们的劳动强度，许多轿车采用了电动车窗，又称自动车窗，利用电动机来驱动升降器(又称换向器)使车窗上下移动。

电动车窗主要由车窗升降器、电动机、开关等组成。有些汽车上的电动车窗由电动机直接作用于升降器，而有些则是通过驱动机构作用于升降器，从而把电动机的转动转换成车窗的上下移动。车窗升降器有两种形式。一种是用齿扇来实现换向作用，如图8-12所示。齿扇上连有螺旋弹簧。当车窗上升时，弹簧伸展，放出能量，以减轻电动机负荷；当车窗下降时，弹簧压缩，吸收能量，从而使车窗无论是上升还是下降，电动机的负荷基本相同。另一种换向器是使用柔性齿条和小齿轮，车窗连在齿条的一端，电动机带动轴端小齿轮转动，使齿条移动，以带动车窗升降，其结构如图8-13所示。

1. 基本工作原理

不同汽车所采用的电动车窗的控制电路不同，按电动机是否直接搭铁分为电动机不搭铁和电动机搭铁两种。

电动机不搭铁的控制电路是指电动机不直接搭铁，电动机的搭铁受开关控制，通过改变电动机的电流方向来改变电动机的转向，从而实现车窗的升降。控制电路如图8-14所示。

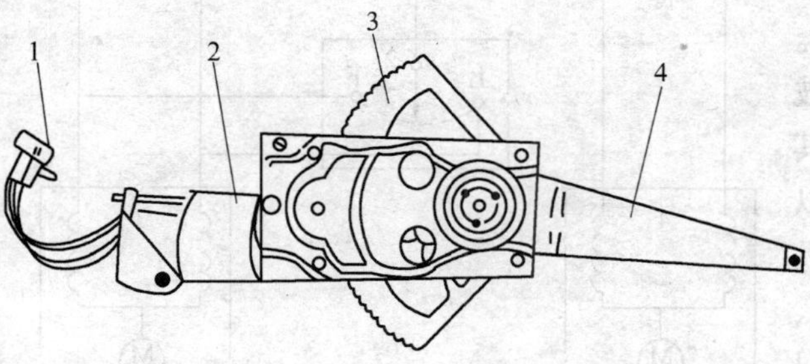

图 8-12　电动车窗齿扇式升降器

1—电缆接头　2—电动机　3—齿扇　4—推力杆

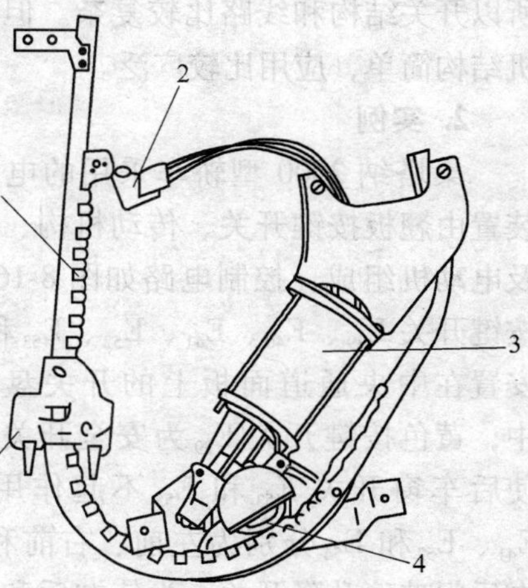

图 8-13　电动车窗齿条升降器

1—齿条　2—电缆接头　3—电动机

4—小齿轮　5—定位架

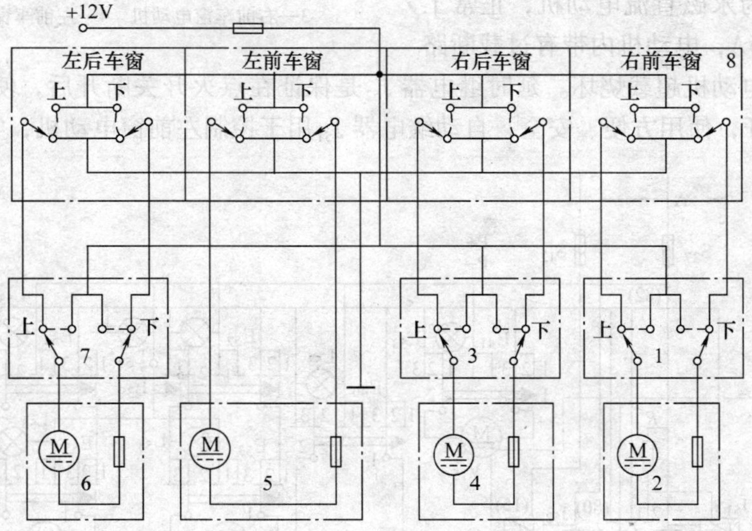

图 8-14　电动机不搭铁的电动车窗控制电路

1—右前车窗开关　2—右前车窗电动机　3—右后车窗开关　4—右后车窗电动机

5—左前车窗电动机　6—左后车窗电动机　7—左后车窗开关　8—驾驶员主控开关组件

电动机搭铁的控制电路是指电动机一端直接搭铁，而电动机有两组磁场绕组，通过接通不同的磁场绕组，使电动机的转向不同，实现车窗的升降。控制电路如图 8-15 所示。

可见，电动车窗控制电路中，一般都设有驾驶员集中控制的主控开关和每一个车窗的独立操作开关，每个车窗的操作开关可由乘客自己操作。但是，有些汽车的主控开关备有安全开关，可以切断其他各车窗的电源，使每个车窗的操作开关不起作用，这个开关只能由驾驶员一人操作。

电动机不搭铁的控制方式，因为开关既控制电动机的电源线，又控制电动机的搭铁线，所以开关结构和线路比较复杂。但是电动机结构简单，应用比较广泛。

2. 实例

桑塔纳2000型轿车采用的电动车窗装置由翘板按键开关、传动机构、升降器及电动机组成，控制电路如图8-16所示。按键开关E_{39}、E_{40}、E_{41}、E_{52}、E_{53}和E_{54}被安置在中央通道面板上的开关盘上，其中，黄色按键开关E_{39}为安全开关，可以使后车窗开关E_{53}和E_{55}不起作用；E_{40}、E_{41}、E_{52}和E_{54}分别为左前、右前和左后、右后门玻璃升降开关。为使左后和右后门玻璃能独立升降，在两后门上分别设置了E_{53}和E_{55}两个按键开关。V_{14}、V_{15}、V_{26}和V_{27}分别是左前、右前、左后、右后车窗电动机，电动机为永磁直流电动机，正常工作电流为4~15A，电动机内带有过载断路保护器，以免电动机超载烧坏。延时继电器J_{52}是保证在点火开关断开后，使车窗电路延时约50s后再断开，使用方便、安全；自动继电器J_{51}用于控制左前窗电动机，实现点动控制。

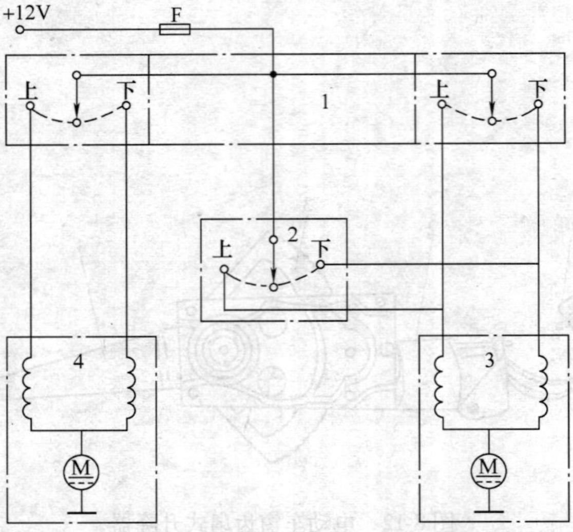

图8-15 电动机搭铁的电动车窗控制电路

1—驾驶员主控开关组件 2—右前车窗开关 3—右前车窗电动机 4—左前车窗电动机

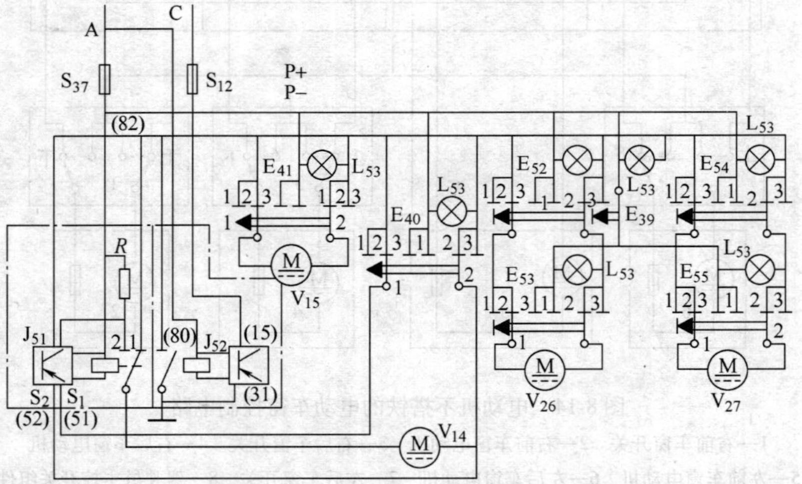

图8-16 桑塔纳2000型轿车电动车窗控制电路

S_1、S_2、S_{12}、S_{37}—熔断器 E_{40}、E_{41}—右前、左前窗开关 E_{52}、E_{53}—左后窗开关 E_{54}、E_{55}—右后窗开关 L_{53}—开关照明灯 J_{51}—自动继电器 J_{52}—延时继电器 V_{14}—左前窗电动机 V_{15}—右前窗电动机 V_{26}—左后窗电动机 V_{27}—右后窗电动机 E_{39}—安全开关

工作原理如下：

接通点火开关后，延时继电器J_{52}与C路电源相通，其常开触点闭合，按键开关内的P－通过该触点接地，而P＋通过熔断器S_{37}与A路电源相通，此时，按动按键开关便可使车

窗电动机转动。

1）发动机熄火后的延时控制：关闭点火开关后，C 路电源断电，延时继电器 J_{52} 由 A 路电源供电，延时 50s 后，继电器触点断开，按键开关的搭铁线被切断，所有按键开关失去控制作用。

2）后车窗电动机的控制：左后门和右后门的车窗电动机各由两个按键开关 E_{52}、E_{53} 和 E_{54}、E_{55} 控制，E_{52} 和 E_{54} 安装在中央通道面板上，供驾驶员控制，E_{53} 和 E_{55} 分别安装在两后门上，供后座乘员控制。同一后门的两个开关采用级联方式连接，当两个开关同时按下时没有控制作用，只有当某一开关按下时，才有控制作用。当安全开关 E_{39} 被按下时，E_{39} 的常闭触点断开，切断了后车门上按键开关 E_{53} 和 E_{55} 的电源，使其失去了对各自车窗电动机的控制。因而，起到了保护儿童安全的作用。

① 车窗玻璃上升：当没有按下安全开关 E_{39} 时，将 E_{52}（E_{54}）置上升位，车窗电动机 V_{26}（V_{27}）正转，带动左后（右后）车门玻璃上升。其电路为：A 路电源→熔断器 S_{37}→P+→E_{52}（E_{54}）→E_{53}（E_{55}）→左后（右后）窗电动机 V_{26}（V_{27}）→E_{53}（E_{55}）→E_{52}（E_{54}）→P−→J_{52} 触点→接地→电源负极。如果按下左后（右后）车门上 E_{53}（E_{55}）的上升键位，车窗电动机 V_{26}（V_{27}）同样可带动车门玻璃上升，此时其电路为：A 路电源→熔断器 S_{37}→P+→E_{39}→E_{53}（E_{55}）→左后（右后）门车窗电动机 V_{26}（V_{27}）→E_{53}（E_{55}）→E_{52}（E_{54}）→P−→J_{52} 触点→搭铁→电源负极。

② 车窗玻璃下降：当没有按下安全按键开关 E_{39} 时，按下 E_{52}（E_{54}）或 E_{53}（E_{55}）的下降位，车窗电动机 V_{26}（V_{27}）电枢电流的方向与上述情况相反，电动机反转，带动左后（右后）车门玻璃下降。

3）前车窗电动机的控制：右前窗电动机 V_{15} 由按键开关 E_{41} 控制，而左前窗电动机 V_{14} 由按键开关 E_{40} 和自动继电器 J_{51} 控制，且具有点动自动控制功能。

① 车窗玻璃上升：按下按键开关 E_{41} 的上升键位时，车窗电动机 V_{15} 正转，带动右前门车窗玻璃上升，其电路为：A 路电源→熔断器 S_{37}→P+→E_{41}→车窗电动机 V_{15}→E_{41}→P−→J_{52} 触点→搭铁→电源负极。

按下按键开关 E_{40} 的上升键位时，P+和 P−经 E_{40} 分别接至自动继电器 J_{51} 的输入端 S_2 和 S_1，此时，自动继电器 J_{51} 的触点 1 闭合，触点 2 断开，车窗电动机 V_{14} 正转，带动左前门玻璃上升，车窗电动机的电路为：A 路电源→熔断器 S_{37}→P+→E_{40}→车窗电动机 V_{14}→J_{51} 的常闭触点 1→P−→J_{52} 触点→搭铁→电源负极。按键开关 E_{40} 复位时，上述电路被切断，电动机 V_{14} 停转。

② 车窗玻璃下降：按下按键开关 E_{41} 的下降键位时，车窗电动机 V_{15} 反转，带动右前门车窗玻璃下降，其电流通路与上升时相反。

按下按键开关 E_{40} 的下降键位时，P+和 P−经 E_{40} 分别接至自动继电器 J_{51} 的输入端 S_1 和 S_2，此时，自动继电器 J_{51} 的触点 2 闭合，触点 1 断开。车窗电动机 V_{14} 的电路为：A 路电源→熔断器 S_{37}→P+→取样电阻 R→J_{51} 的触点 2→V_{14}→E_{40}→P−→J_{52} 触点→搭铁→电源负极，流过电动机 V_{14} 的电流方向与上升时相反，电动机反转，带动玻璃下降。将手抬起时 E_{40} 复位，J_{51} 的触点也复位（触点 2 断开，触点 1 闭合），切断了上述电路，电动机停转。

③ 点动自动控制：当按下按键开关 E_{40} 下降键位的时间≤300ms 时，自动继电器 J_{51} 判断

为点动自动下降操作，于是继电器动作，使触点 2 闭合。流过车窗电动机 V_{14} 的电流方向与正常下降操作时相同，电动机反转，车窗玻璃下降。如果在下降期间 E_{40} 的上升键位不被按下，继电器 J_{51} 的触点 2 将一直处于闭合状态，直至玻璃下降到底，电动机 V_{14} 堵转，此时，电枢电流将增大，当电流增至约 9A 时，取样电阻 R 上的电压使继电器 J_{51} 动作，触点 2 断开，自动切断车窗电动机的通电回路，电动机停转；如果在下降期间，按下 E_{40} 的上升键位，继电器 J_{51} 将判断为下降操作结束，触点 2 断开，车窗电动机 V_{14} 停转。这样，通过对按键开关 E_{40} 进行点动控制就可以使左前车窗玻璃停止在任意位置。

第三节　中央集控门锁

现代轿车多数都选装了中央集控门锁，它可使驾驶员更加方便、安全地使用汽车。当驾驶员用锁扣或钥匙锁定左前门时，其他三个车门及行李箱门也同时被锁好，打开时可单独开左前车门，也可同时打开所有车门及行李箱门。

中央集控门锁按结构形式的不同，一般有双向空气压力泵式和微型直流电动机式两种；按控制方式不同分为不带防盗系统的中控门锁和带防盗系统的中控门锁。以不带防盗系统的微型直流电动机式中控门锁为例进行讲解。直流电动机式中控门锁利用控制直流电动机的正反转实现门锁的开、关动作，它主要由门锁开关、双向直流电动机、传动机构、执行机构及继电器和导线等组成。

1. 基本工作原理

不同汽车所安装的中控门锁的功能和控制电路不同。有的门锁开关由门锁按钮操作，有的具有一套独立的开关系统。有的汽车具有多个集中控制的门锁开关，驾驶员和乘员都可以操作开关，把所有的车门锁住或打开；有的汽车则只有一个集中控制的门锁开关和几个单独控制的门锁开关，驾驶员操作集中控制的门锁开关，把所有的车门锁住或打开，乘员只能操作单独的门锁开关，把对应的车门锁住或打开。集中控制的门锁开关一般安装在驾驶室车门或前乘员车门上；单独控制的门锁开关一般安装在对应的车门上。

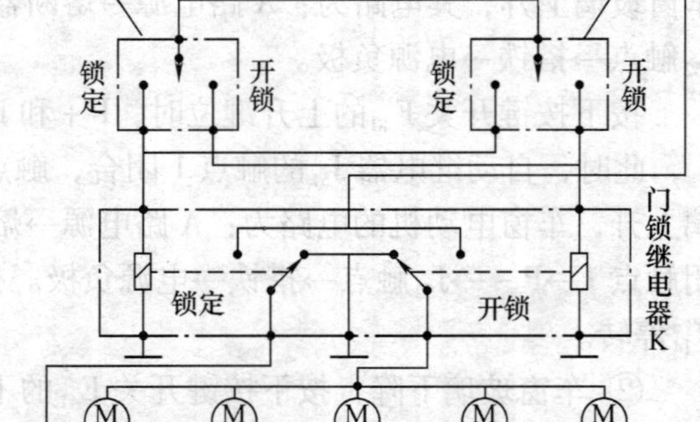

图 8-17　电动门锁控制电路

图 8-17 所示为一种最基本的电动门锁控制电路。它主要由两个门锁开关 S_1、S_2，门锁继电器 K，五个双向直流电动机（四个车门及一个行李箱门）及导线和熔断器等组成。门锁继电器实际上是由开锁和锁定两个继电器组成，其线圈不通电时，动触点和搭铁触点接通；通电时动触点与搭铁触点断开，与另一触点接通。通过触点位置的改变，来改变电路及电动机中的电流方向，从而改变电动机的旋转方向，完成对车门的锁定和开锁动作。

图 8-18 所示为左前门锁开关在开锁位置时的电流方向示意图。将左前门锁开关置于开锁位置时，电源通过左前门锁开关给开锁继电器线圈供电，继电器动作，使其常闭触点打

开，常开触点闭合。电动机的一端经该触点与电源正极接通，另一端经锁定继电器的常闭触点接地，电动机转动将四个车门锁及行李箱门锁打开。当门锁开关断开电源时(开关回到中间位置)，开锁继电器释放。

将开关置于锁定位置时，锁定继电器线圈通电，继电器吸合，其常闭触点打开，常开触点闭合。电动机一端经触点与电源正极接通，另一端经开锁继电器触点接地，电动机中的电流方向与图 8-17 中的方向相反，电动机反向转动，将四个车门锁及行李箱门锁锁定。当门锁开关断开电源时(开关回到中间位置)，锁定继电器释放。

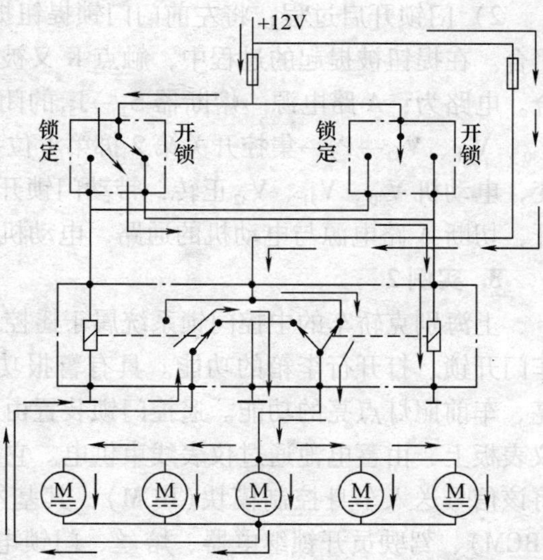

图 8-18　左前门锁开关在开锁位置时的电流方向

2. 实例 1

桑塔纳 2000 型轿车采用的电动门锁装置为集中控制形式，一个集中控制的门锁开关(左前门上的门锁提钮)由驾驶员控制，驾驶员可以通过按下或提起左前门上的门锁提钮或操纵该车门上的门锁钥匙对 4 个车门门锁进行集中控制，把所有的车门锁住或打开；乘员只能操作单独的门锁开关(右前、右后和左后车门上的门锁提钮)以开启或锁闭这 3 个车门的门锁。控制电路如图 8-19 所示，V_{30}、V_{31}、V_{32} 分别是右前、左后、右后门锁电动机，J_{59} 是包含集控开关的集中控制继电器。集中控制过程如下：

1) 门锁锁定过程：按下左前门门锁提钮使集控开关第 2 位接通过程中，集控开关的附带触点 K 被短暂闭合，因而，集控继电器 J_{53} 的触点闭合，接通门锁电动机电路，电动机反转，带动各门锁锁闭。电路为：A 路电源→熔断器 S_2→J_{53} 的闭合触点→集控开关第 2 掷第 2 位→P_2→电动机 V_{30}、V_{31}、V_{32}→P_1→集控开关第 1 掷第 2 位→搭铁→电源负极。此时，集控继电器 J_{53} 控制其触点闭合 1～2s 后断开，切断 A 路电源与电动机的通路，电动机停转，使门锁保持锁定状态。

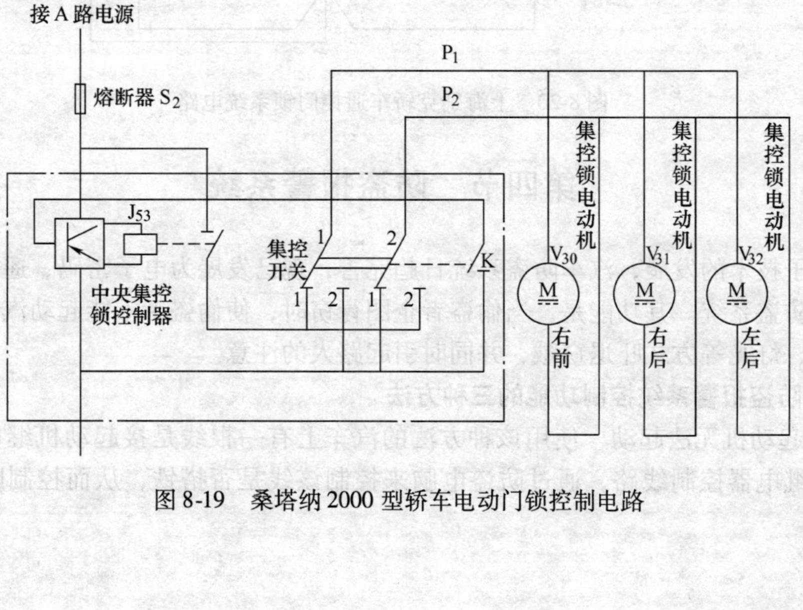

图 8-19　桑塔纳 2000 型轿车电动门锁控制电路

2）门锁开启过程：将左前门门锁提钮提起，使集控开关第 2 位触点断开，第 1 位触点闭合。在提钮被提起的过程中，触点 K 又被短暂闭合，从而使集控继电器 J_{53} 的触点再次闭合。电路为：A 路电源→熔断器 S_2→J_{53} 的闭合触点→集控开关第 1 掷第 1 位→P_1→电动机 V_{30}、V_{31}、V_{32}→P_2→集控开关第 2 掷第 1 位→搭铁→电源负极。加在电动机上的电源极性改变，电动机 V_{30}、V_{31}、V_{32} 正转，带动门锁开启。集控继电器 J_{53} 控制其触点闭合 1~2s 后断开，切断 A 路电源与电动机的通路，电动机停转，使门锁保持开启状态。

3. 实例 2

上海别克轿车的中控门锁系统属于遥控门锁装置（无钥匙进门系统），它具有车门上锁、车门开锁、打开行李箱的功能。具有警报功能的遥控门锁系统还有使喇叭鸣响、车内灯点亮、车前照灯点亮的功能。遥控门锁装置由遥控发射器和接收器组成。遥控门锁接收器位于仪表板上，由蓄电池通过仪表线束供电。它接收并判断遥控门锁发射器发来的指令信号，并将该信号送入车身控制模块（BCM），其基本电路如图 8-20 所示。它主要由车身控制模块（BCM）、驾驶员开锁继电器、熔丝、门锁电动机及导线等组成。它的开锁、上锁指令不是通过机械开关完成的，而是通过接收信号指令，经过 BCM 处理，然后 BCM 再发出指令使门锁电动机按要求转动，实现上锁或开锁动作。

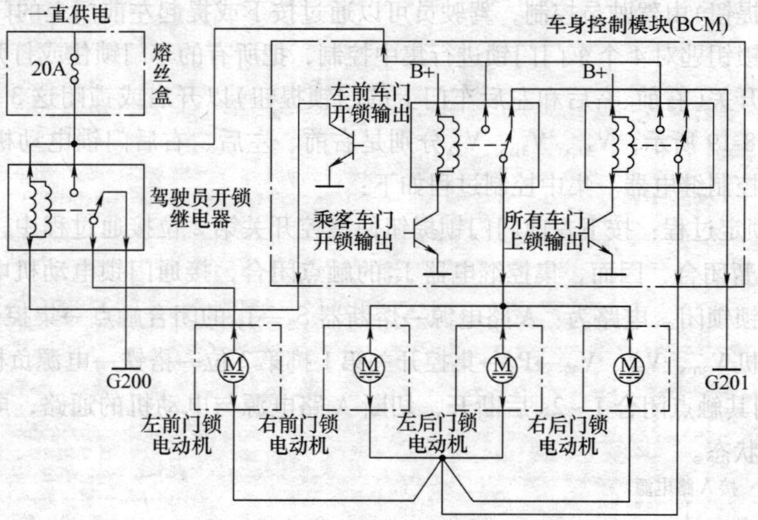

图 8-20　上海别克轿车遥控门锁系统电路

第四节　防盗报警系统

随着电子技术的发展，汽车防盗系统日趋完善，现已发展为电子密码、遥控呼救、信息报警等电子防盗系统。其功能是，当偷盗者企图行窃时，使偷盗者不能起动汽车，并随即以蜂鸣、警笛、灯光等方式吓退窃贼，并同时引起路人的注意。

1. 实现防盗报警系统控制功能的三种方法

（1）使起动机无法起动　使用该种方法的汽车上有一根线是接起动机继电器的，该线外部连接至继电器控制线路，通过防盗电脑来控制该线是否搭铁，从而控制断电器是否闭合，也就控制了起动机是否能正常工作。

（2）使发动机无法工作　采用此种方法，防盗电脑不仅控制着起动电路，还控制着发动机的其他部件(具体控制方式因品牌、厂商不同而有所不同)，并可切断汽油泵继电器控制线路，使发动机处于无油供给的状态；还可控制自动变速器控制线路，使自动变速器液压油路控制系统中的电磁阀无法打开，以达到即使起动了发动机，也无法使变速器运转的目的。

（3）使发动机电脑处于非工作状态　与前两种方法不同的是，这种方法不是通过自行搭铁的方法来达到防盗的目的，而是防盗电脑通过连线把一特定信号直接输入至发电机电脑。在未解除防盗警戒或直接切断防盗电脑电源情况下，该信号不存在，发动机电脑停止工作，那么发动机便无法起动了；解除防盗警戒后，防盗电脑便发出该信号，发动机电脑才能正常工作。

2. 防盗报警系统实例(第二代防盗系统)

桑塔纳 2000GSi 型汽车防盗器。它是一种点火开关打开后开始工作的电子防盗保护装置。采用使发动机不能起动，或能起动数秒钟后即中断的方式防盗(又称电子锁)。可以有效避免汽车被无权使用的人开走。

（1）桑塔纳 2000GSi 型汽车防盗器的组成　防盗器由下列元件组成：带有脉冲转发器的汽车钥匙、识读线圈 D_2(在点火开关上)、防盗器 ECU(J_{362})。带可变代码的发动机 ECU(J_{220})以及防盗器警告灯 K_{117} 等。图 8-21 所示为汽车防盗器的组成，图 8-22 所示为防盗器电路。其中，防盗器 ECU 安装在转向柱左边的支柱上，可变代码的发动机 ECU 安装在驾驶员脚的上方。在这里，车钥匙上的脉冲转发器和识读线圈是整个电子控制防盗系统的信号发生

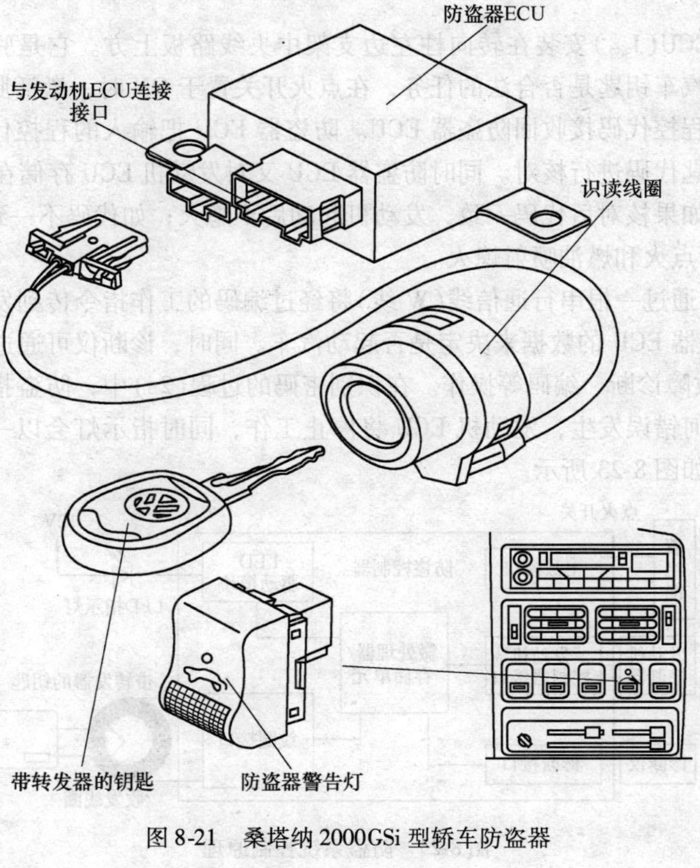

图 8-21　桑塔纳 2000GSi 型轿车防盗器

器，防盗器 ECU 是控制单元，而发动机 ECU 是执行器。

(2) 防盗器各元件的功能

1) 脉冲转发器(汽车钥匙)。桑塔纳 2000GSi 的汽车钥匙与普通桑塔纳的汽车钥匙不同，在汽车钥匙的尾端塑料手柄内压装有脉冲转发器，它是一种不需要电池来驱动的感应和发射元件。为了正确判断驾驶员的使用权，不同的汽车钥匙脉冲转发器具有不同的代码。

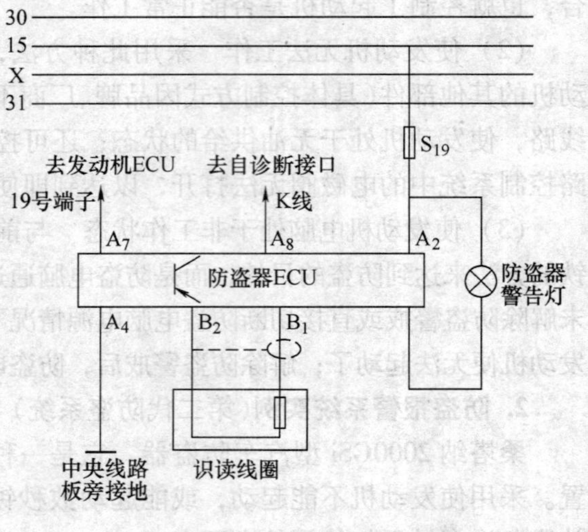

图 8-22　防盗器电路

当车钥匙插入锁孔并打开点火开关时，防盗器 ECU 把能量输送给识读线圈。由识读线圈把能量用感应的方式传送给脉冲转发器。这时，脉冲转发器接收感应能量后立即发射出“程控代码”，通过识读线圈把程控代码输送给防盗器 ECU，供其核对，以识别合法性。每一辆车的车钥匙，即脉冲转发器都有不同的“程控代码”。

2) 识读线圈(D_2)为一环形线圈，环绕在机械点火开关锁的外面，在点火开关置于 ON 时，用于向汽车钥匙上的脉冲转发器发射激发能量和接收脉冲转发器发出的答复代码输送给防盗器 ECU。

3) 防盗器 ECU(J_{362})安装在转向柱左边支架中央线路板上方。它是驻车防盗系统的核心，担负着判定汽车钥匙是否合法的任务，在点火开关置于 ON 时，激活脉冲转发器，通过识读线圈把它的程控代码接收回防盗器 ECU。防盗器 ECU 把输入的程控代码与先前存储在防盗器内的车钥匙代码进行核对。同时防盗器 ECU 又对发动机 ECU 存储在防盗器 ECU 中的代码进行核对。如果核对后代码一致，发动机起动后不熄火；如代码不一致，发动机在起动后 2s 之内，中断点火和燃油喷射熄火。

防盗器 ECU 通过一根串行通信线(W 线)将经过编码的工作指令传到发动机 ECU，发动机 ECU 根据防盗器 ECU 的数据来决定是否起动汽车。同时，诊断仪可通过串行通信接口(K 线)对系统进行故障诊断、编码等操作。在识别密码的过程(2s)中，防盗指示灯会保持点亮状态。如果有任何错误发生，发动机 ECU 将停止工作，同时指示灯会以一定频率闪动。防盗系统控制原理如图 8-23 所示。

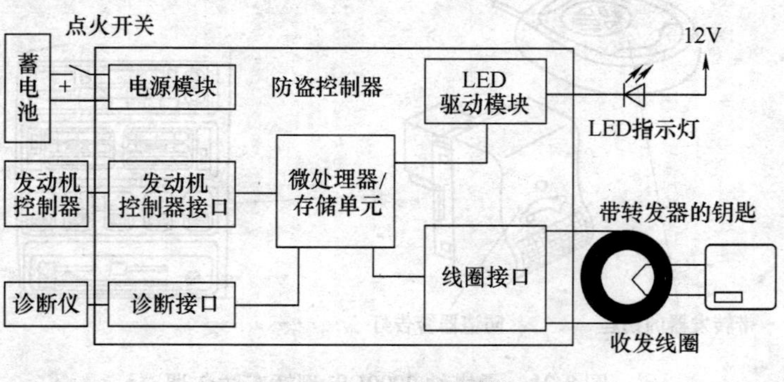

图 8-23　防盗系统控制原理

由于防盗器 ECU 是经过与发动机 ECU 匹配后才介入到发动机电子控制系统中的，因此只有使用被装于汽车上的防盗器 ECU 匹配过并认可的车钥匙，才能正常起动发动机。

4）发动机电控单元(J_{220})。发动机电控单元是发动机燃油喷射和点火控制的中枢，在与驻车防盗系统电控单元进行匹配后，根据点火开关闭合时驻车防盗系统电控单元对用户的使用权判定指令来控制发动机是否需要继续工作。当更换驻车防盗系统电控单元后，必须用仪器对其进行匹配。

5）防盗警告灯(K_{117})。当使用合法的车钥匙闭合点火开关时，安装在仪表台中部面板上的防盗警告灯会点亮后熄灭(3s 内)。如果使用非法的车钥匙，或者在防盗系统中存在故障，闭合点火开关后，防盗警告灯会连续不停地闪烁。

(3) 汽车防盗器的识别码与密码

1）汽车防盗器的识别码。防盗器 ECU 有一个 14 位字符的识别码和一个 4 位数的密码。一辆新车，它的密码在该车的钥匙牌上，上面用黑胶纸封住。

如果钥匙牌丢失，通过大众专用阅读仪 V. A. G1552 或 V. A. G1551，输入地址码 25 后，可从仪器显示屏上读取 14 位字符的识别码。通过此识别码，可由上海大众查到密码，也可以用金德 K81 从电子防盗系统中读出 14 位字符。

2）汽车防盗器的密码。新车的密码被隐含在车钥匙牌上，剥去牌上的黑胶纸后可显示 4 位数的密码。1999 年投放市场的桑塔纳 2000GSi 型轿车的防盗密码已粘贴在副驾驶员前面杂物箱内。车主应在购车后立即妥善保管好这个“密码”。

密码是用来解密和重新配置车钥匙的。如果钥匙牌丢失或遗忘了密码。必须先使用仪器获得 14 位字符的识别码，再通过大众公司服务热线查询密码。

匹配汽车钥匙，不管是重配还是增配钥匙都必须这样处理。如果车主丢失了一把合法的钥匙，为了安全防盗，必须把其余钥匙都用仪器重新进行一次匹配过程。这样可以使丢失的钥匙变为非法钥匙(尽管形状、材料不变)，不能起动发动机而起到防盗作用。

注意：输入 4 位数字密码之前，必须先输入一个“0”，否则防盗器 ECU 会锁死。如密码输错(操作失误)，允许再输入一次，两次输错后，防盗器 ECU 会锁死。在点火开关打开的状态下等半小时后，还可以试两次。

(4) 驻车防盗系统的工作原理　将汽车钥匙插入点火开关并转至接通位置时，识读线圈能量以感应的方式传递给汽车钥匙上的脉冲转发器，脉冲转发器接收能量后立即发射出答复代码，通过识读线圈接收后把答复代码输送给驻车防盗系统电控单元，驻车防盗系统电控单元收到答复代码后要与先前储存的代码比较是否相同。如果相同，将向发动机电控单元发出进入正常工作程序的指令，发动机能正常起动；如不相同或驻车防盗系统有故障，则控制发动机熄火，且驻车防盗系统警告灯连续闪烁。可见若发动机起动 2s 后即熄火，且驻车防盗系统警告灯闪烁，便说明汽车钥匙不对或驻车防盗系统有故障。

第五节　电 动 座 椅

为了提高驾驶员和乘客的舒适性，现在很多轿车中都安装了座椅调节装置。按照调节方式的不同，座椅调节装置可以分为手动调节式和动力调节式。其中，动力调节按照动力源的不同又分为真空式、液压式和电动式三种。电动座椅因操作方便、结构简单被广泛使用。按照座椅电动机的数目和调节方向数目的不同，电动座椅一般有两向、四向、六向、八向和多向可调等。

1. 普通电动座椅基本组成

为了实现座椅位置的调节，普通电动座椅包括若干个双向电动机、传动装置和控制电路(包括控制开关)3 个主要部分，其结构和电动机的安装位置分别如图 8-24 和图 8-25 所示。

双向电动机产生动力，传动装置可以把动力传至座椅，通过控制开关实现座椅不同位置的调节。

(1) 电动机　电动座椅中使用的电动机一般为永磁式双向直流电动机。它通过控制开关来改变流经电动机内部的电流方向，从而实现方向的改变。

(2) 传动装置　电动座椅的传动装置主要包括变速器、联轴节、软轴及齿轮传动机构等。变速器的作用是降速增扭。电动机轴分别与软轴相连，软轴再和变速器的输入轴相连，动力经过变速器的降速增扭以后，从变速器的输出轴输出，变速器的输出轴与蜗杆轴或齿轮轴相连，最终蜗轮蜗杆或齿轮齿条带动座椅支架产生位移。

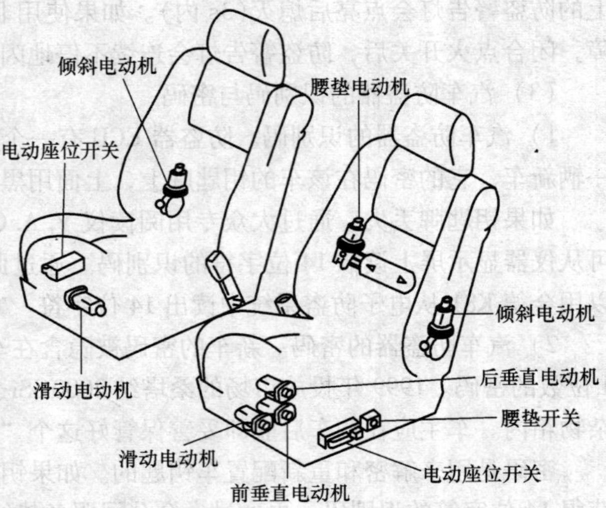

图 8-24　典型电动座椅的结构及部件布置

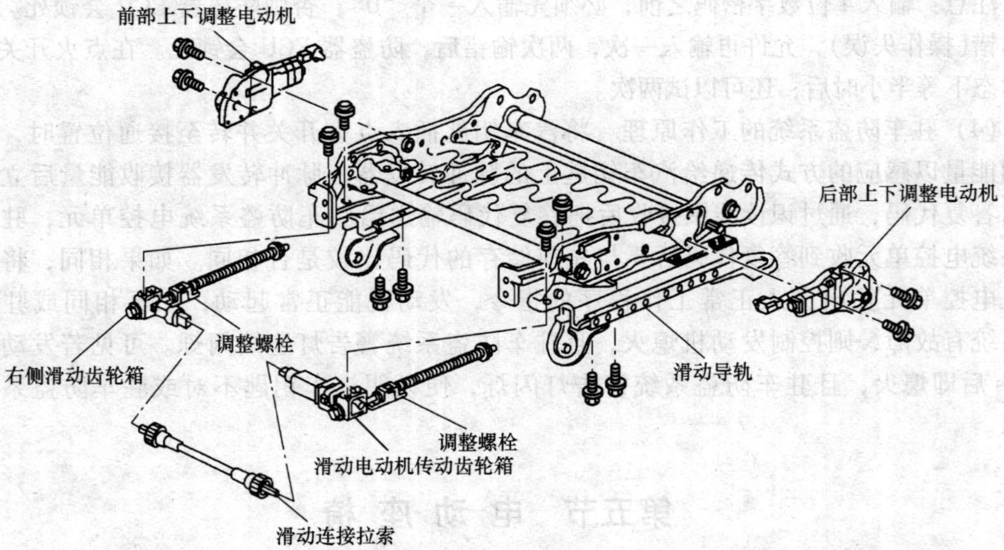

图 8-25　座椅电动机的安装位置

（3）控制电路　图 8-26 所示为雷克萨斯 LS400 轿车电动座椅控制电路（不带储存功能），该电动座椅包括滑动电动机、前垂直电动机、倾斜电动机、后垂直电动机和腰椎电动机，可以实现座椅的前后移动、前部高度调节、靠背倾斜程度调节、后部高度调节及腰椎前后调节。

电路中有 5 个开关，分别控制 5 个电动机。开关有一个共同特点：均为常搭铁型结构，即电动机没有动作时，电动机两端通过开关搭铁；当开关打向其一侧时，动作侧开关接通电源。每个电动机中均设有断路器，当座椅位置调整到极限时，流过电动机的电流增加，断路器断开，切断电动机电流，保护电动机不被烧损；松开调整开关，冷却后，断路器又重新复位。下面以座椅靠背的倾斜调节为例，介绍电路的控制过程。

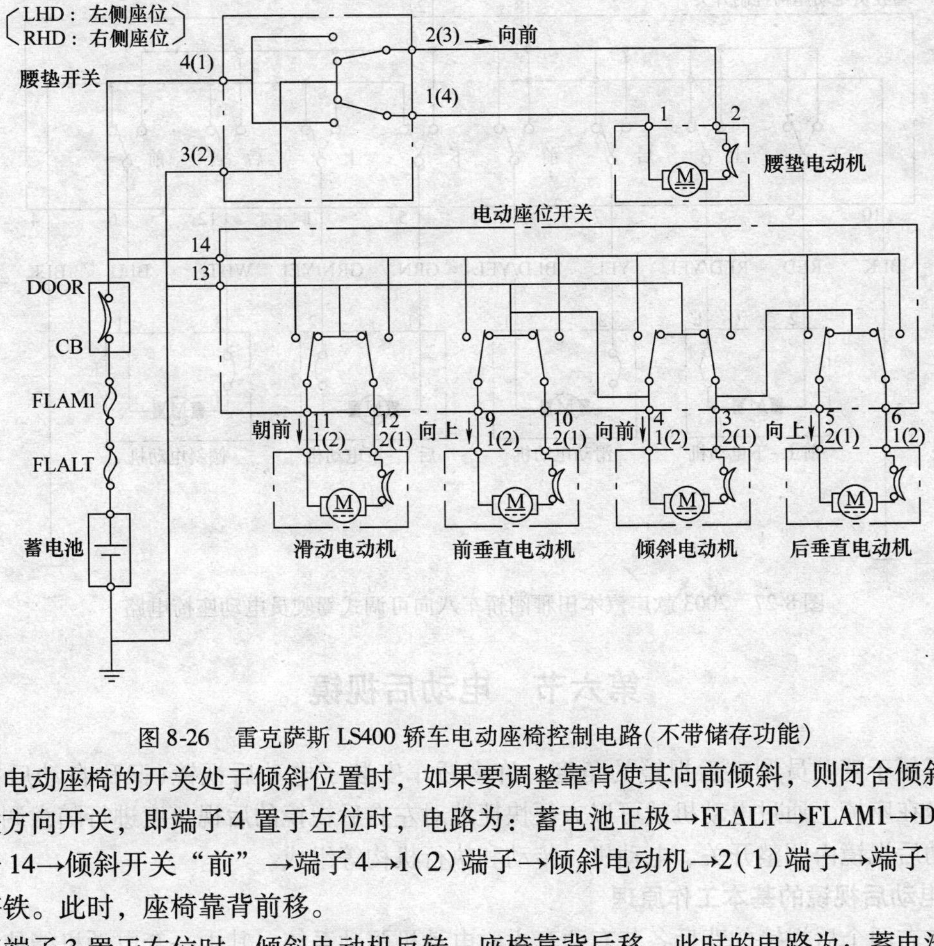

图 8-26　雷克萨斯 LS400 轿车电动座椅控制电路（不带储存功能）

当电动座椅的开关处于倾斜位置时，如果要调整靠背使其向前倾斜，则闭合倾斜电动机的前进方向开关，即端子 4 置于左位时，电路为：蓄电池正极→FLALT→FLAM1→DOOR CB→端子 14→倾斜开关“前”→端子 4→1（2）端子→倾斜电动机→2（1）端子→端子 3→端子 13→搭铁。此时，座椅靠背前移。

当端子 3 置于右位时，倾斜电动机反转，座椅靠背后移。此时的电路为：蓄电池正极→FLALT→FLAM1→DOOR CB→端子 14→倾斜开关“后”→端子 3→2（1）端子→倾斜电动机→1（2）端子→端子 4→端子 13→搭铁。

2. 典型电动座椅电路

2003 款广汽本田雅阁轿车八向可调式驾驶员电动座椅电路如图 8-27 所示，电路分析与图 8-26 中的电路分析类似，此处不再重复。

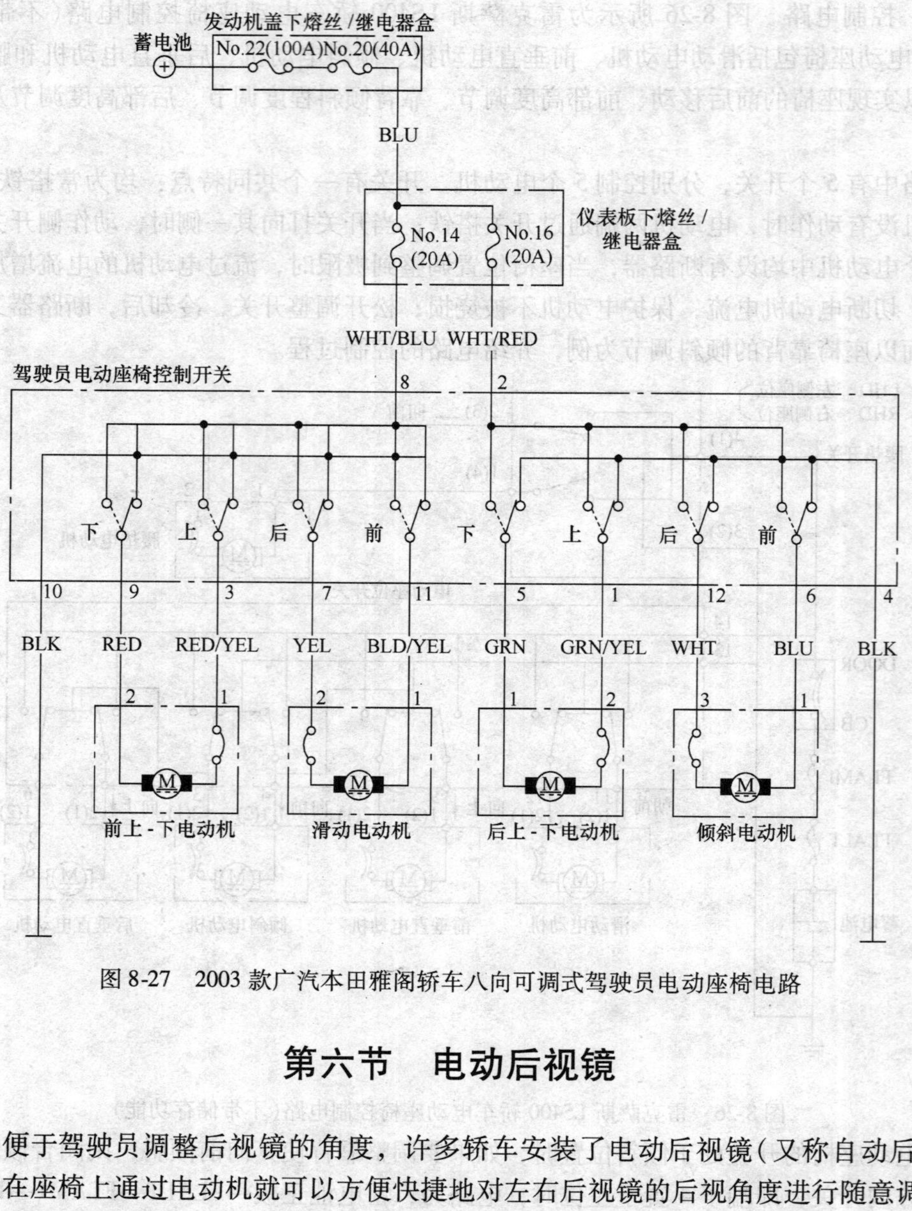

图 8-27　2003 款广汽本田雅阁轿车八向可调式驾驶员电动座椅电路

第六节　电动后视镜

为了便于驾驶员调整后视镜的角度，许多轿车安装了电动后视镜（又称自动后视镜），驾驶员坐在座椅上通过电动机就可以方便快捷地对左右后视镜的后视角度进行随意调节。

电动后视镜由调整开关、电动机、传动和执行机构等组成。

1. 电动后视镜的基本工作原理

在左右两个后视镜的背后各装有两套永磁电动机驱动系统，其中一套电动机能使后视镜上下运动或转动，另一套能使后视镜在水平方向上倾斜运动。后视镜的运动方向由开关控制，当开关在不同位置时，由于流经电动机的电流方向不同，电动机的转向就不同，从而使后视镜向不同的方向运动。图 8-28 所示为电动后视镜控制系统的基本工作原理。

将后视镜开关转换到左后视镜，向下扳开关时，触点 B 与 D、触点 C 及 E 分别相接，电流经电源→触点 E→触点 C→电动机→触点 B→触点 D→搭铁，电动机即转动使后视镜在垂直方向运动；将开关向上扳时，触点 B 与 E、触点 C 与 D 分别接触，电流经电源→触点 E→触点 B→电动机→触点 C→触点 D→搭铁，由于流过电动机的电流发生改变，因此电动

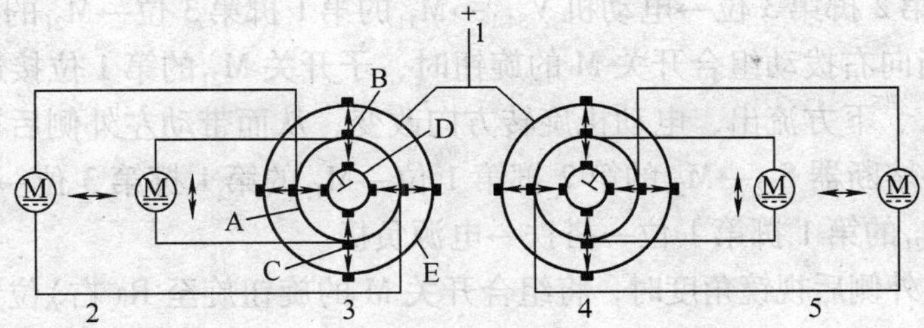

图 8-28　电动后视镜控制系统的基本工作原理

1—接电源　2—左后视镜　3—左后视镜开关　4—右后视镜　5—右后视镜开关

机反方向转动，后视镜反方向运动。将后视镜开关转换到右后视镜，扳动开关时，右后视镜做相应的转动。电动后视镜的典型电路如图 8-29 所示。

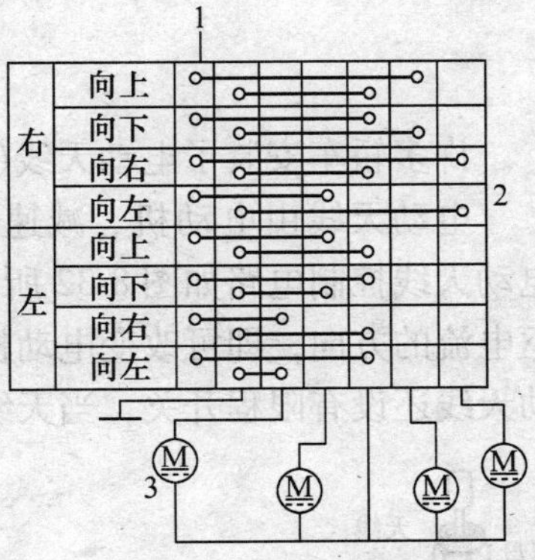

图 8-29　电动后视镜的典型电路

1—接电源　2—电动后视镜开关

3—电动后视镜电动机

2. 桑塔纳 2000 型轿车电动后视镜的基本工作原理

桑塔纳 2000 型轿车电动后视镜的控制电路如图 8-30 所示。C 是受点火开关控制的电源线，31 是搭铁线。电动机 $V_{33\text{-}1}$ 调整右外侧后视镜左右摇摆角度；$V_{33\text{-}2}$ 调整右外侧后视镜的上下摇摆角度；$V_{34\text{-}1}$ 调整左外侧后视镜左右摇摆角度；$V_{34\text{-}2}$ 调整左外侧后视镜的上下摇摆角度，所有电动机均由组合开关 M 控制，该开关可旋动，又可上下、左右拨动。为叙述方便，将组合开关 M 分为 3 个具有独立控制功能的子开关 M_{11}、M_{21}、M_{22}。接通点火开关后，即可根据需要通过操作组合开关 M 进行调整，调整方法如下：

（1）左外侧后视镜上下角度的调整　将组合开关旋钮旋向 L(左)位置，开关 M_{11} 的第 3 位接通，左外侧后视镜被选中。此时，如果向上拨动组合开关 M 的旋钮，子开关 M_{22} 的第 1 位接通，电动机 $V_{34\text{-}2}$ 的电枢电流从下方流入、上方流出，后视镜向上摆动，电路为：C 路电源→熔断器 S_{12}→M_{22} 的第 1 掷第 1 位→M_{11} 的第 2 掷第 3 位→电动机 $V_{34\text{-}2}$→M_{11} 的第 3 掷第 3 位→M_{22} 的第 2 掷第 1 位→搭铁→电源负极；如果向下拨动组合开关 M 的旋钮，子开关 M_{22} 的第 3 位接通，电动机 $V_{34\text{-}2}$ 的电枢电流从上方流入、下方流出，后视镜向下摆动，电路为：C 路电源→熔断器 S_{12}→M_{22} 的第 1 掷第 3 位→M_{11} 的第 3 掷第 3 位→电动机 $V_{34\text{-}2}$→M_{11} 的第 2 掷第 3 位→M_{22} 的第 2 掷第 3 位→搭铁→电源负极。

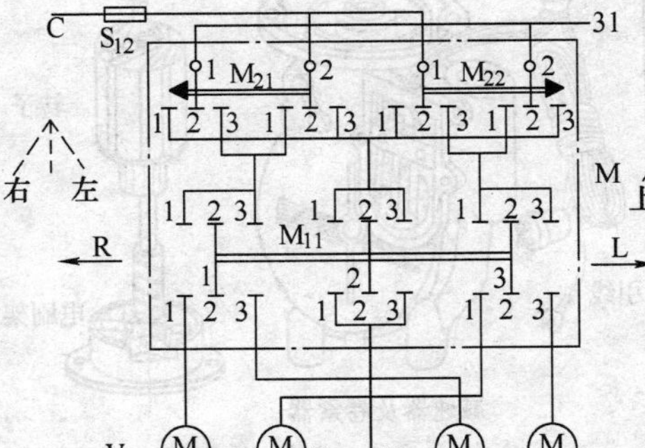

图 8-30　桑塔纳 2000 轿车电动后视镜控制电路

（2）左外侧后视镜左右角度的调整　在组合开关旋钮处于 L(左)位置的前提下，向左拨动组合开关 M 的旋钮，子开关 M_{21} 的第 3 位接通，电动机 $V_{34\text{-}1}$ 电枢电流从下方流入、上方流出，电动机旋转带动左外侧后视镜向左摆动，电路为：C 路电源→熔断器 S_{12}→M_{21} 的第 2

掷第 3 位→M_{11}的第 2 掷第 3 位→电动机 V_{34-1}→M_{11}的第 1 掷第 3 位→M_{21}的第 1 掷第 3 位→搭铁→电源负极；当向右拨动组合开关 M 的旋钮时，子开关 M_{21}的第 1 位接通，电动机 V_{34-1}电枢电流从上方流入、下方流出，电动机旋转方向改变，从而带动左外侧后视镜向右摆动，电路为：C 路电源→熔断器 S_{12}→M_{21}的第 2 掷第 1 位→M_{11}的第 1 掷第 3 位→电动机 V_{34-1}→M_{11}第 2 掷第 3 位→M_{21}的第 1 掷第 1 位→搭铁→电源负极。

同理，调整右外侧后视镜角度时，将组合开关 M 的旋钮旋至 R(右)位置，左、右拨动组合开关 M 的旋钮，可控制电动机 V_{33-1}电枢电流的方向，带动右外侧后视镜左右摆动；上下拨动组合开关 M 的旋钮，可控制电动机 V_{33-1}电枢电流的方向，带动右外侧后视镜上下摆动。

第七节　电 动 天 线

许多轿车安装了电动天线(又称自动天线)，通过电动机控制天线的升降。

电动天线由电动机、减速器、卷索器、推拉索、继电器以及开关等组成(见图 8-31)。电动天线控制电路如图 8-32 所示，电动机为永磁可逆直流电动机，由继电器改变电动机电枢电流的方向，即可改变电动机旋转方向，通过减速器、卷索器、推拉索驱动天线伸缩。电动天线还设有限程开关，当天线伸、缩运动至极限时限位开关将切断电路。

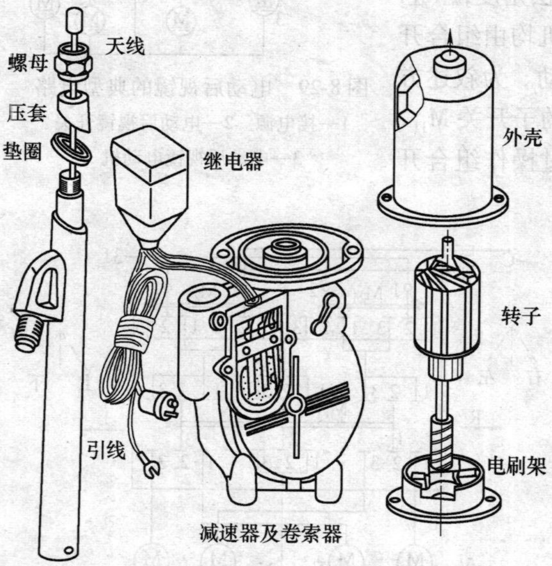

图 8-31　电动天线结构(桑塔纳 2000)

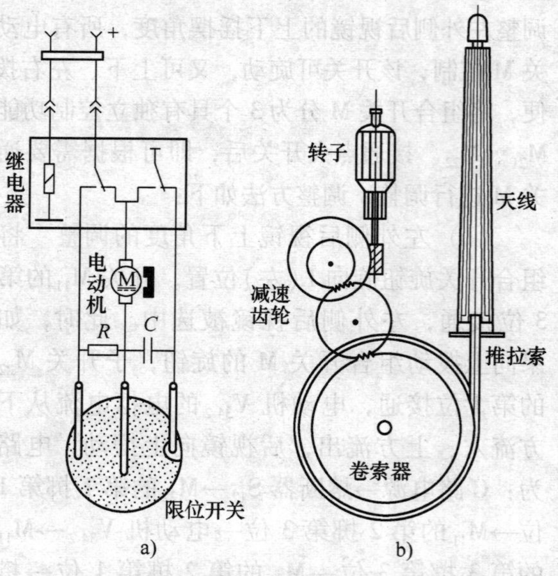

图 8-32　电动天线控制电路及驱动示意(桑塔纳 2000)

a）电路图　b）驱动示意图

天线的升降是通过改变电动机的旋转方向实现的。电动机旋转方向的改变有两种方法：改变电动机电枢电流方向和改变电动机起作用的磁场线圈(参见图 8-14、图 8-15)，前一种方法应用较广泛。

有些汽车的电动天线用单独的天线开关进行控制，多数则是由收音机开关联动控制，在收音机打开的同时接通电动天线的控制电路，电动机转动使天线升起；在关闭收音机时天线又同时降下，基本电路如图 8-33 所示。

收音机开关 S_1 在接通或断开时，与它连接的天线继电器 2 的线圈会同时接通或断开电源，改变继电器触点的开闭状态。电动机3的旋转方向由继电器的状态和电动机本身的一对互锁触点 S_2 和 S_3 控制。电动机旋转使天线上升或下降的同时，控制互锁触点 S_2 和 S_3。当天线上升到最高点时，使天线上升的触点 S_3 断开并闭合天线下降触点 S_2；在天线下降到最低点时自动断开天线下降触点 S_2，同时闭合天线上升触点 S_3。

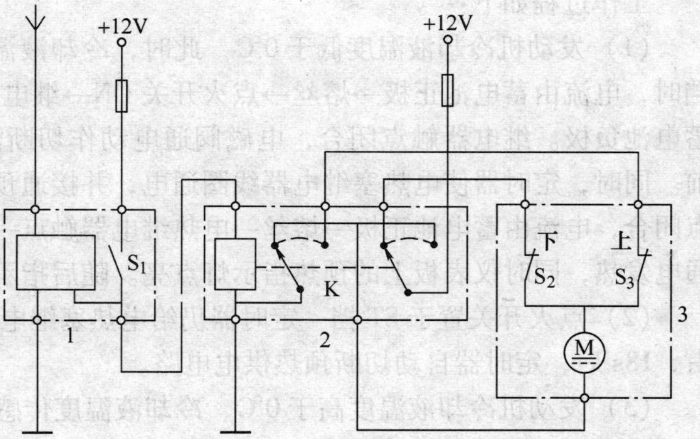

图 8-33　电动天线基本电路

1—收音机及其开关　2—继电器　3—天线电动机

当收音机开关 S_1 接通时，天线继电器吸合，接通电动机电路，使天线升高，当天线达到最高位置时，电动机上升触点 S_3 断开、下降触点 S_2 闭合，电动机停止。

当收音机关掉时，天线继电器断电，反向接通电动机电路，电动机反转，使天线缩回，当天线降到最低位置时，天线降低触点 S_2 断开，上升触点 S_3 闭合，电动机停止。

第八节　起动预热装置

为了使车辆在低温下可靠地起动，多数柴油机和少数汽油机上设有低温起动预热装置，来加热进入气缸的空气(或燃油混合气)。

进气预热的类型有分缸预热与集中预热两种。柴油机一般采用分缸预热，预热装置安装在各气缸内或进气歧管上。汽油机一般采用集中预热，预热装置安装在发动机的进气管下方。

一、电热塞

分缸预热采用电热塞，结构如图 8-34 所示。汽车起动预热控制电路如图 8-35 所示。

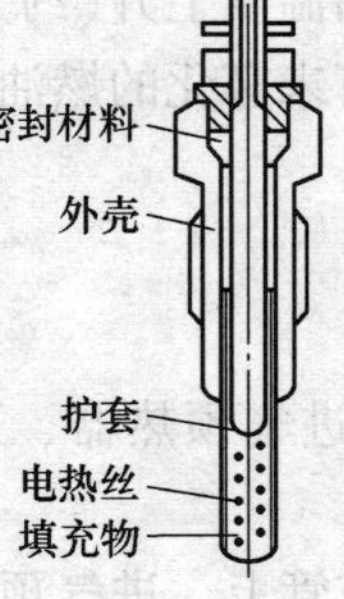

图 8-34　电热塞结构

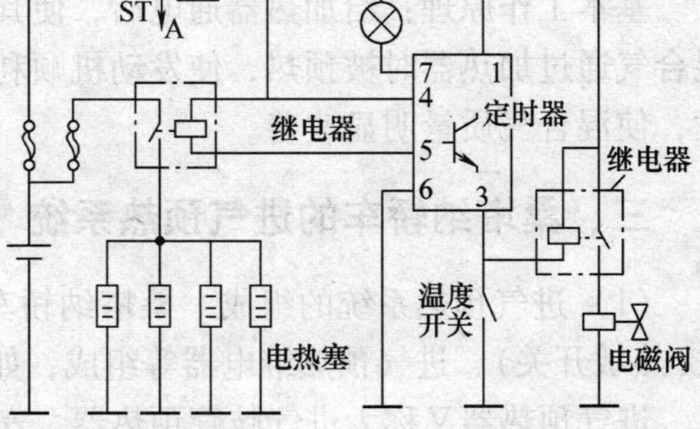

图 8-35　起动预热控制电路

工作过程如下：

（1）发动机冷却液温度低于0℃　此时，冷却液温度传感器电阻很小，点火开关置ON挡时，电流由蓄电池正极→熔丝→点火开关ON→继电器线圈→冷却液温度传感器→搭铁→蓄电池负极。继电器触点闭合，电磁阀通电动作切断溢油回路，提高喷油压力，使喷油提前。同时，定时器使电热塞继电器线圈通电，并接通预热指示灯搭铁回路，电热塞继电器触点闭合，电流由蓄电池正极→熔丝→电热继电器触点→电热塞→搭铁→蓄电池负极。电热塞通电发热，同时仪表板上的预热指示灯点亮。随后指示灯熄灭，表示可以起动。

（2）点火开关置于ST挡　定时器仍给电热塞继电器通电，使电热塞温度达到1000℃左右，18s后，定时器自动切断预热供电电路。

（3）发动机冷却液温度高于0℃　冷却液温度传感器电阻很大，点火开关无论在ON挡还是ST挡，电磁阀继电器线圈与定时器电路均被断开，电磁阀和电热塞均不工作，预热指示灯亮约0.3s后熄灭。

二、进气加热器

集中预热采用进气加热器，常见的有PTC电热式和电热丝网式两种，结构如图8-36所示。

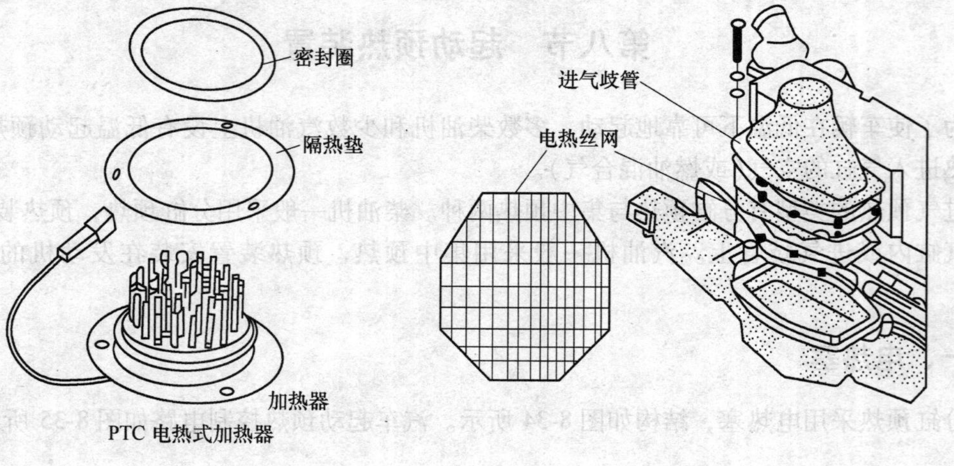

图8-36　进气加热器的结构

基本工作原理：给加热器通电后，使其发热，加热器表面温度上升(约180℃左右)，当混合气通过加热器时被预热，使发动机顺利起动。同时，若有未雾化的燃油通过时可受热蒸发，使混合气质量明显改善。

三、桑塔纳轿车的进气预热系统

（1）进气预热系统的组成　桑塔纳轿车进气预热系统由进气预热器、进气预热控制开关(热敏开关)、进气预热继电器等组成，如图8-37所示。

进气预热器又称为进气歧管预热器，安装在发动机进气歧管上。进气预热继电器盖上标有“1”字样，安装在中央线路板2号位置。

进气预热器主要由电热丝(康铜丝)制成，其加热电阻阻值很小，仅为0.25～0.50Ω。

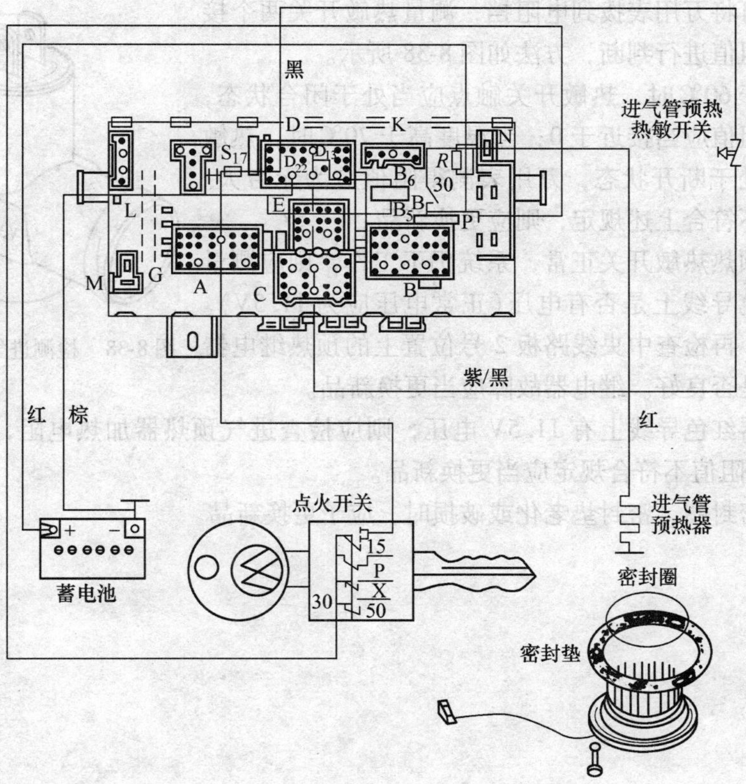

图 8-37　桑塔纳轿车进气预热系统控制电路

接通点火开关时，电流可达 20～50A。加热电阻产生大量热量，加热进气歧管中的空气，以便发动机起动和混合气燃烧。进气预热控制开关为热敏开关，当进气温度低于 60℃时，热敏开关接通；当进气温度高于 70℃时，热敏开关断开。

进气预热继电器线圈电路为：蓄电池正极→红色导线→中央线路板单端子 P 插座→红色导线→点火开关“30”端子→点火开关“15”端子→黑色导线→中央线路板 A_8 端子→熔断器 S_{17}→中央线路板 D_2 端子→黑色导线→进气预热热敏开关→紫/黑色导线→中央线路板 D_{13}端子→进气预热继电器“86”端子→继电器线圈→继电器“85”端子→中央线路板 D_{22} 端子→搭铁→蓄电池负极。

预热继电器线圈电流接通时，产生电磁吸力将其触点吸闭，使进气预热器电路接通，其电路为：蓄电池正极→中央线路板单端子 P 插座→进气预热继电器“30”端子→继电器触点→继电器“87”端子→红色导线→进气预热器加热电阻→搭铁→蓄电池负极。

（2）进气预热系统故障的排除　各型汽车进气预热系统故障的排除方法各不相同。当桑塔纳轿车发动机冬季难以起动时，首先应当检查进气管预热热敏开关，然后分别检查熔断器 S_{17}是否烧断、进气预热继电器和进气预热器是否良好。检查方法如下：

首先接通点火开关，然后测量进气管预热热敏开关处的黑色导线是否有电压，如果没有电压，再检查中央线路板上的熔断器 S_{17}是否烧断以及黑色导线与中央线路板 D_2 端子处是否接触良好。熔断器熔断更换相同规格(10A)的熔断器即可。

如果进气管预热热敏开关处的黑色导线上有电压，则应检查进气预热热敏开关的技术状态是否良好。可将万用表拨到电阻挡，测量热敏开关两个接线端子之间的阻值进行判断，方法如图 8-38 所示。

当温度低于 60℃时，热敏开关触点应当处于闭合状态，用万用表测得阻值应当接近于 0；当温度高于 70℃时，热敏开关触点应当处于断开状态，万用表测得阻值应为无穷大。如果测量阻值不符合上述规定，则应更换新品。

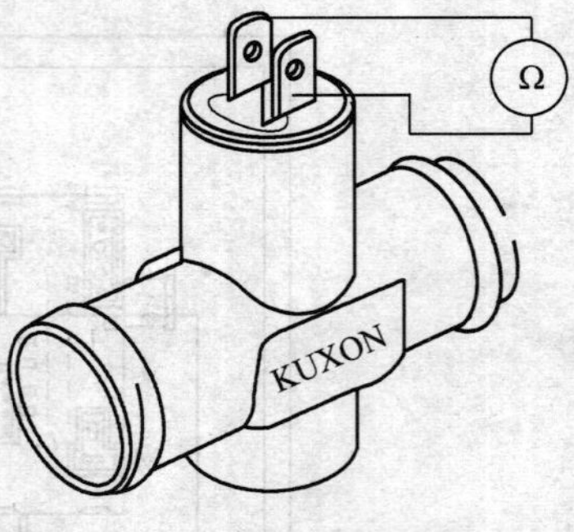

图 8-38　检测进气预热热敏开关

如果进气预热热敏开关正常，系统仍不工作，则应测量进气预热器红色导线上是否有电压(正常电压应为 11.5V)。如果没有电压，再检查中央线路板 2 号位置上的预热继电器及其连接导线是否良好。继电器故障应当更换新品。

如果预热器红色导线上有 11.5V 电压，则应检查进气预热器加热电阻，标准阻值应为 0.25 ~0.50Ω。阻值不符合规定应当更换新品。

当预热器密封圈、密封垫老化或破损时，应予更换新品。

第九章　汽车电气设备总线路

第一节　汽车电气设备电路组成

一、汽车线路具有的特点

汽车电气线路除了均采用低压直流电、单线制和负极搭铁外，还具有以下几个特点。

1）各用电设备均采用并联。汽车上的两个电源（蓄电池与发电机）之间以及所有用电设备之间，都是正极接正极，负极接负极，并联连接。

2）汽车线路有颜色和编号特征。为了便于区别各线路的连接，汽车所有低压导线，必须选用不同颜色的单色或双色线，并在每根导线上编号。编号是由生产厂家统一编定。

3）将导线做成线束。为了不使全车电线零乱，以便安装和保护绝缘，将导线做成线束。一辆车可以有多个线束。

二、汽车电气系统的导线、插接器与线束

1. 导线

（1）导线的截面积

1）导线截面积的选择。导线是汽车电器系统最基础的组成部分，在不同的汽车电路中，对导线的尺寸以及材料的要求也不一样，它们各自都有严格的标准规定。

汽车电气系统的连接导线有高压线和低压线两种，二者均采用带有绝缘层的铜质多心软线。导线截面积主要根据其工作电流选择，但是对于一些电流很小的电路，为保证导线具有一定的机械强度，汽车电气系统中所用导线的截面积不得小于0.5mm²。各种低压导线截面积所允许的负载电流见表9-1。

表9-1　低压导线标称截面允许负载电流值

导线标称截面积/mm²	1.0	1.5	2.5	3.0	4.0	6.0	10	13
允许电流/A	11	14	20	22	25	35	50	60

由于起动机是短时间工作，连接蓄电池与起动机的导线不以工作电流大小来选定，而是以工作时的电压降来决定。为了保证起动机正常工作，能发出足够的功率，要求在线路上每100A的电流所产生的电压降不超过0.1～0.15V，因此该导线截面积特别大。蓄电池的搭铁线一般采用铜丝编织成的扁形软导线，不带绝缘层。

汽车12V电气系统主要线路导线截面积推荐值见表9-2。

表 9-2　12V 电气系统主要线路导线截面积推荐值

标称截面 /mm^2	额定电压 /V	用　途	标称截面 /mm^2	额定电压 /V	用　途
0.5	12	尾灯、顶灯、指示灯、仪表灯、牌照灯、燃油表、刮水器电动机、电钟、冷却液温度表、油压表	1.5	12	电喇叭(3A 以上)
			1.5 ~4.0	12	其他的连接导线
			4 ~6	12	电热塞电线
0.8	12	转向灯、制动灯、停车灯、分电器	4 ~25	12	电源线
			16 ~95	12	起动机电线
1.0	12	前照灯、喇叭(3A 以下)			

2）导线截面积的标注。导线的截面积标注在颜色代码前面，单位为“mm^2”时不标注，如：1.25R 表示导线截面积为 1.25mm^2 的红色导线；1.0GY 表示导线截面积为 1.0mm^2 的双色导线，主色为绿色，辅助色为黄色。截面积为 0.5mm^2 时不标注，如：R 表示导线截面积为 0.5mm^2 的红色导线。

（2）导线的颜色

1）导线颜色的规定。在电路图中，导线的颜色多用英文字母表示(也有一些国产汽车用汉字标出)。若导线为单色，则只用一个字母，若用两个字母表示，则第一个字母大写，第二个字母小写；若另有辅色，则用两个大写字母表示，其中前一个字母表示主色，后一个字母表示辅色。单色线颜色的代号见表 9-3。双色线的颜色由表 9-4 规定的两种颜色组成。双色线的主色所占比例大些，辅助色所占比例小些，一般为 3∶1 ~5∶1。电线颜色的选用程序，应符合表 9-4 的规定。汽车电气系统一般分为 9 个系统，各系统导线的主色见表 9-5。

表 9-3　汽车用导线颜色

导线颜色	黑	白	红	绿	黄	棕	蓝	灰	紫	橙
代号	B	W	R	G	Y	Br	Bl	Gr	V	O

表 9-4　导线颜色的选用程序

选用程序	1	2	3	4	5	6
导线颜色	B	BW	BY	BR		
	W	WR	WB	WBl	WY	WG
	R	RW	RB	RY	RG	RBl
	G	GW	GR	GY	GB	GBl
	Y	YR	YB	YG	YB	YW
	Br	BrW	BrR	BrY	BrB	
	Bl	BlW	BlR	BlY	BlB	BlO
	Gr	GrR	GrY	GrBl	GrB	GrB

表 9-5　汽车电路各系统导线的主色

序号	系统名称	导线主色	代号	序号	系统名称	导线主色	代号
1	电源系统	红	R	6	仪表及警报指示和喇叭系统	棕	Br
2	点火和起动系统	白	W	7	收音机、电钟、点烟器等辅助装置	紫	V
3	前照灯、雾灯及外部灯光照明系统	蓝	Bl	8	各种辅助电动机及电气操纵系统	灰	Gr
4	灯光信号系统，包括转向指示灯	绿	G	9	电气装置搭铁线	黑	B
5	车身内部照明系统	黄	Y				

2）导线颜色的标注。在电路图上，导线颜色的标注采用颜色代号表示，如单色导线，颜色为红色，标注为 R；双色导线，第一色为主色，第二色为辅助色，主色为红色，辅助色为白色，标注为 RW。各个国家都有自己的颜色代号。表 9-6 是各国使用的导线颜色识别表。

表 9-6　各国汽车导线颜色识别表

中文	英文	缩写	中国代码	日本代码	美国代码	德国大众	法国代码
黑色	Black	BK，BLK	B	B	B	sw	N
白色	White	WHT	W	W	W	ws	N
红色	Red	RED	R	R	R	ro	R
绿色	Green	GRN	G	G	G	gn	V
黄色	Yellow	YEL	Y	Y	Y	ge	J
棕色	Brown	BRN	N	N	N	br	M
蓝色	Blue	BLU	U	BL	BL	bi	BI
灰色	Gray	GRY	S	Gr	Gr	gr	G
紫色	Purpl	PL	P	V	V	li	Vi
粉红色	Pink	PNK，PK	PK	P	/	/	Ro

（3）导线的表示方法　导线可用中断线或连续线表示。

连续线是用连续的实线来表示端子之间实际存在的导线。

中断线是用中断的实线来表示端子之间实际存在的导线，并在中断处标明去向。

（4）高压导线　高压导线在汽车点火线圈至火花塞之间的电路中使用，一般耐压值应在 30kV 以上，它在点火系统中承担高压电输送任务，而其工作电流很小，故截面积较小，约 1.5mm^2，绝缘层很厚，多采用橡胶绝缘，加有浸漆棉质编包。按线芯不同，国产高压导线分为铜心线和阻尼线两种。高压阻尼线能抑制点火系统对无线电设备的干扰，且效果较好。

2. 插接器

国产新型汽车和国外汽车上，现在均使用插接器，这有利于汽车的制造，更有利于维修。插接器由插头与插座两部分构成，按使用场合的实际需要，其脚数多少不等，插接脚有平端与针状之分。图 9-1 所示为两种不同形式的四脚插接器实物及符号。

插接器接合时，应先将其导向槽重叠在一起，使插头与插孔对准且用力插入，这样就可

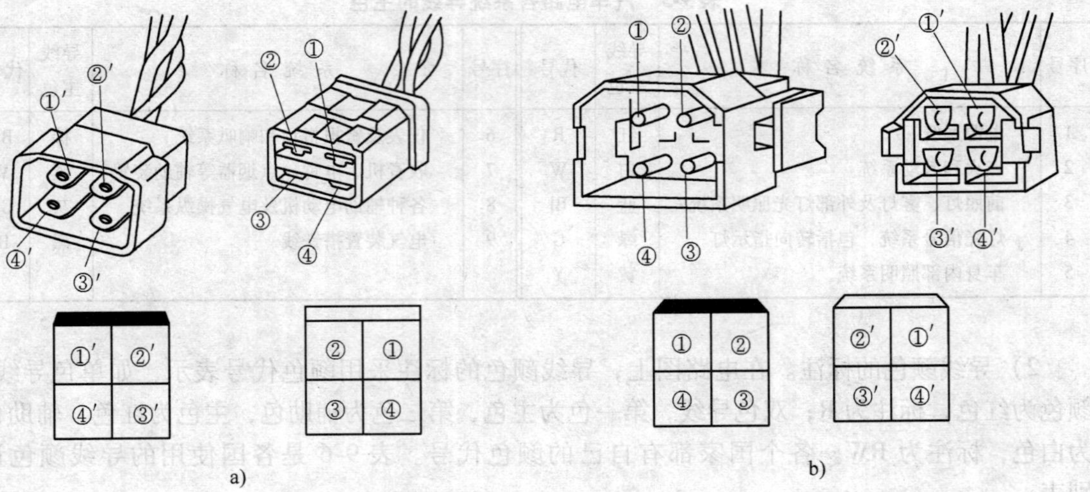

图 9-1 一般用途的插接器

a) 平端四脚插接器 b) 针状四脚插接器

①～④、①′～④′—插接脚

以十分牢固地连接在一起。所谓插接器的导向槽，是指插接器连接时为了使其正确定位而设置的凸凹轨。一对插头、插座由于导向槽的作用一般说来不可能插错，非成对的插头与插座因其脚数及外部形状不相同，因此，不会插错。所以使用插接器连接电路十分方便、可靠。

为了防止汽车行驶过程中插接器脱开，所有插接器均采用闭锁装置，如图 9-2 所示。当要拆下插接器时，应先压下闭锁，然后再将其拉开。不压下闭锁时绝不可用力猛拉导线，以防止拉坏闭锁或导线。

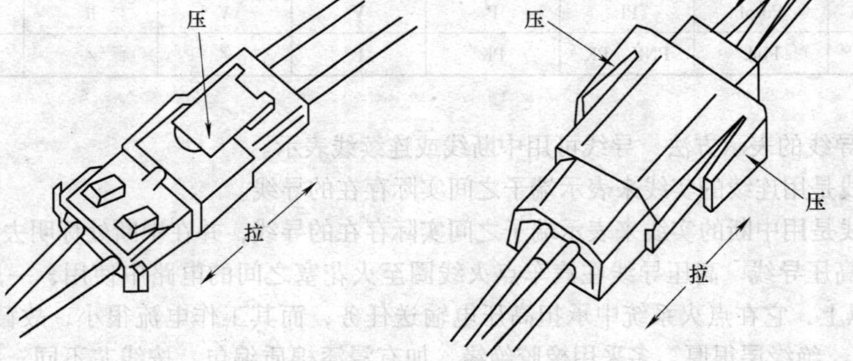

图 9-2 插接器的闭锁装置及拆卸

3. 线束

为了使汽车全车繁多的导线不零乱，方便安装和保护导线的绝缘层不被破坏，除高压线以外，都应用棉纱编织或用聚氯乙烯塑料薄带包扎成束，称为线束。一辆汽车按底盘部分和车身部分可以有多个线束。近年来国外汽车为了检修电线方便，用塑料制成开口的软管，将电线束裹在其中，检修时将开口撬开即可。

已制成的线束在安装时应注意以下几点：

1）线束应用卡簧或绊钉固定，以免松动磨损。

2）线束不可拉得太紧，尤其在拐弯处需注意，在绕过锐角或穿过洞口时，应用橡皮、毛毡类的垫子或护套保护，以防磨损线束。

3）各接头必须切实紧固，接头间接触良好。

三、开关装置

汽车上所有的用电设备的接通和停止都必须经过开关控制。对开关的要求是坚固耐用、安全可靠、操作方便、性能稳定。

1. 开关的符号

各种品牌汽车的开关符号各不相同，可查阅相关手册，常见的开关符号见表9-7。

表9-7　各种开关在电路中的符号

序号	图形符号	名　称	序号	图形符号	名　称
1		旋转、旋钮开关	14	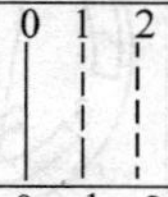	推拉多挡开关位置
2	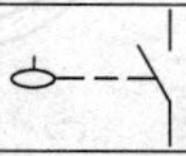	液位控制开关	15	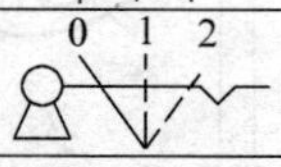	钥匙开关（全部定位）
3	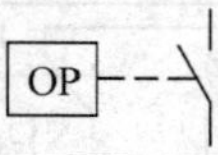	机油滤清器报警开关	16	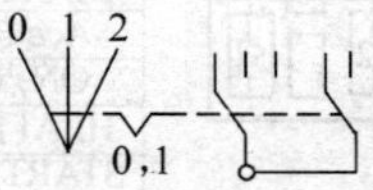	多挡开关，点火、起动开关，瞬间位置为2能自动返回至1（即2挡不能定位）
4	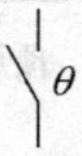	热敏开关动合触点			
5	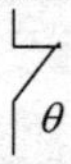	热敏开关动断触点	17	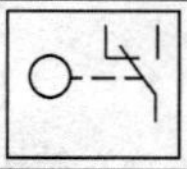	节流阀开关
6		热敏自动开关动断触点	18	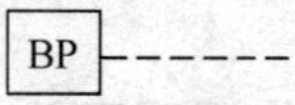	制动压力控制
7	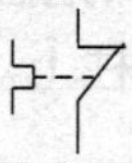	热继电器触点	19		液位控制
8	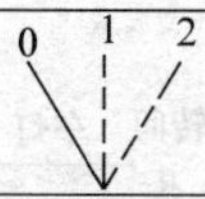	旋转多挡开关位置	20	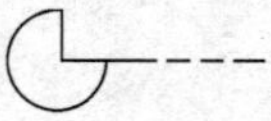	凸轮控制
9	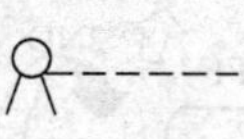	钥匙操作	21	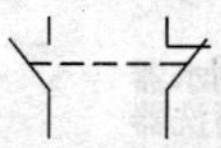	联动开关
10	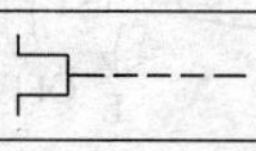	热执行器操作	22	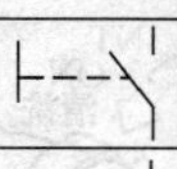	手动开关的一般符号
11	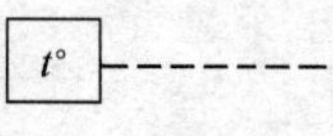	温度控制	23	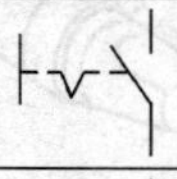	定位（非自动复位）开关
12	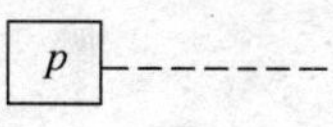	压力控制	24	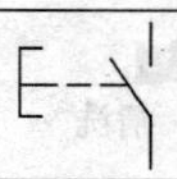	按钮开关
13	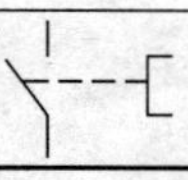	拉拔开关	25	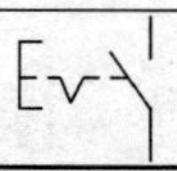	能定位的按钮开关

2. 点火开关

点火开关是汽车电路中最重要的开关之一，是各条电路分支的控制枢纽，是多挡多接线柱开关。其主要功能是：锁住转向盘转轴（LOCK），运行/点火（ON或IG）挡、起动（ST或Start）挡、附件（Acc）挡，如果用于柴油车则增加预热（HEAT）挡。其中起动、预热挡因为工作电流很大，开关不宜接通过久，所以这两挡在操作时必须用手克服弹簧力，扳住钥匙，一松手就弹回点火挡，不能自行定位，其他挡均可自行定位。点火开关的结构及表示方法如图9-3所示。

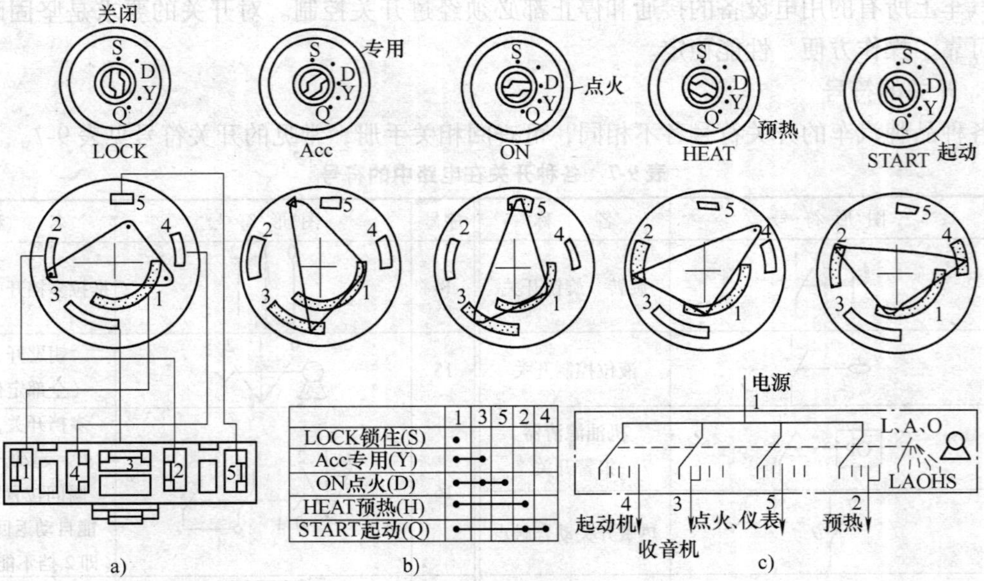

	1	3	5	2	4
LOCK锁住(S)	●				
Acc专用(Y)	●	●			
ON点火(D)	●	●	●		
HEAT预热(H)	●			●	
START起动(Q)	●			●	●

图 9-3　点火开关的结构及表示方法

a）结构示意图　b）表格表示法　c）图形符号表示法

3. 组合开关

多功能组合开关将照明开关（前照灯开关、变光开关）、信号（转向、危险警告、超车）开关、刮水器/清洗器开关等组合为一体，安装在便于驾驶员操纵的转向柱上。图9-4所示为日产轿车组合开关。

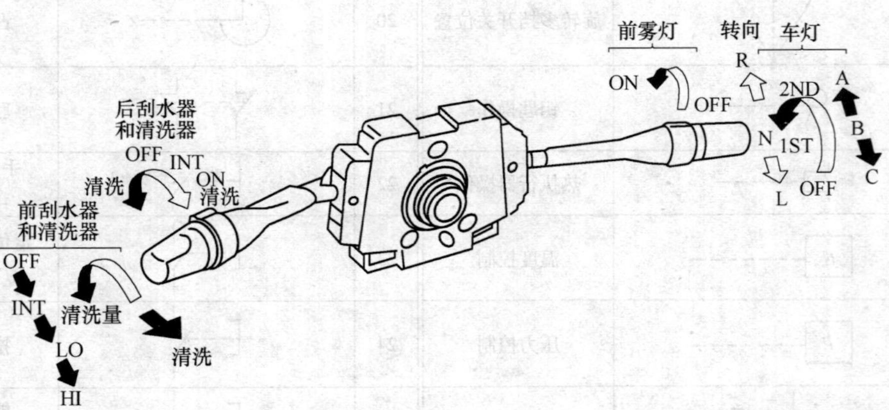

图 9-4　日产轿车的组合开关

4. 信号型开关

随着电子技术的发展，车载电脑和车载网络的应用日趋普及，控制开关和用电设备的控制形式也发生了一些变化，信号型开关获得推广和应用，工作原理如图 9-5 所示。信号型开关和传统控制开关的主要区别见表 9-8。

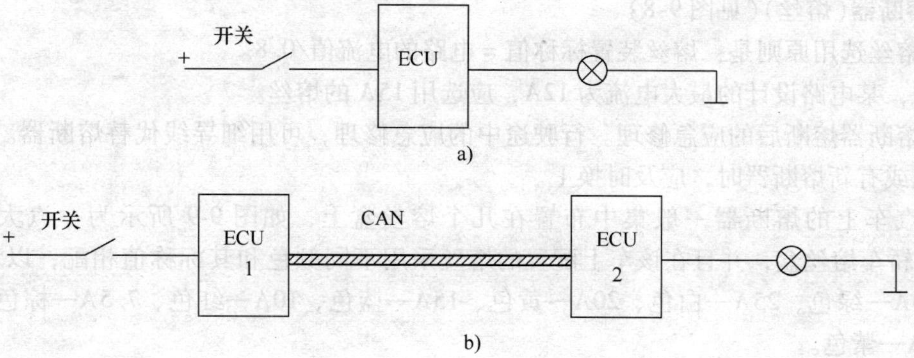

图 9-5　信号型开关工作原理

a）开关通过 ECU 控制执行元件　b）开关通过 ECU 和 CAN 总线控制执行元件

表 9-8　信号型开关和传统控制开关的比较

对 比 内 容	传统的控制开关	信号型开关
电路连接形式	开关与用电设备串联	开关与用电设备没有直接电路连接
控制形式	直接控制	间接控制
流经开关的电流	与用电设备的工作电流相等	信号电流很小
开关的功能	不能改变	可以根据需要重新定义

四、熔丝装置

当电路中流过超过规定的过大电流时，汽车电路熔丝装置能够切断电路，从而防止烧坏电路连接导线和用电设备，并将故障限制在最小范围内。汽车上的熔丝装置主要有熔断器、易熔线和断路器。

1. 熔断器和易熔线的电路符号（见图 9-6）

2. 易熔线

易熔线是一种大容量的熔断器，用于保护电源电路和大电流电路（见图 9-7）。

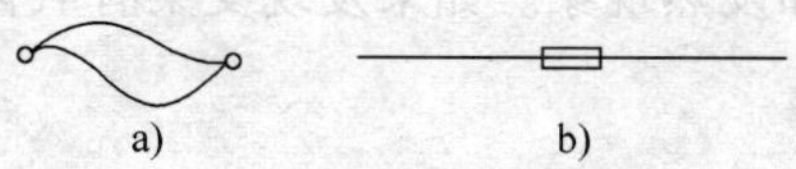

图 9-6　熔断器和易熔线的电路符号

a）易熔线符号　b）熔断器符号

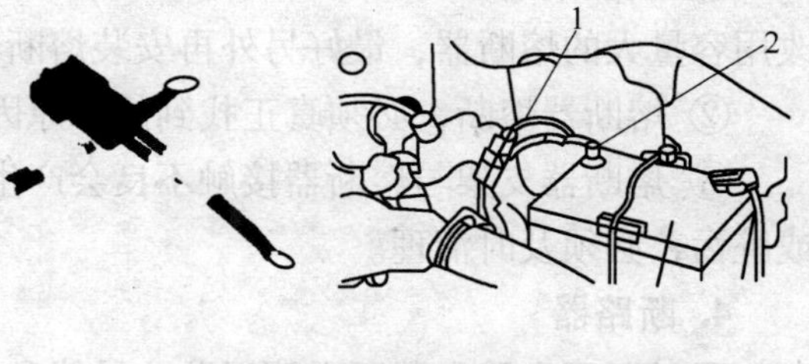

图 9-7　易熔线实物和易熔线连接位置

1—易熔线　2—蓄电池正极

注意：

① 绝对不允许换用比规定容量大的易熔线。

② 易熔线熔断，可能是主要电路发生短路，因此需要仔细检查，彻底排除隐患。

③ 不能和其他导线绞合在一起。

3. 熔断器(熔丝)(见图9-8)

1）熔丝选用原则是：熔丝装置标称值 = 电路的电流值/0.8。

例如，某电路设计的最大电流为12A，应选用15A的熔丝。

2）熔断器熔断后的应急修理。行驶途中的应急修理，可用细导线代替熔断器。一旦到达目的地或有新熔断器时，应及时换上。

3）汽车上的熔断器一般集中布置在几个熔丝盒上，如图9-9所示为一汽大众速腾(Sagitar)轿车熔丝盒，并且在该车上配置的熔丝采用不同颜色和其标称值相配，以示区别，例如：30A—绿色、25A—白色、20A—黄色、15A—蓝色、10A—红色、7.5A—棕色、5A—米色、3A—紫色。

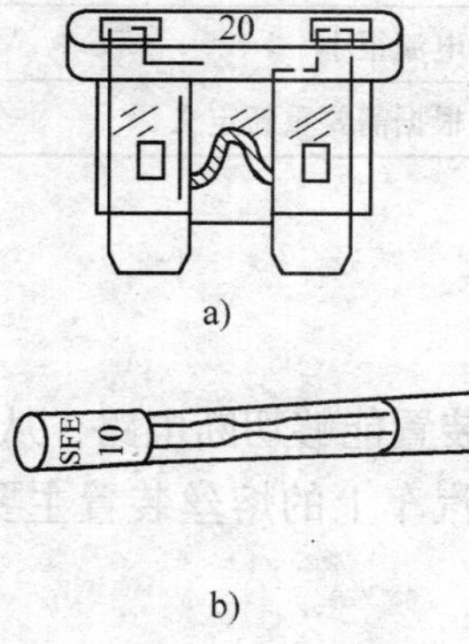

图9-8　熔断器

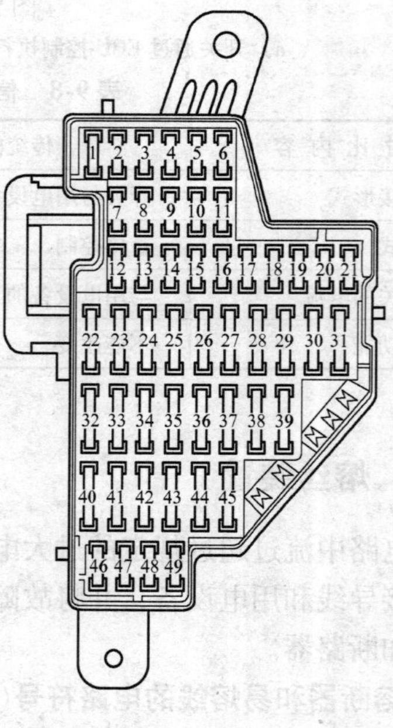

图9-9　一汽大众速腾轿车熔丝盒

注意：

① 更换熔断器时一定要用与原规定相同的熔断器。汽车上增加用电设备时，不要随意改用容量大的熔断器，最好另外再安装熔断器。

② 熔断器熔断，必须真正找到故障原因，彻底排除隐患。

③ 熔断器支架与熔断器接触不良会产生电压降和发热现象。如果发现支架有氧化现象或脏污，必须及时清理。

4. 断路器

通过断开电路和截断电流以防止导线和电子元件过热和可能因此造成的火灾，电路断路器在电路中用于防止有害的过载(额外的电流)。电路断路器是机械装置，它利用两种不同金属（双金属）的热效应断开电路，如图 9-10 所示。如果额外的电流经过双金属带，双金属带弯曲，触点开路，阻止电流通过。当电路断路器冷却，触点再次闭合，电路导通。当无电流时，双金属带冷却而使电路重新闭合，电路断路器复位。

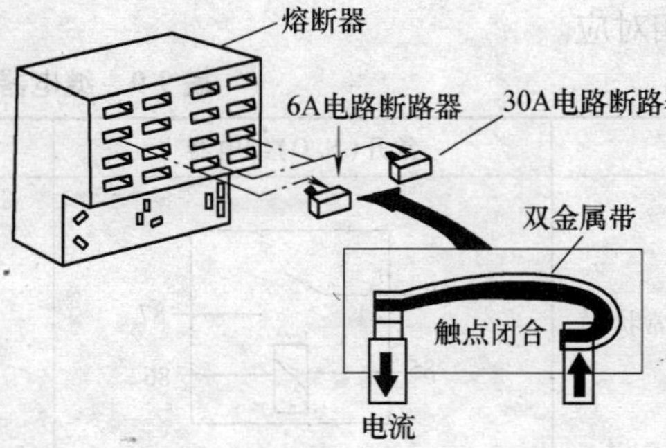

图 9-10　断路器

前照灯电路是应用电路断路器代替熔丝的一个极好的例证。前照灯电路中任何地方发生短路或接地都会引起额外的电流，并会因此断开电路。在夜晚突然失去前照灯会产生灾难性的后果，但电路断路器在断开电路后又会迅速闭合电路，从而避免了电路过热，也提供了充足的电流以保证至少部分前照灯能够工作。

5. 继电器

继电器是利用电磁或机电原理及其他方法（如热电或电子），实现自动接通或切断一对或多对触点，以完成用小电流控制大电流的装置。在电路中设置继电器，可以减小控制开关的电流负荷，减少烧蚀等现象的产生，保护电路中的控制开关。如进气预热继电器、空调继电器、喇叭继电器、雾灯继电器、中间继电器、风窗刮水器/清洗器继电器、危险报警与转向闪光继电器等。

（1）继电器的分类　按外形区分，有圆形和方形两种。

按插脚多少分，有三脚、四脚、五脚、六脚多种。

按结构及工作原理分，主要有电磁继电器、干簧继电器、双金属继电器以及电子继电器。

按继电器通常状态分，有常开（N. O）继电器、常闭（N. C）继电器和常开、常闭混合型继电器。常开型继电器触点平时是断开的，继电器动作后触点接通，接通控制电路。常闭继电器的触点平时是闭合的，继电器动作后触点断开，切断控制电路。混合型继电器，平时常闭触点接通，常开触点断开，如果继电器线圈通电，则触点处于相反的状态。

继电器的工作电压分为 12V 和 24V 两种，分别应用于相应标称电压的汽车上。两种标称电压的继电器不能互换使用。常用 12V 汽车继电器电磁线圈电阻为 65～85Ω，24V 继电器电磁线圈电阻为 200～300Ω。

（2）继电器的外形、内部电路结构和标号　继电器外形如图 9-11 所示，内部电路结构

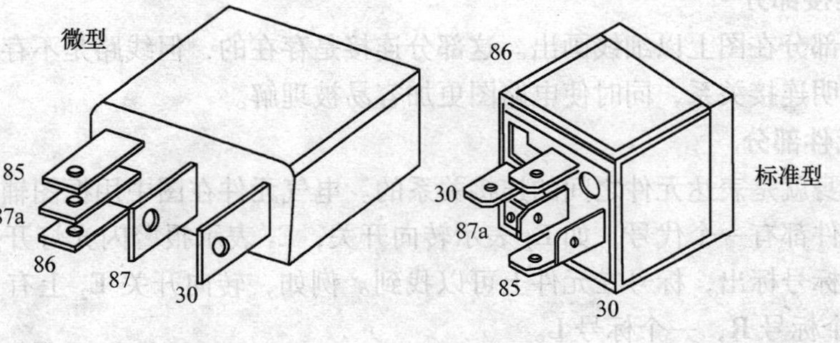

图 9-11　继电器外形

和标号见表9-9。继电器的每个插脚都有标号，与中央接线盒正面板的继电器插座的插孔标号相对应。

表9-9 继电器内部电路结构和标号

	常开(N. O)继电器	常闭(N. C)继电器	混合型继电器
通常状态	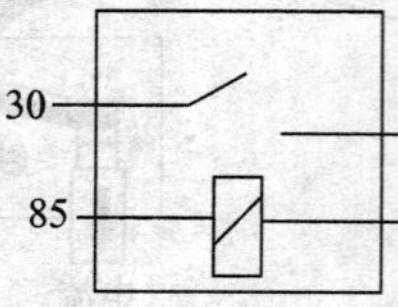	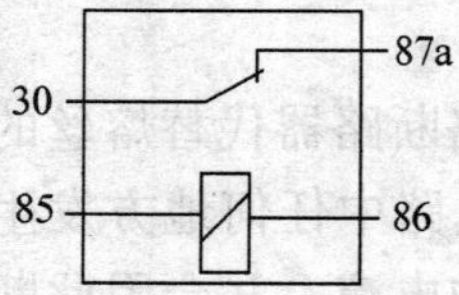	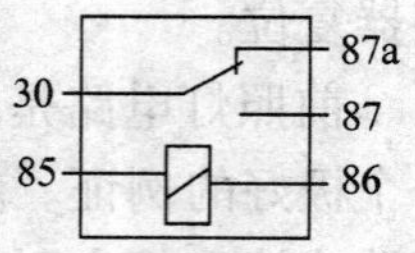
标号	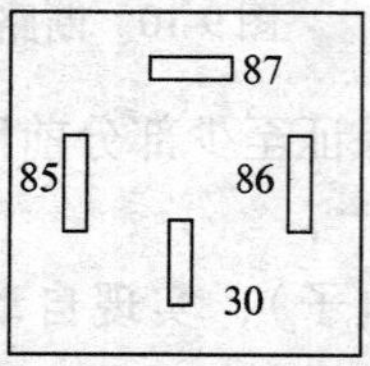	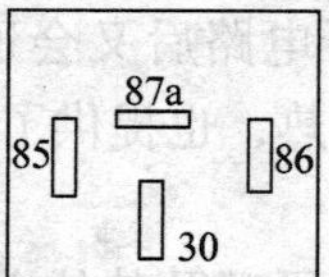	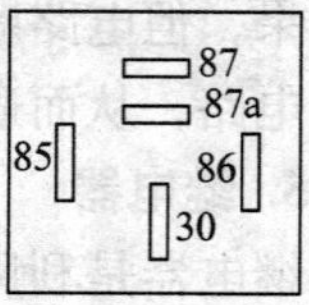

第二节 汽车电路图的构成、标准画法及识读

一、汽车电路图的构成

汽车电路图如图9-12所示，大体由以下几部分组成：

1. 外线部分

外线部分在图上以粗实线画出。集中在图的中间部分。每条线上都有导线的颜色、导线的截面积的标注。线端都有接线柱号或插口号表示其连接关系。颜色标记以字母表示。对应关系为：

ws = 白色，sw = 黑色，ro = 红色，br = 棕色，gn = 绿色，bl = 蓝色，gr = 灰色，li = 紫色，ge = 黄色。

如果导线是双色的，则以两种颜色的字母共同标记。例如ro/sw，sw/ge等。导线的截面积是以数字标示在导线颜色上方。例如$4.0mm^2$，$6.0mm^2$等。

2. 内部连接部分

内部连接部分在图上以细线画出。这部分连接是存在的，但线路是不存在的。这种标示线路是为了说明连接关系，同时使电路图更加容易被理解。

3. 电气元件部分

电路图本身就是表达元件之间的连接关系的。电气元件在图中用框图辅以相应的标号表示。每一个元件都有一个代号，如E_2表示转向开关，E_3表示报警闪光灯开关等。电气元件的接线点都用标号标出，标号在元件上可以找到。例如，转向开关E_2上有三个接点，一个标号49a，一个标号R，一个标号L。

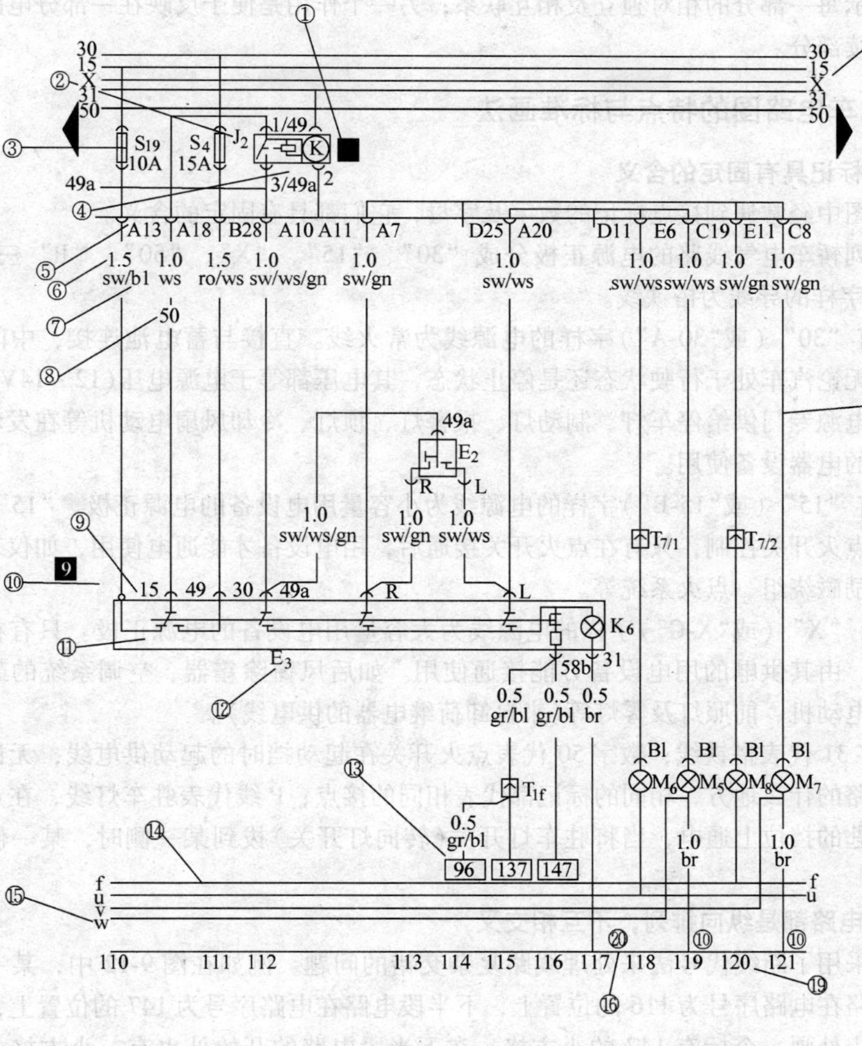

图 9-12　电气线路图中符号的含义（转向与报警信号系统线路图）

E_2—转向开关　E_3—危险警报灯开关　J_2—闪光器　K_6—危险警报指示灯

M_5—左前转向灯　M_6—左后转向灯　M_7—右前转向灯　M_8—右后转向灯

T_7—继电器盘附近的七孔插座连接　⑩—搭铁点，在继电器盘旁　⑳—搭铁连接，在仪表板线束内

4. 继电器、熔丝及其连接件部分

图的上部有：继电器位置号，继电器名称，继电器盘上插接件符号，继电器盘上连接件符号，熔丝座标号及熔丝容量。熔丝容量用不同的颜色加以区别。车上的大部分继电器和熔丝都安装在继电器盘的正面，如图 9-13 所示。

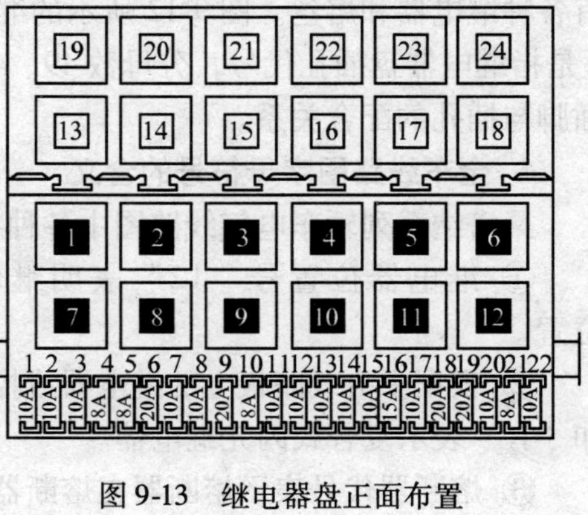

图 9-13　继电器盘正面布置

5. 电路接续号

在图的最下方，这一标号只是制图和识图的标记号，数字的大小没有实际的物理意义。它有两个作用，一是可顺序表达整个车的全部电路内

容，便于表示每一部分的相对独立及相互联系；另一个作用是便于反映在一部分电路图中难以表达的接续部分。

二、汽车电路图的特点与标准画法

1. 接点标记具有固定的含义

在电路图中经常遇到接点标记的数字及字母，它们都具有固定的含义。

大众系列轿车电气线路的电源正极分成“30”、“15”、“X”、“50”、“P”三路火线，标有“31”字样的导线为搭铁线。

1）标有“30”（或“30-A”）字样的电源线为常火线。直接与蓄电池连接，中间不经过任何开关，无论汽车处于行驶状态还是停止状态，其电压都等于电源电压(12～14V)。“30”号电源线的电源专门供给停车灯、制动灯、报警灯、顶灯、冷却风扇电动机等在发动机熄火时需要用电的电器设备使用。

2）标有“15”（或“15-B”）字样的电源线为小容量用电设备的电源正极。“15”号电源线的电源受点火开关控制，只有在点火开关接通后，用电设备才能通电使用，如仪表及报警灯、发电机励磁绕组、点火系统等。

3）标有“X”（或“X-C”）字样的电源线为大容量用电设备的电源正极。只有在汽车发动机运转时，由其供电的用电设备方能接通使用。如后风窗除霜器、空调系统的鼓风电动机、刮水器电动机、前照灯及雾灯等(来自卸荷继电器的供电线)。

4）数字31代表搭铁线；数字50代表点火开关在起动挡时的起动供电线，无论这些标记出现在电路的什么地方，相同的标记都代表相同的接点；P线代表驻车灯线，在点火开关关掉拔掉钥匙的挡位上通电，当将驻车灯开关(转向灯开关)拔到某一侧时，某一侧的前后示宽灯亮。

2. 所有电路都是纵向排列，不互相交叉

电路图采用了断线代号法来处理线路复杂交错的问题。例如在图9-12中，某一条线路的上半段电路在电路序号为116的位置上，下半段电路在电路序号为147的位置上，在上半段电路的终止处画一个标有147的小方格，在下半段电路的开始处也有一小方格，内标有116，通过116和147就可以将上、下半段电路连在一起了。

3. 整个电路以继电器盘为中心

大众汽车电路图在表示线路直向的同时，还表达了线路的结构情况。继电器盘的正面插有各种继电器和熔丝。图9-12所示的继电器J_2上标有1/49、3/49a等数字，其中分子数1、3是指继电器盘插孔代号，分母数49、49a是指继电器的插脚代号；1/49就表示出了继电器插脚与插孔的配合关系。

4. 全车线路图字母符号的含义

桑塔纳系列轿车电气线路图中各种符号如图9-12所示，各个符号代表的含义如下：

① 继电器位置号“12”表明继电器在中央线路板(又称为继电器盒)上的12号位置。

② 根据中央线路板上的继电器或控制器符号，在电气线路图的图注中可以查到其名称。如“J_2”表示复合式闪光继电器。

③ 熔断器代号表示熔断器在熔断器座上的位置代号。如“S_{19}”表示19号熔断器(转向

与报警信号系统，红色，10A)。熔断器容量可据熔断器颜色判定：紫色为3A，红色为10A，蓝色为15A，黄色为20A，绿色为30A。

④ 中央线路板上的插接器代号表示多孔插头的一个端子。如“3/49a”中的3表示该继电器(此处为12号继电器)位置上的3号插孔，49a表示继电器或控制器的49a号端子(插头)。

⑤ 中央线路板上的插接器端子位置代号表示带线束的多孔或单孔插头的位置。如A13表示多孔插接器插头A的13号端子。

⑥ 导线截面积符号用数字标示在导线上，单位为mm^2。

⑦ 导线颜色符号用英文字母缩写表示，其含义如前所述。

⑧ 白色导线上印刷的标记号，用于区分同一线束中不同的白色导线。

⑨ 接线端子代号，在零部件上可以查到。

⑩ 故障诊断测试用的检测点代号，在插图或线路图中可以找到同样的黑色圈内的数字代号，用于故障诊断测试。

⑪ 线路标记符号，表示一个整体部件。为了便于印刷，全车线路图中已改为黑白线路图。

⑫ 零部件符号，在图注中可以查到零件名称。如E_3表示危险报警灯开关。

⑬ 导线连接端：方框内的数字，表明电路图中的接续导线。

⑭ 内部连接导线(细线)，仅为内部电路连接、没有连接导线，可以根据内部电路连接追踪电器部件和内部电流走向。

⑮ 内部连接线符号(字母)，表示下一线路图的连接线。

⑯ 搭铁点标记符号，可在图注中查到搭铁点在汽车上的位置，圆圈内数字10表示搭铁点在中央线路板旁边；圆圈内数字20表示搭铁接线柱31，在中央线路板上的仪表盘线束内。

⑰ 电源线号：“30”为常火线，“15”为小容量电气火线，“X”为大容量电气火线。

⑱ 导线。

⑲ 110、111、112……表示电气元件在电路图中的位置，便于用户根据此号迅速查找电气元件的位置。

5. 全车线路图图形符号的含义

桑塔纳系列轿车全车线路图中采用的图形符号的含义如图9-14所示。

三、识读汽车电路图应注意的几个问题

1. 认真读几遍图注

图注说明的是汽车所有电气设备的名称及其数码代号，通过读图注可初步了解该汽车都装配了哪些电气设备。然后通过电气设备的数码代号在电路图中找出该电气设备，再进一步找出相互连线、控制关系。这样就可以了解绝大部分电路的特点。全车电路一般都是由各个局部电路所构成，它表达了各个局部电路之间的连接和控制关系。要把局部电路从整车电路图中分割出来，就必须掌握各个单元电路的基本情况和接线规律。弄清楚局部电路工作原理后，再来分析各局部电路的联系，特别是与电源电路的联系，进而弄清楚整车电路的工作原理。

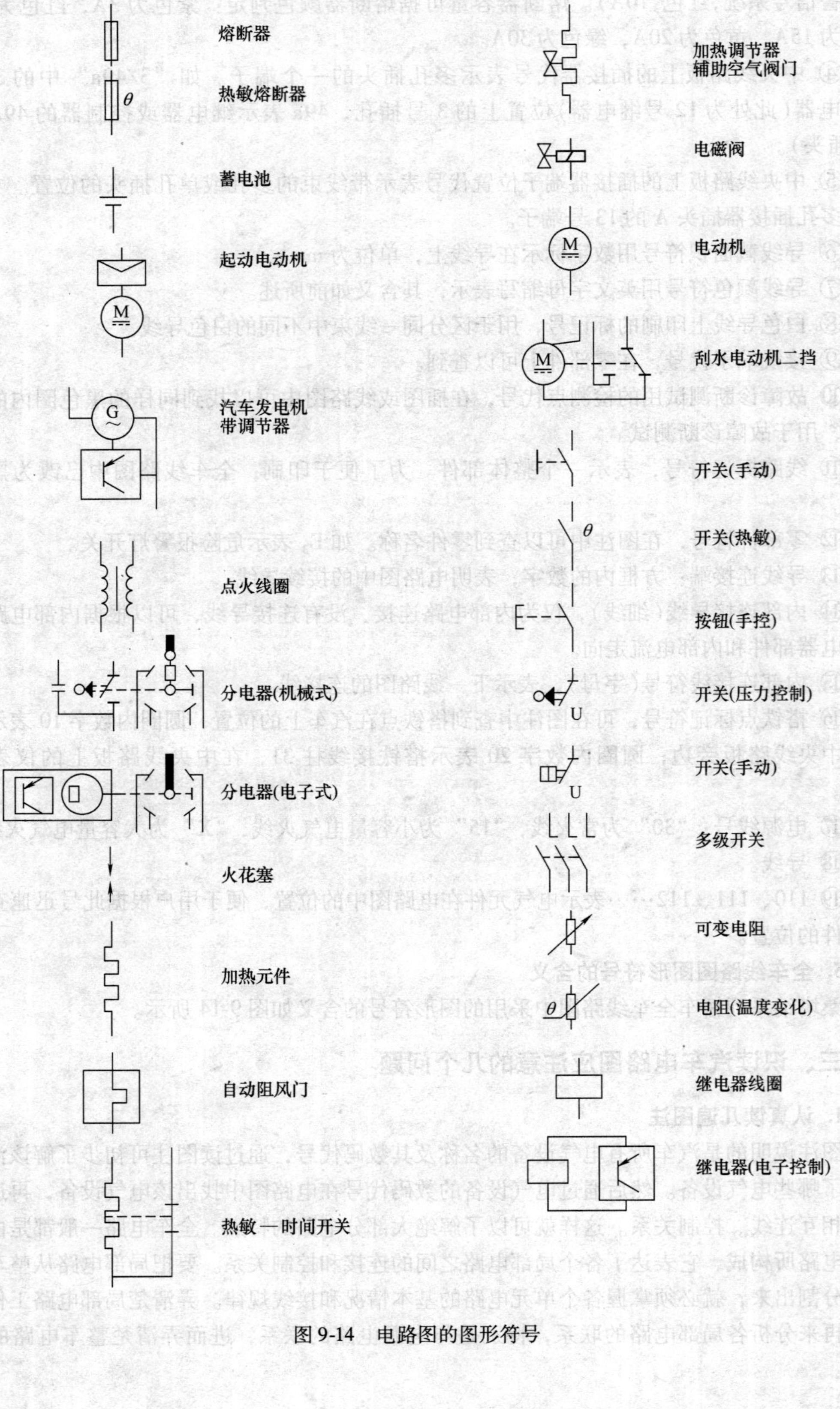

图 9-14　电路图的图形符号

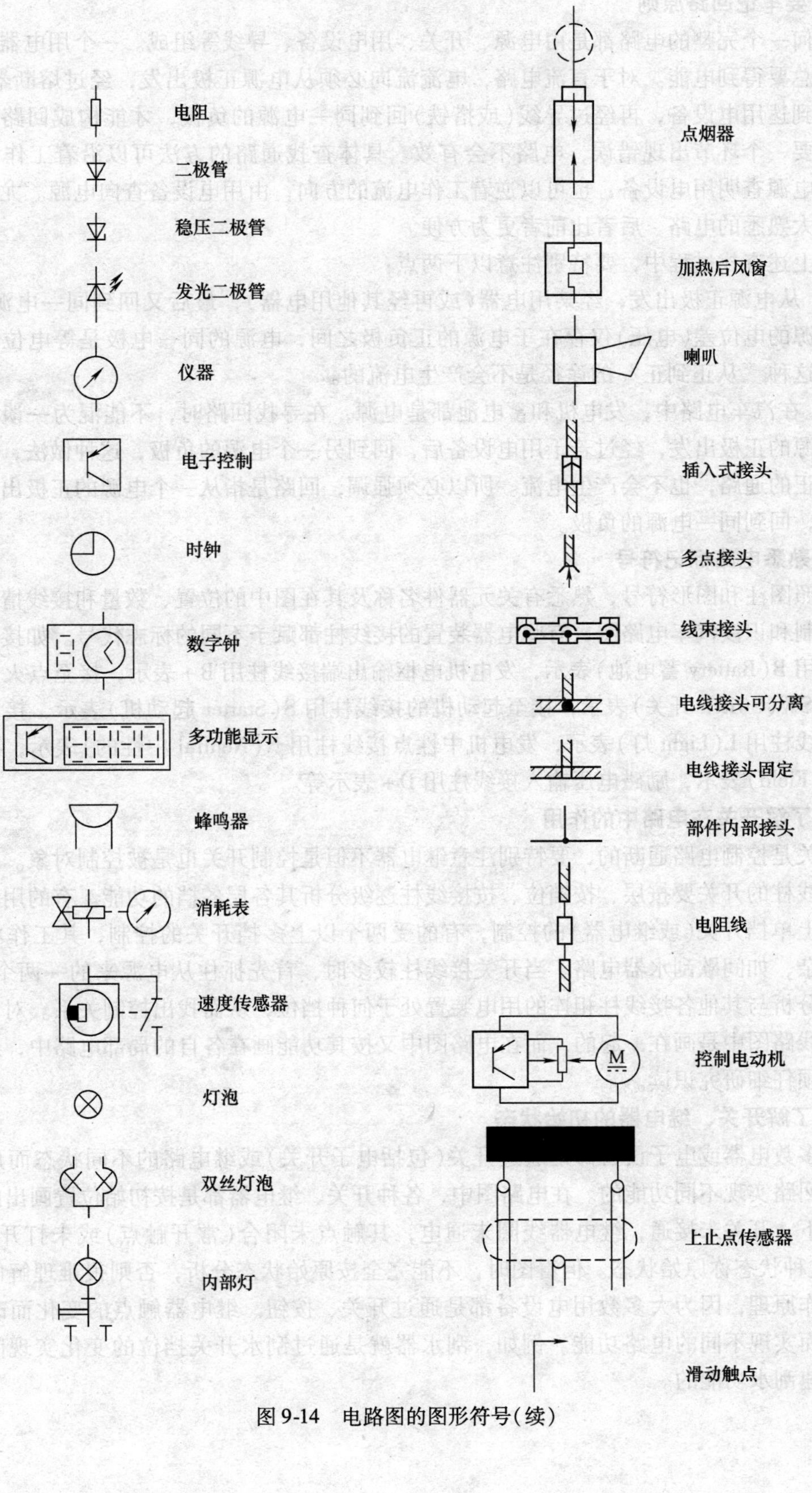

图 9-14　电路图的图形符号(续)

2. 要牢记回路原则

任何一个完整的电路都是由电源、开关、用电设备、导线等组成。一个用电器要想正常工作，总要得到电能。对于直流电路，电流流向必须从电源正极出发，经过熔断器、开关、导线等到达用电设备，再经过导线(或搭铁)回到同一电源的负极，才能构成回路。这一过程，只要一个环节出现错误，电路不会有效。具体查找通路的方法可以沿着工作电流的流向，由电源查明用电设备；也可以逆着工作电流的方向，由用电设备查向电源。尤其是查寻一些不太熟悉的电路，后者比前者更为方便。

在上述查找过程中，要特别注意以下两点：

1）从电源正极出发，经某用电器(或再经其他用电器)，最后又回到同一电源的正极，由于电源的电位差(电压)仅存在于电源的正负极之间，电源的同一电极是等电位的，没有电压。这种“从正到正”的途径是不会产生电流的。

2）在汽车电路中，发电机和蓄电池都是电源，在寻找回路时，不能混为一谈，不能从一个电源的正极出发，经过若干用电设备后，回到另一个电源的负极，这种做法，不会构成一个真正的通路，也不会产生电流。所以必须强调，回路是指从一个电源的正极出发，经过用电器，回到同一电源的负极。

3. 熟悉电路标记符号

对照图注和图形符号，熟悉有关元器件名称及其在图中的位置、数量和接线情况。为了便于绘制和识读汽车电路图，有些电器装置的接线柱都赋予不同的标志代号。如接至电源端接线柱用B(Battery 蓄电池)表示，发电机电枢输出端接线柱用B+表示，接至点火开关的接线柱用SW(Switch 开关)表示，接至起动机的接线柱用S(Starter 起动机)表示，接至各种灯具的接线柱用L(Light 灯)表示，发电机中性点接线柱用N(Neutral 中性的)表示，磁场接线柱用F(Field)表示，励磁电压输入接线柱用D+表示等。

4. 了解开关在电路中的作用

开关是控制电路通断的，要特别注意继电器不但是控制开关也是被控制对象。对多层多挡多接线柱的开关要按层、按挡位、按接线柱逐级分析其各层各挡的功能。有的用电装置受两个以上单挡开关(或继电器)的控制，有的受两个以上多挡开关的控制，其工作状态可能比较复杂，如间歇刮水器电路。当开关接线柱较多时，首先抓住从电源来的一两个接线柱，再逐个分析与其他各接线柱相连的用电装置处于何种挡位，从而找出控制关系。对于组合开关，在线路图中是画在一起的，而在电路图中又按其功能画在各自的局部电路中，遇到这种情况必须仔细研究识读。

5. 了解开关、继电器的初始状态

大多数电器或电子设备都是通过开关(包括电子开关)或继电路的不同状态而形成回路或改变回路实现不同功能的。在电路图中，各种开关、继电器都是按初始位置画出的，如按钮未按下，开关未接通，继电器线圈未通电，其触点未闭合(常开触点)或未打开(常闭触点)，这种状态称原始状态。但看图时，不能完全按原始状态分析，否则很难理解电路所表达的工作原理，因为大多数用电设备都是通过开关、按钮、继电器触点的变化而改变回路的，进而实现不同的电路功能。例如，刮水器就是通过刮水开关挡位的变化实现间歇、低速、高速刮水功能的。

6. 了解汽车电路电气图形符号

汽车电路图是利用电气图形符号来表示其构成和工作原理的。因此必须了解电路图形符号的含义，才能看懂电路图。

7. 了解电气装置在电路图中的布置

在电器系统中，有大量电气装置是机电合一的，如各种继电器，还有多层多挡组合开关。这些电气装置在电路图上表示时，应做到画法简单、识图方便，可采用集中表示法或分开表示法。集中表示法是把一个电气装置的各组成部分，在图上集中绘制的一种表示方法，集中表示法仅适用于较简单的电路。

随着汽车电路日趋复杂，一个电气装置有较多的组成部分(如组合开关、继电器的线圈和触点)，若集中画在一起，则易引起线条往返和交叉线过多，造成识图困难。这时宜采取分开表示法，即把继电器的线圈、触点分别画在不同的电路中，用同一个文字符号或数字符号将分开部分联系起来。

8. 了解各局部电路之间的内在联系和相互关系

从整车电路来讲，各局部电路除电源电路公用外，其他部分都是独立的，但它们之间存在着内在联系和相互影响。如起动发动机时，由于起动机瞬间电流很大，导致蓄电池内阻压降增大，其输出电压降低，因而影响其他电路的正常工作。再如发电机输出电压过高，又会造成分电器白金触点烧蚀、灯泡烧坏等。因此，不但要熟悉各局部电路的组成、特点、工作过程和电流流经的路径、来龙去脉，而且还要了解各局部电路之间的联系和相互影响。这是掌握汽车电路的一个重要环节，也是实现准确判断和迅速找出故障部位，排除故障的必要条件。

9. 注意搜集资料和经验积累

由于新的汽车电气设备不断地出现和应用在汽车上，汽车电路图的变化很大。对于看不懂的电路要善于请教有关人员，同时还要善于查找收集相关资料；注意深入研究典型汽车电路，做到触类旁通；特别注意实际工作经验的积累，新技术、新工艺的应用和创新。

10. 先易后难

有些汽车电路图的某些局部电路，或局部电路中的某些部分，可能比较复杂，一时难以看懂，可以暂时不顾及，待其他局部电路都看懂后，再进一步识读这部分电路。

另外，任何电路工作都需要电源(蓄电池或发电机)，若分析每部分电路都将电源电路画出，显得很繁琐，也没有必要。但又要表示出该电路工作时电源来自何方，为此将各用电设备的供电电源用符号表示。

四、汽车电气原理图的识读

汽车电气原理图只表明组成汽车电路的各个电气设备的工作原理，如电流走向、流过电气装置的顺序等，图上的导线只表明各电气设备及其间的相互联系，而不代表实际安装位置。

汽车电气原理图中电气装置的布置顺序从左到右、从上到下：供电电源(特别是蓄电池)在左，用电器在右，各局部电路尽量画在一起；“火线”在上，搭铁线在下，并且在图的上方，有一个说明条框，说明每一部分电路的功能。在局部电路的原理图中，信号输入(或控制端)在左，信号输出端(或驱动端)在右；“火线”在上，搭铁线在下。

识读电气原理图的一般步骤为：

1. 化整为零

先看全车电路图，根据电原理图上的电气图形符号及文字符号，首先对全车电气设备的概况作全面的了解，汽车电路的单线制、各电路负载相互并联及两个电源也相互并联等特点，对于把整车电路化整为零进行读图提供了方便。整车电路可以按组成汽车电气线路的各个分电路逐一进行分析。然后在全车电路图中把各局部电路一一框划出来。这样做的好处是：

1）在同一局部电路中，各电气设备间的联系总是比较紧密的，而与其他局部电路的联系相对松散些，框划出来后，比较容易地看出其特点，便于进行工作原理分析和查找故障。

2）不同汽车的某些局部电路是相同、基本相同或相近的，这样只要略作比较，便可知其异同，从而可以举一反三。

在查找局部电路的过程中，一定要遵守回路原则。各局部电路只有电源和电源总开关（若有的话）是公用的，任何一个用电设备都要自成回路。看电路图时，应先找出电源部分，然后从电源正极到熔断器、开关，再往下找到用电设备，最后经搭铁回到电源负极。

2. 分析各局部电路的工作原理或工作过程以及相互关系

在分析局部电路的工作过程中，应特别注意开关、继电器触点的工作状态。大多数电气设备都是通过开关、继电器触点状态的变化来改变其回路，从而实现不同的电路功能。例如转向信号电路就是通过转向灯开关挡位的置换来接通不同的灯，而发出转向信号。

在电路图上，开关的触点总是处于零位或静态，即开关处于断开状态或继电器线圈处于失电状态。电子开关若初始通电，其初始状态是电路达到稳定工作时的状态；电子开关若初始不通电，其初始状态就是静止时的状态。为了便于分析，可把局部电路中的某些电气设备的电气图形符号（例如起动机）用较详细的电路来替换，就能把电路工作原理较清楚地表达出来。

3. 通过划分和联系认识整车电路

弄清楚局部电路工作原理后，再分析各局部电路之间的联系，特别是与电源电路的联系，进而弄清楚整车电路的工作原理。

4. 通过解剖典型电路，达到触类旁通

许多车型的汽车电路原理图有很多部分都是类似或相近的，这样，通过一个具体的例子，举一反三，对照比较，触类旁通，可以掌握汽车的一些共同的规律，再以这些共性为指导，了解其他型号汽车的电路原理，又可以发现更多的共性以及各种车型之间的差异。

5. 巧用导线代号识读电原理图

在汽车电气原理图中，有很多数字或字母代号表示该线在电路中的作用，比如在大众车系中，常火线的代号为30，直接与蓄电池正极连接，中间不经过任何开关，无论汽车处在行驶还是停止状态，其电压都等于电源电压。接地线的代号为31；受点火开关控制的小容量用电设备供电线的代号为15；受点火开关控制的大容量用电设备供电线的代号是X，起动时断电；数字50代表点火开关在起动挡时的起动供电线。无论这些标记出现在什么地方，相同的标记都代表相同的接点。再比如继电器控制电路中，继电器线圈85为绕组输出，86为绕组输入；继电器触点30为触点输入，87为常开触点输出，87a为常闭触点输出。

五、汽车电控系统电路图的识读

1）要以电控系统 ECU 为中心，因为这是整个系统的控制中心，所有电气部件都必然与这里发生关系。

2）对 ECU 的各个插接脚有大致印象，弄清楚分为几个区域，各区插接脚排列的规律。

3）找出该系统给 ECU 供电的电源线有哪些，注意一般 ECU 都不止一根电源线，弄清楚各电源线的供电状态(如常火线或开关控制)。

4）找出该系统给 ECU 供电的搭铁线有哪些，注意分清哪些是在 ECU 内部搭铁，哪些是在车架上搭铁，哪些是在各总成机体上搭铁。

5）找出哪些是系统的信号输入传感器，各传感器是否需要电源，并找出相应的电源线，该传感器哪里搭铁。

6）找出系统的执行器有哪些，弄清电源供给和搭铁情况，电脑控制执行器的方式(控制搭铁端或电源端)。

第三节　汽车电气设备线路故障诊断与检修

一、汽车电气设备线路常见故障

汽车电路常见的故障有开路(断路)、短路、搭铁、接触不良等。

1. 开路(断路)故障

线路中本该相连的两点之间断开，电流无法形成回路，使得电气设备无法工作即为开路故障，如图 9-15 所示。

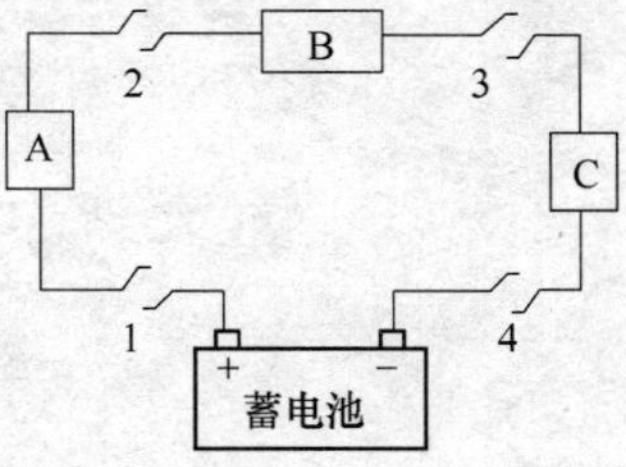

图 9-15　汽车电路开路故障

2. 短路(跨接)故障

线路不该相连的两点之间发生接触，电流绕过部分电气元件(见图 9-16a)或电流被导入到其他电路(见图 9-16b)，使得电气设备不能正常工作即为短路故障。搭铁故障也是一种短路故障(见图 9-16c)。

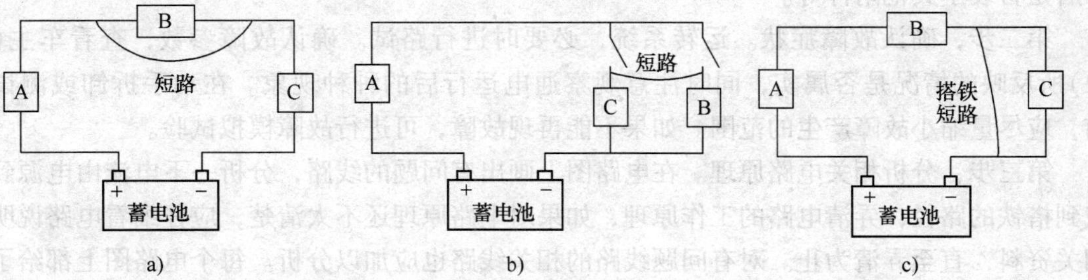

图 9-16　汽车电路短路故障

3. 接触不良(接触电阻过大)故障

由于磨损、脏污等原因，造成线路中的两点之间接触不实，接触电阻超过了允许范围，使得电气设备工作不可靠或性能下降即为接触不良故障。

二、汽车电路故障诊断与检修的一般流程

在对汽车电路故障进行检修时，通常可以按以下六个步骤进行，其流程如图 9-17 所示。

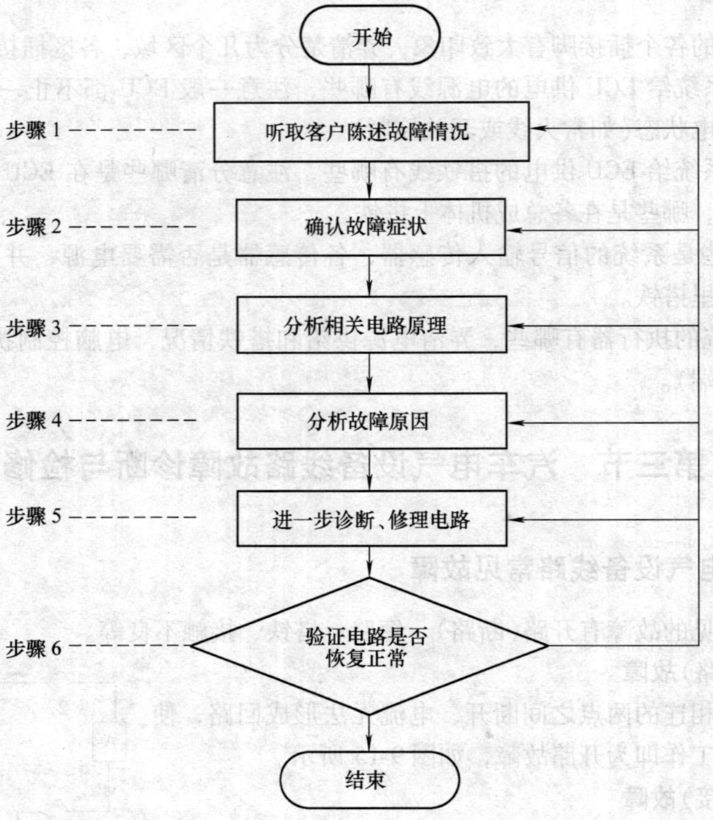

图 9-17　汽车电路故障检修流程

第一步，听取客户陈述故障情况。详细了解发生故障时的情况和环境，主要包括下列信息：车型、时间、气候条件、路况、海拔、交通状况、系统症状、操作条件、维修经历及购车后是否装了其他附件等。

第二步，确认故障症状。运转系统，必要时进行路试。确认故障参数，查看车主(用户)所反映的情况是否属实，同时注意观察通电运行后的种种现象。在动手拆卸或测试之前，应尽量缩小故障产生的范围。如果不能再现故障，可进行故障模拟试验。

第三步，分析相关电路原理。在电路图上画出有问题的线路，分析一下电流由电源到负载到搭铁的路径，弄清电路的工作原理，如果对电路原理还不太清楚，应仔细看电路说明及相关资料，直至弄清为止。对有问题线路的相关线路也应加以分析。每个电路图上都给了共用一个熔丝、一个搭铁和一个开关的相关线路的名称。对于在第一步程序中漏检的相关线路要试一下，如果相关线路工作正常，说明共用部分没问题，故障原因仅限于有问题的这一线路中。如果几条线路同时出现故障，原因多半出在熔丝、电源线或搭铁线。

第四步，分析故障原因。汽车电气与电子系统故障检修的快慢以及成功与否，关键在于故障诊断与检修的程序是否合理，分析是否正确，判断是否准确，方法是否得当。用穷举法

对所有可能故障点一一排查是一种基本的方法，因此，在维修人员头脑中建立起系统分析的维修方法很有必要。一般是按先易后难的次序对有问题的线路或部件进行逐个排查。

对于故障范围较大、可能原因较多的复杂故障，可以先列出所有的可能故障原因，然后根据理论分析和工作经验将故障可能原因进行归类 A（概率高易排查）、B（概率低易排查）、C（概率高难排查）、D（概率低难排查），然后按 A、B、C、D 顺序分别进行诊断与检修，可有效提高维修效率。

第五步，进一步具体诊断、修理电路。综合前三步的分析结果，选择合适的诊断与检修方法进行故障点的排查。检查系统有无机械咬合、插接件松动或线缆损坏，确定涉及哪些线路和元件。修理或更换有故障的线路和元件。

第六步，验证电路是否恢复正常。在对电路进行一次系统检查后，在所有模式下运转系统，确认系统在所有工况下运转正常，确认没有在诊断或修理过程中造成新的故障。

以上所述为汽车线路故障诊断与检修的一般流程，对初学者按部就班、培养良好的故障诊断与检修思路大有裨益。对于具备相当的理论知识和工作经验的维修人员，实际工作中不必过分拘泥于流程步骤，可以视实际情况或凭经验略过一些步骤，直达故障点进行检修，可有效提高工作效率。

另外，现代汽车上微型计算机控制系统越来越多，利用故障诊断仪读取故障码和数据流进行故障诊断快捷并能有效地缩小故障范围，甚至能直接完成故障定位。因此对于微型计算机控制系统故障或相关故障，注意故障诊断仪的优先采用。

三、汽车线路故障常用诊断与检修的方法

汽车线路故障常用诊断与检修的方法很多，比较常用的有直观法、检查熔丝法、刮火法、试灯法、短路法、替换法、模拟法等。

1. 直观法

直观法是直接观察的方法的简称，它不使用任何仪器、仪表，凭检修者的直观感觉来检查和排除故障。当汽车电气系统的某个部分发生故障时，会出现冒烟、火花、异响、焦臭、高温等异常现象。通过人体的感觉器官，听、摸、闻、看等对汽车电器进行直观检查，进而判断出故障的所在部位。这对于有一定经验的维修人员来说，不仅可以通过直观检查来发现一些明显的故障，而且还可以发现一些较为复杂的故障，从而大大地提高检修速度。例如，汽车在行驶中，突然发现转向灯与转向指示灯均不亮，用手一摸发现闪光继电器发烫，说明闪光器电路已经烧毁短路。

2. 检查熔丝法

当汽车电气系统出现故障时，首先应查看熔丝是否完好，有些故障简单的就是熔丝烧断或处于保护状态。此时，通过检查熔丝，即能判断故障部位。如汽车在行驶中，若某个电器突然停止工作，同时该支路上的熔断器熔断，说明该支路有搭铁故障存在。某个系统的熔丝反复烧断，则表明该系统一定有类似搭铁的故障存在，不应只更换熔断器了事。

汽车上常用的电路保护装置有两种：一种是双金属片式电路诊断器（简称“断路器”）；另一种则是普遍应用的熔断器。但是，现在很多汽车（不论进口还是国产）电路线束中都装有“易熔线”。易熔线有一根或几根，装在主电源线与熔断器盒之间，并且位于蓄电池附近，其功用主要是对主电源线进行保护。因而，在采用检查熔丝法进行诊断与检修汽车电路

故障时，必须考虑对断路器和易熔线的检查。

3. 刮火法

刮火法又称试火法，通常应用于判断线束或导线有无开路。拆下用电设备的某一线头对汽车的金属部分(搭铁)碰试，根据火花的有无判断是否开路。这种方法比较简单，是广大汽车电工经常使用的方法。搭铁试火法可分为直接搭铁和间接搭铁两种。

所谓直接搭铁，是未经过负载而直接搭铁产生强烈的火花。例如，怀疑照明总开关至制动灯开关一段线路有故障，可拆下制动灯开关上的线头直接搭铁碰试，如果出现强烈火花，说明这段线路正常；如果火花弱，说明这段线路的某一线头接触不好或有脏污；若无火花出现，说明这段线路有断路。所谓间接搭铁，是通过汽车电器的某一负载而搭铁产生微弱的火光来判断线路或负载的情况。例如，将点火线圈低压侧搭铁，若火花微弱，说明这段线路正常，回路是经过点火线圈初级搭铁；若无火花，则表明电路有断路。

注意：刮火法不宜用来检查汽车电子电路，以免损坏电子元器件。但必要时可采用一段细导线(通过电流很小)来做刮火试验。

4. 试灯法

用一个汽车灯泡作为临时试灯，检查线束是否开路或短路，电器或电路有无故障等。此方法特别适合于检查不允许直接短路的带有电子元器件的电器。

例如，如果燃油系统不喷油，就可以简单地以试灯法来缩小故障范围。取下喷油器插头，在线束一侧的插头上相应于喷油器线圈的两个端子上接上试灯，打开点火开关，转动发动机，如果试灯随发动机的转动一闪一闪发亮，就表明故障不在控制器及其线束一侧，而集中在喷油器和油路。反之，则认为喷油器得不到喷油指令，故障在控制器及其线束一侧。

在检测汽车电气系统的断路时，可在被怀疑断路处跨接上试灯，若试灯亮，说明电路有断路，反之则认为电路正常。

使用临时试灯法应注意试灯的功率不要太大，在测试电子控制器的控制(输出)端子是否有输出及是否有足够的输出时尤其要慎重，防止使控制器超载损坏，如上述用小试灯替代喷油器以测试其控制信号。

5. 短路法

短路法又叫跨接法，即用一根导线将某段导线或某一电器跨接后观察用电器的变化。例如，当打开转向信号灯时，发现左、右两边的转向信号灯出现闪烁微光，这时就可用导线将某一边的转向信号灯灯壳人为地进行搭铁，若这时只有另一只转向信号灯亮，证明此处搭铁不良；若仍然是两边的灯均亮，则认为此处搭铁良好。可对另一只转向信号灯进行同样检查。

6. 替换法

替换法常用于故障原因比较复杂的情况，能对可能产生的原因逐一进行排除。其具体做法是：用一个已知是完好的零部件来替换被认为或怀疑有故障的零部件，这样做可以试探出怀疑是否正确。若替换后故障消除，说明怀疑成立；否则，装回原件，进行新的替换，直至找到真正的故障部位。

7. 模拟法

有时当车辆送去维修时，故障并不出现，因此必须模拟故障发生时的条件。模拟法应用于对各种传感器、控制器、指示机构、插接件等的判断。实质上就是怀疑电路中某些元器件有故障，进行发生条件模拟验证后诊断故障。

1）车辆振动模拟。某些故障发生在车辆行驶在粗糙路面上或发动机振动时，在这种情况下，应模拟相应情况下的振动（见图9-18）。

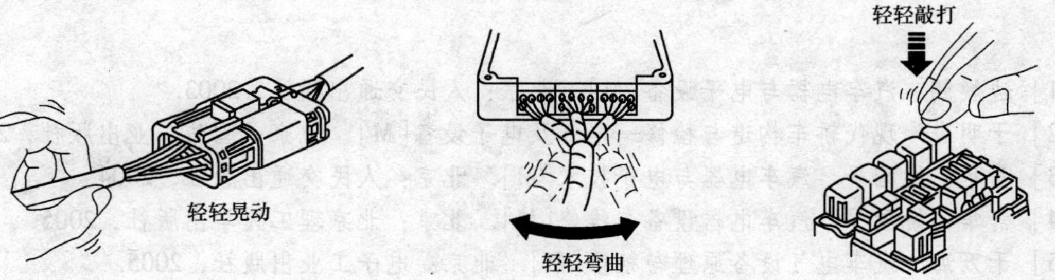

图9-18　车辆振动模拟

2）热敏感性（温度）模拟。某些故障发生在炎热天气或车辆温度达到一定高度时，在这种情况下，要想确定电气元件是否热敏感，应用加热枪或类似的工具加热该元件（见图9-19）。

注意：不要将电气元件加热到60℃以上。

3）浸水模拟。某些故障只发生在高湿度或雨雪天气，在这种情况下，可以通过浸湿车辆或将车辆驶过清洗机来模拟故障情况（见图9-20）。

注意：不得将水直接喷在电气元件上。

图9-19　热敏感性模拟

图9-20　浸水模拟

4）电负载模拟。某些故障也可能对电负载敏感，在这种情况下，将所有附件（包括空调、后风窗除雾器、收音机、前照灯等）全部打开（见图9-21），然后进行诊断。

5）冷起动或热起动模拟。在某些情况下，只有当车辆冷起动或短暂熄火后热起动时才会发生电气故障，模拟冷起动或热起动，进气故障诊断。

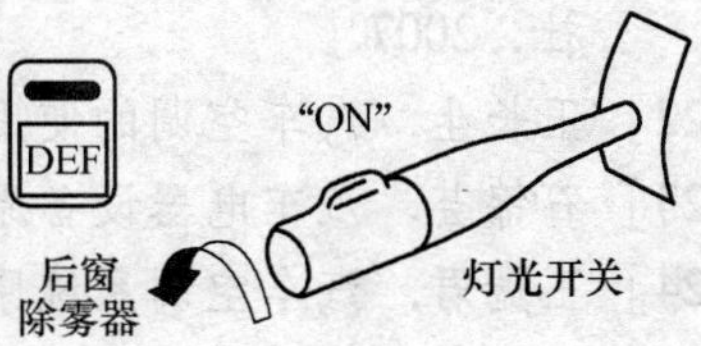

图9-21　电负载模拟

参 考 文 献

[1] 边焕鹤. 汽车电器与电子设备[M]. 北京：人民交通出版社，2003.
[2] 于明进. 现代轿车构造与检修—电气及电子设备[M]. 北京：国防工业出版社，2002.
[3] 舒华，姚国平. 汽车电器与电子技术[M]. 北京：人民交通出版社，2004.
[4] 舒华，姚国平. 汽车电器设备与维修[M]. 北京：北京理工大学出版社，2005.
[5] 于万海. 汽车电气设备原理与检修[M]. 北京：电子工业出版社，2005.
[6] 胡光辉. 汽车电器设备构造与检修[M]. 北京：机械工业出版社，2008.
[7] 赵福堂. 汽车电器与电子设备[M]. 2版. 北京：北京理工大学出版社，2005.
[8] 崔选盟. 汽车电气设备构造与维修[M]. 北京：电子工业出版社，2006.
[9] 周建平. 汽车电气设备构造与维修[M]. 北京：人民交通出版社，2005.
[10] 董宏国，廖苓平. 汽车电路分析[M]. 北京：北京理工大学出版社，2005.
[11] 清华大学汽车工程系本书编写组. 汽车构造[M]. 北京：人民邮电出版社，2000.
[12] 王勇. 汽车电气设备构造与维修[M]. 北京：机械工业出版社，2007.
[13] 裘玉平. 汽车电气设备[M]. 北京：人民交通出版社，2006.
[14] 周培俊. 汽车电气系统[M]. 北京：机械工业出版社，2007.
[15] 刘景军. 汽车电器检测技能实训[M]. 北京：人民邮电出版社，2007.
[16] 张茂国. 汽车电气设备构造与维修[M]. 北京：人民交通出版社，2004.
[17] 毛峰. 汽车电器设备与维修[M]. 北京：机械工业出版社，2005.
[18] 孟庆浩，等. 汽车电器设备与维修技术[M]. 济南：山东科学技术出版社，2007.
[19] 于万海. 汽车电气设备原理与检修[M]. 2版. 北京：电子工业出版社，2008.
[20] 赵福堂. 汽车电器设备与维修实训[M]. 北京：中央广播电视大学出版社，2006.
[21] 陈清旺. 机动车维修电器维修人员岗位技能训练[M]. 北京：机械工业出版社，2007.
[22] 王长生. 汽车空调的使用与维修[M]. 北京：人民邮电出版社，2003.
[23] 石锦芸. 汽车电器设备原理与检修[M]. 杭州：浙江大学出版社，2006.
[24] 王瑞君. 汽车空调系统原理与维修[M]. 北京：中国劳动社会保障出版社，2003.